应用型院校财会类专业核心课程规划教材
"互联网+"融媒体系列教材

审计学
（第二版）

卜梦洁　田　聪　主　编
郝玉娟　张　倩　副主编

图书在版编目(CIP)数据

审计学 / 卜梦洁,田聪主编. -- 2版. -- 上海：立信会计出版社,2025.1. -- ISBN 978-7-5429-7827-1

Ⅰ. F239.0　　　　　　　　　　(2025.7重印)

中国国家版本馆 CIP 数据核字第 2024MH8042 号

策划编辑　　郭　光
责任编辑　　张忠秀
美术编辑　　吴博闻

审计学(第二版)
SHENJIXUE

出版发行	立信会计出版社		
地　　址	上海市中山西路 2230 号	邮政编码	200235
电　　话	(021)64411389	传　真	(021)64411325
网　　址	www.lixinaph.com	电子邮箱	lixinaph2019@126.com
网上书店	http://lixin.jd.com	\multicolumn{2}{l	}{http://lxkjcbs.tmall.com}
经　　销	各地新华书店		
印　　刷	上海华业装潢印刷有限公司		
开　　本	787 毫米×1092 毫米　　1/16		
印　　张	17.5		
字　　数	460 千字		
版　　次	2025 年 1 月第 2 版		
印　　次	2025 年 7 月第 2 次		
书　　号	ISBN 978-7-5429-7827-1/F		
定　　价	49.80 元		

如有印订差错,请与本社联系调换

第二版前言

"审计学"作为高等院校审计学、会计学、财务管理以及其他相关专业的一门核心课程,主要教授现代审计的基本原理、基本流程和基本方法。"审计学"课程是以现行的《中国注册会计师审计准则》和《企业会计准则》为依据,以财务报表审计为主线,全面介绍"计划、实施、完成"三大阶段和"风险评估、控制测试、实质性程序"三大程序;并紧密结合企业的经济业务重点,详细介绍审计实务中最常见的四个审计循环,可以帮助学生厘清思路,由浅入深地掌握审计理论和实务知识。

本书针对高校教学特点,从注册会计师审计的角度设计教材内容,比较全面系统地阐述了审计的基本理论与实务。基本理论部分包括审计学概述、注册会计师职业规范与法律责任、审计目标与审计程序、审计证据与审计工作底稿、计划审计工作、风险评估、风险应对、审计报告,实务部分包括销售与收款循环审计、采购与付款循环审计、生产与存货循环审计、货币资金审计,旨在让学生尽快熟悉审计的基本理论,掌握财务报表审计过程和审计决策,将审计理论与实际应用相结合,提高学生业务处理能力。本书从实际应用角度出发,为学生今后从事审计工作打下坚实的基础。

本书以培养应用型人才为宗旨,主要有以下亮点:

(1) 紧跟准则,与时俱进。财政部于 2022 年 12 月,发布了修订的《中国注册会计师第 1211 号——重大错报风险的识别和评估》等两项审计准则和一致性修订的 23 项审计准则。本书在编写过程中充分体现了审计准则、企业会计准则的时效性,按照最新制度编写,政策截止时间为 2024 年 10 月。

(2) 设置"寓德于教",融入思政教育。本书按照教育部发布的《高等学校课程思政建设指导纲要》的相关要求,全面贯彻党的教育方针,落实"立德树人"根本任务,挖掘提炼专业知识体系中所蕴含的思想价值和精神内涵,并有机融入教材。

(3) 突出应用性,培养学生的实际操作能力。本书融入了大量的审计实例,有利于学生将学习的专业理论知识与实践操作有机结合,可有效提高学生的职业判断能力和业务处理能力。

(4) 内容全面。本书详细介绍了审计学的基本理论,财务审计计划、实施、完成各阶段和风险评估、控制测试、实质性程序的具体内容,以及四大业务循环审计和其中涉及的主要账户审计等,内容详实具体。

(5) 教学资源丰富。本书提供教学课件、教学日历、教案、修读指导建议等教学资源,方便教师教学。此外,本书有配套教材《审计学学习指导书》,习题丰富,答案解析详细。

本次修订内容主要包括:增加了寓德于教,对相关政策法规进行更新,进一下完善原有部分章节(第三章第二节替换、第六章第二节替换)。

本书由卜梦洁、田聪、郝玉娟、张倩、迟甜甜、宿怡、孔令一、李满林、刘燕等编写。在编写过程中,我们参考和借鉴了大量相关教材成果,得到了立信会计出版社的大力支持,在此表示诚挚谢意!

由于作者水平有限,本书如有疏漏之处,恳请读者提出改进意见,以便我们进一步修订和完善。

编　者
2024 年 12 月

目　录

第一章	审计学概述	1
第一节	审计的产生与发展	2
第二节	审计的概念与分类	7
第三节	鉴证业务的概念与类别	11
第四节	我国审计的组织形式	14
课堂结账测试		19
第二章	注册会计师职业规范与法律责任	21
第一节	会计师事务所	22
第二节	注册会计师职业规范	25
第三节	注册会计师法律责任	33
课堂结账测试		37
第三章	审计目标与审计程序	39
第一节	审计目标	40
第二节	审计目标实现的过程	44
第三节	审计程序	46
第四节	审计基本要求	54
课堂结账测试		57
第四章	审计证据与审计工作底稿	59
第一节	审计证据	60
第二节	审计工作底稿	67
第三节	审计抽样	76
课堂结账测试		93
第五章	计划审计工作	95
第一节	初步业务活动	96
第二节	重要性	104
第三节	审计风险	110
第四节	审计计划	113
课堂结账测试		119
第六章	风险评估	121
第一节	风险评估的作用和程序	122

第二节　了解被审计单位及其环境和适用的财务报告编制基础……………… 125
　　第三节　了解被审计单位内部控制体系各要素…………………………………… 128
　　课堂结账测试……………………………………………………………………………… 137

第七章　风险应对……………………………………………………………………………… 139
　　第一节　风险应对措施…………………………………………………………………… 140
　　第二节　控制测试………………………………………………………………………… 145
　　第三节　实质性程序……………………………………………………………………… 150
　　课堂结账测试……………………………………………………………………………… 153

第八章　审计报告……………………………………………………………………………… 155
　　第一节　审计报告概述…………………………………………………………………… 156
　　第二节　审计报告的基本内容………………………………………………………… 158
　　第三节　在审计报告中沟通关键审计事项…………………………………………… 164
　　第四节　非无保留意见审计报告……………………………………………………… 167
　　第五节　在审计报告中增加强调事项段和其他事项段………………………… 174
　　课堂结账测试……………………………………………………………………………… 177

第九章　销售与收款循环审计………………………………………………………………… 179
　　第一节　销售与收款循环控制测试…………………………………………………… 180
　　第二节　营业收入审计…………………………………………………………………… 187
　　第三节　应收账款审计…………………………………………………………………… 192
　　第四节　坏账准备审计…………………………………………………………………… 200
　　课堂结账测试……………………………………………………………………………… 201

第十章　采购与付款循环审计………………………………………………………………… 203
　　第一节　采购与付款循环控制测试…………………………………………………… 204
　　第二节　应付账款审计…………………………………………………………………… 214
　　第三节　固定资产审计…………………………………………………………………… 218
　　课堂结账测试……………………………………………………………………………… 225

第十一章　生产与存货循环审计……………………………………………………………… 227
　　第一节　生产与存货循环控制测试…………………………………………………… 228
　　第二节　存货审计………………………………………………………………………… 236
　　课堂结账测试……………………………………………………………………………… 249

第十二章　货币资金审计……………………………………………………………………… 251
　　第一节　货币资金控制测试…………………………………………………………… 252
　　第二节　库存现金审计…………………………………………………………………… 258
　　第三节　银行存款审计…………………………………………………………………… 260
　　课堂结账测试……………………………………………………………………………… 271

第一章　审计学概述

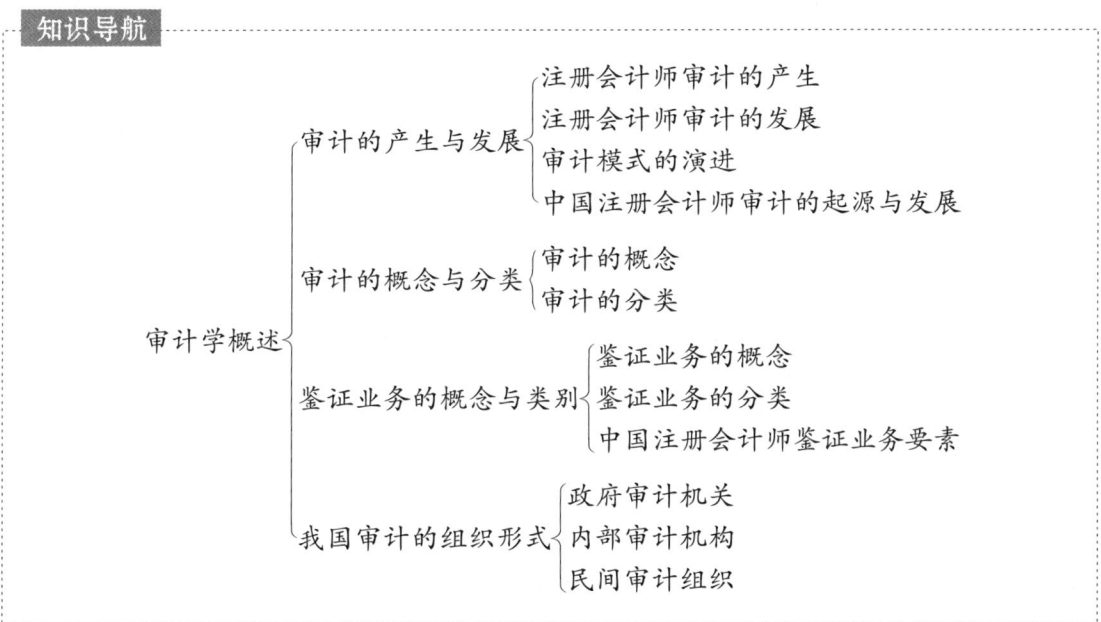

知识导航

学习目标

1. 了解审计的产生、发展与我国审计的组织形式。
2. 理解审计的含义和分类。
3. 熟悉各类审计的特点。
4. 熟悉中国注册会计师鉴证业务的定义和要素。

寓德于教

秦汉至现代我国审计的发展演进

秦汉时期，由御史大夫自上而下进行的御史监察制度和由诸郡县自下而上进行的上计制度，形成了一个上下贯通的由中央控制全国的监察系统，我国的审计工作进入发展时期。但在秦汉官制中，尚无专司审计职责的机构和官员。自隋唐始，我国的皇家审计有了专设的独立机构"比部"，并把比部置于执行司法职能的刑部之下，提高了审计的地位；加之唐朝御史监察制度趋于完善，使审计与监察相互结合。宋朝建立后，审计之事仍沿袭唐制。宋前历代王朝用"考""比""勾覆"等词表示审查、考核之意，至宋则始用"审计"这一术语。此后，到了元、明、清三朝又取消了专门的审计机构。辛亥革命推翻了封建帝制,适应客观形势的变革,民国以后我国的审计制度有了一定的发展,但由于军阀割据,中央财源枯竭,地方各自为政,审计机构形同虚设。

中华人民共和国成立初期,我国没有设置独立的专门审计机构,对财政经济的监督,是由财政、银行、税务等部门通过其本身的业务来进行的。党的十一届三中全会以后,党和国家的工作重点转向社会主义现代化建设,并采取了一系列的方针政策。为此,我国把建立审计机关、实行审计监督,载入1982年的宪法,并于1983年在国务院下成立我国的最高审计机关——审计署,在县级以上地方人民政府成立审计厅、局。国家授予审计机关依法行使审计监督权,对国务院各部门、地方各级人民政府、财政金融机构,以及企事业等单位的财政、财务收支及其经济效益进行审计监督。不仅如此,还在部门、单位内部成立了审计机构,实行内部审计监督。

随着改革开放和经济建设,我国的社会审计得到重视和发展。我国的注册会计师行业发展先后经历了恢复重建(1980—1991年)、规范推进(1991—1998年)、体制创新(1998—2004年)、国际趋同(2005年以来)等历史演进阶段。1986年国务院发布了《中华人民共和国注册会计师条例》,据此在我国各大、中城市,相继成立了会计师事务所和审计事务所等社会(民间)审计组织,受托承办会计查账验证和会计咨询服务等业务。1995年1月1日《中华人民共和国审计法》(以下简称《审计法》)的实施,从法律上进一步确立了国家(政府)审计的地位,为其进一步发展奠定了良好的基础。《审计法》经过2006年2月28日第一次修改、自2006年6月1日起施行,2021年10月23日第二次修改、自2022年1月1日起施行,做了大量修订,新修订的《审计法》为强化审计监督、完善审计制度提供法治保障。至此,在我国形成了国家审计、社会审计和内部审计三位一体的审计监督体系,审计制度和审计工作进入振兴发展的新时期。

2018年5月23日,中央审计委员会组建成立,是我国审计发展史上的一个重要里程碑,具有划时代的历史意义。习近平总书记指出,审计是党和国家监督体系的重要组成部分。改革审计管理体制,组建中央审计委员会,是加强党对审计工作领导的重大举措。要深化审计制度改革,创新审计理念;要坚持"科技强审",加强审计信息化建设;要加强对全国审计工作的领导,强化上级对下级的领导,加快形成审计工作全国"一盘棋";要加强对内部审计工作的指导和监督,调动内部审计和社会审计的力量,增强审计监督合力。

资料来源:许敏,傅亚萍,李盛楠.我国审计事业:发展历程、文献回顾及展望[J].财会通讯,2023(07).

思考:

1. 简述我国审计监督体系包括哪几部分。
2. 根据上述资料,简述中国共产党对我国审计的发展起到的推动作用。

第一节 审计的产生与发展

一、注册会计师审计的产生

注册会计师审计是商品经济发展到一定程度时,随着企业财产所有权与经营权分离而产生的。通常认为,注册会计师审计产生于资本主义工业革命时代,而其萌芽可以追溯到 16 世纪。

16 世纪,威尼斯城的航海贸易日益发达并出现了早期的合伙企业。在合伙企业中,通常只有少数几人充当执行合伙人,负责企业的经营管理;其他合伙人则只出资而不参加经营管理。非执行合伙人需要了解合伙企业的经营情况和经营成果,执行合伙人也希望能证实自己经营管理的能力与效果。因此,双方都希望能从外部聘请独立的会计专业人员来承担查账和监督工作。这些会计专业人员所进行的查账与监督,可以被看作注册会计师审计的最初萌芽。

18 世纪下半叶,资本主义工业革命开始以后,英国的生产社会化程度大大提高,导致企业所有权与经营权进一步分离。企业主们雇佣职业经理人员来管理日常经营活动,他们需要借助外部专业人员来检查和监督经理人员,于是出现了第一批以查账为职业的独立会计师。特别是股份公司兴起以后,企业财产所有权与经营权日渐分离,绝大多数股东只向企业出资而完全脱离了经营管理。因此,股东们要求由经理人员组成的管理层定期向他们提交财务报告,以便了解公司的财务状况和经营成果。而后,随着资本市场的快速发展,企业融资渠道进一步拓宽,债权人、潜在的投资者等社会公众都迫切需要了解公司的财务状况和经营成果,以作出贷款、投资等相应的经济决策。因此,为确保财务信息的真实与公允,由独立会计师对股份公司的财务报告进行审计就显得尤为必要。

1720 年,英国爆发了南海公司破产事件,南海公司股东和债权人遭受了巨大的经济损失。会计师查尔斯·斯内尔受议会聘请,对南海公司会计账目进行了检查,并以"会计师"的名义出具了一份"查账报告书",指出南海公司的财务报告存在着严重的舞弊行为。这标志着独立会计师——注册会计师的正式诞生。随后,为保护投资者和债权人的利益,监督股份公司的经营管理,英国议会于 1844 年颁布了《公司法》,规定股份公司必须设立监事来审查会计账簿和报表,并将审查结果报告给股东。次年,英国议会又对《公司法》进行了修订,规定股份公司必要时可以聘请会计师协助办理审计业务。该法案使公司获得了聘请外部审计人员的选择权,从而有力地促进了独立会计师职业的发展。其间,英国政府对一批独立会计师进行了资格确认。1853 年,爱丁堡会计师协会在苏格兰成立,标志着注册会计师审计职业的诞生。1862 年修订的《公司法》又确定会计师为法定的公司破产清算人,进一步明确了独立会计师的法律地位。

二、注册会计师审计的发展

商品经济的发展不仅促成了审计的产生,而且不断推动审计向前发展。政府审计和内部审计如此,注册会计师审计也不例外。从审计对象的演变过程来看,注册会计师审计的发展可以分为会计账目审计、资产负债表审计和财务报表审计三个阶段。

(一)会计账目审计阶段

会计账目审计阶段大致是从 19 世纪中叶至 20 世纪初,其中,英国审计模式占据主导地位。在此阶段,注册会计师审计的主要特点是:审计逐渐由任意审计转变为法定审计;审计的目的在于查错防弊,保护企业财产的安全完整;审计的方法是对会计账目进行逐笔的详细审计;审计报告的使用人主要是企业股东。

(二)资产负债表审计阶段

资产负债表审计阶段大致是从 20 世纪初至 20 世纪 30 年代。在此期间,全球经济发展中心由欧洲转向美国。当时企业筹资主要依靠银行贷款解决。银行通常要求借款人提供经独立会计师审核的资产负债表,以判断企业的偿债能力。企业也希望借助独立会计师对其资产负债表的审查,更好地获取银行信用。因此,资产负债表审计成为此阶段独立会计师的主要业务。在此阶段,注册会计师审计的基本特点是:审计对象由会计账目扩大到资产负债表;审计的主要目的在于通过审查资产负债表来判断企业的信用状况;审计方法从详细审计初步转向抽样审计;审计报告除了服务于企业股东,更突出了债权人的需要。

(三) 财务报表审计阶段

财务报表审计阶段大致是从20世纪30年代至今。20世纪30年代后,美国证券市场得到快速发展,为保护投资者的权益,美国1934年颁布的《证券交易法》规定,上市公司必须向证券交易管理部门报送经过审查的资产负债表和损益表。为顺应这种需要,注册会计师审计从资产负债表审计逐步扩大到财务报表审计。在此阶段,注册会计师审计的主要特点为:审计对象转为企业的全部财务报表及相关资料;审计的主要目的在于对财务报表发表审计意见;审计范围扩大到测试相关的内部控制制度;抽样审计和计算机辅助审计技术逐渐被运用;审计报告的使用人进一步扩大,包括股东、债权人、潜在的投资者、证券交易机构、政府及社会公众;注册会计师审计准则体系不断建立和完善;注册会计师资格考试和认证制度逐步推行。

三、审计模式的演进

审计模式是审计导向性目标、范围和方法等要素的组合,它规定了如何分配审计资源、如何控制审计风险、如何规划审计程序、如何收集审计证据和如何形成审计结论等内容。审计环境的不断变化和审计理论水平的不断提高,促进了审计模式和方法的不断发展和完善。一般认为,审计模式和方法的演进经历了账项导向审计阶段、内控导向审计阶段和风险导向审计阶段。

(一) 账项导向审计阶段

账项导向审计阶段大致是从19世纪中叶至20世纪40年代。最初的账项导向审计以查错防弊为主要目的,详细审查公司的全部账簿和凭证,即检查各项分录的有效性和准确性、账簿记录的加总和过账是否正确、总账和明细账是否一致等。经过一段时间后,企业规模日渐扩大,审计范围也不断扩大,审计师已无法全面审查企业的会计账目,客观上要求改变原有的审计模式。注册会计师审计开始转向以财务报表为基础进行抽查,审计方式由顺查法改为逆查法,即通过先审查资产负债表有关项目,再有针对性地抽取凭证进行详细检查。在此阶段,抽查的数量仍然很大,但由于采取以判断抽样为主的方法,审计师仍难以有效揭示企业财务报表中可能存在的重大错弊。

(二) 内控导向审计阶段

20世纪40年代以后,随着经济的发展,财务报表的外部使用者越来越关注企业的经营管理活动,日益希望审计师全面了解企业的内部控制情况。审计目标逐渐从查错防弊发展到对财务报表发表审计意见。经过长期的审计实践,审计师们也发现内部控制制度与财务信息质量具有很大的相关性。如果内部控制制度健全有效,财务报表发生错误和舞弊的可能性就小,财务信息的质量就更有保障,审计测试范围也可以相应缩小;反之,就必须扩大审计测试范围,抽查更多的样本。为顺应这种要求并提高审计工作效率，账项导向审计逐渐发展为内控导向审计，即通过了解和评价被审计单位的内部控制制度，评估审计风险，制订审计计划并确定审计实施的范围和重点，在此基础上进行实质性测试，获取充分、适当的审计证据，从而提出合理的审计意见。通过实施内控导向审计，大大提高了审计工作的效率和质量，但客观上也增加了审计风险。

（三）风险导向审计阶段

随着经济环境的变化，社会公众日益对审计人员赋予更高的期望，这让审计人员担负更大的责任。20 世纪 70 年代以来，审计诉讼案件有增无减，深入研究、防范和降低审计风险成为审计职业界的重要任务。为合理地防范和降低审计风险并降低审计成本，注册会计师审计逐渐从内控导向发展为风险导向审计。在此阶段，审计人员在考虑审计风险时，不仅考虑会计系统和控制程序，还考虑控制环境。换句话说，风险导向审计既关注和评估企业内部控制风险，又关注和评估企业经营所面临的外部风险。通过对审计风险进行量化和模型化，确定审计证据的数量，使审计风险的控制更加科学有效。风险导向审计是适应现代社会高风险的特性，为量化审计风险、减轻审计责任、提高审计效率和审计质量所作的一种尝试。风险导向审计的出现，有助于审计人员控制审计风险，提高审计工作的效率和效果，因而越来越受到注册会计师的青睐。这也标志着注册会计师审计发展到了一个新阶段。

四、中国注册会计师审计的起源与发展

中国的注册会计师审计始于辛亥革命以后。当时，一批爱国学者积极倡导创建中国的注册会计师审计事业。1918 年，北洋政府颁布了我国第一部注册会计师审计法规——《会计师暂行章程》。同年，谢霖先生获准成为中国第一位注册会计师，并创办了第一家注册会计师审计机构——正则会计师事务所。1925 年，上海首先成立了会计师公会。经过 30 余年的缓慢发展，到 1947 年，中国的注册会计师审计事业已经初具规模。然而，由于政治经济的落后，旧中国的注册会计师审计业务发展缓慢，远未能发挥注册会计师审计的应有作用。中华人民共和国成立初期，在我国国民经济恢复过程中，注册会计师审计曾发挥了积极作用。在社会主义改造完成以后，由于照搬苏联高度集中的计划经济模式，我国的注册会计师审计陷入了长期的停滞状态。

改革开放以后，我国逐渐从计划经济体制转向市场经济体制，并出现了国有、集体、外资以及个体私营经济等多种所有制经济形式，股票、债券等资本市场也得到了快速发展，注册会计师审计随着经济的发展而得到了恢复和发展，其发展大致分为以下四个阶段。

（一）恢复重建阶段（1980—1991 年）

党的十一届三中全会作出了实行改革开放的历史性决策，为了吸引外资、改善投资环境，按照国际通行做法，我国建立了注册会计师独立审计制度。1980 年颁布的《中外合资经营企业所得税法实施细则》规定，合资经营企业在向税务机关报送所得税申报表和会计决算报表时，应附送注册会计师查账报告。1980 年 12 月，财政部发布了《关于成立会计顾问处的暂行规定》，标志着我国注册会计师制度恢复重建。1986 年 7 月，国务院颁布《中华人民共和国注册会计师条例》，确立了注册会计师行业的法律地位。到 1988 年年底，注册会计师发展到

3 000人,会计师事务所250家,业务领域仍以外商投资企业为主。1988年11月,中国注册会计师协会(以下简称中注协)成立,注册会计师行业开始步入政府监督和指导、行业协会自我管理的轨道。

在注册会计师事业发展的同时,我国另一支注册会计师审计队伍——注册审计师也从无到有发展壮大起来。1986年,全国有审计事务所189家,从业人员1 600人;1990年,有审计事务所2 322家,注册审计师7 273人;1993年11月,中国注册审计师协会成立;1995年,审计事务所已发展到3 828家。

(二) 规范发展阶段(1991—1998年)

上海证券交易所和深圳证券交易所于1990年1月和1991年7月相继成立,这标志着我国资本市场的初步形成。1991年12月,我国首次举办注册会计师全国统一考试,这为注册会计师专业化、规范化发展奠定了坚实的人才基础。1991年至1993年期间,中注协先后发布了《注册会计师检查验证会计报表规则(试行)》等7个执业规则,规范注册会计师执业行为。1993年我国通过并颁布了《中华人民共和国注册会计师法》(以下简称《注册会计师法》)。财政部和中注协先后制定发布了注册会计师注册、事务所审批、境外所临时执业等14项行业管理制度,注册会计师行业在法治化的轨道上大步向规范化方向发展。

1995年6月,中注协与中国注册审计师协会实现联合,开创了统一法律规范、统一执业标准、统一监督管理的行业发展新局面,为行业的规范发展奠定了良好的基础。此后,中注协分别于1996年10月和1997年5月加入亚太会计师联合会(CAPA)和国际会计师联合会(IFAC),并与50多个境外会计职业组织建立了友好合作和交往关系。1995—2003年,中注协先后制定了6批注册会计师审计准则,共计48个项目。

(三) 体制创新阶段(1998—2004年)

1998年至1999年年底,在财政部领导下,注册会计师行业全面开展并完成了会计师事务所的脱钩改制工作,会计师事务所实现了与挂靠单位在"人事、财务、业务、名称"四个方面的彻底脱钩,改制成以注册会计师为主体发起设立的自我约束、自我发展、自主经营、自担风险的真正意义上的市场中介组织。会计师事务所脱钩改制,彻底改变了行业的责任权利关系,为注册会计师实现独立、客观、公正执业奠定了体制基础,极大地释放和激发了会计师事务所的活力。

(四) 国际发展阶段(2005年至今)

2004年年底,中注协召开第四次会员代表大会,会议明确提出开放国内市场和进军国际市场的国际化发展思路:一是以培养国际化人才为重点,全面实施行业人才战略;二是以实现国际趋同为目标,深入推进准则国际趋同战略;三是以会计师事务所"走出去"为标志,大力推进做大做强战略。

2005年开始,按照财政部领导关于着力完善我国注册会计师审计准则体系,加速实现与国际准则趋同的指示,中注协拟订了22项准则,对26项准则进行了必要的修订和完善,并于2006年2月15日由财政部发布,自2007年1月1日起在所有会计师事务所施行。这些准则的发布,标志着我国已建立起一套适应社会主义市场经济发展要求,顺应国际趋同大势的中国注册会计师执业准则体系。

2007年,财政部启动注册会计师行业做大做强战略,发布《关于推动会计师事务所做大做强的意见》和《会计师事务所内部治理指南》,并协调九部委发布《关于支持会计师事务所扩大服务出口的若干意见》;发布《中国注册会计师胜任能力指南》;促成会计师事务所民事侵权责任司法解释的发布实施;在布鲁塞尔举行中国注册会计师统一考试欧洲考区的首次考试;签订内地与中国香港审计准则等有效的联合声明。

2008年,我国建立行业诚信信息监控系统;与英格兰及威尔士特许会计师协会签署两会间职业资格考试部分科目互免协议;发布注册会计师考试制度改革方案;制定发布《关于规范和发展中小会计师事务所的意见》和《关于进一步改进和加强协会管理和服务工作的意见》;研究推进行业党建工作。

2009年10月3日,国务院办公厅正式转发财政部《关于加快发展我国注册会计师行业的若干意见》(国办发〔2009〕56号),明确提出了加快发展注册会计师行业的指导思想、基本原则、主要目标和具体措施。这是改革开放以来经国务院同意、由国务院办公厅转发的关系注册会计师行业改革与发展全局的第一个文件。这一纲领性文件有力地推动了注册会计师行业的跨越式发展。

2009年年初,为应对审计环境的重大变化,实现与国际审计与鉴证准则的持续趋同,中注协启动了审计准则修订工作,共涉及38个准则项目。经过一年多的努力,历经两次公开征求意见,2010年10月31日,中国审计准则委员会审议通过修订后的新审计准则,2010年11月1日由财政部正式发布,定于2012年1月1日起施行。2017年、2019年中注协陆续对审计准则进行了修订,保持了与国际准则持续全面的趋同。

2020年12月17日,为了顺应经济社会发展对注册会计师诚信和职业道德水平提出的更高要求,进一步提升审计质量,吸收借鉴国际职业会计师道德守则的最新成果,保持与国际守则的持续动态趋同,中注协发布了《中国注册会计师职业道德守则(2020)》和《中国注册会计师协会非执业会员职业道德守则(2020)》,自2021年7月1日起施行。

第二节 审计的概念与分类

一、审计的概念

美国会计学会(American Accounting Association,AAA)在1973年《基本审计概念报告》中将审计定义如下:"审计是一个客观地获取和评价与经济活动和经济事项的认定有关的证据,以确认这些认定与既定标准之间的符合程度,并把审计结果传达给有利害关系的用户的系统过程。"

注册会计师审计是指注册会计师对财务报表是否不存在重大错报提供合理保证,以积极方式提出意见,以增强除管理层之外的预期使用者对财务报表信赖的程度。

上述定义可以从以下几个方面加以理解:

(1)审计的用户是财务报表的预期使用者,即审计可以用来有效满足财务报表预期使用者的需求。

(2) 审计的目的是改善财务报表的质量或内涵,增强预期使用者对财务报表的信赖程度,即以合理保证的方式提高财务报表的质量,而不涉及为如何利用信息提供建议。

(3) 审计的保证程度是合理保证。注册会计师将审计业务风险降至审计业务环境下可接受的低水平,以此作为以积极方式提出意见的基础。合理保证是一种高水平保证,当注册会计师获得充分适当的审计证据,将审计风险降至可接受的低水平时,就获得了合理保证。由于审计存在固有限制,注册会计师据以得出结论和形成意见的大多数审计证据是说服性而非结论性的。因此,审计只能提供合理保证,不能提供绝对保证。

(4) 审计的基础是独立性和专业性,通常由具备专业胜任能力和独立性的注册会计师来执行,注册会计师应当独立于被审计单位和预期使用者。

(5) 审计的最终产品是审计报告。注册会计师针对财务报表是否在所有重大方面按照财务报表编制基础编制并实现公允反映发表审计意见,并以审计报告的形式予以传达。注册会计师应严格按照审计准则和相关职业道德要求执行审计工作。

二、审计的分类

审计的分类,是指按照不同的标志,将审计分为各种不同的类型。随着审计的发展及其内容形式的变化,审计的种类也逐步复杂化。研究审计的分类,有利于完善审计理论体系,有利于顺利地进行审计工作。审计可按其主体、对象和客观条件进行分类。

(一) 审计的基本分类

审计的基本分类,有按审计主体分类和按审计目的和内容分类两种。

1. 按审计主体分类

审计主体是指具有并行使审计权的组织机构和专职人员。审计主体在审计活动中处于主导地位,是审计行为的执行者。审计按其主体的性质不同,可以分为政府审计、内部审计和民间审计三类。

(1) 政府审计。政府审计是指政府审计部门对政府部门和国有企事业单位的财政财务收支及其有关经济活动的真实性、合规性和效益性所进行的审查。政府审计是在政府首脑领导下代表政府进行的审计。例如,我国审计署对民政事业费的审计、省审计厅对本省各市财政预算收支执行的审计等,均属于政府审计。

(2) 内部审计。内部审计是指由部门、单位内部专职审计机构专职审计人员所进行的审计。内部审计的内容是本部门、本单位财政财务收支的审计、财经法纪的审计以及经济效益的审计。内部审计的职能是在本部门、本单位相对独立地行使审计监督权,是实现经济管理的一种必要手段,其内容并不限于各部门、各单位会计核算的工作监督,还涉及经济活动的各个领域,是增强内部控制的一个重要环节。

(3) 民间审计。民间审计又称注册会计师审计或社会审计,是指经有关部门批准注册的民间会计师事务所、审计事务所进行的审计。民间审计主体是从事独立审计活动的会计师事务所及其注册会计师等审计人员。这种审计是审计人员接受审计委托人的委托,对被审计单位的审计事项所进行的审查。民间审计的主要特点是独立性、受托性和有偿性。独立性是指会计师事务所及其审计人员既独立于被审计人,又独立于审计委托人,是唯一的一种双向独立。受托性是指会计师事务所只有收到客户书面委托才能实施约定的审计业务。注册会计师审计的委托人或授权人通常是各类资源财产的所有人或主管人,包括政府审计机关、国家行政机关、企业、事业单位和个人等。注册会计师审计的内容十分广泛,主要有鉴证业务和相关服务业务。鉴证业务包括审计业务、审阅业务以及其他鉴证业务。有偿性是指会计师事务所在双方签订了业务约定书并按其要求提供了服务后,应当根据约定向客户收取费用。

政府审计与民间审计都是被审计单位以外的审计组织所进行的审计,统称外部审计。

2. 按审计目的和内容分类

审计按其内容和目的不同,可以分为财务报表审计、合规审计和经营审计。

(1) 财务报表审计。财务报表审计,亦称会计报表审计,是对被审计单位的财务报表(如资产负债表、利润表、所有者权益变动表和现金流量表)、财务报表附注及相关附表进行的审计。这种审计的目的在于查明被审计单位的财务报表,是否按照一般公认会计准则(在我国,是指适用的《企业会计准则》和相关会计制度,下同),公允地反映其财务状况、经营成果和现金流量情况。一般来说,经注册会计师审计的财务报表,通常由被审计单位管理层提供给外部利益相关者使用。在许多情况下,财务报表的信息也供管理层进行内部决策使用。尽管财务报表审计在大多数情况下由注册会计师完成,以独立第三者的身份对财务报表发表意见,但政府审计和内部审计有时也会对企业财务报表进行审计。

(2) 合规审计。合规审计,是为查明和确定被审计单位财务活动或经营活动是否符合有关法律、法规、规章制度、合同、协议和有关控制标准而进行的审计。例如,由注册会计师或税务审核人员就企业所得税结算申报书是否遵从税法的规定申报而进行的审计。我国开展的财经法纪审计,如对严重违反国家现金管理规定、银行结算规定、成本开支范围规定、税法规定等行为所进行的审计,也是一种合规审计。其主要目的是检查财经纪律执行情况,揭露违法乱纪行为,如偷税漏税、乱挤乱摊成本、擅自提价涨价、滥发实物奖金、公款旅游、请客送礼、贪污盗窃、投机倒把、行贿受贿等。

(3) 经营审计。经营审计是为了评价某个组织的经济活动在业务、经营、管理方面的业绩,找出改进的机会并提出改善的建议,而对一个组织的全部或部分业务程序与方法进行的检查。经营审计的独立性要求不像财务报表审计那么严格,此外,内部审计人员、政府审计人员或注册会计师都可以执行经营审计。经营审计的结果以一定的报告形式传达给用户,但这种报告的形式与内容随着约定任务的情况不同而有非常大的差别。经营审计的用户通常为被审计单位,而且经营审计报告很少被第三方所利用。

(二) 审计的其他分类

1. 按审计对象接受程度分类

审计按其对象的接受程度不同,可以分为强制审计和任意审计。

(1) 强制审计。强制审计是指根据国家法令规定,不考虑被审计人的意愿而强制执行的审计。我国政府审计组织和部门内部审计组织对企事业单位的财务收支实行的审计监督,就属于这一审计类别。实行强制审计时,被审计单位必须依法接受审计,不得拒绝。

(2) 任意审计。任意审计是指根据被审计单位的意愿而进行的审计。在任意审计中,被审计单位不仅可以自主决定是否接受审计,还可以按照自己的意愿选择审计范围和审计方法。

企业委托民间审计组织对内部控制进行的审计以及单位内部审计组织的经济效益审计就属于这类审计。

2. 按审计对象记录载体分类

审计按其对象的记录载体不同,可以分为簿籍审计和电算化审计。

(1)簿籍审计。簿籍审计是指运用常规审计方法,对会计簿籍所进行的审计。这类审计属于传统审计方式,其目的在于审查会计资料的真实性和合法性。审计的内容包括会计基础工作的审计、会计凭证的审计、会计账簿的审计和会计报表的审计。

(2)电算化审计。电算化审计是指对被审计单位电子数据处理系统的会计资料和业务记录所进行的审计。电算化审计是一种现代审计,它通过对电算化软件程序以及信息的输入和输出的审查,查明资料的正确性和可靠性,借以查出和纠正电算化过程中出现的错误,揭露和打击不法分子利用电脑作案的违法行为。

3. 按审计实施时间分类

审计按其实施时间的不同,可以分为事前审计、事中审计和事后审计。

(1)事前审计。事前审计是指审计组织在被审计单位经济业务发生前所进行的审计。该类审计的主要内容包括被审计单位经济计划、预算、决策、方案的编制是否切实可行,各项目工程项目的预算是否经济有效,以及经济合同的签订是否合理合法等,其目的是事先纠正计划、预算、决策等方面的失误,预防错弊行为的发生,防患于未然,保证经济行为的合理性和合法性,促使被审计单位正确处理各方面的经济关系,不断提高企业经营管理水平。事前审计一般由内部审计组织进行。

(2)事中审计。事中审计是指审计组织在被审计单位某项经济业务发生期间所进行的审计。审计的主要内容是审查计划、预算、决策、方案、合同等的执行情况,审查经济责任的履行情况,审查基建工程的施工进度、施工质量、施工效益等,其目的是确保内部控制的贯彻执行,及时发现和纠正错弊行为,保证计划、预算、决策、方案、合同的顺利实施。

(3)事后审计。事后审计是指审计组织在被审计单位经济业务结束后所进行的审计。这类审计的内容较多,既包括财政财务收支审计,又包括财经法纪和经济效益审计,其目的是评价经济活动的真实性、合法性和效益性,确认经济责任,总结经验和教训,为今后编制计划、预算、方案等提供参考依据。

4. 按审计执行地点分类

审计按其执行地点不同,可以分为就地审计和报送审计。

(1)就地审计。就地审计是指审计组织委派审计人员到被审计单位所在地所进行的审计。这种审计可以深入实际进行调查研究,易于全面了解和掌握被审计单位的实际情况,是运用较为广泛的一种审计形式。

(2)报送审计。报送审计是指被审计单位按照审计组织的要求,将审计资料送至审计组织所进行的审计。报送审计一般适用于业务量不多的行政事业单位的经费收支审计。

5. 按审计范围分类

审计按其范围不同,可以分为全部审计、部分审计和专项审计。

(1)全部审计。全部审计是指审计组织对被审计单位在审计期内的全部经营活动及其经济资料所进行的审计。全部审计的结果比较准确可靠,但审计业务量过于繁重。它一般适用于内部控制不健全、会计基础工作较为薄弱的单位或经济业务简单、凭证账册等经济资料较少的小型企业。

(2) 部分审计。部分审计是指审计组织对被审计单位在审计期内的部分经营活动及其经济资料所进行的审计,如现金审计、销售业务审计等。部分审计所需时间短、费用少,便于帮助被审计单位及时发现问题、解决问题。但在审计过程中,可能会漏掉那些具有严重问题的事件和存在违法或非法行为的经济业务。

(3) 专项审计。专项审计是指对被审计单位特定项目进行的审计,如对被审计单位应付职工薪酬的审计等。

综上所述,依据不同的标准对审计所进行的各种分类,既有其各自的特点,又相辅相成,密切相关。审计人员在执行审计任务时,应根据不同的审计目标和要求,结合被审计单位的实际情况,恰当地选用审计类型,以更好地完成审计任务;当然,也可以选用几种审计类型,结合使用,使其相互补充,扬长避短。只有这样,才能合理组织审计工作,充分发挥各类审计的作用,从而既能简化审计工作,减轻审计工作量,又能保证审计质量,提高审计工作的效率和效果。

第三节 鉴证业务的概念与类别

一、鉴证业务的概念

《中国注册会计师鉴证业务基本准则》中对鉴证业务的定义是注册会计师对鉴证对象信息提出结论,以增强除了责任方的预期使用者对鉴证对象信息信任程度的业务。

上述定义可从以下几个方面加以理解:

(1) 鉴证业务的用户是"预期使用者",即鉴证业务可以用来有效地满足预期使用者的需求。

(2) 鉴证业务的目的是改善信息的质量或内涵,增强除责任方之外的预期使用者对鉴证对象信息的信任程度,即以适当保证或提高鉴证对象信息的质量为主要目的,而不涉及为如何利用信息提供建议。

(3) 鉴证业务的基础是独立性和专业性,通常由具备专业胜任能力和独立性的注册会计师来执行,注册会计师应当独立于责任方和预期使用者。

(4) 鉴证业务的"产品"是鉴证结论,注册会计师应当对鉴证对象信息提出结论,该结论应当以书面报告形式予以传达。

二、鉴证业务的分类

(一) 按照保证程度不同分类

鉴证业务按照保证程度不同,可以分为合理保证的鉴证业务与有限保证的鉴证业务。

1. 合理保证的鉴证业务

合理保证的鉴证业务是指注册会计师将鉴证业务风险降至该业务环境下可接受的低水

平,以此作为以积极方式提出结论的基础。例如,在历史财务信息审计中,要求注册会计师将审计风险降至可接受的低水平,对审计后的历史财务信息提供高水平保证(合理保证)。

2. 有限保证的鉴证业务

有限保证的鉴证业务是指注册会计师将鉴证业务风险降至该业务环境下可接受的水平,以此作为以消极方式提出结论的基础。例如,在历史财务信息审阅中,要求注册会计师将审阅风险降至该业务环境下可接受的水平(高于历史财务信息审计中可接受的低水平),对审阅后的历史财务信息提供低于高水平的保证(有限保证)。

(二)按照预期使用者获取鉴证对象信息的方式不同分类

鉴证业务按照预期使用者获取鉴证对象信息的方式不同,可以分为基于责任方认定的业务和直接报告业务。

1. 基于责任方认定的业务

基于责任方认定的业务是指责任方对鉴证对象进行评价或计量,鉴证对象信息以责任方认定的形式为预期使用者获取。例如,在财务报表审计中,被审计单位管理层(责任方)对财务状况、经营成果和现金流量(鉴证对象)进行确认、计量和列报(评价或计量)而形成的财务报表(鉴证对象信息)即为责任方的认定,该财务报表可为预期报表使用者获取,注册会计师针对该财务报表出具审计报告。这种业务属于基于责任方认定的业务。

2. 直接报告业务

直接报告业务是指注册会计师直接对鉴证对象进行评价或计量,或者从责任方获取对鉴证对象评价或计量的认定,而该认定无法为预期使用者获取,预期使用者只能通过阅读鉴证报告获取鉴证对象信息。例如,在内部控制鉴证业务中,注册会计师可能无法从管理层(责任方)获取其对内部控制有效性的评价报告(责任方认定),或虽然注册会计师能够获取该报告,但预期使用者无法获取该报告,注册会计师直接对内部控制的有效性(鉴证对象)进行评价并出具鉴证报告,预期使用者只能通过阅读该鉴证报告获得内部控制有效性的信息(鉴证对象信息)。这种业务属于直接报告业务。

三、中国注册会计师鉴证业务要素

《中国注册会计师鉴证业务基本准则》规定,鉴证业务要素包括鉴证业务的三方关系、鉴证对象、标准、证据和鉴证报告五个方面。

(一)鉴证业务的三方关系

鉴证业务涉及的三方关系人包括注册会计师、责任方和预期使用者。

1. 注册会计师

注册会计师,是指取得注册会计师证书并在会计师事务所执业的人员。

注册会计师是执行鉴证业务的主体。如果鉴证业务涉及的特殊知识和技能超出了注册会计师的能力,注册会计师可以利用专家协助执行鉴证业务。在这种情况下,注册会计师应当确信包括专家在内的项目组整体已具备执行该项鉴证业务所需的知识和技能,并充分参与该项鉴证业务和了解专家所承担的工作。

2. 责任方

责任方的界定与所执行鉴证业务的类型有关:

（1）在直接报告业务中，责任方是指对鉴证对象负责的组织或人员。

（2）在基于责任方认定的业务中，责任方是指对鉴证对象信息负责并可能同时对鉴证对象负责的组织或人员。

3. 预期使用者

预期使用者是指预期使用鉴证报告的组织或人员。责任方可能是预期使用者，但不是唯一的预期使用者。

如果鉴证业务服务于特定的使用者或具有特殊目的，注册会计师可以很容易地识别预期使用者。例如，企业向银行贷款，银行要求企业提供一份与贷款项目相关的预测性财务信息审计报告，这时，银行就是该鉴证报告的预期使用者。

注册会计师可能无法识别使用鉴证报告的所有组织和人员，尤其在各种可能的预期使用者对鉴证对象存在不同的利益需求时。此时，预期使用者主要是指那些与鉴证对象有重要和共同利益的主要利益相关者。例如，在上市公司财务报表审计中，预期使用者主要是指上市公司的股东。注册会计师应当根据法律法规的规定或与委托人签订的协议识别预期使用者。

（二）鉴证对象

在注册会计师提供的鉴证业务中，存在着不同类型的鉴证对象，相应地，鉴证对象信息也具有多种不同的形式。

1. 鉴证对象与鉴证对象信息的形式

（1）当鉴证对象为财务业绩或状况时（如历史或预测的财务状况、经营成果和现金流量），鉴证对象信息是财务报表。

（2）当鉴证对象为非财务业绩或状况时（如企业的运营情况），鉴证对象信息可能是反映效率或效果的关键指标。

（3）当鉴证对象为某种系统和过程时（如企业的内部控制或信息技术系统），鉴证对象信息可能是关于其有效性的认定。

（4）当鉴证对象为一种行为时（如遵守法律法规的情况），鉴证对象信息可能是对法律法规遵守情况或执行效果的声明。

2. 鉴证对象特征

鉴证对象具有不同特征，可能表现为定性或定量、客观或主观、历史或预测、时点或期间。这些特征将对下列方面产生影响：

（1）按照标准对鉴证对象进行评价或计量的准确性。

（2）对证据的说服力。

例如，当鉴证对象为遵守法规情况时，它的特征是定性的；当鉴证对象为企业的财务业绩或状况时，它的特征就是定量的。当鉴证对象为企业未来的盈利能力时，它的特征是主观的、预测的；当鉴证对象为企业的历史财务状况时，它的特征就是客观的、历史的。当鉴证对象为企业注册资本的实收情况时，它的特征是时点的；当鉴证对象为企业内部控制过程时，它的特征就是期间的。

（三）标准

标准是指用于评价或计量鉴证对象的基准，当涉及列报时，还包括列报的基准。适当的标准应当具备下列所有特征：

（1）相关性。相关的标准有助于得出结论，便于预期使用者作出决策。

（2）完整性。完整的标准不应忽略业务环境中可能影响得出结论的相关因素，当涉及列报时，还包括列报的基准。

（3）可靠性。可靠的标准能够使能力相近的注册会计师在相似的业务环境中，对鉴证对象做出合理的评价或计量。

（4）中立性。中立的标准有助于得出无偏向的结论。

（5）可理解性。可理解的标准有助于得出清晰、易于理解、不会产生重大歧义的结论。

如果没有适当的标准为注册会计师提供指引，任何个人的经验和判断都可能对鉴证结论产生影响，这样的结论也必然会缺乏可信性。因此，注册会计师应当合理运用其职业判断，以评价各项标准是否适当、是否适用于具体的鉴证业务。需要指出的是，注册会计师基于自身的预期、判断和个人经验对鉴证对象进行的评价和计量，不构成适当的标准。此外，标准还应当能够为预期使用者获取，以使预期使用者了解鉴证对象的评价或计量过程。

在财务报表审计中，财务报表编制基础即是标准。

（四）证据

注册会计师应当以职业怀疑态度来计划和执行鉴证业务，获取有关鉴证对象信息是否存在重大错报的充分、适当的证据。职业怀疑态度，并不是要求注册会计师假设管理层是不诚信的，而是指注册会计师应当以质疑的思维方式评价所获取证据的有效性，并对相互矛盾的证据，以及引起对文件记录或责任方提供的信息的可靠性产生怀疑的证据保持警觉。注册会计师在确定证据收集程序的性质、时间和范围时，主要考虑的因素包括重要性、鉴证业务风险及可获取证据的充分性和适当性。

（五）鉴证报告

鉴证报告是指由注册会计师出具并含有鉴证结论的书面报告，该鉴证结论应当说明注册会计师就鉴证对象信息提供的保证。提出鉴证结论的方式有两种：积极方式和消极方式，两者分别适用于合理保证的鉴证业务和有限保证的鉴证业务。在合理保证的鉴证业务中，注册会计师应当以积极的方式提出结论，如"我们认为，根据×标准，内部控制在所有重大方面都是有效的"或"我们认为，责任方作出的'根据×标准，内部控制在所有重大方面都是有效的'这一认定是公允的"。在有限保证的鉴证业务中，注册会计师应当以消极方式提出结论，如"基于本报告所述的工作，我们没有注意到任何事项使我们相信，根据×标准，×系统在任何重大方面是无效的"或"基于本报告所述的工作，我们没有注意到任何事项使我们相信，责任方作出的'根据×标准，×系统在所有重大方面都是有效的'这一认定是不公允的"。

第四节　我国审计的组织形式

根据《中华人民共和国宪法》《审计法》和《注册会计师法》的规定，我国的审计组织形式主要有政府审计机关、部门和单位内部审计机构以及民间审计组织。

一、政府审计机关

(一) 政府审计机关及其人员

政府审计机关是代表政府依法行使审计监督权的行政机关,它具有宪法赋予的独立性和权威性。政府审计机关实行统一领导、分级负责的原则。国务院设审计署,在国务院总理的领导下负责组织领导全国的审计工作,对国务院负责并报告工作。县级以上各级人民政府设立地方各级审计机关。地方各级审计机关分别在省长、自治区主席、市长、州长、县长、区长和上一级审计机关的领导下,组织领导本行政区的审计工作,负责领导本级审计机关审计范围的审计事项,对上一级审计机关和本级人民政府负责并报告工作。

审计机关根据工作需要,可以在重点地区、部门设立派出机构,进行审计监督。审计机关还可按工作内容和范围分设财政、金融、工业交通、商业粮食供销、外贸外资、农林水利、基本建设、科教卫生等职能审计部门,开展对行政机关、企业、事业、团体、军队等各种专业性审计工作。审计署对地方各级审计机关实行业务上的领导。

(二) 政府审计机关的职责权限

政府审计机关是依照宪法和审计条例规定建立的,实行的是法定审计,承担着繁重的审计任务。为此,《审计法》明确规定了其职责和权限。

(1) 政府审计机关的主要职责。政府审计机关应按有关法律、法规规定的审计客体的范围,对各单位的有关事项进行审计监督。

(2) 政府审计机关的权限。政府审计机关在审计过程中,有规定的监督检查权,对违反财经法规的被审计单位,可按有关规定进行处理。

(3) 政府审计机关审计监督活动的原则。政府审计机关进行审计监督活动的原则包括合法性原则、独立性原则和强制性原则。合法性原则是指审计机关应按照法律规定的权限,依法取证,应以国家法规、制度为监督依据,依法作出审计决定;独立性原则是指审计机关不参与被审计单位的经济活动,与被审计者没有任何的经济利害关系,具有职能上的独立性;强制性原则是指被审计单位必须积极配合审计机关的工作,被审计单位必须执行审计机关作出的审计结论和决定。

(三) 政府审计是高层次的经济监督

在经济监督体系中,与财政、税务、金融、工商行政管理等经济监督相比,政府审计是高层次的经济监督。主要原因如下:

(1) 政府审计的对象决定了它是高层次的经济监督。我国现阶段设立了财政、税务、金融、工商行政管理等经济监督,这些监督主要是从某个侧面对微观经济活动进行的监督,无法对整个国民经济进行有效的监督。而政府审计监督是根据法律、制度,对国务院各部门和地方各级人民政府及其各部门的财政收支、银行信贷、重大投资项目进行审计监督,从而保证在经济活动中有决定影响的部门及企业的经济效益。

(2) 政府审计的地位和性质决定了它是高层次的经济监督。政府审计对计划、预算执行情况、决算、信贷、重大项目的客观公正的监督是任何其他经济监督部门和其他审计所不能替代的,对中央与地方、国家与企业有关资金分配、使用等问题的监督、执法作用也胜于其他任何经济监督部门和其他审计形式。

（3）政府审计实施了对国民经济的全面经济监督。政府审计通过遍布全国的各级审计机构，按照法律、制度、规定，对一切影响国民经济正常运行的单位和事项，用分别做出没收其非法所得、处以罚款、停止财政拨款等处理方法强行和及时制止一切损害政府利益的错误行为，解决那些普遍存在的，或者有重大影响的倾向性问题。

（四）最高审计机关国际组织

目前，世界上已有210多个国家和地区设置了适应各自国情的政府审计机关。绝大多数国家的政府审计机关都加入了国际性的审计组织——最高审计机关国际组织(INTOSAI)。

最高审计机关国际组织是联合国经济和社会理事会下属的、一个由联合国成员国的最高审计机关组成的永久性国际审计组织，联合国组织及其任何一个专门机构中的所有成员国的最高审计组织均可参加，但各国政府对国际审计组织不承担任何义务。该组织的宗旨是互相介绍情况，交流经验，推动和促进各国最高审计组织更好地完成审计工作。

最高审计机关国际组织设有代表大会、理事会、秘书处等机构。总部设在奥地利首都维也纳。

二、内部审计机构

（一）内部审计机构及其特征

内部审计是指由部门或单位内部相对独立的审计机构和审计人员对本部门或本单位的财政财务收支、经营管理活动及其经济效益进行审核和评价，查明其真实性、正确性、合法性、合规性和有效性，提出意见和建议的一种专职经济监督活动。其主要目的是通过审计加强风险管理、健全内部控制系统、差错防弊、改善经营管理和提高经济效益。

（1）内部审计机构。我国的内部审计机构是根据审计法规和其他财经法规的规定设置的，主要包括部门内部审计机构和单位内部审计机构。不管是部门内部审计机构还是单位内部审计机构，都有其专职业务，其性质和会计检查并不相同，因此必须单独设立，并由本部门或本单位董事会下设的审计委员会或主要负责人直接领导。内部审计机构不应设在财会部门之内，受财会负责人的领导。

（2）内部审计的特征。我国内部审计的特征，有些是与西方企业的内部审计基本相似的，有些则是社会主义市场经济体制下所特有的。我国内部审计的一般特征有：服务上的内向性、审查范围的广泛性、作用的稳定性、微观监督与宏观监督的统一性。

（二）内部审计机构的职责权限

我国部门和单位内部审计机构是依据审计条例和其他财经法规而建立的，为了便于其行使审计监督权，在法规中对其职责权限也作了明确规定。

（1）内部审计机构的职责。内部审计机构或者审计工作人员对本单位及本单位下属单位的规定事项进行审计监督。

（2）内部审计机构的职权。内部审计机构在审计过程中，具有履行职责所必需的权限，如资料检查权、建议权等。此外，内部审计机构所在单位可以在管理权限范围内，授予内部审计机构经济处理、处罚的权限。

(三) 国际内部审计机构

西方国家很多部门和企业都设有内部审计机构。西方国家内部审计机构的隶属关系，一般有以下几种类型：

(1) 受本单位主计长领导。

(2) 受本单位总裁或总经理领导。

(3) 受本单位董事会下属的审计委员会领导。

(4) 受本单位董事会下设的审计委员会和主计长双重领导。

实际上，早在20世纪40年代初国际内部审计机构就成立了。1941年，内部审计师协会在美国正式成立，标志着内部审计工作开始向现代内部审计发展。1947年，该协会制定的《内部审计师职责条例》，规定了内部审计人员的职责和工作范围。20世纪50年代以后，内部审计师协会逐步发展成为一个国际性的学术团体。

目前，内部审计师协会已发展为拥有200多个分会和7万多名会员的国际性学术团体，每年定期召开一次国际会议，讨论内部审计的学术问题。1987年，内部审计师协会在美国纽约举行了理事会，经过讨论，批准中国内部审计学会以国家分会形式加入该组织。这标志着中国内部审计步入国际化的轨道。

三、民间审计组织

(一) 民间审计组织及其管理

民间审计是商品经济发展到一定阶段的必然产物。只要商品经济中存在两权分离，存在不同利益的集团和阶层，民间审计就有存在和发展的必要。

(1) 民间审计组织。民间审计组织是指根据国家法律或条例规定，经政府有关部门审核，注册登记的会计师事务所。会计师事务所是指经国家批准注册登记，依法独立承办审计业务和会计咨询业务的负有限责任的组织。会计师事务所实行自收自支、独立核算、依法纳税，具有法人资格。但合伙设立的会计师事务所则不具有法人资格。

(2) 中国注册会计师协会。中注协成立于1988年，是在财政部领导下的，经政府批准成立的注册会计师的职业组织。一方面，它对会计师事务所和注册会计师进行自我教育和自我管理；另一方面，它是联系政府机关和注册会计师的桥梁和纽带。中注协对外作为一个独立的社会团体，发展与外国和国际会计职业组织之间的相互交往，为我国注册会计师步入国际舞台发挥作用；对内协助财政机关拟定会计师事务所管理制度和注册会计师专业标准、组织注册会计师业务培训和考试考核等方面的工作。

(二) 民间审计的业务范围

民间审计的业务范围是根据审计法规和其他经济法规的规定而确定的，现阶段我国注册会计师执行的业务主要分为鉴证业务和相关服务业务两类。鉴证业务包括审计、审阅和其他鉴证业务。相关服务业务包括税务代理、代编财务信息、对财务信息执行商定程序等。

(三) 西方国家的民间审计组织

西方国家的会计师事务所主要有独资、普通合伙制、有限责任公司制和有限责任合伙制四种组织形式。

此外，国家之间资本的相互流动，带动了民间审计跨国界发展。为服务于分设在不同国家和地区的跨国公司，一些国家的会计师事务所联合组成大规模的国际会计师事务所，或者是跨国公司母国的会计师事务所在投资国分设机构，形成国际注册会计师事务所（公司）。目前，国际四大会计师事务所分别为普华永道、安永、毕马威和德勤。

课堂结账测试

班级_____ 姓名_____ 学号_____ 日期_____ 平时分_____

一、单项选择题(每题 5 分,共计 50 分)

1. 审计产生和发展的客观依据是(   )。
   A. 委托监督检查关系   B. 制约控制关系
   C. 效益评价关系   D. 受托经济责任关系
2. 下列事项中,标志着注册会计师审计职业诞生的是(   )。
   A. 威尼斯会计师协会的成立   B. 热那亚会计师协会的成立
   C. 美国注册会计师协会的成立 D. 爱丁堡会计师协会的成立
3. 编制财务报表的责任在于(   )。
   A. 公司管理层   B. 审计委员会
   C. 注册会计师   D. 内部审计人员
4. 鉴证业务是指注册会计师对鉴证对象信息提出结论,以增强除责任方之外的预期使用者对鉴证对象信息信任程度的业务。下列对于鉴证业务的理解中,不恰当的观点是(   )。
   A. 鉴证业务的用户是"预期使用者"
   B. 鉴证业务的目的是改善信息的质量或内涵,增强除责任方之外的预期使用者对鉴证对象信息的信任程度,并为如何利用信息提供建议
   C. 鉴证业务的基础是独立性和专业性
   D. 鉴证业务的"产品"是鉴证结论
5. 财务报表审计的目标是注册会计师通过执行审计工作,对财务报表发表审计意见。其不应包括的内容是(   )。
   A. 财务报表是否按照适用的会计准则的规定编制
   B. 财务报表是否按照适用的相关会计制度的规定编制
   C. 财务报表是否在所有方面公允反映被审计单位的财务状况、经营成果和现金流量
   D. 财务报表是否在所有重大方面公允反映被审计单位的财务状况、经营成果和现金流量
6. 下列关于注册会计师审计的提法中,不正确的是(   )。
   A. 注册会计师审计的产生早于国家审计
   B. 注册会计师审计产生的直接原因是财产所有权与经营权分离
   C. 注册会计师审计是由会计师事务所和注册会计师实施的审计
   D. 注册会计师审计在经济活动中的特殊作用是提高财务信息的可靠性和可信性
7. 下列各项中,不属于注册会计师审计特点的是(   )。
   A. 强制审计   B. 有偿审计   C. 受托审计   D. 双向独立
8. 下列各项中,属于审计最基本的职能是(   )。

A. 经济评价　　　B. 经济监察　　　C. 经济监督　　　D. 经济司法

9. 在注册会计师审计的形成和发展过程中，以会计账簿为审计对象，以查错防弊为目标的详细审计应当属于(　　)。
   A. 财务报表审计　　　　　　　　B. 20世纪初的美国式审计
   C. 内部控制导向审计　　　　　　D. 账项导向审计

10. 从独立性的角度来看，在我国审计监督体系中，国家审计(　　)。
    A. 仅与委托者独立，不与被审计单位独立
    B. 与审计委托者和被审计单位均独立
    C. 与审计委托者和被审计单位均不独立
    D. 仅与被审计单位独立，不与委托者独立

二、多项选择题(每题5分，共25分)

1. 审计概念中的"既定标准"体现在我国财务报表审计中包括(　　)。
   A. 企业会计准则　　　　　　　B. 企业会计制度
   C. 国家其他相关财务会计法规　　D. 企业内部的会计制度

2. 按照审计范围不同，可以将审计分为(　　)。
   A. 全部审计　　　B. 部分审计　　　C. 综合审计　　　D. 专项审计

3. 与被审计单位有利害关系的用户包括(　　)。
   A. 股东　　　B. 债权人　　　C. 证券交易机构　　　D. 潜在投资者

4. 基于责任方认定的业务和直接报告业务的区别主要表现在(　　)。
   A. 预期使用者获取鉴证对象信息的方式不同
   B. 注册会计师提出结论的对象不同
   C. 责任方的责任不同
   D. 鉴证报告的内容和格式不同

5. 审计的三方关系是指(　　)。
   A. 审计人　　　B. 管理人　　　C. 审计委托人　　　D. 被审计人

三、判断题(每题5分，共25分)

1. 国家审计在审计监督体系中起到作用，内部审计是国家审计的基础。独立审计是国家审计的辅助形式。(　　)
2. 我国审计机关只能发表审计意见，对违反财经纪律的单位及个人无权予以经济制裁。(　　)
3. 国家审计是独立性最强的一种审计。(　　)
4. 内部审计人员、国家审计人员和注册会计师都可以从事经营审计。(　　)
5. 鉴证业务的目的是改善信息的质量或内涵，增强除责任方之外的预期使用者对鉴证对象信息的信任程度，即以适当保证或提高鉴证对象信息的质量为主要目的，而不涉及为如何利用信息提供建议。(　　)

第二章　注册会计师职业规范与法律责任

> **知识导航**
>
> 注册会计师职业规范与法律责任
> - 会计师事务所
>   - 会计师事务所的组织形式
>   - 我国会计师事务所设立的条件
>   - 注册会计师的业务范围
> - 注册会计师职业规范
>   - 注册会计师执业准则
>   - 注册会计师职业道德
>   - 质量控制准则
>   - 后续教育准则
> - 注册会计师法律责任
>   - 财务报表审计责任
>   - 对注册会计师法律责任的认定
>   - 注册会计师承担法律责任的种类
>   - 注册会计师避免法律诉讼的具体措施

学习目标

1. 了解会计师事务所的组织形式及我国会计师事务所设立的条件。
2. 了解我国注册会计师职业规范体系。
3. 理解注册会计师职业道德规范。
4. 熟悉注册会计师法律责任的认定及法律责任的种类。

寓德于教

中国注册会计师协会修订注册会计师职业道德守则

审计人员在进行职业活动时,只有遵循职业道德守则,恪守诚信、客观公正、独立等原则,并持续提高职业素养,才能为社会各界提供符合规定要求的专业服务。审计职业道德之所以受到重视,是因为它是审计行业管理的重要组成部分,遵守审计职业道德是审计人员坚持依法审计、保证执业水准的决定性因素之一。保持职业谨慎并遵守职业道德规范是审计人员树立良好形象、保持良好信誉的重要措施,也是充分发挥审计职能作用的必要条件。

为了适应经济社会发展的更高要求,进一步提升审计质量,更加适合中国国情和实践需要,吸收借鉴国际职业会计师道德守则的最新成果,中注协对2009年的注册会计师职业道德守则进行了全面修订,并于2020年12月17日发布了新的守则。新修订的守则坚持以维护公众利益为宗旨,体现中国优秀传统文化与社会主义核心价值观,契合中国实际情况,保持与国际守则持续全面趋同,更加清晰易读,便于理解和执行。它具体包括职业道德基本原则、职业道德概念框架、提供专业服务的具体要求、审计和审阅业务以及其他鉴证业务对独立性的要求等。其中,职业道德基本原则为注册会计师的行为确立了道德标准。职业道德概念框架是解决职业道德问题的思路和方法,旨在帮助注册会计师识别、评价和应对那些对职业道德基本原则的不利影响,因为注册会计师遇到的许多情形(如职业活动、利益和关系)都可能对职业道德基本原则产生不利影响。提供专业服务的具体要求则是针对注册会计师在提供专业服务的过程中可能遇到的除独立性以外的某些具体情形下如何运用职业道德概念框架解决职业道德问题作出的具体规定。

资料来源:中国注册会计师协会官网.中注协发布新修订的职业道德守则.[2020-12-08]. https://www.cicpa.org.cn/ztzl1/Professional_standards/202012/t20201218_60980.html.

思考:

1. 根据所学知识,简述中国注册会计师职业道德基本原则的具体内容。
2. 简述注册会计师职业道德守则在注册会计师执业过程中所起到的作用。

第一节 会计师事务所

会计师事务所是依法承办注册会计师业务的机构,实行自收自支、独立核算、依法纳税,它是注册会计师的工作机构。综观世界各国,会计师事务所的组织形式主要有独资、普通合伙、有限责任、特殊普通合伙四种。根据《注册会计师法》的规定,我国不准个人设立独资会计师事务所,只允许设立有限责任会计师事务所和合伙会计师事务所两种形式。会计师事务所必须具备一定条件,并经过行业主管机关或注册会计师协会的批准登记才能设立。

一、会计师事务所的组织形式

1. 独资会计师事务所

独资会计师事务所由具有注册会计师执业资格的个人独立开办,承担无限责任。它的优点是对执业人员的数量需求不多,容易设立,执业灵活,能够在代理记账、代理纳税等方面很好地满足小型企业对注册会计师服务业务的需求,虽承担无限责任,但实际发生风险的程度相对较低。其缺点是无力承办大型业务,缺乏发展后劲。

2. 普通合伙会计师事务所

普通合伙会计师事务所是由两位或两位以上合伙人组成的合伙组织。合伙人以各自的财产对事务所的债务承担无限连带责任。它的优点是在风险牵制和共同利益的驱动下,促使事务所提高执业质量,扩大业务规模,提高控制风险的能力。其缺点是建立一个跨地区、跨国界的大型会计师事务所要经历一个漫长的过程;同时,任何一个合伙人在执业中的失误或舞弊行为,都可能给整个会计师事务所带来灭顶之灾。

3. 有限责任会计师事务所

有限责任会计师事务所由注册会计师认购会计师事务所股份,并以其所认购股份对事务所承担有限责任。会计师事务所以其全部资产对其债务承担有限责任。它的优点是可以通过公司制形式迅速聚集一批注册会计师,建立规模型大所,承办大型业务。其缺点是降低了风险责任对执业行为的高度制约,弱化了注册会计师的个人责任。

4. 特殊普通合伙会计师事务所

特殊普通合伙会计师事务所是指事务所以全部资产对其债务承担责任,各合伙人只对个人执业行为承担无限责任。无过失的合伙人对于其他合伙人的过失或不当执业行为以自己在事务所中的财产为限承担责任,不承担无限责任,除非该合伙人参与了过失或不当执业行为。它的最大特点在于既融入了普通合伙和有限责任会计师事务所的优点,又摒弃了它们的不足。这种组织形式是为顺应经济发展对注册会计师行业的要求于20世纪90年代初期兴起的,目前已成为注册会计师职业界组织形式发展的一大趋势。

二、我国会计师事务所设立的条件

按照国际惯例,会计师事务所的执业登记都由注册会计师行业主管机构统一负责。会计师事务所必须经过行业主管机关或注册会计师协会的批准登记,并由注册会计师协会予以公告。独资会计师事务所和普通合伙会计师事务所经过这个程序即可开业,申请成立有限责任会计师事务所一般还应当进行公司登记。根据《注册会计师法》的规定,我国注册会计师允许设立有限责任会计师事务所和合伙会计师事务所两种形式。

(一) 设立有限责任会计师事务所的条件

申请设立有限责任会计师事务所,应当具备以下条件:

(1) 有5名以上的股东。
(2) 有一定数量的专职从业人员。
(3) 有不少于30万元人民币的注册资本。
(4) 有股东共同制定的章程。
(5) 有会计师事务所的名称。
(6) 有固定的办公场所。

(二) 成为会计师事务所合伙人或者股东的条件

会计师事务所合伙人或者股东应当具备下列条件:

(1) 持有注册会计师证书。
(2) 在会计师事务所执业。
(3) 成为合伙人或者股东前3年内没有因为执业行为受到行政处罚。
(4) 有取得注册会计师证书后最近连续5年在会计师事务所从事法定审计业务的经历,其中在境内会计师事务所的经历不少于3年。
(5) 成为股东或合伙人1年内没有因采取隐瞒或提供虚假材料、欺骗、贿赂等不正当手段申请设立会计师事务所而被省级财政部门作出不予受理、不予批准或者撤销会计师事务所的处罚决定。

三、注册会计师的业务范围

根据我国注册会计师执业准则的规定,注册会计师的业务范围包括审计业务、审阅业务、其他鉴证业务和相关服务。

(一)审计业务

1. 审查企业财务报表,出具审计报告

财务报表审计业务是指注册会计师依法接受委托,通过执行审计工作对财务报表发表审计意见。为了有效制止和防范利用财务报表弄虚作假,提高财务报表质量,国家依法实行企业年度财务报表审计制度,《中华人民共和国公司法》(以下简称《公司法》)要求各类公司依法接受注册会计师的审计。注册会计师通过对企业财务报表的审计,实施了对企业的监管,提高了会计信息的质量,为维护会计秩序、保证会计信息质量作出了应有的贡献。

2. 办理企业合并、分立、清算事宜中的审计业务,出具有关报告

企业在合并、分立或清算时,应当分别编制合并、分立或清算财务报表。为了帮助财务报表使用者增强对这些报表的信赖程度,企业需要委托注册会计师对其编报的财务报表进行审计。注册会计师在对财务报表审计时,同样应当检查形成财务报表的所有会计资料及其反映的经济业务,并关注企业合并、分立及清算过程中出现的特定事项。办理企业合并、分立及清算事宜中的审计业务后出具的相应审计报告同样具有法定证明效力。

3. 办理法律、行政法规规定的其他审计业务,出具相应的审计报告

在实际工作中,注册会计师还可以根据国家法律、行政法规的规定接受委托,对特殊目的业务进行审计。特殊目的审计业务是指注册会计师接受委托,对下列财务信息进行审计并出具审计报告的业务:

(1) 按照企业会计准则和相关会计制度以外的其他基础(简称特殊基础)编制的财务报表。特殊基础通常包括计税基础、收付实现制基础。

(2) 财务报表的组成部分,包括财务报表特定项目、特定账户或特定账户的特定内容。

(3) 合同的遵守情况,如对贷款合同遵守情况发表审计意见。

(4) 简要财务报表。

(二)审阅业务

审阅业务是指注册会计师执行历史财务信息审阅业务,如财务报表审阅等。

财务报表审阅是指注册会计师在审阅的基础上,判断有关信息是否按照适用的会计准则和相关会计制度的规定编制,能否在所有重大方面公允反映被审阅单位的财务状况、经营成果和现金流量的过程。相对于审计而言,审阅程序简单,保证程度有限,成本也较低。

(三)其他鉴证业务

其他鉴证业务是指除历史财务信息审计和审阅业务之外的鉴证业务。由于其他鉴证业务的鉴证对象不是历史财务信息,注册会计师实施的其他鉴证业务与历史财务信息审计和审阅业务相比是特殊的鉴证业务。其他鉴证业务通常包括内部控制鉴证、预测性财务信息审核、系统鉴证等。这些鉴证业务同样可以增强使用者对鉴证对象信息的信任程度。

(四) 相关服务

相关服务是指注册会计师执行除鉴证业务外的其他相关服务业务,包括对财务信息执行商定程序、代编财务信息、税务服务、管理咨询和会计服务等。

对财务信息执行商定程序是指注册会计师对特定财务数据、单一财务报表或整套财务报表等财务信息执行与特定主体商定的、具有审计性质的程序,并就执行的商定程序及其结果出具报告的服务。

代编财务信息是指注册会计师运用会计而非审计的专业知识和技能,代客户编制一套完整或非完整的财务报表,或代为收集、分类和汇总其他财务信息的服务。

税务服务包括税务代理和税务筹划。税务代理是注册会计师接受企业或个人委托,为其填制纳税申报表,办理纳税事项。税务筹划是由于纳税义务发生的范围和时间不同,注册会计师从客户利益出发,代替纳税义务人设计可替代的或不同结果的纳税方案。

管理咨询是注册会计师与非注册会计师激烈竞争的一个领域。其服务范围包括:对公司的治理结构、信息系统、预算管理、人力资源管理、财务会计、经营效率及效果和效益等提供诊断、专业意见与建议。

第二节 注册会计师职业规范

注册会计师职业规范是注册会计师在审计工作中应当遵循的业务标准和行为准则,它既是会计师事务所与注册会计师开展审计工作的标准,也是衡量会计师事务所与注册会计师素质及其工作质量的准绳。

注册会计师职业规范体系包括执业准则、职业道德规范、质量控制准则和后续教育准则,这四个组成部分相辅相成,共同构成了注册会计师职业规范体系。执业准则由中注协负责拟定,主要规范注册会计师的技术行为,是注册会计师从事审计工作时必须遵循的行为规范,是衡量审计工作质量的准绳。职业道德规范主要是规范注册会计师的职业道德行为。质量控制准则主要是规范会计师事务所的质量控制行为。后续教育准则主要是规范会计师的职业后续教育活动,目的在于巩固和提高注册会计师的专业能力。

执业准则从技术角度对注册会计师的行为提出要求;职业道德规范从社会角度对注册会计师的行为提出要求;质量控制准则是针对会计师事务所整体提出的质量控制要求;后续教育准则是针对注册会计师整个职业生涯所提出的教育要求。

一、注册会计师执业准则

注册会计师执业准则是指注册会计师在执行业务的过程中所应遵守的职业规范。

(一) 注册会计师执业准则的作用

注册会计师执业准则体系的确定,为注册会计师执行各项业务提供了执业标准和指导,保证了注册会计师执业质量,规范了审计工作,促进了审计经验的交流,从而推动审计理论的发展。具体来说,注册会计师执业准则的作用主要表现在以下几个方面。

1. 有助于提高和评价注册会计师行业的服务质量

注册会计师执业准则体系对注册会计师在执业过程中保持职业态度,对财务报表审计、审阅验资、执行商定程序等业务均作出了详细的规定,涵盖了鉴证业务和相关服务等业务领域,为质量控制提供了标准,有助于注册会计师行业服务质量的保证与提高。

审计和鉴证业务质量直接影响着客户、社会公众及注册会计师自身的利益,因此无论是客户、社会公众还是注册会计师职业界本身都需要一个衡量和评价注册会计师执业质量的标准,而注册会计师执业准则体系为会计师事务所和注册会计师执业质量的评价提供了依据。在注册会计师行业内部进行执业质量检查、会计师事务所(或者注册会计师)被起诉时,注册会计师执业准则体系都是用于评判会计师事务所(或者注册会计师)是否存在过失或不当行为的重要依据。

2. 有助于规范审计工作

执业准则规范了在审计业务中注册会计师如何签订审计业务约定书,如何编制审计计划,如何实施审计程序,以及如何记录工作底稿和出具审计报告等;执业准则也对注册会计师从事财务报表审阅、其他鉴证业务和相关服务进行了规范。这就使注册会计师在执行业务的每一环节都有了相应的依据和标准。从而规范了注册会计师的行为,维护了社会经济的秩序。

3. 有利于维护会计师事务所和注册会计师的正当权益

注册会计师不能就审计结果作出绝对的保证,只要能严格按照执业准则的要求执业,就应认为已尽责。当客户与注册会计师发生纠纷并诉诸法律时,执业准则就成为法庭判明是非、划清责任界限的重要依据,有利于维护会计师事务所和注册会计师的正当权益。

4. 有助于推动审计理论和实务的发展与完善

执业准则是审计实践经验的总结和升华,已成为审计理论的一个重要组成部分,在执业准则的制定过程中,必然会激发各种理论的争论、探讨,从而带动审计理论的研究。执业准则颁布以后,审计学界仍然要围绕着如何实施准则和怎样达到准则的要求展开细致的工作和研究,不断改进完善这些准则。因此,审计理论水平会随着执业准则的制定和实施不断得以提高。

(二)中国注册会计师执业准则体系

中国注册会计师执业准则体系受注册会计师职业道德守则统御,注册会计师执业准则包括注册会计师业务准则和会计师事务所质量控制准则,如图2-1所示。注册会计师业务准则包括鉴证业务准则和相关服务准则,如图2-2所示。

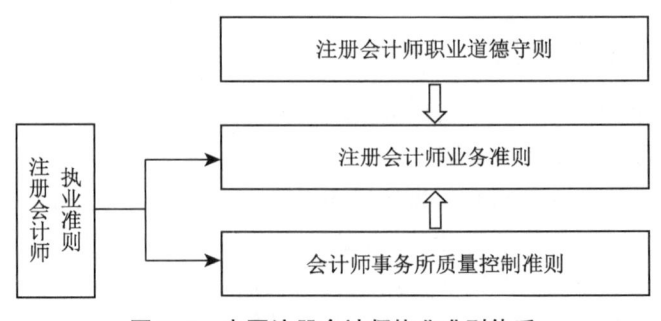

图2-1 中国注册会计师执业准则体系

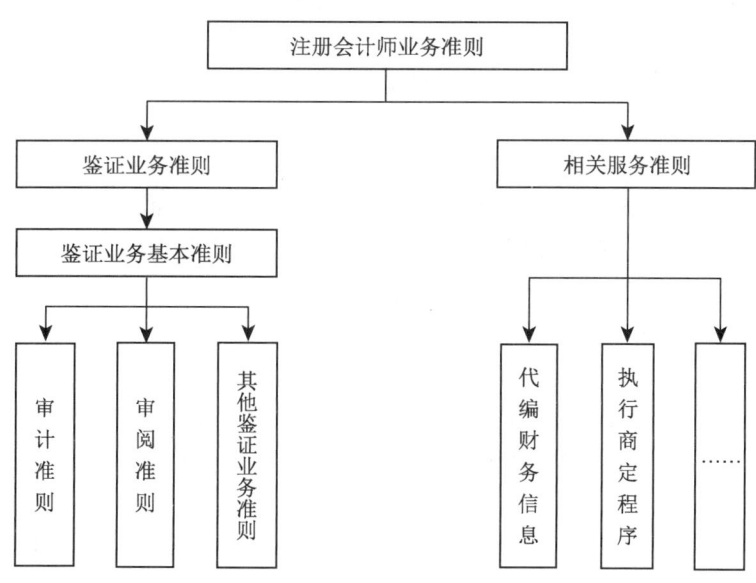

图 2-2 注册会计师业务准则体系

鉴证业务准则由鉴证业务基本准则统领，按照鉴证业务提供的保证程度和鉴证对象的不同，分为中国注册会计师审计准则、中国注册会计师审阅准则和中国注册会计师其他鉴证业务准则（以下分别简称"审计准则""审阅准则"和"其他鉴证业务准则"）。其中，审计准则是整个执业准则体系的核心。

审计准则用于规范注册会计师执行历史财务信息的审计业务。在提供审计服务时，注册会计师对所审计信息是否不存在重大错报提供合理保证，并以积极方式提出结论。审计准则包括涉及审计业务的一般原则与责任、风险评估与应对、审计证据、利用其他主体的工作、审计结论与报告、特殊领域审计六个方面。

审阅准则用以规范注册会计师执行历史财务信息的审阅业务。在提供审阅服务时，注册会计师对所审阅信息是否不存在重大错报提供有限保证，并以消极方式提出结论。该准则对审阅范围和保证程度、业务约定书、审阅计划、审阅程序和审阅证据、结论和报告等进行了重点说明，以规范注册会计师执行审阅业务。

其他鉴证业务准则用于规范注册会计师执行历史财务信息审计和审阅以外的其他鉴证业务，根据鉴证业务的性质和业务约定的要求，提供有限保证或合理保证。该准则共有两项，包括历史财务信息审计（或审阅以外的鉴证业务）和预测性财务信息的审核。

相关服务准则用于规范注册会计师代编财务信息、执行商定程序、提供管理咨询等其他服务。在提供相关服务时，注册会计师不提供任何程度的保证。该准则共有两项，包括对财务信息执行商定程序和代编财务信息。

会计师事务所质量控制准则用于规范会计师事务所在执行各类业务时应当遵守的质量控制政策和程序，是对会计师事务所质量控制提出的制度要求。

二、注册会计师职业道德

《中国注册会计师职业道德守则》规定了职业道德基本原则和职业道德概念框架。

职业道德基本原则包括诚信、独立性、客观和公正、专业胜任能力和应有的关注、保密以及良好职业行为。注册会计师在遵循基本原则的过程中如果受到自身利益、自我评价、过度推介等不利因素的影响,应采取各种措施消除不利影响或将不利影响降至可接受的水平。

职业道德概念框架是指解决职业道德问题的思路和方法,用以指导注册会计师识别对职业道德基本原则的不利影响,评价不利影响的严重程度,必要时采取防范措施消除不利影响或将其降至可接受的水平。注册会计师在执业过程中,应当遵守职业道德基本原则,并能运用职业道德概念框架解决职业道德问题,更好地为社会公众服务。

(一) 注册会计师职业道德的基本原则

1. 诚信

诚信,是指诚实、守信,即一个人的言行与内心思想一致,不虚假;能够履行与别人的约定而取得对方的信任。诚信原则要求注册会计师应当在所有的职业关系和商业关系中保持正直和诚实,秉公处事、实事求是。

注册会计师如果认为业务报告、申报资料或其他信息存在下列问题,则不得与这些有关问题的信息发生牵连,具体包括:

(1) 含有严重虚假或误导性的陈述。
(2) 含有缺乏充分根据的陈述或信息。
(3) 存在遗漏或含糊其辞的信息。

注册会计师如果注意到已与有问题的信息发生牵连,应当采取措施消除牵连。在鉴证业务中,如果注册会计师依据执业准则出具了恰当的非标准业务报告,不被视为违反上述要求。

2. 独立性

独立性,是指不受外来力量控制、支配,按照一定之规行事。独立性原则通常是对注册会计师而非执业会员提出的要求。在执行鉴证业务时,注册会计师必须保持独立性。在市场经济条件下,投资者主要依赖财务报表判断投资风险,在投资机会中作出选择。如果注册会计师与客户存在经济利益、关联关系,或屈从于外界压力,就很难取信于社会公众。

注册会计师执行鉴证业务时,应当从实质上和形式上保持独立性,不得因任何利害关系影响其客观性。实质上的独立性是一种内心状态,使得注册会计师在提出结论时不受损害职业判断的因素影响,诚信行事,遵循客观和公正原则,保持职业怀疑态度。形式上的独立性是一种外在表现,使得一个理性且掌握充分信息的第三方在权衡所有相关事实和情况后,认为会计师事务所或审计项目组成员没有损害诚信原则、客观和公正原则或职业怀疑态度。

会计师事务所在承办鉴证业务时,应当从整体层面和具体业务层面采取措施,以保持会计师事务所和项目组的独立性。

3. 客观和公正

客观,是指按照事物的本来面目去考察,不添加个人的偏见。公正,是指公平、正直、不偏袒。客观和公正原则要求注册会计师应当公正处事、实事求是,不得因偏见、利益冲突或他人的不当影响而损害自己的职业判断。

如果某一情形或关系导致偏见或者对职业判断产生不当影响,注册会计师不应提供相关专业服务。

4. 专业胜任能力和应有的关注

（1）专业胜任能力。专业胜任能力是指注册会计师具有专业知识、技能和经验，能够经济、有效地完成客户委托的业务。如果注册会计师在缺乏足够的知识、技能和经验的情况下提供专业服务，就构成了一种欺诈。一个合格的注册会计师，不仅要充分认识自己的能力，对自己充满信心，更重要的是，必须清醒地认识到自己在专业胜任能力方面存在的不足，如果承接了难以胜任的业务，就可能给客户乃至社会公众带来危害。

专业胜任能力可分为两个独立的阶段：专业胜任能力的获取和专业胜任能力的保持。注册会计师应当持续了解和掌握相关的专业技术和业务的发展，以保持专业胜任能力，使其能够胜任特定业务环境中的工作。

（2）应有的关注。应有的关注要求注册会计师遵守执业准则和职业道德规范要求，勤勉尽责，按照有关工作要求，认真、全面、及时地完成工作任务。在审计过程中，注册会计师应当保持职业怀疑态度，运用专业知识、技能和经验，获取和评价审计证据。同时，注册会计师应当采取措施以确保在其授权下工作的人员得到适当的培训和督导。

5. 保密

保密原则要求注册会计师应当对在职业活动中获知的信息予以保密，不得出现下列行为：

（1）未经客户授权或法律法规允许，向会计师事务所以外的第三方披露其所获知的涉密信息。

（2）利用所获知的涉密信息为自己或第三方谋取利益。

注册会计师在社会交往中应当履行保密义务。注册会计师应当警惕无意泄密的可能性，特别是警惕无意向近亲属或者关系密切的人员泄密的可能性。其中，近亲属又分为主要近亲属和其他近亲属。主要近亲属，是指配偶、父母或子女。其他近亲属，是指兄弟姐妹、祖父母、外祖父母、孙子女、外孙子女。

注册会计师在下列情况下可以披露涉密信息：

（1）法律法规允许披露，并且取得客户或工作单位的授权。

（2）根据法律法规的要求，为法律诉讼、仲裁准备文件或提供证据，以及向有关监管机构报告发现的违法行为。

（3）在法律法规允许的情况下，在法律诉讼、仲裁中维护自己的合法权益。

（4）接受注册会计师协会或监管机构的执业质量检查，答复其询问和调查。

（5）法律法规、执业准则和职业道德规范规定的其他情形。

6. 良好的职业行为

良好的职业行为要求注册会计师应当遵守相关法律法规，避免发生任何损害职业声誉的行为。

在推介自己和工作时，注册会计师应当客观、真实、得体，不应存在下列行为：

（1）对其能够提供的服务、拥有的资质以及积累的经验进行夸大宣传。

（2）对其他注册会计师的工作进行贬低或无根据的比较。

（二）可能对职业道德基本原则产生不利影响的因素

注册会计师对职业道德基本原则的遵循可能会受到多种因素的不利影响。不利影响的性质和严重程度因注册会计师提供服务类型的不同而不同。可能对职业道德基本原则产生不利影响的因素包括：自身利益、自我评价、过度推介、密切关系和外在压力。

1. 自身利益

如果经济利益或其他利益对注册会计师的职业判断或行为产生不当影响,将产生自身利益导致的不利影响。

自身利益导致不利影响的情形主要包括:

(1) 鉴证业务项目组成员在鉴证客户中拥有直接经济利益。

(2) 会计师事务所过分依赖于向某一客户所收取的费用。

(3) 鉴证业务项目组成员与鉴证客户存在重要且密切的商业关系。

(4) 会计师事务所与客户就鉴证业务达成或有收费的协议。

2. 自我评价

如果注册会计师对其以前的判断或服务结果作出不恰当的评价,并且将据此形成的判断作为当前服务的组成部分,将产生自我评价导致的不利影响。

自我评价导致不利影响的情形主要包括:

(1) 会计师事务所在对客户提供财务系统的设计或操作服务后,又对系统的运行有效性出具鉴证报告。

(2) 会计师事务所为客户编制原始数据,这些数据构成鉴证业务的对象。

(3) 鉴证业务项目组成员担任或最近曾经担任客户的董事或高级管理人员。

(4) 鉴证业务项目组成员现在受雇于或最近曾受雇于客户,且所处职位能够对鉴证对象施加重大影响。

3. 过度推介

如果注册会计师过度推介客户或工作单位的某种立场或意见,使其客观性受到损害,将产生过度推介导致的不利影响。

过度推介导致不利影响的情形主要包括:

(1) 会计师事务所推介审计客户的股份。

(2) 在审计客户与第三方发生诉讼或纠纷时,注册会计师担任该客户的辩护人。

4. 密切关系

如果注册会计师与客户或雇佣单位存在长期或亲密的关系,而过于倾向他们的利益,或认可他们的工作,将产生密切关系导致的不利影响。

密切关系导致不利影响的情形主要包括:

(1) 项目组成员的近亲属担任客户的董事或高级管理人员。

(2) 项目组成员的近亲属是客户的员工,其所处的职位能够对业务对象施加重大影响。

(3) 注册会计师接受客户的礼品或款待。

5. 外在压力

如果注册会计师受到实际的压力或感受到压力而无法客观行事,将产生外在压力导致的不利影响。

外在压力导致不利影响的情形主要包括:

(1) 会计师事务所受到客户解除业务关系的威胁。

(2) 审计客户表示,如果会计师事务所不同意其对某项交易的会计处理,审计客户将不再委托其承办协议中的非鉴证业务。

(3) 客户威胁将起诉会计师事务所。

(4) 会计师事务所受到降低收费的影响而不恰当地缩小工作范围。

(5) 会计师事务所合伙人告知注册会计师,除非同意审计客户不恰当的会计处理,否则将影响晋升。

【例2-1】 影响职业道德的不利因素案例分析

ABC会计师事务所与其部分客户的情况如下:

(1) 甲公司是ABC会计师事务所的常年审计客户,ABC会计师事务所委托A注册会计师担任2023年度甲公司财务报表审计的项目合伙人。乙公司是甲公司的主要竞争对手,ABC会计师事务所首次接受其委托。考虑到A注册会计师的行业经验,在将相关情况告知甲公司并征得其同意后,ABC会计师事务所委托A注册会计师担任乙公司审计项目的项目合伙人。

(2) 丙公司是ABC会计师事务所首次接受委托的审计客户,签订审计业务约定书时,ABC会计师事务所根据有关部门的要求,与丙公司商定按六折收取审计费用,据此,审计项目组计划相应缩小审计范围,并就此事与丙公司治理层达成一致意见。

(3) 丁公司是ABC会计师事务所首次接受委托的审计客户,审计业务约定书约定,丁公司如上市成功,将另行奖励ABC会计师事务所,奖励金额按发行股票融资额的0.1%计算。

(4) 戊公司是ABC会计师事务所首次接受委托的审计客户,戊公司与ABC会计师事务所签订协议,由戊公司向其客户推荐ABC会计师事务所的服务。每次推荐成功后,由ABC会计师事务所向戊公司支付少量的业务介绍费。

(5) 甲公司是ABC会计师事务所的常年审计客户。甲公司是F1赛事中国站的赞助商,向ABC事务所主任会计师A注册会计师赠送5张中国站的贵宾票。A注册会计师将门票分给了审计项目组成员。

要求:判断ABC会计师事务所的做法是否违反中国注册会计师职业道德守则,如是,请说明理由。

解:(1) ABC会计师事务所的做法违反中国注册会计师职业道德守则,为存在利益冲突的两个以上客户服务,注册会计师应当告知所有已知相关方,并在征得其同意的情况下执行业务。ABC会计师事务所还应告知乙公司并征得其同意。

(2) ABC会计师事务所的做法违反中国注册会计师职业道德守则。所述情况表明,降低收费导致事务所不恰当地缩小了工作范围,将对专业胜任能力和应有的关注原则产生不利影响。

(3) ABC会计师事务所的做法违反中国注册会计师职业道德守则。ABC会计师事务所提供审计服务不得采用或有收费,否则因自身利益严重影响独立性。

(4) ABC会计师事务所的做法违反中国注册会计师职业道德守则。会计师事务所不得向审计客户支付业务介绍费。

(5) ABC会计师事务所的做法违反中国注册会计师职业道德守则。注册会计师不得接受审计客户礼品,否则因自身利益和密切关系严重影响独立性。

(三) 应对不利影响的防范措施

防范措施是指可以消除不利影响,或将其降至可接受水平的行动或其他措施。应对不利影响的防范措施,包括法律法规和职业规范规定的防范措施、具体工作中采取的防范措施。在具体工作中,应对不利影响的防范措施包括会计师事务所层面和具体业务层面的防范措施。

1. 会计师事务所层面的防范措施

（1）会计师事务所领导层强调遵循职业道德基本原则的重要性。

（2）会计师事务所领导层强调鉴证业务项目组成员应当维护公众利益。

（3）制定有关政策和程序，实施项目质量控制，监督业务质量。

（4）制定有关政策和程序，识别会计师事务所或项目组成员与客户之间的利益或关系。

（5）制定有关政策和程序，监控对某一客户收费的依赖程度。

（6）向鉴证客户提供非鉴证服务时，指派鉴证业务项目组以外的其他合伙人和项目组，并确保鉴证业务项目组和非鉴证业务项目组分别向各自的业务主管报告工作。

（7）指定高级管理人员负责监督会计师事务所质量控制系统是否有效运行。

（8）向合伙人和专业人员提供鉴证客户及其关联实体的名单，并要求合伙人和专业人员与之保持独立。

（9）建立惩戒机制，保障相关政策和程序得到遵守。

2. 具体业务层面的防范措施

（1）由未涉及非鉴证服务的注册会计师复核已执行的非鉴证工作，或在必要时提供建议。

（2）由鉴证业务项目以外的注册会计师复核已执行的鉴证工作，或在必要时提供建议。

（3）向客户审计委员会、监管机构或注册会计师协会咨询。

（4）与客户治理层讨论有关职业道德问题。

（5）向客户治理层说明提供服务的性质和收费的范围。

（6）请其他会计师事务所执行或重新执行部分业务。

（7）轮换鉴证业务项目组合伙人和高级员工。

三、质量控制准则

执业质量是会计师事务所的生命线，是注册会计师行业维护社会公众利益的专业基础。

会计师事务所质量控制准则旨在规范会计师事务所建立并保持有关财务报表审计和审阅、其他鉴证和相关服务业务的质量控制制度。

（一）质量控制制度的目标

会计师事务所应当根据会计师事务所质量控制准则，制定质量控制制度，以合理保证业务质量。质量控制制度的目标主要在以下两个方面提出合理保证：

（1）会计师事务所及其人员遵守职业准则和适用的法律、法规的规定。

（2）会计师事务所和项目合伙人出具适合具体情况的报告。

项目合伙人是指会计师事务所中负责某项业务及其执行，并代表会计师事务所在出具的报告上签字的合伙人。

（二）质量控制制度的要素

会计师事务所的质量控制制度应当包括针对下列要素而制定的政策和程序：

（1）对业务质量承担的领导责任。

（2）相关职业道德要求。

（3）客户关系和具体业务的接受与保持。

（4）人力资源。

(5) 业务执行。
(6) 监控。

会计师事务所应当将质量控制政策和程序形成书面文件,并传达到全体人员。在记录和传达时,应清楚地描述质量控制政策和程序及其拟实现的目标,包括用适当信息指明每个人都负有各自的质量责任,并被期望遵守这些政策和程序。

四、后续教育准则

注册会计师职业后续教育是指注册会计师为保持和提高其专业胜任能力与执业水平,掌握和运用相关新知识、新技能、新法规所进行的学习与研究。其主要内容包括:会计准则及国家其他有关财务会计法规、独立审计准则及其他职业规范、与执业相关的其他法规、执业所需的其他知识与技能等。

第三节 注册会计师法律责任

近些年来,注册会计师被起诉的案件日益增多,注册会计师的法律责任进一步加大。如果注册会计师在执业过程中有违约、过失或欺诈等行为,给客户或依赖经审计的财务报表的第三者造成重大损失就要承担相应的法律责任。因此,注册会计师应采取严格遵循职业道德守则和执业准则的要求、建立健全会计师事务所质量控制制度、提取风险基金或购买责任保险等措施避免法律诉讼,保证职业道德和执业质量。

一、财务报表审计责任

在财务报表审计中,被审计单位管理层和治理层与注册会计师承担着不同的责任,不能互相混淆和替代。明确责任划分,不仅有助于被审计单位管理层和治理层与注册会计师认真履行各自的职责,为财务报表及其审计报告的使用者提供有用的经济决策信息,还有利于保护相关各方的正当权益。

(一) 被审计单位管理层和治理层的责任

现代公司治理结构要求治理层对管理层编制财务报表的过程实施有效的监督。被审计单位管理层的责任是在治理层的监督下,按照适用的会计准则和相关会计制度的规定编制财务报表。管理层对编制财务报表的具体责任包括:

(1) 选择适用的会计准则和相关会计制度。管理层应当根据会计主体的性质和财务报表的编制目的,选择适用的会计准则和相关会计制度,编制和列报财务报表。例如,企业根据规模或行业性质,采用适合的《企业会计准则》或《小企业会计准则》。

(2) 选择和运用恰当的会计政策。会计政策是指企业在会计确认、计量和报告中所采用的原则、基础和会计处理方法。管理层应当根据企业的具体情况,选择和运用恰当的会计政策。

(3) 根据企业的具体情况,作出合理的会计估计。会计估计是指企业对其结果不确定的交易和事项以最近可利用的信息为基础所作的判断。管理层有责任根据企业的实际情况,作出合理的会计估计,如企业固定资产的使用年限和净残值、应收账款的可收回净额等。

(二) 注册会计师的责任

按照中国注册会计师审计准则的规定对财务报表发表审计意见是注册会计师的责任。注册会计师应当遵守职业道德规范,按照审计准则的规定计划和实施审计工作,获取充分、适当的审计证据,并根据获取的审计证据得出合理的审计结论,发表恰当的审计意见。注册会计师通过签署审计报告确认其责任。

财务报表编制和财务报表审计是财务信息生成过程中的不同环节,两者各司其职。法律法规要求管理层和治理层对编制财务报表承担责任,有利于从源头上保证财务信息的质量。在某些方面,注册会计师与管理层和治理层之间可能存在信息不对称,管理层和治理层作为内部人员,对企业的情况更为了解,更能作出适合企业特点的会计处理决策和判断,因此,管理层和治理层应对编制财务报表承担完全责任。尽管在审计过程中,注册会计师可能向管理层和治理层提出调整建议,甚至在不违反独立性的前提下为管理层编制财务报表提供协助,但管理层仍然对编制财务报表承担责任,并通过签署财务报表确认这一责任。

二、对注册会计师法律责任的认定

1. 违约

违约,是指合同的一方或多方未能履行合同条款规定的义务。当注册会计师违约,给他人造成损失时,应负违约责任。例如,在商定的期间内未能提交纳税申报表,或违反了与客户订立的保密协议等。

2. 过失

过失,是指在一定条件下,没有保持应有的职业谨慎。评价注册会计师的过失,是以其他合格注册会计师在相同条件下可做到的谨慎为标准的。当注册会计师过失给他人造成损失时,应负过失责任。过失可按程度不同区分为普通过失和重大过失。

普通过失,通常是指没有保持职业上应有的职业谨慎;对注册会计师而言,则是指没有完全遵循专业准则的要求。

重大过失,是指连起码的职业谨慎都没有保持;对注册会计师而言,则是指根本没有遵循专业准则或没有按照专业准则的基本要求执行审计。

3. 欺诈

欺诈又称舞弊,是以欺骗或坑害他人为目的的一种故意的错误行为。对于注册会计师而言,欺诈就是为了达到欺骗他人的目的,明知委托单位的财务报表有重大错报,却加以虚伪地陈述,出具无保留意见的审计报告。

三、注册会计师承担法律责任的种类

注册会计师因违约、过失或欺诈给被审计单位或其他利害关系人造成损失的,按照有关法律规定,可能被判承担行政责任、民事责任或刑事责任。

1. 行政责任

行政责任处罚对注册会计师个人来说,包括警告、暂停执业、吊销注册会计师证书;对会计师事务所而言,包括警告、没收违法所得、罚款、暂停执业、撤销等。《注册会计师法》第39条规定:"会计师事务所违反本法第20条、第21条规定的,由省级以上人民政府财政部门给予警告,没收违法所得,可以并处违法所得一倍以上五倍以下的罚款;情节严重的,可以由省级以上人民政府财政部门暂停其经营业务或者予以撤销。注册会计师违反《注册会计师法》第 20 条、第 21 条规定的,由省级以上人民政府财政部门给予警告;情节严重的,可以由省级以上人民政府财政部门暂停其执行业务或吊销注册会计师证书。"《证券法》第 201 条规定:"为股票的发行、上市、交易出具审计报告、资产评估报告或者法律意见书等文件的证券服务机构和人员,违反本法第 45 条的规定买卖股票的,责令依法处理非法持有的股票,没收违法所得,并处以买卖股票等值以下的罚款。"

2. 民事责任

民事责任主要是指赔偿受害人损失。《公司法》第 208 条规定:"承担资产评估、验资或者验证的机构因出具的评估结果、验资或者验证证明不实,给公司债权人造成损失的,除能够证明自己没有过错外,在其评估或者证明不实的金额范围内承担赔偿责任。"

3. 刑事责任

刑事责任是指触犯刑法所必须承担的法律后果。《审计法》第 57 条规定:"审计人员滥用职权、徇私舞弊、玩忽职守或者泄露、向他人非法提供所知悉的国家秘密、工作秘密和商业秘密、个人隐私和个人信息的,依法给予处分;构成犯罪的,依法追究刑事责任。"《刑法》第 229 条规定:"承担资产评估、验资、会计、审计、法律服务等职责的中介组织的人员故意提供虚假证明文件,情节严重的,处五年以下有期徒刑或者拘役,并处罚金。"

这三种责任可单处,也可并处。一般来说,违约和过失可能使注册会计师承担行政责任和民事责任,欺诈可能使注册会计师承担民事责任和刑事责任。

四、注册会计师避免法律诉讼的具体措施

1. 严格遵循职业道德守则和执业准则的要求

注册会计师是否应承担法律责任,关键在于注册会计师是否有过失或欺诈行为。而判断注册会计师是否具有过失的关键在于注册会计师是否按照执业准则的要求执业。因此,保持良好的职业道德行为,严格遵循执业准则的要求执行工作、出具报告,对于避免法律诉讼或在提起诉讼中保护注册会计师具有非常重要的作用。

2. 建立健全会计师事务所质量控制制度

质量控制是会计师事务所各项管理工作的核心和关键。如果一个会计师事务所质量控制不严,很有可能因某一个人或一个部门的原因导致整个会计师事务所遭受灭顶之灾。因此,会计师事务所必须建立健全一套严密的、科学的质量控制制度,并把这套制度落实到整个审计过程和各个审计环节,促使注册会计师按照执业准则的要求执业,保证审计业务质量。

3. 与委托人签订业务约定书

业务约定书具有法律效力,它是确定注册会计师和委托人责任的一个重要文件。会计师事务所不论承办何种业务,都要按照业务约定书准则的要求与委托人签订业务约定书,这样才能在法律诉讼时将一切口舌争辩减少到最低限度。

4. 审慎选择客户

中外很多注册会计师法律案件告诉我们,注册会计师要避免法律诉讼,必须慎重选择客户。一是要选择正直的客户。在接受委托前,一定要对客户的情况有所了解,评价管理层和关键股东的诚信和品质,弄清委托的真正目的,如果客户对其顾客、员工、政府部门或其他方面没有正直的品格,也必然会欺骗注册会计师,使注册会计师落入设定的圈套。例如,北京中诚会

计师事务所就是在长城公司非法集资出现危机之时轻信长城公司而被卷入的。二是对陷入财务和法律困境的客户要尤为注意。中外绝大部分涉及注册会计师的诉讼案,都集中在宣告破产的被审计单位。那些周转不畅或面临破产的公司总想为他们的损失寻找替罪羊,因此,注册会计师对那些已经陷入困境的单位要特别注意,避免被卷入其中。

5. 深入了解被审计单位的业务

在很多案件中,注册会计师之所以未能发现错误,一个重要的原因是他们不了解被审计单位所在行业的情况及被审计单位的业务。由于会计是经济活动的综合反映,不熟悉被审计单位的经济业务和生产经营实务,仅局限于有关的会计资料,就可能发现不了某些错误,注册会计师要深入了解被审计单位的业务,才能避免法律诉讼。

6. 提取风险基金或购买责任保险

在西方国家,购买充分的责任保险是会计师事务所一项极为重要的保护措施。尽管保险不能免除可能受到的法律诉讼,但能防止或减少诉讼失败时会计师事务所发生的财务损失。

我国《注册会计师法》规定会计师事务所应当按照规定建立职业风险基金,办理职业保险。

7. 聘请熟悉注册会计师法律责任的律师

会计师事务所应尽可能聘请熟悉相关法规及注册会计师法律责任的律师。在执业过程中如遇重大法律问题,注册会计师应同律师详细讨论所有潜在的风险,并仔细考虑律师的建议。一旦发生法律诉讼,也应聘请有经验的律师参与诉讼。

8. 按规定妥善保管审计工作底稿

根据现行法律及相关司法解释的规定,会计师事务所侵权赔偿责任的归责原则为过错推定原则。如果会计师事务所向法院提交的审计工作底稿上记录的工作程序和反映的职业判断能证明会计师事务所的执业行为遵循了职业准则和规则,不存在主观上的过错,就可以不承担赔偿责任。所以,按规定妥善保管好审计工作底稿,对于会计师事务所有效应对法律诉讼、规避法律责任风险具有重要意义。

课堂结账测试

班级_____ 姓名_____ 学号_____ 日期_____ 平时分_____

一、单项选择题(每题5分,共计25分)

1. 下列情形中,注册会计师不被视为违反保密职业道德的是(　　)。
   A. 发现被审计单位在相当长时期内无任何支付能力,将此告诉正在与被审计单位洽谈一笔大额短期借款事项的银行,以避免银行遭受损失
   B. 发现被审计单位中层管理人员舞弊后直接向监察部门打举报电话,请其出面查处
   C. 司法部门调查被审计单位,依法要求注册会计师出庭作证时注册会计师透露被审计单位的有关情况
   D. 因与其他会计师事务所的注册会计师交流经验的需要而介绍被审计单位的有关情况
2. 根据《注册会计师法》规定,下列不属于我国会计师事务所的组织形式的是(　　)。
   A. 独资　　　　B. 普通合伙　　　　C. 有限责任　　　　D. 特殊普通合伙
3. 合伙会计师事务所是由(　　)以上符合规定条件的合伙人共同成立的。
   A. 七名　　　　B. 五名　　　　C. 三名　　　　D. 两名
4. 在审计客户与第三方发生诉讼或纠纷时,注册会计师担任该客户的辩护人,属于可能对职业道德基本原则产生不利影响的因素中的(　　)。
   A. 自身利益　　　B. 自我评价　　　C. 过度推介　　　D. 外在压力
5. 注册会计师职业规范体系的核心是(　　)。
   A. 审阅准则　　　　　　　　　　　B. 审计质量控制准则
   C. 审计准则　　　　　　　　　　　D. 职业后续教育准则

二、判断题(每题5分,共25分)

1. 独立性原则只适用于鉴证业务。　　　　　　　　　　　　　　　　　　　　　(　　)
2. 注册会计师只有在执行注册会计师审计业务时才需要遵守职业道德规范。　　　(　　)
3. 注册会计师如果未能将财务报表中的错误与舞弊揭露出来,就一定应负审计责任。
   　　　　　　　　　　　　　　　　　　　　　　　　　　　　　　　　　　(　　)
4. 会计师事务所在从事鉴证业务时,除有关法规允许的情形外,不得以服务成果的大小为条件来决定收费标准的高低。　　　　　　　　　　　　　　　　　　　　　(　　)
5. 会计师事务所应当制定政策和程序,以处理和解决项目组内部、项目组与被咨询者之间以及项目负责人与项目质量控制复核人员之间的意见分歧,所形成的结论应当得以记录和执行。只有意见分歧问题得到解决,项目负责人才能出具报告。　　　　　(　　)

三、业务题(50分)

2021年2月3日,信诚会计师事务所的注册会计师李东接到好朋友王伟的电话,被告知王伟有一个亲戚开办的华东高科技公司2020年度的会计报表拟委托会计师事务所审计,正在寻找合适的会计师事务所。王伟希望李东能够承接对该公司的审计。李东一方面受朋友所托,另一方面也认为开拓了一个新客户,于是非常爽快地答应了。同时,考虑到该项业务的复杂性和特殊性,除了按规定标准收取审计费,李东另在业务约定中提出增加2万元赶工费的要求,并于2021年2月6日亲自带领审计小组到华东高科技公司实施审计。华东高科技公司属于私营公司,主营计算机软件开发,兼营计算机硬件、配件等,自开业5年来业务发展很好,但从没有接受过注册会计师审计。注册会计师李东是信诚会计师事务所的出资人之一,业务专长是对工业企业,尤其是对国有工业企业进行会计报表审计。

要求:

(1) 请判断李东的专业胜任能力如何。

(2) 请判断信诚会计师事务所李东是否适合承接此项业务,并说明理由。

第三章　审计目标与审计程序

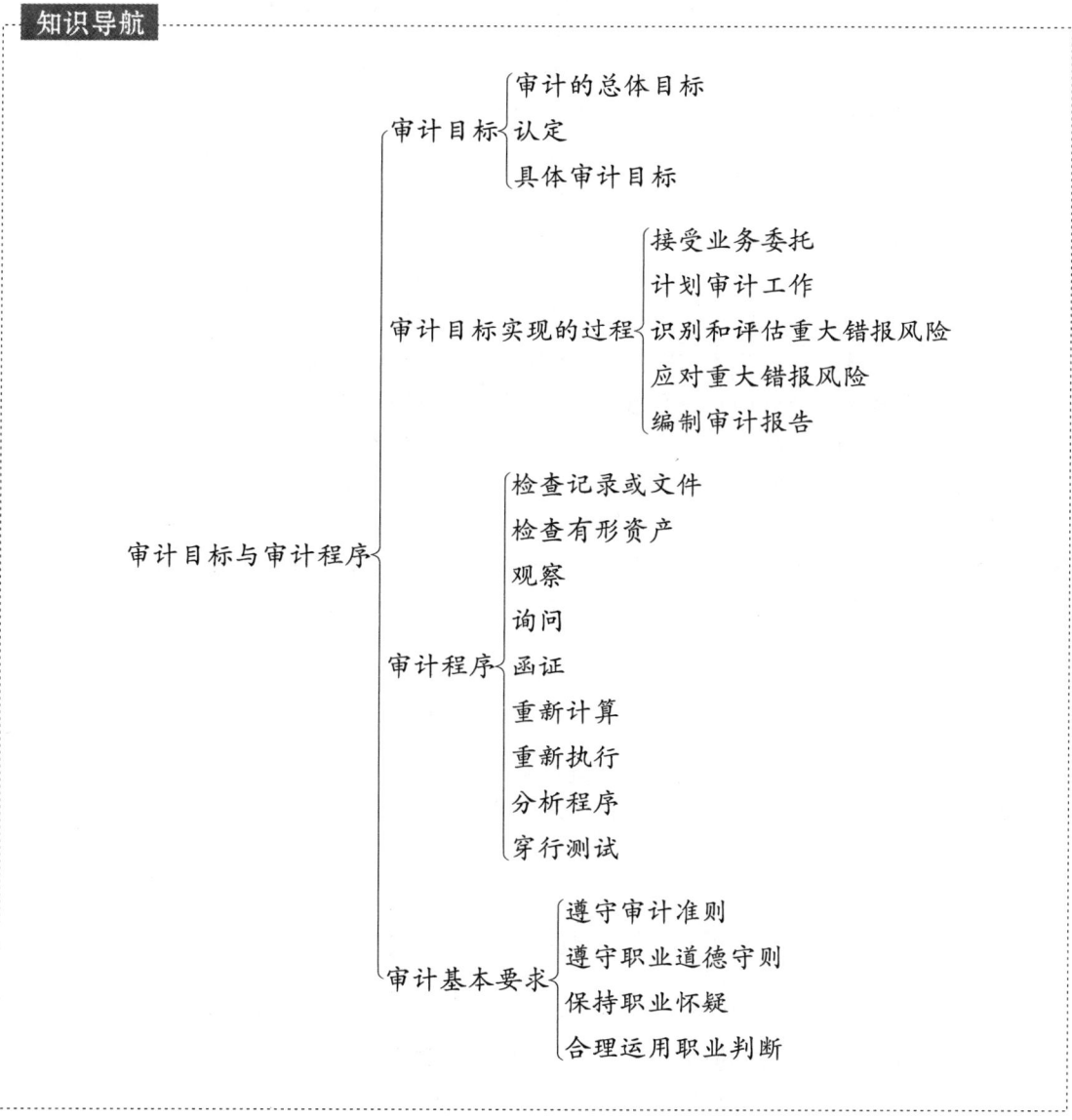

学习目标

1. 了解审计的过程。
2. 理解审计总体目标与具体目标之间的关系。
3. 理解认定的含义。
4. 理解职业怀疑和职业判断的含义和作用。

5. 熟悉审计的总体目标和具体审计目标的内容。
6. 熟悉审计程序的内容以及具体审计目标与认定、审计程序之间的关系。

寓德于教

财政部印发《注册会计师行业诚信建设纲要》

诚信是注册会计师行业的核心价值,是行业的立业之本和发展之要。2023 年 3 月 14 日,财政部印发了《注册会计师行业诚信建设纲要》(以下简称《纲要》),对注册会计师行业诚信建设进行全面系统部署,全面助力社会信用体系建设。

《纲要》坚持以习近平新时代中国特色社会主义思想为指导,全面贯彻落实党的二十大精神,按照党中央、国务院决策部署,以培育和践行社会主义核心价值观为根本,以行业党的建设为引领,坚持遵循法治轨道和职业道德,着力构建诚信建设长效机制,建立健全贯穿会计师事务所及其从业人员全生命周期的诚信管理体制机制,大力弘扬行业诚信文化,在全行业广泛形成守信光荣、失信可耻的浓厚氛围,使守信者受益、失信者受限,使诚实守信成为全行业的自觉行为规范,更好发挥注册会计师执业监督作用,全面助力社会信用体系建设。

《纲要》共分为八个部分,主要包括"充分认识加强注册会计师行业诚信建设的重要意义""行业诚信建设的指导思想和基本原则""以健全规范规则为基础,持续完善诚信标准建设""以弘扬诚信美德为导向,推动诚信教育与诚信文化建设""以平台建设为抓手,持续完善诚信信息采集和信息监控体系""以加强诚信监管为着力点,健全诚信监管和评级评价制度""以构建分级分类监管体系为重点,健全守信奖励和失信惩戒机制"及"加强组织保障"等方面内容。

资料来源:根据财政部印发《注册会计师行业诚信建设纲要》整理所得。

思考:
1. 注册会计师应当遵守的职业道德守则有哪些?
2. 请简要分析财政部应如何保证《纲要》的实施。

第一节 审计目标

审计目标是在一定历史环境下,人们通过审计实践活动所期望达到的境地或最终结果。审计目标分为审计的总体目标和具体审计目标。审计的总体目标是指注册会计师为完成整体审计工作而达到的预期目的。具体审计目标是指注册会计师通过实施审计程序以确定管理层在财务报表中确认的各类交易、账户余额、披露层次认定是否恰当。注册会计师在了解每个项目的认定后,就很容易确定每个项目的具体目标。

一、审计的总体目标

审计的目的是提高财务报表预期使用者对财务报表的信赖程度。通过注册会计师对财务报表是否在所有重大方面按照适用的财务报告编制基础编制发表的审计意见,这一目的可以实现。就大多数通用目的财务报告编制基础而言,注册会计师针对财务报表是否在所有重大方面按照财务报告编制基础编制并实现公允反映发表审计意见。注册会计师按照审计准则和相关职业道德要求执行审计工作,能够形成这样的意见。因此,在执行财务报表审计工作时,注册会计师的总体目标有以下几点。

1. 发表意见

对财务报表整体是否不存在由于舞弊或错误导致的重大错报获取合理保证,使注册会计师能够对财务报表是否在所有重大方面按照适用的财务报告编制基础编制,发表审计意见。

2. 出具报告

按照审计准则的规定,根据审计结果对财务报表出具的审计报告,与管理层和治理层沟通。

在任何情况下,如果不能获取合理保证,并且在审计报告中发表保留意见也不足以实现向预期使用者报告的目的,注册会计师应当按照审计准则的规定出具无法表示意见的审计报告,或者在法律法规允许的情况下终止审计业务或解除业务约定。

在注册会计师的总体目标下,注册会计师需要运用审计准则规定的目标,评价其是否已获取充分、适当的审计证据。如果评价的结果显示没有获取充分、适当的审计证据,那么注册会计师可以采取下列一项或多项措施:

(1) 评价通过遵守其他审计准则是否已经获取或将会获取进一步的相关审计证据。

(2) 在执行一项或多项审计准则的要求时,扩大审计工作的范围。

(3) 实施注册会计师根据具体情况认为必要的其他程序。

如果上述措施在具体情况下均不可行或无法实施,注册会计师将无法获取充分、适当的审计证据。在这种情况下,审计准则要求注册会计师确定其对审计报告或完成该项业务的能力的影响。

需要注意的是,注册会计师的审计意见旨在提高财务报表的可信性,但是它不应被视为对被审计单位未来生存能力或管理层经营效率、效果提供的保证,审计工作不能对财务报表不存在重大错报提供担保。提高财务报表可信性的含义是,注册会计师要合理保证财务报表整体不存在重大错报。这里要强调的是合理保证而不是绝对保证,合理保证是指注册会计师通过积累必要的审计证据得出财务报表整体不存在重大错报的结论,对财务报表使用人提供一种高水平的但非绝对的保证。

二、认定

(一) 认定的含义

认定,是指管理层在财务报表中作出的明确或隐含的表达,注册会计师将其用于考虑可能发生的不同类型的潜在错报。通过考虑可能发生的不同类型的潜在错报,注册会计师运用认定评估风险,并据此设计审计程序以应对评估的风险。

管理层声明财务报表已按照适用的财务报告编制基础编制,在所有重大方面作出公允反映时,就意味着管理层对各类交易和事项、账户余额以及披露的确认、计量和列报作出了认定。管理层在财务报表上的认定有些是明确表达的,有些则是隐含表达的。例如,管理层在资产负债表中列报存货及其金额,意味着作出下列明确的认定:①记录的存货是存在的。②存货以恰当的金额包括在财务报表中,与之相关的计价或分摊调整已恰当记录。

同时,管理层也作出下列隐含的认定:①所有应当记录的存货均已记录。②记录的存货都由被审计单位所有。

对于管理层对财务报表各组成要素作出的认定,注册会计师的审计工作就是要确定管理层的认定是否恰当。

管理层在财务报表中的认定包括两大类,一是所审计期间各类交易、事项及相关披露的认定,二是关于期末账户余额及相关披露的认定。

(二) 关于审计期间各类交易、事项及相关披露的认定

关于审计期间各类交易、事项及相关披露的认定通常分为下列类别:

(1) 发生。记录或披露的交易和事项已发生,且这些交易和事项与被审计单位有关。

(2) 完整性。所有应当记录的交易和事项均已记录,所有应当包括在财务报表中的相关披露均已包括。

(3) 准确性。与交易和事项有关的金额及其他数据已恰当记录,相关披露已得到恰当计量和描述。

(4) 截止。交易和事项已记录于正确的会计期间。

(5) 分类。交易和事项已记录于恰当的账户。

(6) 列报。交易和事项已被恰当地汇总或分解且表述清楚,相关披露在适用的财务报告编制基础下是相关的、可理解的。

(三) 关于期末账户余额及相关披露的认定

关于期末账户余额及相关披露的认定通常分为下列类别:

(1) 存在。记录的资产、负债和所有者权益是存在的。

(2) 权利和义务。记录的资产由被审计单位拥有或控制,记录的负债是被审计单位应当履行的偿还义务。

(3) 完整性。所有应当记录的资产、负债和所有者权益均已记录,所有应当包括在财务报表中的相关披露均已包括。

(4) 准确性、计价和分摊。资产、负债和所有者权益以恰当的金额包括在财务报表中,与之相关的计价或分摊调整已恰当记录,相关披露已得到恰当计量和描述。

(5) 分类。资产、负债和所有者权益已记录于恰当的账户。

(6) 列报。资产、负债和所有者权益已被恰当地汇总或分解且表述清楚,相关披露在适用的财务报告编制基础下是相关的、可理解的。

三、具体审计目标

注册会计师了解认定后,就很容易确定每个项目的具体审计目标,并以此作为评估重大错报风险以及设计和实施进一步审计程序的基础。

(一) 与所审计期间各类交易、事项及相关披露相关的审计目标

(1) 发生。由发生认定推导的审计目标是确认已记录的交易是真实的。例如,如果没有发生销售交易,但在销售日记账中记录了一笔销售,则违反了该目标。

发生认定所要解决的问题是管理层是否把那些不曾发生的项目列入财务报表,它主要与财务报表组成要素的高估有关。

(2) 完整性。由完整性认定推导的审计目标是确认已发生的交易确实已经记录,所有应

包括在财务报表中的相关披露均已包括。例如,如果发生了销售交易,但没有在销售明细账和总账中记录,则违反了该目标。

发生和完整性两者强调的是相反的关注点。发生目标针对多记、虚构交易(高估),而完整性目标则针对漏记交易(低估)。

(3) 准确性。由准确性认定推导出的审计目标是确认已记录的交易是按正确金额反映的,相关披露已得到恰当计量和描述。例如,如果在销售交易中,发出商品的数量与账单上的数量不符,或是出具账单时使用了错误的销售价格,或是账单中的乘积或加总有误,或是在销售明细账中记录了错误的金额,则违反了该目标。

准确性与发生、完整性之间存在区别。例如,若已记录的销售交易是不应当记录的(如发出的商品是寄销商品),则即使发票金额是准确计算的,仍违反了发生目标。又如,若已入账的销售交易是对正确发出商品的记录,但金额计算错误,则违反了准确性目标,没有违反发生目标。在完整性与准确性之间也存在同样的关系。

(4) 截止。由截止认定推导出的审计目标是确认接近于资产负债表日的交易记录在恰当的期间。例如,如果本期交易推到下期,或下期交易提到本期,均违反了截止目标。

(5) 分类。由分类认定推导出的审计目标是确认被审计单位记录的交易经过适当分类。例如,如果将出售经营性固定资产所得的收入记录为营业收入,则导致交易分类的错误,违反了分类的目标。

(6) 列报。由列报认定推导出的审计目标是确认被审计单位的交易和事项已被恰当地汇总或分解且表述清楚,相关披露在适用的财务报告编制基础下是相关的、可理解的。

(二) 与期末账户余额及相关披露相关的审计目标

(1) 存在。由存在认定推导的审计目标是确认记录的金额确实存在。例如,如果不存在某顾客的应收账款,在应收账款明细表中却列入了对该顾客的应收账款,则违反了存在目标。

(2) 权利和义务。由权利和义务认定推导的审计目标是确认资产归属于被审计单位,负债属于被审计单位的义务。例如,将他人寄售商品列入被审计单位的存货中,违反了权利目标;将不属于被审计单位的债务记入账内,违反了义务目标。

(3) 完整性。由完整性认定推导的审计目标是确认已存在的金额均已记录,所有应包括在财务报表中的相关披露均已列入。例如,如果存在某顾客的应收账款,而应收账款明细表中却没有列入,则违反了完整性目标。

(4) 准确性、计价和分摊。资产、负债和所有者权益以恰当的金额包括在财务报表中,与之相关的计价或分摊调整已恰当记录,相关披露已得到恰当计量和描述。

(5) 分类。资产、负债和所有者权益已记录于恰当的账户。

(6) 列报。资产、负债和所有者权益已被恰当地汇总或分解且表述清楚,相关披露在适用的财务报告编制基础下是相关的、可理解的。

通过上面介绍可知,认定是确定具体审计目标的基础。注册会计师通常将认定转化为能够通过审计程序而实现的审计目标。针对财务报表每一项目所表现出的各项认定,注册会计师相应地确定一项或多项审计目标,然后通过执行一系列审计程序获取充分、适当的审计证据以实现审计目标。认定、审计目标和审计程序之间的关系举例如表 3-1 所示。

表 3-1　　　　　　　　认定、审计目标和审计程序之间的关系举例

认定	审计目标	审计程序
存在	资产负债表列示的存货存在	实施存货监盘程序
完整性	销售收入包括了所有已发货的交易	检查发货单和销售发票的编号以及销售明细账
准确性	销售业务是否基于正确的价格和数量,计算是否准确	比较价格清单与发票上的价格、发货单与销售订购单上的数量是否一致,重新计算发票上的金额
截止	销售业务记录在恰当的期间	比较上一年度最后几天和下一年度最初几天的发货单日期与记账日期
权利和义务	资产负债表中的固定资产确实为公司所有	查阅所有权证书、购货合同、结算单和保险单
准确性、计价和分摊	以净值记录应收款项	检查应收账款账龄分析表、评估计提的坏账准备是否充足

第二节　审计目标实现的过程

在审计目标确定后,注册会计师就需要收集各种审计证据,以便对财务报表发表审计意见,而审计证据的收集、整理和评价是在审计计划、实施及终结阶段等一系列审计过程中完成的,因此,审计目标的实现与审计过程密切相关。风险导向审计模式要求注册会计师在审计过程中,以重大错报风险的识别、评估和应对作为工作主线。相应地,审计过程大致可分为以下几个阶段。

一、接受业务委托

会计师事务所应当按照审计准则等职业准则的相关规定,谨慎决策是否接受或保持某客户关系和具体审计业务,以切实履行执业责任和防范职业风险。在接受新客户的业务前,或决定是否保持现有业务或考虑接受现有客户的新业务时,会计师事务所应当执行有关客户接受与保持的程序,以获取如下信息:

(1) 考虑客户的诚信,没有信息表明客户缺乏诚信。
(2) 具有执行业务必要的素质、专业胜任能力、时间和资源。
(3) 能够遵守相关职业道德要求。

会计师事务所执行客户接受与保持的程序的目的,旨在识别和评估会计师事务所面临的风险。例如,如果注册会计师发现潜在客户正面临财务困难,或者发现现有客户曾作出虚假陈述,那么可以认为接受或保持该客户的风险非常高,甚至是不可接受的。会计师事务所除考虑客户的风险外,还需要考虑自身执行业务的能力,如当工作需要时能否获得合适的具有相应资格的员工;能否获得专业化协助;是否存在任何利益冲突;能否对客户保持独立性等。

注册会计师需要作出的最重要的决策之一就是接受和保持客户。一项低质量的决策会导致不能准确确定计酬的时间或未被支付的费用,增加项目合伙人和员工的额外压力,使会计师

事务所声誉遭受损失,或者涉及潜在的诉讼。

一旦决定接受业务委托,注册会计师应当与客户就审计约定条款达成一致意见。对于连续审计,注册会计师应当根据具体情况确定是否需要修改业务约定条款,以及是否需要提醒客户注意现有的业务约定书。

审计业务约定书的详细内容,将在本教材第五章介绍。

二、计划审计工作

计划审计工作十分重要。如果没有恰当的审计计划,不仅无法获取充分、适当的审计证据,影响审计目标的实现,而且还会浪费有限的审计资源,影响审计工作的效率。因此,对于任何一项审计业务,注册会计师在执行具体审计程序之前,都必须根据具体情况制定科学、合理的计划,使审计业务以有效的方式得到执行。一般来说,计划审计工作主要包括以下内容:

(1) 在本期审计业务开始时开展的初步业务活动。
(2) 制定总体审计策略。
(3) 制订具体审计计划。

需要指出的是,计划审计工作不是审计业务的一个孤立阶段,而是一个持续的、不断修正的过程,贯穿于整个审计过程的始终。

计划审计工作的详细内容,将在本教材第五章介绍。

三、识别和评估重大错报风险

审计准则规定,注册会计师必须实施风险评估程序,以此作为评估财务报表层次和认定层次重大错报风险的基础。风险评估程序是指注册会计师为了解被审计单位及其环境、适用的财务报告编制基础和内部控制体系各要素,以识别和评估财务报表层次和认定层次的重大错报风险(无论该错报是由于舞弊或错误导致)而实施的审计程序。风险评估程序是必要程序,了解被审计单位及其环境、适用的财务报告编制基础和内部控制体系各要素为注册会计师在许多关键环节作出职业判断提供了重要基础。了解被审计单位及其环境等方面的情况,实际上是一个连续和动态地收集、更新与分析信息的过程,贯穿于整个审计过程的始终。一般来说,实施风险评估程序的主要工作包括以下内容:

(1) 了解被审计单位及其环境、适用的财务报告编制基础和内部控制体系各要素。
(2) 识别和评估财务报表层次以及各类交易、账户余额和披露认定层次的重大错报风险,包括确定需要特别考虑的重大错报风险(即特别风险)以及考虑仅通过实施实质性程序无法应对的重大错报风险等特殊情形。

风险评估程序的详细内容,将在本教材第六章介绍。同时,本教材第九章至第十二章将介绍各业务循环内部控制。

四、应对重大错报风险

注册会计师实施风险评估程序本身并不足以为发表审计意见提供充分、适当的审计证据,还应当实施进一步审计程序,包括实施控制测试(必要时或决定测试时)和实质性程序。因此,注册会计师在评估财务报表重大错报风险后,应当运用职业判断,针对评估的财务报表层次重大错报风险确定总体应对措施,并针对评估的认定层次重大错报风险设计和实施进一步审计程序,以将审计风险降至可接受的低水平。

有关应对重大错报风险的内容,将在本教材第七章介绍。同时,本教材第九章至第十二章介绍各业务循环的控制测试和实质性程序。

五、编制审计报告

注册会计师在完成进一步审计程序后,还应当按照有关审计准则的规定做好审计完成阶段的工作,并根据所获取的审计证据,合理运用职业判断,形成适当的审计意见,编制审计报告。本阶段主要有以下工作:

(1) 评价审计中的重大发现。
(2) 评价审计过程中发现的错报。
(3) 复核审计工作底稿和财务报表。
(4) 评价独立性和道德问题。
(5) 考虑持续经营假设、或有事项和期后事项。
(6) 获取管理当局声明。
(7) 与管理层和治理层沟通。
(8) 评价所有审计证据,形成审计意见。
(9) 编制审计报告等。

本教材第八章将对完成审计工作和出具审计报告展开讨论。

第三节 审计程序

注册会计师为实现具体审计目标,必须通过实施审计程序,获取充分、适当的审计证据。注册会计师可以采用检查记录或文件、检查有形资产、观察、询问、函证、重新计算、重新执行和分析程序等具体审计程序获取审计证据。在实务中,通常使用的审计程序还包括穿行测试。

一、检查记录或文件

检查记录或文件是指注册会计师对被审计单位内部或外部生成的,以纸质、电子或其他介质形式存在的记录或文件进行审查。

(一) 按审查书面资料的技术分类

1. 审阅法

审阅法是指注册会计师通过对被审计单位有关记录或文件的阅读,以确定被审计单位账目是否真实、合法,是否符合国家有关的法规、制度等的方法。审阅内容主要包括以下几点:

(1) 审阅原始凭证。审阅内容包括:①原始凭证上反映的经济业务是否符合规定。②原始凭证上记载的抬头、日期、数量、单价、金额等方面的字迹是否清晰、数字是否相符,有无涂改情况。③填发原始凭证的单位名称、地址和公章,审查凭证的各项手续是否完备等。

(2) 审阅记账凭证。审阅内容包括:①合规性审阅。审阅记账凭证是否附有合法的原始凭证。②完整性审阅。记账凭证的审批传递手续是否符合规定程序,有无制单、复核、记账。③正确性审阅。记账凭证上载明的所附原始凭证张数是否与原始凭证的张数一致,记账凭证的记录是否符合会计准则等的规定,会计分录的编制及金额是否正确,是否正确记入总账、明细分类账,业务摘要是否与原始凭证记载的经济活动内容一致。

(3) 审阅账簿。这主要是指审阅明细分类账和日记账。审阅内容包括:①审阅账簿启用手续、使用记录和交接记录是否齐全完整;期初和期末余额的结转、承前页、转下页、月结和年结是否符合规定。②账簿各项记录是否规范和完备,如业务摘要、对应科目是否齐全,有无涂改痕迹,是否按规定的方法更正记账错误。③账簿记录的内容是否真实、正确。特别要注意审阅应收及应付账款、材料成本差异、长期待摊费用、管理费用、制造费用等容易掩盖错弊和经常反映会计转账事项的账簿。

(4) 审阅财务报表。审阅内容包括:①审阅财务报表的编制是否符合企业会计准则以及国家有关财务会计制度的规定。②审阅财务报表项目是否完整,各项目的对应关系和勾稽关系是否正确,相关数据是否一致。③审阅财务报表附注是否对应予以揭示的重大问题作了充分的披露。

(5) 审阅其他相关资料。审阅内容包括:①审阅计划、预算和定额。可以结合上期拟订的计划、预算和定额与实际的执行结果和完成情况,审阅计划、预算和定额的制定偏高还是偏低,是否适度,有无冒进或保守的情况,同时根据本期的计划、预算和定额的执行情况,查看各项指标是否完成。②审阅合同。审阅合同的签订是否合法、有效;审阅合同内容是否符合合同法的规定,合同条款是否齐全,合同签订手续是否完备,实际执行结果是否与合同一致等。③审阅规章制度。审阅单位内部制定的规章制度是否符合企业的实际情况;审阅内部控制制度是否健全等。

2. 复核法

复核法是指注册会计师对被审计单位的相关记录或文件进行交叉核对,以验证内容是否一致、计算是否正确的方法。复核内容主要包括以下几点:

(1) 原始凭证上记载的数量、单价、金额及其合计数是否正确。
(2) 日记账记录是否与相应原始凭证的记录一致。
(3) 会计凭证上的记录是否与总分类账及有关明细账相符。
(4) 明细分类账的账户余额合计是否与有关的总分类账余额相符。
(5) 总分类账各账户的借方余额合计与贷方余额合计是否相符。
(6) 总分类账(或明细账)各账户的余额或发生额合计是否与会计报表上的相应金额相等。
(7) 会计报表上各有关项目的数字计算是否正确,各报表之间的有关数字是否一致,如果涉及前期的数字,是否与前期的会计报表上的数字相符。
(8) 外来账单是否与本单位账簿有关记录相符。

上述检查程序根据其检查方向的不同可分为核证和追查。核证是为证实某一有记载的金额或交易而查阅相关文件的过程,查阅的方向是从会计记录到文件;追查是核证的反过程,查阅的方向是从文件到会计记录。

检查记录或文件可提供可靠程度不同的审计证据,审计证据的可靠性取决于记录或文件的来源和性质。外部记录或文件通常比内部记录或文件可靠。

(二) 按审查书面资料的顺序分类

1. 顺查法

顺查法是指按照会计核算的处理顺序,依次对证、账、表各个环节进行审查的方法。顺查法的具体操作是:首先审查原始凭证是否真实正确、合理合法,并核对记账凭证;其次以记账凭证核对账簿,审查账证是否一致,总分类账余额同所属明细分类账余额的合计是否一致;最后以账簿核对财务报表,审查调整结账事项同所编制的报表是否一致。

顺查法的优点是审查全面,不易发生遗漏,方法简单,易于核对、结果精确。其缺点是面面俱到,容易忽视重大问题,费时费力,工作量大。因此,顺查法主要适用于规模较小、业务量少、内部控制制度不健全的被审计单位,以及重要的审计事项和贪污舞弊的专案审计。

2. 逆查法

逆查法是指按照与会计核算相反的处理顺序,依次对表、账、证各个环节进行审查的方法。逆查法的具体做法是:根据审计人员所掌握的线索,先从审阅、分析财务报表入手,然后根据分析中发现的问题,有重点地与有关总账、明细账核对,进而审查记账凭证,直至审查原始凭证。

逆查法的优点是便于抓住问题的实质,同时还可以节省人力和时间,提高工作效率。其缺点是不能全面地审查问题,易有遗漏。由此,逆查法主要适用于规模大、业务量多、内部控制制度健全有效、会计核算质量高的单位。

(三)按审查书面资料的数量分类

1. 详查法

详查法是对被审计单位审计期内被审计事项的所有凭证、账簿、报表进行详细审查的一种审计方法。详查法的特点是:对被审计单位审计期间内的全部会计资料和其反映的经济活动进行全面、详细的审查,以查找其中的错弊。

详查法的优点是能全面查清被审计单位所存在的问题,特别是对弄虚作假、营私舞弊等违反财经法纪行为,一般不易疏漏,以保证审计质量。其缺点是工作量太大,费时费力,审计成本高,故难以普遍采用。详查法一般适用于规模较小的单位或有重大错弊、违法行为的单位。

2. 抽查法

抽查法是指在被审计单位审计期间内特定审计事项的全部会计资料中选取部分资料进行审查,根据审查结果推断全部资料有无错弊的一种审计方法。抽查法的特点是:根据被审查期的审计对象总体的具体情况、审计目的和要求选取具有代表性的样本,然后根据抽取样本的审查结果来推断总体的正确性,或推断其余未抽查部分有无错弊。

抽查法的优点是高效率、低费用,节约时间和人力,能够收到事半功倍的效果。其缺点是如果样本抽查不当,不能代表总体特征,就可能得出错误结论。这种方法仅适用于内部控制制度健全、会计基础较好的单位。

二、检查有形资产

检查有形资产是指注册会计师对资产实物进行审查。检查有形资产主要适用于存货和现金,但也适用于有价证券、应收票据和固定资产等。一般由被审计单位的人员对有形资产进行盘点,由注册会计师对其盘点工作进行监督;而对于贵重的有形资产,注册会计师还可以进行抽查复点。

检查有形资产是验证资产确实存在的直接手段,取得的是最可靠、最有用的审计证据。一般说来,检查有形资产是认定资产数量和规格的客观手段。在某些情况下,它还是评价资产状况和质量的一种有用方法。但是,要验证存在的资产是否确实为被审计单位所有,以及确定资产计价是否正确,仅仅依靠检查有形资产所取得的实物证据是不充分的。因此,审计人员在盘点之外,还应采取其他方法验证实物资产的所有权和计价情况。

【例 3-1】 调节法的运用案例分析

2023 年 1 月 15 日,审计人员对东方股份有限公司全部现金进行监盘后,确认实有现金数额为 500 元。东方股份有限公司 1 月 14 日账面库存现金余额为 1 500 元;1 月 15 日发生的现金收支全部未登记入账,其中,收入金额为 3 000 元、支出金额为 4 000 元;2023 年 1 月 1 日至 1 月 14 日现金收入总额为 165 200 元、现金支出总额为 165 500 元。

要求:推断 2022 年 12 月 31 日的库存现金余额。

解:2023 年 1 月 14 日库存现金实有金额 = 500 + 4 000 − 3 000 = 1 500(元)

这表明 2023 年 1 月 14 日库存现金账实相符。

2022 年 12 月 31 日库存现金实有金额 = 1 500 + 165 500 − 165 200 = 1 800(元)

三、观察

观察是指注册会计师查看相关人员正在从事的活动或执行的程序。观察是对被审计单位的经营场所、实物资产和有关业务活动及其内部控制的执行情况等所进行的实地查看。也可以说,观察就是注册会计师利用感官进行评价。在整个审计过程中,注册会计师有很多机会利用视觉、听觉、触觉以及嗅觉评价大量的事物。

注册会计师需要深入被审计单位的车间、工地、科室、仓库等现场,对其生产经营活动的开展情况、内部控制执行情况、财产物资保管和利用情况等进行直接观察,从中发现异常现象、薄弱环节和存在的问题,为实施风险评估程序和进一步审计程序寻找线索。例如,注册会计师深入被审计单位的厂房,可以取得对设备的总体印象;通过观察设备是否生锈,可以评价设备是否陈旧;通过观察雇员实施会计工作的情况,可以确定会计人员是否履行其职责。

观察本身获得的证据并不充分。观察提供的审计证据仅限于观察发生的时点,并且在相关人员已知被观察时,相关人员从事活动或执行程序可能与日常的做法不同,从而影响注册会计师对真实情况的了解。因此,通过观察有了初步印象后,还有必要使用其他类型的确凿证据加以证实。尽管如此,对于大多数审计业务来说,通过观察取得的证据仍然是非常有用的。

四、询问

询问是指注册会计师以书面或口头方式,向被审计单位内部或外部的知情人员获取财务信息和非财务信息,并对答复进行评价的过程。口头询问时,注册会计师应作书面记录,并要求被询问者签字。知情人员对询问的答复可能为注册会计师提供尚未获悉的信息或佐证证据,也可能提供与已获悉信息存在重大差异的信息;注册会计师应当根据询问结果,修改审计程序或实施追加的审计程序。例如,注册会计师在进行风险评估时,会询问被审计单位管理层和内部审计师、采购人员、生产人员、销售人员等,并考虑询问不同级别的员工,以获取对识别重大错报风险有用的审计证据,根据具体情况适当修改审计程序。

尽管通过询问可以从被审计单位获得大量的证据,但询问本身不足以发现认定层次存在的重大错报,也不足以测试内部控制运行的有效性,通常不能把询问结果作为结论。因为它不是来自独立的来源,可能偏向于被审计单位的意愿。通过询问取得审计证据后,注册会计师还应当实施其他审计程序获取充分、适当的审计证据。例如,注册会计师想了解有关被审计单位记录和控制会计业务的方法,通常要实施审计测试,通过检查和观察来确定业务是否按被询问者所说的方法进行记录和授权。

五、函证

函证(即外部函证)是指注册会计师直接从第三方(被询证者)获取书面答复作为审计证据的过程,书面答复可以采用纸质、电子或其他介质等形式。

(一)函证的方式

1. 积极式函证

积极式函证要求被询证者对询问的事项(无论与事实是否相符)必须给予回函答复。积极式函证适用于内部控制差、会计核算质量差、金额重要、疑点多等情况。

2. 消极式函证

消极式函证要求被询证者对询问的事项有异议时,才在限定的时间内给予复函。消极式函证一般适用于内部控制好、会计核算质量高、金额小、疑点少等情况。消极式函证不如积极式函证的可靠性高。

(二)对询证函的控制

如果由被审计单位控制询证函的编制、寄发和收取,那么注册会计师就会因失去控制而丧失独立性,证据的证明力也就会随之削弱。出于对证据可靠性的考虑,询证函收发均应由审计人员控制,不能委托被审计单位代办。询证函内容应简明扼要,便于对方答复。对无法取得函证的事项应采用替代程序,以取得必要的审计证据。

(三)函证决策

由于函证回函来自独立的第三方,具有较高的可靠性,是受到高度重视的一种证据类型。但是,取得回函要花费较高的成本,并可能会给被函证人带来一定的不便。因此,并不是每一种可利用函证的情况下都利用函证。

究竟是否应当进行函证,主要取决于在当时情况下所要求的可靠性以及是否有可替代的证据。从传统上说,函证很少用于固定资产增加的审计,因为固定资产增加可以通过文件检查和实物检查来验证。同样,函证一般也不用于验证单位之间的具体业务,如销售业务等,因为可通过检查文件达到这一目的。《中国注册会计师审计准则第1312号——函证》规定,注册会计师应当对银行存款、借款(包括零余额账户和在本期内注销的账户)及与金融机构往来的其他重要信息实施函证;注册会计师应当对应收账款实施函证,除非有充分证据表明应收账款对财务报表不重要,或函证很可能无效;如果认为函证很可能无效,注册会计师应当实施替代审计程序,获取相关、可靠的审计证据。如果不对应收账款函证,注册会计师应当在工作底稿中说明理由。

【例3-2】 函证方法的运用案例分析

注册会计师A负责审计东方股份有限公司2022年度财务报表。东方股份有限公司2022年12月31日应收账款余额为2 500万元,注册会计师A认为"应收账款"项目存在重大错报风险,于是决定选取金额较大及风险较高的应收账款明细账余额实施函证程序。注册会计师A选取的应收账款明细账余额为1 300万元,相关事项如下:

(1)审计项目组成员要求被询证的东方股份有限公司客户将回函直接寄到会计师事务所,但东方股份有限公司客户甲公司将回函直接寄到东方股份有限公司财务部,审计项目组成员取得了该回函,将其纳入审计工作底稿。

(2) 对于审计项目组成员以传真件方式收到的回函,审计项目组成员与被询证方取得了电话联系,确认回函信息,并在审计工作底稿中记录了电话内容与时间、对方姓名与职位,以及实施该程序的审计项目组成员的姓名。

(3) 审计项目组成员根据东方股份有限公司财务人员提供的电子邮件地址,向东方股份有限公司境外客户乙公司发送了电子邮件,询证应收账款余额,收到电子邮件回复。乙公司确认余额准确无误,审计项目组成员将电子邮件内容打印并归入工作底稿。

要求:指出上述函证程序的实施中是否有不当之处,并说明理由。

解:事项(1)有不当之处。审计项目组成员不应将寄到东方股份有限公司的函证回函纳入审计工作底稿,应要求东方股份有限公司客户将回函直接寄到会计师事务所或实施替代审计程序。

事项(2)无不当之处。通过与被函证方电话联系并确认回函信息,降低了电子回函可靠性的风险,为电子形式的回函创造安全环境。

事项(3)有不当之处。为降低电子回函可靠性的风险,注册会计师应当与回函者为电子形式的回函创造安全环境,不应将电子邮件打印件直接归入审计工作底稿。

六、重新计算

重新计算是指注册会计师以人工方式或使用计算机辅助审计技术,对记录或文件中的数据准确性进行核对。它主要包括重新计算会计凭证、会计账簿、财务报表和其他会计资料中的有关数据。例如,重复计算销售发票乘积和存货记录乘积,重复加总日记账记录与明细账,重复计算折旧费用和预付费用等。在审计实务中,需要重新计算的内容很多,注册会计师应当有选择、有重点地进行。在通常情况下,注册会计师会抽查一些凭证及会计记录,就其中的数据进行重新计算,验证凭证及会计记录计算的正确性。

七、重新执行

重新执行是指注册会计师以人工方式或使用计算机辅助审计技术,重新独立执行作为被审计单位内部控制组成部分的程序或控制。例如,注册会计师利用被审计单位的银行存款日记账和银行对账单,重新编制银行存款余额调节表,并与被审计单位编制的银行存款余额调节表进行比较。又如,注册会计师为调查评价被审计单位销售收款循环内部控制设计的合理性和执行的有效性,选择一种商品沿着其销售到收款的整个过程执行一遍。可见,重新执行的目的是弄清被审计单位内部控制设计是否合理,执行是否有效。

八、分析程序

分析程序是指注册会计师通过研究不同财务数据之间、财务数据与非财务数据之间的内在关系,对财务信息作出评价。分析程序还包括调查识别出的、与其他相关信息不一致或与预期数据严重偏离的波动和关系。

(一) 分析程序的运用环节

1. 运用于风险评估程序

注册会计师实施风险评估程序的目的在于了解被审计单位及其环境并评估财务报表层次

和认定层次的重大错报风险。在风险评估过程中使用分析性程序也出于这个目的。分析性程序可以帮助注册会计师发现财务报表中的异常变化,或者预期发生而未发生的变化,识别存在潜在重大错报风险的领域。分析性程序还可以帮助注册会计师发现财务状况或盈利能力发生变化的信息,识别那些表明被审计单位持续经营能力问题的事项。

2. 运用于实质性程序

当使用分析性程序比细节测试能更有效地将认定层次的检查风险降至可接受的水平时,分析性程序可以用作实质性程序。在针对评估的重大错报风险实施进一步审计程序时,注册会计师可以将分析性程序作为实质性程序的一种,单独或结合其他细节测试,收集充分、适当的审计证据。这里运用分析性程序可以减少细节测试的工作量,节约审计成本,降低审计风险,使审计工作更有效率和效果。

实质性分析程序运用包括以下几个步骤:

(1) 识别需要运用分析性程序的账户余额或交易。

(2) 确定期望值。

(3) 确定可接受的差异额。

(4) 识别需要进一步调查的差异。

(5) 调查异常数据关系。

(6) 评估分析性程序的结果。

需要注意的是,相对于细节测试而言,实质性分析程序能够达到的精确度可能受到种种限制,所提供的证据在很大程度上是间接证据,证明力相对较弱。所以,注册会计师不能仅依赖实质性分析程序,而忽略细节测试的运用。

3. 运用于总体复核

注册会计师应当运用分析性程序,在审计结束或临近结束时对财务报表进行总体复核。在已收集的证据的基础上,对财务报表整体的合理性进行最终把握,评价报表仍然存在重大错报风险而未被发现的可能性,考虑是否需要追加审计程序,以便为发表审计意见提供合理基础。

【例 3-3】 分析性程序的运用案例分析

注册会计师 A 是东方股份有限公司 2023 年度财务报表审计业务的项目负责人,在整个审计过程中,需要合理运用分析性程序获取充分、适当的审计证据。相关情况如下:

(1) 在计划审计工作时,注册会计师 A 需要针对风险评估阶段如何运用分析性程序进行具体规划并编制具体审计计划。

(2) 注册会计师 A 不仅需要决定是否有必要将分析性程序用作实质性程序,还需要考虑如何在控制测试中运用分析性程序。

(3) 在评估重大错报风险时,注册会计师 A 拟计算财务费用占固定资产的百分比,并与上年对应比例比较。

(4) 东方股份有限公司采用计时工资制,工时与应付职工薪酬之间存在稳定的可预期关系,注册会计师 A 据此决定对应付职工薪酬余额仅实施实质性分析程序,不实施细节测试。

(5) 由于项目组已在风险应对阶段获取了充分、适当的审计证据,注册会计师 A 认为没有必要在完成阶段运用分析性程序。

要求:逐一考虑上述每种情况,指出注册会计师 A 的决策或观点是否存在不当之处,并说明理由。

解：事项(1)存在不当之处。分析性程序属于必要的风险评估程序，具体审计计划是根据风险评估结果编制的，因此具体审计计划中无法对已实施的程序进行规划。

事项(2)存在不当之处。控制测试的对象是内部控制，分析性程序的对象是财务信息。注册会计师一般不会在控制测试中运用分析性程序。

事项(3)存在不当之处。财务费用与固定资产之间不存在可预期的稳定关系，依据两者的关系评估重大错报风险不适当。

事项(4)存在不当之处。单独实施实质性程序的前提是重大错报风险较低且数据之间具有稳定的预期关系。仅凭后一个条件不足以作出省略细节测试的决策。

事项(5)存在不当之处。在完成审计阶段，运用分析性程序对已审财务报表进行总体复核是审计准则规定的必要程序。

(二)分析程序的常用方法

分析性程序常用的具体方法有比较分析法和比率分析法。

1. 比较分析法

比较分析法是通过对被审计单位某一具体项目与既定标准进行比较，寻找差异，发现问题，以获取审计证据的一种技术方法。相关标准有：该项目的计划数、预算数、上期实际数或同行业标准等。比较分析法可比较绝对数，也可比较相对数。

绝对数比较分析法是将有关资料的数量、金额与相关标准直接进行比较，看其差额的程度是否在正常范围内，是否合乎情理。例如，以不同时期的财务报表项目相对比，如资产负债表中的存货比上期增长很多；以本期的报表项目相对比，如利润表中利润总额与营业收入相比，没有同步增长。

相对数比较分析法是对有关同类指标的相对数进行比较，分析增减变化程度是否正常、合理，从中找出问题或反常情况的一种比较分析法。它分为下列两种：

(1)结构比较分析法，是指首先计算出有关指标的结构比例，然后对不同时期的结构比例进行比较，分析其变化趋势及原因，从中揭示其反常差异和问题的一种比较分析法。

(2)动态比较分析法，是指首先将同类指标的数值在不同时期进行比较，求出百分比(比率)，然后分析其变化趋势，从中评价生产经营状况和业绩，发现问题，为逆查账目提供线索的一种比较分析法。

2. 比率分析法

比率分析法是指通过对两个性质不同、但又相关的指标所构成的比率进行分析，从中发现疑点，进一步查明原因的一种技术方法。例如，利用资产负债率、流动比率、速动比率可以分析企业负债水平和偿债能力。又如，某企业本年实际销售利润率为20%，与计划销售利润率18%、本行业平均销售利润率23%相对比，就可以评价该企业较好地完成了销售利润计划，但还是低于本行业平均水平，说明该企业与同行业其他企业相比还存在一定差距(低3%)，有待深入查明其原因。

九、穿行测试

穿行测试是通过追踪交易在财务报告系统中的处理过程，来证实和评价内部控制设计和执行状况的一种方法。穿行测试不是单独的一种审计程序,而是将多种审计程序按特定需要进行结合使用的方法。

第四节 审计基本要求

一、遵守审计准则

审计准则是衡量注册会计师执行财务报表审计业务的权威性标准,涵盖从接受业务委托到出具审计报告的整个过程,注册会计师在执业过程中应当遵守审计准则的要求。

二、遵守职业道德守则

注册会计师受到与财务报表审计相关的职业道德要求(包括与独立性相关的要求)的约束。

根据职业道德守则,注册会计师应当遵循的基本原则包括:

(1) 诚信。

(2) 独立性。

(3) 客观公正。

(4) 专业胜任能力和勤勉尽责。

(5) 保密。

(6) 良好职业行为。

就审计业务而言,注册会计师应当独立于被审计单位才是符合公众利益的。因此,职业道德守则对独立性作出要求。职业道德守则规定,独立性包括实质上的独立性和形式上的独立性。注册会计师独立于被审计单位,能够保护其形成适当审计意见的能力,使其在发表审计意见时免受不当影响。独立性能够增强注册会计师诚信行事、保持客观公正以及职业怀疑的能力。

三、保持职业怀疑

(一) 职业怀疑的含义

职业怀疑,是指注册会计师执行审计业务的一种态度,包括采取质疑的思维方式,对可能表明由于舞弊或错误导致错报的情况保持警觉,以及对审计证据进行审慎评价。职业怀疑应当从以下四个方面理解:

(1) 职业怀疑在本质上要求秉持一种质疑的理念。这种理念促使注册会计师在考虑获取的相关信息和得出结论时采取质疑的思维方式。在这种理念下,注册会计师应当具有批判和质疑的精神,摒弃"存在即合理"的逻辑思维,寻求事物的真实情况。同时,职业怀疑与客观公正、独立性两项职业道德基本原则密切相关。保持独立性可以增强注册会计师在审计中保持客观公正、职业怀疑的能力。

(2) 职业怀疑要求对引起疑虑的情形保持警觉。这些情形包括但不限于:相互矛盾的审计证据;引起对文件记录、对询问的答复的可靠性产生怀疑的信息;表明可能存在舞弊的情况;表明需要实施除审计准则规定外的其他审计程序的情形。

（3）职业怀疑要求审慎评价审计证据。审计证据包括支持和印证管理层认定的信息，也包括与管理层认定相互矛盾的信息。审慎评价审计证据是指质疑相互矛盾的审计证据的可靠性。在怀疑信息的可靠性或存在舞弊迹象时（例如，在审计过程中识别出的情况使注册会计师认为文件可能是伪造的或文件中的某些信息已被篡改），注册会计师需要作出进一步调查，并确定需要修改哪些审计程序或实施哪些追加的审计程序。应当指出的是，虽然注册会计师需要在审计成本与信息的可靠性之间进行权衡，但是，审计中的困难、时间或成本等事项本身，不能作为省略不可替代的审计程序或满足于说服力不足的审计证据的理由。

（4）职业怀疑要求客观评价管理层和治理层。由于管理层和治理层为实现预期利润或趋势结果而承受内部或外部压力，即使以前正直、诚信的管理层和治理层也可能发生变化。因此，注册会计师不应依赖以往对管理层和治理层诚信形成的判断。即使注册会计师认为管理层和治理层是正直、诚实的，也不能降低保持职业怀疑的要求，不允许在获取合理保证的过程中满足于说服力不足的审计证据。

职业怀疑是注册会计师综合技能不可或缺的一部分，是保证审计质量的关键要素。保持职业怀疑有助于注册会计师恰当运用职业判断，提高审计程序设计及执行的有效性，降低审计风险。

（二）职业怀疑的作用

在审计过程中，保持职业怀疑的作用包括以下四个方面：

（1）在识别和评估重大错报风险时，保持职业怀疑有助于注册会计师设计恰当的风险评估程序，有针对性地了解被审计单位及其环境；有助于使注册会计师对引起疑虑的情形保持警觉，充分考虑错报发生的可能性和重大程度，有效识别和评估重大错报风险。

（2）在设计和实施进一步审计程序以应对重大错报风险时，保持职业怀疑有助于注册会计师针对评估出的重大错报风险，恰当设计进一步审计程序的性质、时间安排和范围，降低选取不适当的审计程序的风险；有助于注册会计师对已获取的审计证据表明可能存在未识别的重大错报风险的情形保持警觉，并作出进一步调查。

（3）在评价审计证据时，保持职业怀疑有助于注册会计师评价是否已获取充分、适当的审计证据以及是否还需执行更多的工作；有助于注册会计师审慎评价审计证据，纠正仅获取最容易获取的审计证据，忽视存在相互矛盾的审计证据的偏向。

（4）保持职业怀疑对于注册会计师发现舞弊、防止审计失败至关重要。原因是舞弊可能是精心策划、蓄意实施并予以隐瞒的，只有保持充分的职业怀疑，注册会计师才能对舞弊风险因素保持警觉，进而有效地评估舞弊导致的重大错报风险。保持职业怀疑，有助于使注册会计师认识到存在由于舞弊导致的重大错报的可能性，不会受到以前对管理层、治理层正直和诚信形成的判断的影响；使注册会计师对获取的信息和审计证据是否表明可能存在由于舞弊导致的重大错报风险始终保持警惕；使注册会计师在认为文件可能是伪造的或文件中的某些条款可能已被篡改时，作出进一步调查。

四、合理运用职业判断

（一）职业判断的含义

职业判断，是指在审计准则、财务报告编制基础和职业道德要求的框架下，注册会计师综合运用相关知识、技能和经验，作出适合审计业务具体情况、有根据的行动决策。

职业判断是注册会计师行业的精髓。从本质上讲,无论是财务报表的编制,还是注册会计师审计,都是由一系列判断行为构成的。职业判断对于适当地执行审计工作是必不可少的,如果没有运用职业判断将相关知识和经验灵活运用于具体事实和情况,仅靠机械地执行审计程序,注册会计师无法理解审计准则、财务报告编制基础和相关职业道德要求,难以在整个审计过程中作出有依据的决策。

(二)职业判断的运用

职业判断涉及注册会计师执业的各个环节。一方面,职业判断贯穿于注册会计师执业的始终,从决定是否接受业务委托,到出具业务报告,注册会计师都需要作出职业判断;另一方面,职业判断涉及注册会计师执业中的各类决策,包括与具体会计处理相关的决策、与审计程序相关的决策,以及与遵守职业道德要求相关的决策。

职业判断对于作出下列决策尤为重要:

(1)确定重要性,识别和评估重大错报风险。

(2)为满足审计准则的要求和收集审计证据的需要,确定所需实施的审计程序的性质、时间安排和范围。

(3)为实现审计准则规定的目标和注册会计师的总体目标,评价是否已获取充分、适当的审计证据以及是否还需执行更多的工作。

(4)评价管理层在运用适用的财务报告编制基础时作出的判断。

(5)根据已获取的审计证据得出结论,如评价管理层在编制财务报表时作出的会计估计的合理性。

(6)运用职业道德概念框架识别、评估和应对影响职业道德基本原则的不利因素。

注册会计师是职业判断的主体,职业判断能力是注册会计师胜任能力的核心。

(三)提高职业判断质量的方式

通常来说,注册会计师具有下列特征可能有助于提高职业判断质量:

(1)丰富的知识、经验和良好的专业技能。

(2)独立、客观和公正。

(3)保持适当的职业怀疑。

(四)衡量职业判断质量的标准

衡量职业判断质量可以基于以下三个方面:

(1)准确性或意见一致性,即职业判断结论与特定标准或客观事实的相符程度,或者不同职业判断主体针对同一职业判断问题所判定的彼此认同的程度。

(2)决策一贯性和稳定性,即同一注册会计师针对同一项目的不同判断问题,所作出的判断之间是否符合应有的内在逻辑,以及同一注册会计师针对相同的职业判断问题,在不同时点所作出的判断是否结论相同或相似。

(3)可辩护性,即注册会计师是否能够证明自己的工作。通常,理由的充分性、思维的逻辑性和程序的合规性是可辩护性的基础。

课堂结账测试

班级_____ 姓名_____ 学号_____ 日期_____ 平时分_____

一、单项选择题(每题 5 分,共计 25 分)

1. 下列认定中,与财务报表组成要素的高估有关的是( )。
   A. 发生 B. 完整性 C. 准确性 D. 准确性、计价和分摊

2. 注册会计师在对财务报表进行审计时,一般情况下,更应关注完整性认定的项目是( )。
   A. 应收账款 B. 存货 C. 收入 D. 短期借款

3. ( )是指通过追踪交易在财务报告系统中的处理过程,来证实和评价内部控制设计和执行状况的一种方法。
   A. 穿行测试 B. 观察 C. 重新执行 D. 检查

4. 计划阶段审计工作不包括( )。
   A. 接受业务委托 B. 进行控制测试
   C. 风险评估程序 D. 计划审计工作

5. 审计人员通过监盘、观察等审计方法,可以获取( )。
   A. 实物证据 B. 书面证据
   C. 口头证据 D. 环境证据

二、判断题(每题 5 分,共 25 分)

1. 总体审计目标是指注册会计师通过实施审计程序以确定管理层在财务报表中确认的各类交易、账户余额、披露层次认定是否恰当。 ( )

2. 发生认定是指所有应当记录的交易和事项均已记录,所有应当包括在财务报表中的相关披露均已包括。 ( )

3. 顺查法的优点是审查全面,不易发生遗漏,方法简单,易于核对、结果精确。其缺点是面面俱到,容易忽视重大问题,费时费力,工作量大。因此,顺查法主要适用于规模较小、业务量少、内部控制制度不健全的被审计单位,以及重要的审计事项和贪污舞弊的专案审计。 ( )

4. 由于函证回函来自独立的第三方,具有较高的可靠性,是受到高度重视的一种证据类型。因此,每一种可利用函证的情况下都应当利用函证。 ( )

5. 职业怀疑是注册会计师综合技能不可或缺的一部分,是保证审计质量的关键要素。保持职业怀疑有助于注册会计师恰当运用职业判断,提高审计程序设计及执行的有效性,降低审计风险。 ( )

三、业务题(50分)

审计人员 B 在审计东方股份有限公司过程中,获取了该公司流动资产的相关数据,如表 3-2 所示。

表 3-2　　　　　东方股份有限公司流动资产简表　　　　　金额单位:万元

项目	2022年	2023年
货币资金	800	780
应收账款	3 200	5 000
存货	11 000	9 000
流动资产合计	15 000	14 780

已知东方股份有限公司 2020 年经营稳定,业绩没有明显的增长。

要求:根据上述资料,完成表 3-3,并指出审计人员 B 应如何运用分析性程序(结构百分比法)进行分析,以评估东方股份有限公司流动资产各项目是否存在重大错报风险。

表 3-3　　　　　东方股份有限公司流动资产分析表　　　　　金额单位:万元

项目	2022年		2023年		增长	
	金额	百分比	金额	百分比	金额	百分比
货币资金						
应收账款						
存货						
流动资产合计						

第四章 审计证据与审计工作底稿

知识导航

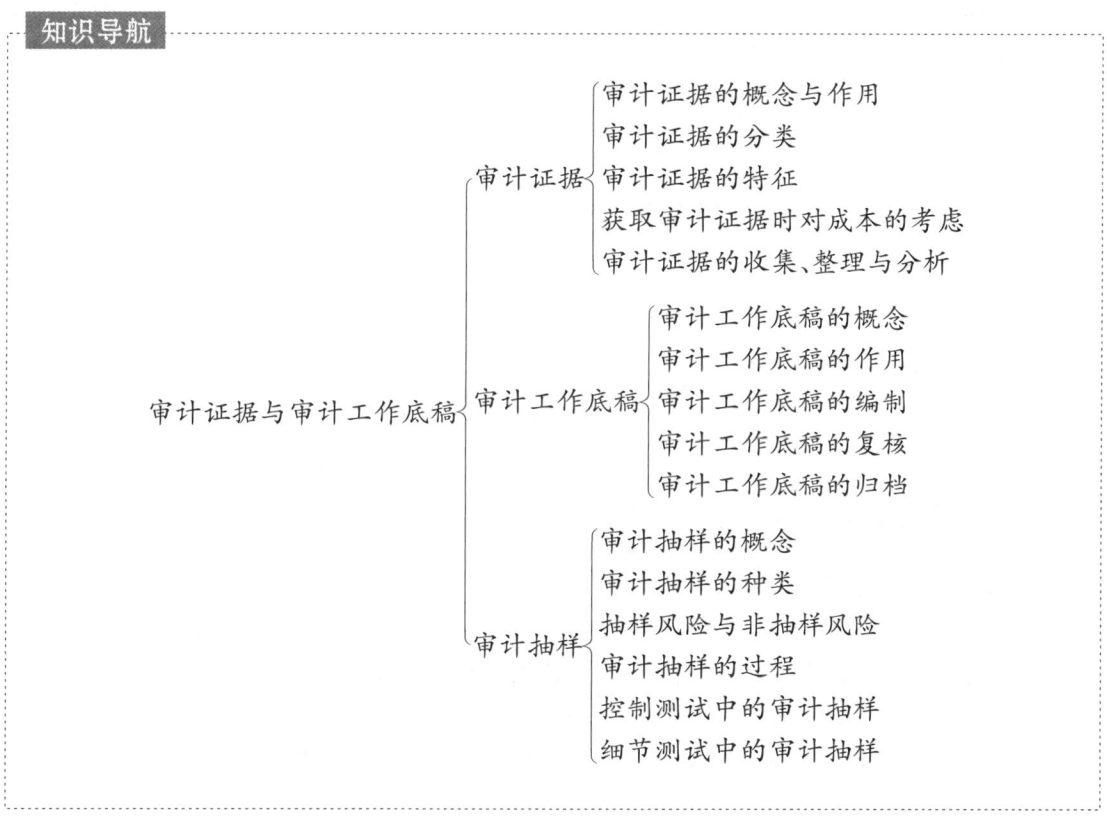

学习目标

1. 了解审计证据的分类以及审计档案的归档与保管。
2. 理解审计证据的特征。
3. 熟悉审计工作底稿的编制与复核。
4. 掌握审计抽样方法。

寓德于教

审计机器人 RPA 技术

随着国际四大会计师事务所相继推出财务与审计各种应用场景下的 RPA 机器人,外部审计表面上面对的是会计期末财务人员出具的四张财务报表,实质上面对的是企业内部和外部有关财务活动的所有数据,是对包括结构化、半结构化和非结构化等不同的数据对象进行审计。由于这些数据来源广泛、比较分散且数量巨大,基于成本效益原则,外部审计主要采用抽样审计方法。在实务中,因为审计抽样工作包括大量的数据收集、处理与分析工作,所以审计人员通常要进行大量的重复性操作,不但工作效率低,工作质量也难以得到保证。RPA 技术就是基于设置好的规则去操作完成可重复、可机器人化任务的软件解决方案。财务机器人和审计机器人是 RPA 技术应用在财务和审计领域的新尝试,是基于 RPA 技术并结合一系列人工智能、认知技术,取代传统财务和审计人工操作的数字化技术应用,可以较为有效地解决目前审计抽样流程中数据结构复杂且易出错等问题。

资料来源:白云,郭蓬松.基于 RPA 的审计抽样软件机器人故障自动识别系统研究[J].自动化与仪器仪表,2022(08):170-173,178.

思考:
1. 什么是审计抽样,审计抽样应该具备哪些特征?
2. 审计中哪些环节会用到审计抽样?

第一节 审 计 证 据

一、审计证据的概念与作用

(一)审计证据的概念

《中国注册会计师审计准则第 1301 号——审计证据》将审计证据定义为"注册会计师为了得出审计结论和形成审计意见而使用的信息。审计证据包括构成财务报表基础的会计记录所含有的信息和从其他来源获取的信息"。

会计记录是指初始会计分录形成的记录支持性记录。例如,支票、电子资金转账记录、发票和合同;总分类账、明细分类账、会计分录以及对财务报表予以调整但未在账簿中反映的其他分录;支持成本分配、计算、调节和披露的手工计算表和电子数据表。会计记录中含有的信息本身并不足以提供充分的审计证据作为对财务报表发表审计意见的基础,注册会计师还应当获取用作审计证据的其他信息。

可用作审计证据的其他信息包括注册会计师从被审计单位内部或外部获取的会计记录以外的信息,如被审计单位的会议记录、内部控制手册、询证函回函等;通过询问、观察和检查等审计程序获取的信息,如对存货进行监盘获取存货存在的证据等;自身编制或获取的可以通过合理推断得出结论的信息,如注册会计师编制的各种计算表、分析表等。构成财务报表基础的会计记录中含有的信息和其他信息共同构成审计证据,两者缺一不可。

(二)审计证据的作用

(1)审计证据是确认被审计事项事实真相、形成审计意见的客观基础。

(2)审计证据是考核和评价审计工作质量的基本依据。

(3)审计证据是确定和解除被审计人员经济责任和法律责任的客观依据。

(4)审计证据有利于减轻或免除审计人员的法律责任。

从一定意义上讲,收集、评价和综合审计证据是整个审计工作的核心,直接关系到审计工作的成败。

二、审计证据的分类

审计证据分类的目的,在于找出更合理、更有效、更具有证明力的证据,以达到较好的证明效果,从而有利于审计工作的顺利完成。审计证据按照不同的标准,可以进行多种分类。

(一)按审计证据的表现形态分类

按审计证据的表现形态分类,可以分为实物证据、书面证据、口头证据和环境证据。

1. 实物证据

实物证据是指以实物的外部特征和内含性能来证明事物真相的各种财产物资。实物证据主要用以查明实物存在的真实性、数量和计价的正确性,如现金、存货、固定资产、在建工程等。实物证据的存在本身就具有很大的可靠性,所以实物证据具有较强的证明力。但应防止伪造和混淆实物证据,如核实物资的所有权是否转移,有无外单位寄存的材料、产品等物资。

2. 书面证据

书面证据是以文字记载的内容来证明被审计事项的各种书面资料,如有关被审计事项的会计凭证、会计账簿和财务报表以及各种会议记录和合同等。审计工作过程中,收集得最多的就是书面证据。书面证据的来源比较广泛,包括:由被审计单位以外的单位所提供,且直接送交审计人员的书面证据,如询证函等;由被审计单位以外的单位提供,但未被审计单位所持有的书面证据,如银行对账单、各种发票等;被审计单位自行编制并持有的书面证据,如工资发放表、会计记录、被审计单位声明书等。对这些书面证据,需要进行整理归类,其效用也需要进一步证实。

3. 口头证据

口头证据是由被审计单位职员或其他人员对审计人员的提问做口头答复所形成的审计证据。例如,在审计过程中,审计人员通常会向被审计单位的有关人员询问会计记录、文件的存放地点,采用特别会计政策和方法的理由,收回逾期应收账款的可能性等。对于这些问题的口头答复,就构成了口头证据。一般而言,口头证据本身并不足以证明事情的真相,但审计人员往往可以通过口头证据发掘出一些重要的线索,从而有利于审计人员对某些需审核的情况做进一步的调查,以搜集到更为可靠的证据。在审计过程中,审计人员应把各种重要的口头证据尽快做成记录,并要求被询问者签名确认,同时应尽可能地从不同渠道取得其他相应证据的支持。相对而言,不同人员对同一问题所做的口头陈述相同时,口头证据具有较高的可靠性。

4. 环境证据

环境证据也称状况证据,是指对被审计单位产生影响的各种环境事实,具体而言,包括以下几种:

(1)有关企业内部控制情况。如果被审计单位有着良好的内部控制,就可增加其会计资料的可信赖程度,相应地,审计人员需要收集的其他审计证据就可以适当减少。

(2) 被审计单位管理人员的素质。被审计单位管理人员的素质越高,则其所提供的证据发生差错的可能性就越小。

(3) 各种管理条件和管理水平。被审计单位各种管理条件越好、管理水平越高,其所提供的证据的可靠程度也越高。

必须指出,环境证据一般不属于基本证据,但它可以帮助审计人员了解被审计单位及其经济活动所处的环境,是审计人员进行判断时所必须掌握的资料。

(二) 按审计证据的相关程度分类

审计证据按相关程度分类,可以分为直接证据和间接证据。

1. 直接证据

直接证据是指对审计事项具有直接证明力,能单独、直接地证明审计事项真相的资料和事实。例如,在审计人员亲自监督实物和现金盘点情况下的盘点实物和现金的记录,就是证明实物和现金实存数的直接证据。审计人员有了直接证据,无须再收集其他证据,就能根据直接证据得出审计事项的结论。

2. 间接证据

间接证据又称旁证,是指对审计事项只起间接证明作用,需要与其他证据结合起来,经过分析、判断、核实才能证明审计事项真相的资料和事实。例如,印证销售收入的公允性,就应收账款而言,虽然应收账款是与销售收入相关的资料,但仅凭应收账款还不能证明销售收入的公允性,还需结合销售合同、产成品出库单和运输单据等证据,所以应收账款是对销售收入公允性证明的间接证据。在审计工作中,单凭直接证据就能直接影响审计人员的意见和结论的情况并不多见。一般情况下,在直接证据以外,往往需要一系列的间接证据才能对审计事项作出完整的结论。当然,直接和间接是相对的,以凭证为例,凭证对于财务报表是间接证据,而对于会计账簿则是直接证据。

(三) 按获取审计证据的来源分类

审计证据按获取的来源分类,可以分为外部证据和内部证据。

1. 外部证据

外部证据是由被审计单位以外的机构或人士编制的书面证据,一般有较强的证明力。外部证据包括两类:一类是由被审计单位以外的机构或人士编制并由其直接递交审计人员的书面证据,如应收账款函证回函、保险公司和证券经纪人的证明等。此类证据因未经被审计单位有关职员之手,排除了伪造、更改凭证的可能性,因而证明力是最强的。另一类是由被审计单位以外的机构或人士所编制、但由被审计单位持有并提交给审计人员的书面证据,如顾客订单、购货发票、银行对账单等。由于此类证据已经被审计单位职员之手,在评价其可靠性时,审计人员应考虑其被涂改、伪造的可能性。虽然这类外部证据的可靠性不如第一类外部证据,但相对于内部证据而言,它仍具有较高的可靠性。

此外,外部证据还包括审计人员为证明某个事项而自己动手编制的各种计算表、分析表,如审计人员审查成本的真实性时重新计算产品成本取得的审计证据;审计人员亲自参加财产物资盘点而取得的审计证据。这种证据可信程度高,具有很强的证明力。

2. 内部证据

内部证据是由被审计单位的内部机构或人员编制和提供的书面证据,包括被审计单位的会计记录、被审计单位管理当局的声明书和其他各种由被审计单位编制和提供的有关书面文件。

一般而言，内部证据不如外部证据可靠。审计人员在确认内部证据的可靠性时，应考虑以下两方面因素的影响：

(1) 内部证据是否经过外部流转，并获得其他单位或个人的承认。例如，销售发票、付款支票等，具有较高的可靠性。

(2) 被审计单位内部控制的好坏。若被审计单位内部控制健全有效，则内部证据具有较强的可靠性；反之则弱。例如，收料单与领料单经过了被审计单位不同部门的审核、签章，并且所有凭据预先连续编号并按序号依次进行了处理，则这些内部证据具有较高的可靠性。

(四) 按审计证据的重要性分类

审计证据按重要性分类，可以分为基本证据、辅助证据和矛盾证据。

1. 基本证据

基本证据是指对审计人员形成审计意见、作出审计结论具有直接影响的审计证据。例如，证明被审计单位财务状况好坏时，被审计单位的财务报表、会计账簿等就是基本证据。审计人员如果离开了基本证据，就无法提出审计意见和作出审计结论。

2. 辅助证据

辅助证据是作为基本证据的一种必要补充，补充说明基本证据的证据。例如，要证明账簿记录的真实性，各种记账凭证是基本证据。而附在记账凭证后面的各种原始凭证，是编制记账凭证的依据，它们补充说明记账凭证来证明账簿的真实性，因而它们是辅助证据。

3. 矛盾证据

矛盾证据是指证明的方向与基本证据相反，或证明的内容与基本证据不一致的证据。例如，被审计单位财务报表上的"固定资产"是 10 亿元，而会计账簿上的"固定资产"只有 9 亿元，那么"固定资产"会计账簿就是财务报表的矛盾证据。遇有矛盾证据，审计人员必须进一步收集审计证据，并加以深入分析和鉴定，以得出正确的审计结论。

三、审计证据的特征

(一) 审计证据的充分性

充分性是关于审计证据的数量特征。它是指审计证据的数量能足以使审计人员形成审计意见，主要与注册会计师确定的样本量有关。例如，对某个审计项目实施某一选定的审计程序，从 200 个样本中获取的证据要比从 100 个样本中获取的证据更充分。客观公正的审计意见必须建立在足够数量的审计证据的基础上，但这并不是说，审计证据的数量可以无限制地增多。

审计人员判断审计证据是否充分时，应当考虑下列主要因素：

(1) 审计风险。错报风险越大，需要的审计证据越多。具体来说，在可接受的审计风险一定的情况下，重大错报风险越大，注册会计师就应实施越多的测试工作，将检查风险降至可接受的水平，以将审计风险控制在可接受的低水平范围内。

(2) 具体审计项目的重要性。审计项目越重要，审计人员就越需要获取充分的审计证据以支持其审计结论或意见。而对于不太重要的审计项目,即使审计人员出现判断上的偏差,也不至于引发整体判断失误,因而可适当减少审计证据的数量。

(3) 审计人员的经验。经验丰富的审计人员,往往可从较少的审计证据中判断出被审计事项是否存在错误或舞弊行为,从而可减少对审计证据数量的依赖程度。

(4) 审计过程中是否发现错误或舞弊。一旦审计过程中发现被审计事项存在错误或舞弊行为,则被审计单位整体财务报表存在问题的可能性就增大,因此需要增加审计证据的数量,以确保能得出合理的审计结论,形成恰当的审计意见。

(5) 审计证据的类型与获取途径。如果审计人员获取的大多数是外部证据,则审计证据的质量较高,故可适当减少证据的数量;反之,数量就应相应增加。

(二) 审计证据的适当性

适当性是关于审计证据的质量特征,具体可分为审计证据的相关性和可靠性。

1. 相关性

审计证据的相关性是指审计证据应当与审计目标相关。如果取得的证据与审计目标没有联系,即使其说服力很强,也不能用以证明或否定被审计事项。例如,假设注册会计师怀疑被审计单位已经发货却没有向顾客开票(即"完整性"目标),如果注册会计师从销售发票副本中选取样本,并追查每张发票相应的发货单,由此所获得的证据与"完整性"目标就不相关。与"完整性"目标相关的程序应当是从发货单中选取样本,并追查每张发货单相应的销售发票副本,以确定每张发货单是否均已开票。相关性只能结合具体审计目标来考虑。在确定审计证据的相关性时,注册会计师应当考虑以下几个方面:

(1) 特定的审计程序可能只为某些认定提供相关的审计证据,而与其他认定无关。同一证据与某一目标相关,但与另一目标可能就不相关。例如,存货盘点结果只能证明存货是否存在,是否有毁损和短缺,而不能证明存货的计价和所有权的情况。

(2) 针对同一项认定可以从不同来源获取审计证据或获取不同性质的审计证据。例如,为了获取与坏账准备计价有关的审计证据,可以分析应收账款的账龄、债务人的财务状况、应收账款的期后收款情况。

(3) 只与特定认定相关的审计证据并不能替代与其他认定相关的审计证据。例如,有关固定资产实物存在的审计证据并不能够替代与固定资产所有权相关的审计证据。

相关性是判断证据证明力的重要因素。收集的证据如果和审计目标不相关,即使证据再可靠、再充分、再及时,也无济于事。注册会计师取得非相关性的审计证据,不仅花费不必要的时间和成本,而且还可能导致注册会计师发表错误的审计意见。也就是说,注册会计师取得的审计证据相关性越强,质量就越好,证明力就越强。

2. 可靠性

审计证据的可靠性是指审计证据应能如实反映客观事实。审计证据的可靠性受其来源、及时性和客观性的影响。判断审计证据可靠性的一般原则包括以下六个方面:

(1) 从被审计单位外部独立来源获取的审计证据比从其他来源获取的审计证据更可靠。

(2) 相关控制有效时内部生成的审计证据比控制薄弱时内部生成的审计证据更可靠。

(3) 直接获取的审计证据比间接获取或推论得出的审计证据更可靠。

（4）以文件记录形式（包括纸质、电子或其他介质）存在的审计证据比口头形式的审计证据更可靠。

（5）从原件获取的审计证据比从复印、传真或通过拍摄、数字化或其他方式转化成电子形式的文件获取的审计证据更可靠。

（6）不同来源或不同性质的审计证据相互印证时，审计证据更为可靠。

通常情况下，注册会计师以函证方式直接从被询证者获取的审计证据，比被审计单位内部生成的审计证据更可靠。通过函证等方式从独立来源获取的相互印证的信息，可以提高注册会计师从会计记录或管理层书面声明中获取的审计证据的保证水平。

充分性和适当性是审计证据的两个重要特征，两者缺一不可，只有充分且适当的审计证据才是有证明力的。审计人员需要获取的审计证据的数量也受审计证据质量的影响。审计证据质量越高，需要的审计证据数量就越少。例如，被审计单位内部控制健全时生成的审计证据更可靠，审计人员只需要获取适量的审计证据，就可以为发表审计意见提供合理的基础。

四、获取审计证据时对成本的考虑

在保证获取充分、适当的审计证据的前提下，控制审计成本也是审计单位考虑的。但为了保证得出的审计结论、形成的审计意见是恰当的，审计人员不应将获取审计证据的成本高低和难易程度作为减少不可替代的审计程序的理由。例如，对存货进行监盘是证实存货是否存在的不可替代的审计程序，审计人员在审计中不得以检查成本高和难以实施为由而不执行该程序。

五、审计证据的收集、整理与分析

根据审计准则的要求，审计证据的收集是审计人员在审计过程中运用检查、监盘、观察、查询及函证、计算和分析性复核等审计方法获取审计证据的过程。

审计证据的整理分析是指对收集到的个别的、分散的初始审计证据进行归纳、分析和综合，使之更加条理化、系统化，形成综合证明力，并在此基础上形成恰当的整体审计意见。必须指出的是，审计证据的收集与整理分析往往是交叉进行的，并非互不相关的独立环节。在收集审计证据的过程中就需要对证据资料进行初步整理分析，在整理分析过程中一方面能形成有价值的新的审计证据，另一方面还可以发现证据的不足之处，及时进行补充收集。可以说，审计工作就是在不断地收集证据，整理分析证据，而后评价判断证据，在收集证据的反复过程中向纵深开展的。

（一）审计证据整理与分析的方法

一般来说，审计证据的整理与分析没有固定模式，其方式随审计目的和审计证据的种类不同而不同。审计证据整理与分析的基本方法有以下几种：

（1）分类。分类是指将各种审计证据按其证明力的强弱，或按与审计目标的关系是否直接等分门别类排成序。通过归类，审计人员使初始证据条理化、有序化。

（2）计算。计算是指按照一定的方法对数据方面的审计证据进行加工运算，从而得出所需的新的审计证据。

（3）比较。比较包括两方面的内容：一方面是将各种审计证据进行反复比较，从中分析出被审计单位经济业务的变动趋势及其特征。另一方面是将审计证据与审计目标进行比较，判断审计证据是否符合要求；如认为其不符合要求，则需补充收集有关的审计证据。

（4）小结。小结是指审计人员在对审计证据进行上述分类、计算和比较的基础上，还应对审计证据进行归纳、总结，得出具有说服力的局部的审计结论。

（5）综合。综合是指审计人员对各类审计证据及其所形成的局部的审计结论进行综合分析，最终形成整体的审计意见。

（二）审计证据整理与分析应注意的几个问题

1. 审计证据的取舍

审计人员不必也不可能把审计证据所反映的内容全部都包括到审计报告之中。在编写审计报告之前，审计人员必须对反映不同内容的审计证据进行适当的取舍，舍弃那些无关紧要的、不支持审计意见的次要证据，只选择那些具有代表性的、典型的审计证据在审计报告中加以反映。审计证据的取舍标准应考虑以下两个方面：

（1）金额大小。对于金额较大、足以对被审计单位的财务状况或经营成果的反映产生重大影响的证据，应当作为重要证据予以保留。

（2）问题性质的严重程度。严重性是判断取舍的又一重要标准。在涉及金额不大但问题引发的后果甚为严重的情况下，如影响合同履行、影响被审计单位收益趋势等情况，同样应将其作为重要的审计证据。

2. 分清事实的现象和本质

有些审计证据所反映的情况可能只是一种现象，审计人员不能被这些表面现象所迷惑，而应该能够透过现象挖掘出事物的本质。

3. 排除伪证

伪证是审计证据的提供者出于某种动机而伪造的证据，或是有关方面基于某些主观或客观原因而提供虚假证据。这些伪证以假乱真，如不认真排除，往往会干扰审计人员形成正确、恰当的审计结论和意见。

【例4-1】 审计证据的充分性与适当性案例分析

注册会计师B在执行东方股份有限公司2022年度财务报表审计业务的过程中，需要根据审计目标设计和实施进一步审计程序，以获取充分、适当的审计证据。相关情况如下：

（1）为证实应付账款的完整性，注册会计师B采用传统变量抽样方法确定样本规模，并采用系统随机数表法从应付账款明细表中选取供应商进行函证。

（2）为弥补领料单的可靠性，注册会计师B决定扩大审计程序的范围，增加审计证据的数量。

（3）为证实销售发票复核的效果，注册会计师B从总计26 400张发票存根中选取了一定数量的样本，检查有无复核人员签字。

（4）某银行的函证回函与东方股份有限公司的记录严重不符。注册会计师B基于外部独立来源信息的可靠性更高这一原则，认为"货币资金"项目存在重大错报。

（5）虽然怀疑一张大额买方发票可能被篡改，但因审计工作通常不涉及鉴定文件记录的真伪,注册会计师B在复印发票后,没有采取其他措施。

要求:分别针对上述每种情况,逐一指出所获取的审计证据在充分性或适当性方面是否符合要求,并简要说明理由。如认为不符合要求,具体指出是充分性、相关性、还是可靠性不符合要求。

解:事项(1)相关性不符合要求。应付账款明细表是根据应付账款明细账编制的,表中列示的都是已入账的应付账款,从其中抽取样本难以发现完整性认定的错报。

事项(2)可靠性不符合要求。当审计证据的质量存在缺陷时,仅靠获取更多的审计证据可能无法弥补其质量上的缺陷。

事项(3)相关性不符合要求。销售发票上有无复核人员签字只能证实复核人员是否对发票进行了复核,但不能证实复核的效果。

事项(4)可靠性不符合要求。如果从不同来源获取的审计证据不一致,表明某种审计证据可能不可靠,应追加必要的审计程序,证实或排除疑点。

事项(5)可靠性不符合要求。如果在审计过程中识别出的情况使其认为文件记录可能是伪造的,审计人员应当作出进一步调查,复印不属于调查,不能排除疑点。

第二节 审计工作底稿

一、审计工作底稿的概念

审计工作底稿,是指审计人员对制定的审计计划、实施的审计程序、获取的相关审计证据,以及得出的审计结论作出的记录。审计工作底稿是审计人员将在审计工作过程中所采用的方法、步骤和收集的用来证明审计事项真实情况的经济事实和资料,按照一定的格式编制的档案性原始文件。审计工作底稿是审计证据的汇集,可作为审计过程和结果的书面证明,也是形成审计结论的依据。

审计人员从接受审计任务、确立审计对象,到提出审计报告,要经历一个较长的过程。这一过程实际上就是收集审计证据,编制审计工作底稿,进而作出审计结论的过程。审计人员在审计过程中,都需要依照审计准则和法规规定的程序收集审计证据,审计证据的收集过程同时又是审计工作底稿的编制和整理过程。通过审计工作底稿的编制,把已收集到的数量众多但不系统、没有重点的各种审计证据资料,完整无缺地、系统地和有重点地加以归类整理,经过审计人员适当的判断和推理,逐项验证审计结果,从而使审计结论建立在充分和适当的审计证据的基础之上。因此,开展审计工作都应该正确地编制审计工作底稿,这是高效率、高质量地完成审计任务的重要条件,也是审计人员业务素质和知识水平的具体体现。

二、审计工作底稿的作用

审计工作底稿在计划和执行审计工作中发挥重要作用。注册会计师应当及时编制审计工作底稿以实现下列主要目的:

(1)提供证据,作为注册会计师得出实现总体目标的结论的基础。

(2) 提供证据,证明注册会计师按照审计准则和相关法律法规的规定,计划和执行了审计工作。

除了上述目的,编制审计工作底稿还包括以下几个作用:

(1) 有助于项目组计划和实施审计工作。

(2) 有助于负责督导的项目组成员按照《中国注册会计师审计准则第1121号——对财务报表审计实施的质量控制》的规定,履行指导、监督与复核审计工作的责任。

(3) 便于项目组说明其执行审计工作的情况。

(4) 保留对未来审计工作持续产生重大影响的事项的记录。

(5) 便于会计师事务所按照《质量控制准则第5101号——会计师事务所对执行财务报表审计和审阅、其他鉴证和相关服务业务实施的质量控制》的规定,实施质量控制复核与检查。

(6) 便于监管机构和注册会计师协会根据相关法律法规或其他相关要求,对会计师事务所实施执业质量检查。

三、审计工作底稿的编制

(一) 审计工作底稿的编制原则

根据审计业务编制符合需要的审计工作底稿,这是审计人员执行审计业务的一项重要内容。为了保证审计人员编制的工作底稿符合审计业务要求,在编制审计工作底稿时应遵循如下几条原则。

(1) 完整性原则。审计人员对已经收集的被审计单位概况资料、经济业务情况、内部控制系统及会计记录等,连同自己制定的审计计划、审计程序、审计日程表以及所采用的审计步骤、审计方法,都必须逐项编入审计工作底稿。每份审计工作底稿的内容也必须完整,如适当的标题、编制的日期、资料的来源及资料的性质等基本要素都不得遗漏。

(2) 重要性原则。完整性原则规定的目的在于保证审计资料的完整无缺。然而,并非所有资料对审计报告都具有重要的意义。因此,必须根据审计资料的性质去芜存菁,并在审计工作底稿中明确注明资料的性质及其与审计报告之间的关系,使一些重要事实在审计工作底稿中处于突出的地位,便于编制审计报告和提出审计意见时加以运用。审计人员在编制审计工作底稿时,应首先注重所有的重要资料,对于可以用来证实会计记录的合法性、公允性,支持审计报告所载事项的各项资料也都必须列入审计工作底稿,而对不重要的以及与审计事项没有必然联系的各种资料则可舍弃。

(3) 真实性与相关性原则。审计工作底稿是支持审计结论和审计意见的支柱。因此,审计工作底稿的真实性与相关性直接影响审计结论的可信性和审计工作的成败。为此,审计人员在编制审计工作底稿时,必须将已确认为真实、客观的审计工作底稿,根据与审计结论和意见相关联的原则,作为支持审计结论和发表审计意见的主要依据。

(4) 明确责任原则。审计工作底稿必须由审计人员、制表人签名盖章,并由审计项目负责人审批核实,以明确各自的责任。审计工作底稿是审计组织的内部工作资料,审计人员负有不向被审计单位和外单位泄露的责任。

(二) 审计工作底稿的编制要求

一份较完整的审计工作底稿应该内容清楚、标题完整、一切资料来源均有说明;所列事项都应经过复核,而且有条理、有顺序、注意细节;重要事项和非重要事项有明确的区分。为提高审计工作底稿的质量,审计人员在编制审计工作底稿时,应注意以下问题:

(1) 每一具体审计事项均应单独编制一份审计工作底稿,并在表头标明被审计单位的全称。

(2) 所有审计过程中取得的审计证据、面谈、询问过的人员,观察过的场所等,均应一一明确列示。编制人和复核者均应在审计工作底稿上签字,并注明日期。

(3) 应编制一份工作备忘录,列明尚待解决的问题。因为在审计过程中,很可能会在追踪某一问题时发现其他问题,为使正在追踪的问题不被中断又不遗忘新发现的问题,审计人员有必要填制一份工作备忘录,将新发现的问题先记录下来,再统筹安排适时进行查处,使每个问题均无遗漏。

(4) 为了便于查阅,审计工作底稿应编制索引。编制索引的方法因不同的会计师事务所而异,并无定式。

(5) 审计人员在编制审计工作底稿时,对其中的问题要中肯地表述自己的意见。

(6) 审计人员在提出审计报告后,审计工作底稿应归入审计档案,并妥善保管。

(三) 审计工作底稿编制的内容

审计工作底稿可以以纸质、电子或其他介质形式存在。审计工作底稿通常包括总体审计策略、具体审计计划、分析表、问题备忘录、重大事项概要、询证函回函、管理层声明书、核对表、有关重大事项的往来信件(包括电子邮件),以及对被审计单位文件记录的摘要或复印件等。审计工作底稿通常不包括已被取代的审计工作底稿的草稿或财务报表的草稿、对不全面或初步思考的记录、存在印刷错误或其他错误而作废的文本,以及重复的文件记录等。审计工作底稿包括审计人员记录、编制和收集的与审计事项相关的资料和文件等。

对于具体的审计事项,由于性质、目的、要求以及采取的方法不同,与之相应的审计工作底稿也不尽相同。具体每一审计工作底稿的内容与审计工作底稿的不同种类有着密切关系。

审计人员编制的审计工作底稿应包括下列基本内容:

(1) 被审计单位名称。

(2) 审计项目名称。

(3) 审计项目时点或期间。

(4) 审计过程记录。

(5) 审计标识及其说明。

(6) 审计结论。

(7) 索引号及页次。

(8) 编制者姓名及编制日期。

(9) 复核者姓名及复核日期。

(10) 其他应说明事项。

(四) 审计工作底稿的格式和繁简程度

审计工作底稿的格式和繁简程度是审计工作详简程度的具体表现,合理确定其格式和繁简程度是保证审计工作质量不可忽视的方面。在确定审计工作底稿格式以及内容的繁简程度

时,应根据实际工作需要,针对不同情况,采用多种格式。下面就各种主要审计工作底稿的常见格式介绍如下:

(1) 工作事项表。工作事项表是以笔记方式记载审计过程中所发现的问题及疑点、线索、尚未查证事项的评语等。这些都必须在审计工作完成前予以澄清,并将处理经过或参考其他审计工作底稿的详情,在工作事项表中作充分说明。

(2) 内部控制测试表。内部控制测试表是主要就被审计单位内部控制的实施情况逐一列出,通过"是"或"否"的回答来评价被审计单位内部控制的完善程度和有效程度。测试题的设计往往是分门别类的,如以现金支出为标题设计一张测试表,这张表包括该项制度的控制目标、控制范围、由谁来控制、怎样控制以及这项控制制度在整个制度中的重要程度等。

(3) 试算表工作底稿。试算表工作底稿是一张列有各分类账科目的金额、应调整的科目、调整的金额等的表格。该类底稿示例如表 4-1 所示。

表 4-1　　　　　　　　　审计工作底稿——试算平衡表

被审计单位名称:　　　　　　　　编制人:
日期:　　　　　　　　　　　　　复核人:　　　　　　　　底稿编号:

会计账户	原试算平衡表记录		注册会计师调整账户		调整后试算表	
	借方	贷方	借方	贷方	借方	贷方

(4) 调整工作底稿。审计人员在审计过程中发现的被审计单位的重大会计处理错误都必须加以调整。会计分录编错应调整,成本计算不正确应调整。这类调整有的可以在试算表工作底稿中得到反映,有的则不能。所以,审计人员除了编制试算表工作底稿,还需编制调整工作底稿,这既是审计证据,又是被审计单位据以改正的依据。其格式常采用一般分类账登记方式,需调整的事项,逐笔记录并加以说明。

(5) 分析表、计算表。分析表和计算表是重要的审计工作底稿,涉及的内容主要是对异常事项的分析及重要数据的复算。例如,对账户的分析使审计人员确定账户的性质及内容是否正常,诸如债权类账户出现贷差、债务类账户出现借差等,审计人员对此类情况应详细分析发生差错的原因,并作出判断和评价。

(6) 盘点类工作底稿。盘点类工作底稿主要用于对库存现金、有价证券、存货、固定资产等实物资产进行清查盘点后所做的记录,检查其账存数和实存数是否一致,并说明原因和理由。盘点类工作底稿示例如表 4-2 所示。

(7) 备忘录。审计过程中常遇到一些无法立即确定问题的性质或无法立即查明真相的情况,此时必须将问题先摘录下来,待以后查证,以便在审计工作结束前加以处理。

表 4-2　　　　　　　　　审计工作底稿——库存现金监盘表

被审计单位：　　　　　　　　　　　　　索引号：
项目：　　　　　　　　　　　　　　　　财务报表截止日/期间：
编制：　　　　　　　　　　　　　　　　复核：
日期：　　　　　　　　　　　　　　　　日期：

金额单位：元

检查盘点记录			实有库存现金盘点记录		
项目	项次	人民币	面额	人民币	
				张	金额
上一日账面库存余额					
盘点日未记账传票收入金额			100		
盘点日未记账传票支出金额			50		
盘点日账面应有余额			20		
盘点实有库存现金数额			…		
盘点日应有与实有差异					
差异原因分析			合计		
追溯调整	报表日至审计日库存现金付出金额				
	报表日至审计日库存现金收入金额				
	报表日库存现金应有余额				
	报表日账面汇率				
	报表日余额折合本位币金额				
	本位币合计				

出纳员：　　　　　会计主管人员：　　　　　监盘人：　　　　　检查日期：

四、审计工作底稿的复核

一张审计工作底稿往往由一名专业人员独立完成，编制者对有关资料的引用、对有关事项的判断、对会计数据的加计复算等都可能出现误差。因此，在审计工作底稿编制完成后，一定的程序、多层次的复核显得十分必要。会计师事务所应结合本所实际情况制定出实用有效的复核制度。审计工作底稿复核制度，就是会计师事务所对有关复核人级别、复核程序与要点、复核人职责等作出的明文规定。审计工作底稿复核的作用主要体现在以下三个方面：

（1）减少或消除人为的审计误差，以降低审计风险，提高审计质量。

（2）及时发现和解决问题，保证审计计划顺利执行，并能够不断地协调审计进度、节约审计时间，提高审计效率。

(3) 便于上级管理人员对注册会计师进行审计质量监控和工作业绩考评。

(一) 审计工作底稿的复核要点

会计师事务所应当建立多层次的审计工作底稿复核制度,而不同层次的复核人可能有不同的复核重点,一般来说,复核工作的基本要点主要包括以下几点:

(1) 所引用的有关资料是否翔实、可靠。

(2) 所获取的审计证据是否充分、适当。

(3) 审计判断是否有理有据。

(4) 审计结论是否恰当。

(二) 审计工作底稿复核的基本要求

复核是会计师事务所进行审计项目质量控制的一项重要程序,必须有严格和明确的规则。一般来说,复核时应做好下面几项工作:

(1) 做好复核记录,对审计工作底稿中存在的问题和疑点要明确指出,并以文字记录于审计工作底稿中。

(2) 注册复核人签名的签署日期,有利于划清审计责任,也有利于上级复核人对下级复核人的监督。

(3) 书面表示复核意见。

(4) 督促编制人及时修改、完善审计工作底稿。

(三) 审计工作底稿分级复核制度

会计师事务所应当建立完善的审计工作底稿分级复核制度。如前所述,对审计工作底稿的复核可分为项目组内部复核和项目质量控制复核两个层次。

1. 项目组内部复核

《中国注册会计师审计准则第1121号——对财务报表审计实施的质量控制》规定,由项目组内经验较多的人员(包括项目合伙人)或复核经验较少人员操作时,复核人员应当考虑以下几个方面:

(1) 审计工作是否已按照法律法规、相关职业道德要求和审计准则的规定执行。

(2) 重大事项是否已提请进一步考虑。

(3) 相关事项是否已进行适当咨询,由此形成的结论是否得到记录和执行。

(4) 是否需要修改已执行审计工作的性质、时间安排和范围。

(5) 已执行的审计工作是否支持形成的结论,并已得到适当记录。

(6) 获取的审计证据是否充分、适当,足以支持审计结论。

(7) 审计程序的目标是否已经实现。

为了监督审计业务的进程,并考虑助理人员是否具备足够的专业技能和胜任能力,以执行分派的审计工作,了解审计指令及按照总体审计策略和具体审计计划执行工作,有必要对执行业务的助理人员进行适当的督导和复核。

复核人员应当知悉并解决重大的会计和审计问题,考虑其重要程度并适当修改总体审计策略和具体审计计划。此外,项目组成员与客户的专业判断分歧应当得到解决,必要时,应当寻求恰当的咨询。

复核工作应当由至少具备同等专业胜任能力的人员完成,复核时应考虑是否已按照具体审计计划执行审计工作,审计工作和审计结论是否予以充分记录,所有重大事项是否已得到解决或在审计结论中予以反映,审计程序的目标是否已实现,审计结论是否与审计工作的结果一致并支持审计意见。项目组内部复核一般包括以下两个方面:

(1) 项目经理复核。复核范围因审计规模、审计复杂程度以及工作安排的不同而存在显著差异。有时由高级助理人员复核低层次助理人员执行的工作,有时由项目经理完成,并最终由项目合伙人复核。如上所述,对工作底稿的复核必须留下证据,一般由复核者在相关审计工作底稿上签名并注明日期。

(2) 项目合伙人的复核。这里的项目合伙人是指会计师事务所中负责某项业务及其执行,并代表会计师事务所在报告上签字的合伙人。在有限责任制的会计师事务所,项目合伙人是指主任会计师、副主任会计师或具有同等职位的高级管理人员。如果项目合伙人以外的其他注册会计师在业务报告上签字,中国注册会计师职业道德守则对项目合伙人作出的规定也适用于该签字注册会计师。项目合伙人可以通过填列和复核财务报表检查清单的方式来实施复核。很多会计师事务所都备有详细的财务报表检查清单,甚至为不同的行业、不同性质的被审计单位准备了不同的检查清单。检查清单的完成和复核,不仅可对那些经常容易被忽视的审计方面起到提醒的作用,还有利于检查审计证据的充分性和适当性。

2. 项目质量控制复核

《中国注册会计师审计准则第1121号——对财务报表审计实施的质量控制》规定,注册会计师在出具审计报告前,会计师事务所应当指定专门的机构或人员对审计项目组执行的审计实施项目质量控制复核。

项目合伙人有责任采取以下措施:

(1) 确定会计师事务所已委派项目质量控制人员。

(2) 与项目质量控制复核人员讨论在审计过程中遇到的重大事项,包括项目质量控制复核中识别的重大事项。

(3) 在项目质量控制复核完成后,才能出具审计报告。

项目质量控制复核应当包括客观评价下列事项:

(1) 项目组作出的重大判断。

(2) 在准备审计报告时得出的结论。

会计师事务所采用制衡制度,以确保委派独立的、有经验的审计人员作为其所熟悉行业的项目质量控制复核人员。复核范围取决于审计项目的复杂程度以及未能根据具体情况出具审计报告的风险。很多会计师事务所不仅对上市公司审计进行项目质量控制复核,也会联系审计客户的组合,对那些高风险或涉及公众利益的审计项目实施项目质量控制复核。

五、审计工作底稿的归档

《质量控制准则第5101号——会计师事务所对执行财务报表审计和审阅、其他鉴证和相关服务业务实施的质量控制》和《中国注册会计师审计准则第1131号——审计工作底稿》对审计工作底稿的归档作出了具体规定,涉及归档工作的性质和期限、审计工作底稿保管期限等方面。

注册会计师应当在审计报告日后及时将审计工作底稿归整为审计档案,并完成归整最终审计档案过程中的事务性工作。审计档案,是指一个或多个文件夹或其他存储介质,以实物或电子形式存储构成某项具体业务的审计工作底稿的记录。注册会计师应当在审计报告日后及时将审计工作底稿归整为审计档案,并完成归整最终审计档案过程中的事务性工作。

(一) 审计档案的分类

审计工作底稿按其内容的稳定性和使用期限划分,可以分为永久性档案和当期档案。

1. 永久性档案

永久性档案是指那些记录内容相对稳定,具有长期使用价值,并对以后审计工作具有重要影响和直接作用的审计档案,通常可分为三类:审计项目管理资料、被审计单位背景资料、法律事项资料。其具体包括:审计业务约定书原件、各期审计档案清单、被审计单位的组织结构以及有关设立、经营的文件的复印件等。

2. 当期档案

当期档案是指那些记录内容经常变化、只供当期审计使用和下期审计参考的审计档案,通常可分为五类:沟通和报告相关工作底稿、审计完成阶段工作底稿、审计计划阶段工作底稿、特定项目审计程序表和进一步审计程序工作底稿。其具体包括:审计报告和经审计的财务报表、重大事项概要、总体审计策略和具体审计计划、关联方、有关控制测试工作底稿、有关实质性测试工作底稿等。

(二) 审计档案的所有权

从一般意义上讲,审计档案的所有权应属于执行该项业务的审计人员。但在我国,注册会计师不能独立于会计师事务所之外承揽审计业务,必须以会计师事务所的名义统一承揽业务,因此,审计工作底稿的所有权属于承接该项业务的会计师事务所。

会计师事务所对审计工作底稿应当实施适当的质量控制,具体包括:安全保管审计工作底稿并对审计工作底稿保密、保证审计工作底稿的完整性、便于对审计工作底稿的使用和检索、按照规定的期限保存审计工作底稿。

(三) 审计工作底稿的归档和保存

1. 审计工作底稿的归档期限

审计工作底稿的归档期限为审计报告日后的 60 天内。如果注册会计师未能完成审计业务,审计工作底稿的归档期限为审计业务中止后的 60 天内。

2. 审计工作底稿的保存年限

会计师事务所应当自审计报告日起,对审计工作底稿至少保存 10 年。如果注册会计师未能完成审计业务,会计师事务所应当自审计业务中止日起,对审计工作底稿至少保存 10 年。

对于保管期限届满的审计档案,会计师事务所可以决定是否将其销毁。销毁时,应当按照规定履行必要的手续。对将要销毁的审计档案做最后一次检查,然后报主任会计师批准。销毁时,有关人员应进行现场监督和检查,以保证被销毁的审计档案彻底销毁干净。

3. 审计工作底稿归档期的变动

在审计报告日后将审计工作底稿归整为最终审计档案是一项事务性的工作,并不涉及实施新的审计程序或得出新的结论。在归档期内,注册会计师可以对审计工作底稿作出变动,但只是针对以下事务性的工作:

(1) 删除或废弃被取代的审计工作底稿。

(2) 对审计工作底稿进行分类、整理和交叉索引。

(3) 对审计档案归整工作的完成核对表签字认可。

(4) 记录在审计报告日前获取的、与审计项目组相关成员进行讨论并取得一致意见的审计证据。

4. 审计工作底稿归档后的变动

一般情况下,在审计报告归档之后不需要对审计工作底稿进行修改或增加。在完成最终审计档案归整工作后,如果注册会计师发现有必要修改现有审计工作底稿或增加新的审计工作底稿,无论修改或增加的性质如何,注册会计师均应当记录:

(1) 修改或增加审计工作底稿的具体理由。

(2) 修改或增加审计工作底稿的时间和人员,以及复核的时间和人员。

这里所说的修改现有审计工作底稿主要是指在保持原审计工作底稿中所记录的信息,即在对原记录信息不予删除(包括涂改、覆盖等方式)的前提下,采用增加新信息的方式予以修改。例如,原审计工作底稿中列明存货余额为1 000万元,现改为1 100万元,注册会计师可以采用在原工作底稿中增加新的注释的方式予以修改。

(四) 审计档案的保密与调阅

会计师事务所应当建立审计工作底稿保密制度,对工作底稿中涉及的商业秘密保密。

但由于下列情况需要查阅工作底稿的,不属于泄密:

(1) 法院、检察院及其他部门依法查阅,并按规定办理了必要手续。

(2) 注册会计师协会对执业情况进行检查。

(3) 因工作需要,并经委托人同意,在下列情况下,不同会计师事务所的注册会计师可以要求查阅工作底稿:①被审计单位更换会计师事务所;②审计合并报表;③联合审计;④会计师事务所认为合理的其他情况。

拥有审计工作底稿的会计师事务所应当对要求查阅者提供适当的协助,并根据审计工作底稿的内容及性质,决定是否允许要求查阅者阅览其审计工作底稿及复印或摘录有关内容。查阅者因误用审计工作底稿而造成的后果,与拥有审计工作底稿的会计师事务所无关。

【例4-2】 审计工作底稿的归档案例分析

A注册会计师负责审计多家被审计单位2022年度财务报表,与审计工作底稿相关的部分事项如下:

(1) 因无法获取充分、适当的审计证据,A注册会计师在2023年2月28日中止了甲公司2022年度财务报表审计业务。考虑到该业务可能重新启动,A注册会计师未将审计工作底稿归档。

(2) 在将乙公司2022年度财务报表审计工作底稿归档后,A注册会计师知悉乙公司已于2023年4月清算并注销,认为无须保留与乙公司相关的审计档案,决定销毁。

(3) A注册会计师在丙公司2022年度审计工作底稿归档后,收到管理层寄回的书面声明原件,与已归档的传真件核对一致后,直接将其归入审计档案。

(4) A注册会计师在丁公司财务部员工的陪同下到戊银行实施函证,A注册会计师将跟函的时间和地点、银行柜台经办人员的职位以及观察其处理函证的过程记录于审计工作底稿中作为识别特征。

(5) A注册会计师就一项丁公司与债务重组相关的重大会计问题咨询了事务所专业技术部,在归整审计档案时,A注册会计师认为双方的不同意见已经得到解决,将记录该问题的职业判断过程的审计工作底稿予以删除,仅保留记录最终处理意见的问题备忘录。

(6) 在完成丁公司审计档案归整工作后,A注册会计师收到一份其他应收款询证函回函,其结果显示无差异。A 注册会计师将其归入审计档案,并删除了在审计过程中实施的相关替代程序的审计工作底稿。

要求:针对第(1)至第(6)项,请逐项指出 A 注册会计师的做法是否恰当。如不恰当,简要说明理由。

解:事项(1)不恰当。业务中止也应归档且应在业务中止后的60天内归档。

事项(2)不恰当。会计师事务所应当自审计报告日起对审计工作底稿至少保存10年。在规定保存期届满前,不应删除或废止任何性质的审计工作底稿。

事项(3)不恰当。注册会计师应当记录修改或增加审计工作底稿的具体理由和修改或增加审计工作底稿的时间和人员,以及复核的时间和人员。

事项(4)不恰当。注册会计师还应当在审计工作底稿中记录处理询证函人员的姓名、员工号等身份识别特征。

事项(5)不恰当。注册会计师应当在审计工作底稿中记录项目组成员和专业技术部门不同意见的解决情况。

事项(6)不恰当。在完成最终审计档案的归整工作后,不应在规定的保存期限届满前删除或废弃任何性质的审计工作底稿。

第三节 审计抽样

审计抽样方法的运用是审计工作理论和实践的重大突破,在有限的审计资源条件下,极大地提高了审计工作的效率,降低了审计费用,收集到充分适当的审计证据。审计抽样的方法由最初的判断抽样发展到统计抽样;而统计抽样比起判断抽样,一定程度上又大大提高了审计结论的可靠性,控制和降低了抽样风险。

一、审计抽样的概念

审计抽样是指注册会计师对具有审计相关性的总体中低于百分之百的项目实施审计程序,使所有抽样单元都有被选取的机会,为注册会计师针对整个总体得出结论提供合理基础。审计抽样的基本目标是在有限的审计资源条件下,收集充分适当的审计证据,以形成和支持审计结论。审计抽样的应用,极大地提高了审计工作的效率,降低了审计费用。

审计抽样不同于详细审计。详细审计是指对审计对象总体中的全部项目进行审计,并根据审计结果形成审计意见。那种从审计对象总体中选取部分项目进行审计,并对所选项目本身发表审计意见的方法也不属于审计抽样。

审计抽样应当具备三个基本特征:①对某类交易或账户余额中低于百分之百的项目实施审计程序。②所有抽样单元都有被选取的机会。③审计测试的目的是评价该账户余额或交易类型的某一特征。

审计人员拟实施的审计程序将对运用审计抽样产生重要影响。有些审计程序可以使用审计抽样,有些审计程序则不宜使用审计抽样。

(一) 风险评估程序

审计人员应当实施下列风险评估程序以了解被审计单位及其环境:

(1) 询问被审计单位管理层和内部其他相关人员。

(2) 分析性程序。

(3) 观察和检查。审计人员在实施上述风险评估程序时通常不涉及审计抽样,原因是:一方面,审计人员实施风险评估程序的目的是了解被审计单位及其环境,识别和评估重大错报风险,而不需要对总体取得结论性证据;另一方面,风险评估程序实施的范围较为广泛,且所获取的信息具有较强的主观色彩,因此通常不涉及使用审计抽样方法。

但是,如果审计人员在了解控制的设计和确定其是否得到执行时,一并计划和实施控制测试,则会涉及审计抽样方法,但此时审计抽样仅适用于控制测试。

(二) 控制程序

如果显示控制有效运行的特征留下了书面证据,即控制的运行留下了轨迹,审计人员通常可以在控制测试中运用审计抽样方法。例如,信用部门经理在销售合同上签名批准赊销,或者操作人员在向某计算机数据处理系统输入数据前必须得到有关主管人员的签字授权。

对这些留下了运行轨迹的控制,审计人员应当考虑检查这些文件记录以获取控制运行有效性的审计证据,这时可以使用审计抽样方法。某些控制可能不存在文件记录,或文件记录与证实控制运行有效性不相关。对这些未留下运行轨迹的控制实施测试时,审计人员应当考虑实施询问、观察等审计程序,以获取有关控制运行有效性的审计证据,此时不涉及使用审计抽样方法。例如,在对被审计单位的存货盘点过程实施控制测试时,审计人员主要通过对存货移动控制、盘点程序及被审计单位用以控制存货盘点的其他活动的观察来进行。审计人员用来观察盘点的这些程序不需要使用审计抽样方法。

(三) 实质性程序

实质性程序包括对各类交易、账户余额、列报的细节测试,以及实施实质性分析程序。在实施细节测试时,审计人员可以使用审计抽样方法。在实施实质性分析程序时,审计人员不宜使用审计抽样方法。

二、审计抽样的种类

(一) 统计抽样和非统计抽样

根据抽样决策的依据不同,审计抽样可划分为统计抽样和非统计抽样两种。

1. 统计抽样

统计抽样,是指同时具备以下两个特征的抽样方法:

(1) 随机选取样本项目。

(2) 运用概率论评价样本结果,包括计量抽样风险。

统计抽样的优点在于能够客观地选取样本,科学地计量抽样风险,并通过调整样本规模有效地控制抽样风险,定量地评价样本结果。

2. 非统计抽样

不同时具备上述两个特征的抽样方法属于非统计抽样。非统计抽样又有任意抽样和判断抽样之分。在任意抽样法下,从总体中抽取多少样本、抽取哪些样本都是主观随意的,没有客观的依据和标准。显然,任意抽样的样本往往代表性较差,很难保证它能够反映总体的真实情况,根据对这种样本的审查结果来推断总体,审计结论的可靠性难以保证。判断抽样是基于注册会计师对审计对象的了解和个人的职业判断,有目的、有重点地选取一定量的样本进行审查。判断抽样是在任意抽样的基础上融入个人的经验和判断,所以其结果在很大程度上取决于注册会计师的经验水平和判断能力的高低,但它们都不能科学地确定样本规模,不能用数学评估的方法测定和控制抽样风险。

注册会计师应当根据具体情况并运用职业判断,确定使用统计抽样或非统计抽样,以更有效率地获取审计证据。两种技术只要运用得当,都可以提供审计所要求的充分、适当的证据,并且都存在某种程度的抽样风险和非抽样风险。注册会计师在统计抽样和非统计抽样之间进行选择时,成本效益是要考虑的一个主要问题。一般情况下,非统计抽样可能比统计抽样的成本低,但统计抽样的效果则可能比非统计抽样更可靠。在某情况下,使用统计抽样需要较高的成本,例如,为了使注册会计师掌握使用统计抽样所需要的特殊的专业技能,可能需要增加培训费用。非统计抽样只要设计得当,也能够获得与统计抽样相同的结果。在实际工作中,通常把统计抽样和非统计抽样结合起来使用,这样能够收到较好的审计效果。

(二) 属性抽样和变量抽样

按注册会计师所了解的总体特征的不同,可将审计抽样分为属性抽样和变量抽样。

1. 属性抽样

属性抽样是一种用来对总体中某一事件发生率得出结论的统计抽样方法。属性抽样在审计中最常见的用途是测试某一设定控制的偏差率,以支持注册会计师评估的控制有效性。审计人员在进行控制测试时,通常采用属性估计抽样和发现抽样两种方法。

2. 变量抽样

变量抽样是一种用来对总体金额得出结论的统计抽样方法。变量抽样通常回答下列问题:金额是多少?账户是否存在错报?变量抽样在审计中的主要用途是进行细节测试,以确定记录金额是否合理。审计人员在进行实质性程序中的细节测试时,通常采用传统变量抽样和货币单元抽样(简称PPS抽样)。

三、抽样风险与非抽样风险

注册会计师在运用抽样技术进行审计时,有两方面不确定因素:一方面的因素直接与抽样相关,另一方面的因素与抽样无关。我们将直接与抽样相关的因素造成的不确定性称为抽样风险,将与抽样无关的因素造成的不确定性称为非抽样风险。

(一) 抽样风险

抽样风险是指注册会计师根据样本得出的结论,可能不同于如果对整个总体实施与样本相同的审计程序得出的结论的风险。抽样风险与样本量成反比,样本量越大,抽样风险越小。

1. 控制测试中应关注的抽样风险

(1) 信赖不足风险。信赖不足风险是指推断的控制有效性低于其实际有效性的风险,即抽样结果使注册会计师没有充分信赖实际上应予信赖的内部控制的可能性。

(2) 信赖过度风险。信赖过度风险是指推断的控制有效性高于其实际有效性的风险,即抽样结果使注册会计师对内部控制的信赖超过了其实际上可予信赖程度的可能性。

2. 实质性程序中应关注的抽样风险

（1）误受风险。误受风险是指注册会计师推断某一重大错报不存在而实际上存在的风险。

（2）误拒风险。与误受风险相反，误拒风险是指抽样结果表明账户余额存在重大错报而实际上不存在重大错报的可能性。

信赖不足风险与误拒风险一般会导致注册会计师执行额外的审计程序，降低审计效率。当注册会计师评估的控制有效性低于其实际有效性时，评估的重大错报风险水平高于实际水平，注册会计师可能会增加不必要的实质性程序。在这种情况下，审计效率可能降低。与信赖不足风险类似，误拒风险影响审计效率。信赖过度风险与误受风险很可能导致注册会计师形成不正确的审计结论。如果注册会计师评估的控制有效性高于其实际有效性，从而导致评估的重大错报风险水平偏低，注册会计师可能不适当地减少从实质性程序中获取的证据，因此审计的有效性下降。对于注册会计师而言，信赖过度风险更容易导致注册会计师发表不恰当的审计意见，因而更应予以关注。与信赖过度风险类似，误受风险影响审计效果。

可见，信赖过度风险和误受风险对注册会计师来说，是最危险的风险，因为它使审计无法达到预期的效果。而信赖不足风险和误拒风险则属于保守型风险，出现这两种风险后，审计效率虽不高，但其效果一般都能保证。

（二）非抽样风险

非抽样风险是指因注册会计师采用不恰当的审计程序或方法，或因误解审计证据等而未能发现重大误差的可能性。产生这种风险的原因主要有：

（1）人为错误，如未能找出样本文件中的错误等。

（2）运用了不切合审计目标的程序。

（3）错误解释样本结果。

非抽样风险无法量化，但会计师事务所和注册会计师应当通过对审计工作适当地计划、指导和监督，以坚持质量控制标准，力争有效地降低非抽样风险。非抽样风险对审计工作的效率和效果都有一定影响。

四、审计抽样的过程

审计抽样的一般过程分为样本的设计、样本的选取和抽样结果的评价三个阶段。

（一）样本的设计

样本的设计是指注册会计师围绕样本的性质、样本量、抽样组织方式及抽样工作质量要求等方面所进行的规划工作。在设计审计样本时，注册会计师应当考虑审计程序的目的和抽样总体的特征。样本设计阶段的中心问题和难点是在确定抽样组织方式的前提下如何确定样本规模。注册会计师应当考虑以下几个方面的因素，恰当、合理地设计样本。

1. 确定审计目标

确定审计目标是样本设计阶段的第一项工作。一般而言，控制测试是为了获取关于某项控制运行是否有效的证据，而细节测试的目的是确定某类交易或账户余额是否正确，获取与存在的错报有关的证据。

2. 定义总体及抽样单元

审计对象总体是审计人员为形成审计结论,拟采用抽样方法审计的经济业务及有关会计或其他资料的全部项目。审计人员在确定审计对象总体时,应保证其相关性和完整性。相关性是指审计对象总体必须符合具体的审计目标;完整性是指审计对象总体必须包括被审计经济活动的全部项目。

抽样单元是构成审计对象总体的个别项目。审计人员应当根据审计目的及被审计单位实际情况,确定抽样单元。审计人员依据不同的要求和方法,从审计对象总体中选择若干抽样单元,称为样本;样本的数量称为样本规模。

3. 分层

如果总体项目存在重大的变异性,注册会计师应当考虑分层。分层是指将一个总体划分为多个子总体的过程,每个子总体由一组具有相同特征(通常为货币金额)的抽样单元组成。分层可以降低每一层中项目的变异性,从而在抽样风险没有成比例增加的前提下减小样本规模。注册会计师应当仔细界定子总体,以使每一抽样单元只能属于一个层。当实施细节测试时,注册会计师通常按照货币金额对某类交易或账户余额进行分层,以将更多的审计资源投入到大额项目中。当然,注册会计师也可以按照显示较高误差风险的某一特定特征对总体进行分层。

【例4-3】 应收账款分层案例

A注册会计师在对东方股份有限公司的应收账款进行函证时,将涉及的往来明细账户按余额的大小分为若干层次,再对每个层次采用不同的审计方法。应收账款分层与审计方法如表4-3所示。

表4-3　　　　　　　　　　应收账款分层与审计方法　　　　　　　　　　单位:元

层次	分层标准	抽样方法	函证方式
1	余额≥20 000	100%函证	积极式
2	10 000≤余额<20 000	随机选样	积极式
3	余额<10 000	系统选样	消极式

4. 定义误差的构成条件

注册会计师必须事先准确定义构成误差的条件,否则执行审计程序时就没有识别误差的标准。在控制测试中,误差是指控制偏差,注册会计师要仔细定义所要测试的控制及可能出现偏差的情况;在细节测试中,误差是指错报,注册会计师要确定哪些情况构成错报。注册会计师定义误差构成条件时要考虑审计程序的目标。清楚地了解误差构成条件,对于确保在推断误差时将且仅将所有与审计目标相关的条件包括在内至关重要。例如,在对应收账款存在性的细节测试中(如函证),客户在函证日之前支付、被审计单位在函证日之后不久收到的款项(即未达账项)不构成误差;被审计单位在不同客户之间误登明细账也不构成误差,因其并不影响应收账款账户的总额。即使这种情况可能对审计的其他方面(如对舞弊的可能性或坏账准备的适当性的评估)产生重要影响,在评价该审计程序的样本结果时将其判定为误差也是不适当的。

5. 确定审计程序

注册会计师必须确定能够实现测试目标的最优审计程序组合。例如,如果注册会计师的审计目标是通过测试某一阶段的适当授权证实交易的有效性,审计程序就是检查特定人员已在某文件上签字以示授权的书面证据。注册会计师预计样本中每一张该文件上都有适当的签名。

(二)样本的选取

1. 确定样本规模

样本规模是指从总体中选取样本项目的数量。在审计抽样中,如果样本规模过小,就不能反映出审计对象总体的特征,注册会计师就无法获取充分的审计证据,其审计结论的可靠性就会大打折扣,甚至可能得出错误的审计结论;相反,如果样本规模过大,则会增加审计工作量,造成不必要的时间和人力上的浪费,加大审计成本,降低审计效率,就会失去审计抽样的意义。在确定样本规模时应考虑以下五个因素:

(1)可接受的抽样风险。在控制测试中,可接受的抽样风险主要是指可接受的信赖过度风险。在细节测试中,可接受的抽样风险主要是指抽样风险中的误受风险,有时也包括误拒风险。可接受抽样风险水平是决定样本量大小的主要因素之一,它与样本规模成反向关系。在其他因素不变的前提下,注册会计师愿意接受的抽样风险越低,所需的样本规模越大;反之,则所需的样本规模越小。具体确定怎样的可接受抽样风险水平有赖于注册会计师的专业判断。

(2)可容忍误差。可容忍误差是指注册会计师能够容忍的最大误差。在其他因素既定的条件下,可容忍误差与样本规模成反向关系。在控制测试中,可容忍误差表现为可容忍偏差率,是指注册会计师在不改变其计划评估的控制有效性,从而不改变其计划评估的重大错报风险水平的前提下,愿意接受的对于设定控制的最大偏差率。

在细节测试中,可容忍误差表现为可容忍错报,是指在不导致财务报表存在重大错报的情况下,注册会计师对各类交易、账户余额、列报确定的可接受的最大错报金额。对特定的账户而言,当抽样风险一定时,如果注册会计师确定的可容忍错报降低,所需的样本规模就增加。

(3)预计总体误差。预计总体误差是指注册会计师预期在审计过程中发现的误差。在控制测试中,预计总体误差是指预计总体偏差率;在细节测试中,预计总体误差是指预计总体错报额,即预计总体发生错报的金额。预计总体误差与样本规模成同向关系,即在其他因素不变的前提下,预计总体误差越大,所需的样本规模越大;反之,则所需的样本规模越小。具体设定怎样的预计总体误差有赖于注册会计师的专业判断。

(4)总体变异性。总体变异性是指总体的某一特征(如金额)在各项目之间的差异程度。在控制测试中,注册会计师在确定样本规模时一般不考虑总体变异性。在细节测试中,注册会计师确定适当的样本规模时要考虑特征的变异性。总体项目的变异性越低,通常样本规模越小。注册会计师可以通过分层,将总体分为相对同质的组,以尽可能降低每一组中变异性的影响,从而减小样本规模。未分层总体具有高度变异性,其样本规模通常很大。最有效率的方法是根据预期会降低变异性的总体项目特征进行分层。在细节测试中分层的依据通常包括项目的账面金额,与项目处理有关的控制的性质,或与特定项目(如更可能包含错报的那部分总体项目)有关的特殊考虑等。分组后的每一组总体被称为一层,每层分别独立选取样本。

(5) 总体规模。除非总体非常小,一般而言,总体规模对样本规模的影响几乎为零。注册会计师通常将抽样单元超过 5 000 个的总体视为大规模总体。对大规模总体而言,总体的实际容量对样本规模几乎没有影响。对小规模总体而言,审计抽样比其他选择测试项目的方法的效率低。

表 4-4 总结了确定样本规模时需考虑的因素,并分别说明了这些因素在控制测试和细节测试中的表现形式。

表 4-4　　　　　　　　确定样本规模时需考虑的因素

影响因素	控制测试	细节测试	与样本规模的关系
可接受的抽样风险	可接受的信赖过度风险	可接受的误受风险	反向变动
可容忍误差	可容忍偏差率	可容忍错报	反向变动
预计总体误差	预计总体偏差率	预计总体错报	同向变动
总体变异性	—	总体变异性	同向变动
总体规模	总体规模	总体规模	影响很小

在明确了以上因素以及确定了样本规模之后,就可以确定抽样组织方式、样本量、样本性质等一系列抽样要素,然后就进入样本选取的阶段。

2. 确定样本选取方法

在选取样本项目时,注册会计师应当使总体中的所有抽样单元均有被选取的机会。因此,不管使用统计抽样或非统计抽样方法,所有的审计抽样均要求注册会计师选取的样本对总体来讲具有代表性。否则,就无法根据样本结果推断总体。

在实务工作中,常见的样本选取方法包括以下三种:

(1) 简单随机选样。简单随机选样是等概率选样,即总体中每一构成项目都有均等的入选机会。在实际操作过程中,注册会计师通常使用随机数来选取样本,因此又称随机数选样。随机数是一组从长期来看出现概率相同的数码,且不会产生可识别的模式。使用随机数选样需以总体中的每一项目都有不同的编号为前提。注册会计师可以使用计算机生成的随机数,如电子表格程序、随机数码生成程序、通用审计软件程序等计算机程序产生的随机数,也可以使用随机数表获得所需的随机数。表 4-5 中列示了部分随机数表。

表 4-5　　　　　　　　随机数表(部分列示)

序号	1	2	3	4	5	6
1	81 281	29 091	11 826	64 266	58 325	85 834
2	28 560	95 446	13 894	35 519	52 281	80 282
3	22 780	39 676	38 995	30 207	44 326	32 237
4	19 687	32 074	72 460	40 843	14 318	24 575
5	18 602	47 106	34 146	11 053	48 562	23 669
6	53 293	79 739	84 893	52 734	63 449	37 585

(续表)

序号	1	2	3	4	5	6
7	77 437	98 000	81 317	53 551	54 705	89 163
8	72 192	28 395	33 808	52 085	30 222	24 231
9	23 543	80 724	93 256	72 113	58 980	52 185
10	17 517	78 042	19 958	22 000	94 593	58 622

为了选取一个随机样本,注册会计师可以首先建立总体中的项目与随机数表中数字的一一对应关系;然后,确定连续选取随机数的方法,即从随机数表中选择一个随机起点和一个选号路线,依次查找,符合总体项目编号要求的数字即为选中的号码,与此号码相对应的总体项目即为选取的样本项目,一直到选足所需的样本量为止。起点和选号路线可任意选择,但一经选定,就不得改变,必须从起点开始,按照选号路线依次选取。

随机选样不仅使总体中每个抽样单元被选取的概率相等,而且使用相同数量的抽样单元组成的每种组合被选取的概率相等。这种方法在系统抽样和非系统抽样中均适用。

【例4-4】 随机数表运用案例

审计人员对某公司连续编号为100～600的现金支票进行随机选样,拟选取一组样本量为20的样本。首先,审计人员根据随机数表中的数字与审计对象总体中的项目的一一对应关系,确定只用随机数表所列数字的前三位数来与现金支票号码一一对应。其次,审计人员选择选样路径:从左到右,从上到下。选出的20个号码为:290、118、583、285、138、355、522、227、396、389、302、443、322、196、320、408、143、245、186、471。选出这20个号码后,便可找出与其对应的20张支票作为选定样本进行审查。

(2) 系统选样。系统选样也称等距选样,是指按照相同的间隔从审计对象总体中等距离地选取样本的一种选样方法。采用系统选样法,首先要计算选样间距,确定选样起点,然后根据间距顺序地选取样本。选样间距的计算公式如下:

$$选样间距 = 总体规模 \div 样本规模$$

例如,如果销售发票的总体范围是652～3 151,设定的样本量是125,那么选样间距为20[(3 152−652)÷125]。注册会计师必须从0到19中选取一个随机数作为抽样起点。如果随机选择的数码是9,那么第一个样本项目是发票号码为661(652+9)的那一张,其余的124个项目是681(661+20),701(681+20)……以此类推直至第3141号。

系统选样方法的主要优点是使用方便,并可用于无限总体。此外,使用这种方法时,对总体中的项目不需要编号,注册会计师只要简单数出每一个间距即可。但是,系统选样方法也存在重要缺陷,即当总体不是随机排列时,容易发生较大的偏差,造成非随机的、不具代表性的样本。例如,应收账款明细表每页的记录均以账龄的长短按先后次序排列,则采用系统选样选中的样本可能多数是账龄相同的记录。为克服这一缺陷,可采用两种办法:一是增加随机起点的个数;二是在确定选样方法之前对总体特征的分布进行观察。如发现总体特征的分布呈随机分布,则采用系统选样法;否则,可考虑使用其他选样方法。

（3）随意选样。随意选样也称任意选样，是指注册会计师不考虑样本项目的性质、大小、外观、位置或其他区别性特征，以无偏好的意识，随意地选取样本。随意选样的主要缺点在于很难完全无偏见地选取样本项目，即这种方法难以彻底排除注册会计师的个人偏好对选取样本的影响，因而很可能使样本失去代表性。由于文化背景和所受训练等的不同，每个注册会计师都可能无意识地带有某种偏好。例如，从发票柜中取发票时，某些注册会计师可能倾向于抽取柜子中间位置的发票，另一些注册会计师可能倾向于抽取柜子上面部分的发票。他们的选择可能主观上是完全无偏好的、随意的，但他们的选择结果可能是客观上有偏见的、非随意的。

上述方法均可选出代表性样本。但简单随机选样、系统选样属于随机基础选样方法，即对总体的所有项目按随机规则选取样本，因而可以在统计抽样中使用，当然也可以在非统计抽样中使用。而随意选样虽然也可以选出代表性样本，但它属于非随机基础选样方法，因而不能在统计抽样中使用，只能在非统计抽样中使用。

需要说明的是，在实务中还有另外两种选取样本项目的方法：整群选样和判断选样。整群选样是指将总体划分为若干群，然后以群为抽样单元，从总体中抽取一部分群，对所选群中的所有基本单元进行审查的一种选择方法。例如，将全年的支出凭证按星期划分为 52 个组，从中选出第 1、18、22、32、52 个星期的支出凭证组成样本。在大部分情况下，群中的项目彼此具有相同的特征，但与总体中其他群的项目具有不同的特征。虽然检查整群项目在某些情况下可能为注册会计师提供有效的审计证据，但在注册会计师必须根据样本推断总体结论时通常并不适用。判断选样是指注册会计师根据自己对被审计对象的了解，运用职业经验对容易出现错误的样本作出判断，并以此为标准选取样本。这一方法带有故意偏见，注册会计师运用判断选出的项目对总体来说并不具有代表性，因而对选出项目的结论不应推广到总体。由此可以看出，这些方法虽然在实务中得以广泛应用，但注册会计师应当明确，它们应属于选取特定项目的方法，并不适用于审计抽样。

3. 执行抽样计划

前面的工作已经完成了抽样计划设计工作。本步骤根据抽样计划和样本选取方法选取样本项目，并对样本项目进行审计程序，从而确定同既定标准发生误差的性质和数量，以备评价抽样结果之用。

（三）抽样结果的评价

注册会计师在对样本实施必要的审计程序后，应按以下步骤评价抽样结果。

1. 分析样本误差

注册会计师应当考虑样本的结果、已识别的所有误差的性质和原因，及其对具体审计目标和审计的其他方面可能产生的影响。

无论是统计抽样还是非统计抽样，对样本结果的定性评估和定量评估同样重要。即使样本的统计评价结果在可以接受的范围内，注册会计师也应对样本中的所有误差（包括控制测试中的控制偏差和细节测试中的金额错报）进行定性分析。

2. 根据样本结果推断总体

在实施控制测试时，注册会计师将样本中发现的偏差数量除以样本规模，就计算出样本偏差率。无论使用统计抽样还是非统计抽样方法，样本偏差率都是注册会计师对总体偏差率的最佳估计。

在实施细节测试时,注册会计师应当结合样本设计阶段所选用的不同抽样方法,根据样本中发现的错报推断总体错报。使用的抽样方法不同,推断总体错报的方法也不同。

3. 形成审计结论

注册会计师应当评价样本结果,以确定对总体相关特征的评估是否得到证实或需要修正,从而形成审计结论。

(1) 控制测试中的样本结果评价。在控制测试中,注册会计师应当将总体偏差率与可容忍偏差率比较,但必须考虑抽样风险。具体来说包括以下两个方面:

第一,在统计抽样中,注册会计师通常使用表格或计算机程序计算抽样风险,用以评价抽样结果的大多数计算机程序都能根据样本规模、样本结果,计算在注册会计师确定的信赖过度风险条件下可能发生的偏差率上限的估计值。该偏差率上限的估计值即总体偏差率与抽样风险允许限度之和。

在统计抽样中,可能出现以下三种情况:①如果估计的总体偏差率上限低于可容忍偏差率,则总体可以接受。这时注册会计师对总体作出结论,样本结果支持计划评估的控制有效性,从而支持计划的重大错报风险评估水平。②如果估计的总体偏差率上限大于或等于可容忍偏差率,则总体不能接受。这时注册会计师对总体作出结论,样本结果不支持计划评估的控制有效性,从而不支持计划的重大错报风险评估水平。此时注册会计师应当修正重大错报风险评估水平,并增加实质性程序的数量。注册会计师也可以对影响重大错报风险评估水平的其他控制进行测试,以支持计划的重大错报风险评估水平。③如果估计的总体偏差率上限低于但接近可容忍偏差率,注册会计师应当结合其他审计程序的结果,考虑是否接受总体,并考虑是否需要扩大测试范围,以进一步证实计划评估的控制有效性和重大错报风险水平。

第二,在非统计抽样中,抽样风险无法直接计量。注册会计师通常将样本偏差率(即估计的总体偏差率)与可容忍偏差率相比较,以判断总体是否可以接受。

在非统计抽样中,可能出现以下三种情况:①如果样本偏差率大于可容忍偏差率,则总体不能接受。这时注册会计师对总体作出结论,样本结果不支持计划评估的控制有效性,从而不支持计划的重大错报风险评估水平。因此,注册会计师应当修正重大错报风险评估水平,并增加实质性程序的数量。注册会计师也可以对影响重大错报风险评估水平的其他控制进行测试,以支持计划的重大错报风险评估水平。②如果样本偏差率低于总体的可容忍偏差率,注册会计师要考虑即使总体实际偏差率高于可容忍偏差率仍出现这种结果的风险。如果样本偏差率大大低于可容忍偏差率,注册会计师通常认为总体可以接受。③如果样本偏差率虽然低于可容忍偏差率,但两者很接近,注册会计师通常认为总体实际偏差率高于可容忍偏差率的抽样风险很高,因而总体不可接受。如果样本偏差率与可容忍偏差率之间的差额不是很大也不是很小,以至于不能认定总体是否可以接受时,注册会计师则要考虑样本规模,以进一步收集证据。

(2) 细节测试中的样本结果评价。在细节测试中,注册会计师首先必须根据样本中发现的实际错报要求被审计单位调整账面记录金额。将被审计单位已更正的错报从推断的总体错报金额中减掉后,注册会计师应当将调整后的推断总体错报与该类交易或账户余额的可容忍

错报相比较,但必须考虑抽样风险。具体来说包括以下三个方面:

第一,在统计抽样中,注册会计师利用计算机程序或数学公式计算出总体错报上限,并将计算的总体错报上限与可容忍错报比较。计算的总体错报上限等于推断的总体错报(调整后)与抽样风险允许限度之和。

在统计抽样中,可能出现以下三种情况:①如果计算的总体错报上限低于可容忍错报,则总体可以接受。这时注册会计师对总体作出结论,所测试的交易或账户余额不存在重大错报。②如果计算的总体错报上限大于或等于可容忍错报,则总体不能接受。这时注册会计师对总体作出结论,所测试的交易或账户余额存在重大错报。③如果计算的总体错报上限低于但接近可容忍错报,注册会计师应当结合其他审计程序的结果,考虑是否接受总体,并考虑是否需要扩大测试范围,以进一步证实所测试的交易或账户余额是否存在重大错报。

第二,在非统计抽样中,注册会计师运用其经验和职业判断评价抽样结果。在非统计抽样中,可能出现以下三种情况:①如果调整后的总体错报大于可容忍错报,或虽小于可容忍错报但两者很接近,注册会计师通常作出总体实际错报大于可容忍错报的结论,即该类交易或账户余额存在重大错报,因而总体不能接受。②如果调整后的总体错报远远小于可容忍错报,注册会计师可以作出总体实际错报小于可容忍错报的结论,即该类交易或账户余额不存在重大错报,因而总体可以接受。③如果调整后的总体错报小于可容忍错报且两者之间的差距既不很小又不很大,注册会计师必须特别仔细地考虑总体实际错报超过可容忍错报的风险是否能够接受,并考虑是否需要扩大细节测试的范围,以获取进一步的证据。

第三,如果对样本结果的评价显示,对总体相关特征的评估需要修正,注册会计师可以单独或综合采取下列措施:①提请管理层对已识别的误差和存在更多误差的可能性进行调查,并在必要时予以调整。②修改进一步审计程序的性质、时间安排和范围。③考虑对审计报告的影响。

五、控制测试中的审计抽样

控制测试中的审计抽样,通常被称作属性抽样。属性抽样用于检查内部控制制度情况。它是通过对样本检查的结果,推断总体中某些特征或属性发生的频率或次数,借以评价客户的内部控制是否值得信赖并为实质性程序提供依据。

属性,是指审计对象总体的质量特征,即被审计业务或内部控制是否遵循了既定的标准以及存在差错水平。由于在控制测试中,若不是性质问题,审计人员一般只关心错误出现的次数或频率,而不关心错误程度的大小。所以在进行属性抽样审计中,对样本项目检查或评估是以正确(合规)和不正确(差错)来衡量的。属性抽样的目的在于通过对样本进行合规性(遵循性)检查,来获取总体可靠性的合理水平。总体可靠性的合理水平可以表述为总体差错率没有超过某个水平。

属性抽样主要有以下两种方法:

(1)发现抽样。发现抽样是在既定的可信赖程度下,在假定误差以既定的误差率存在于总体之中的情况下,至少查出一个误差的抽样方法。发现抽样主要用于搜查重大非法事件,它能够以极高的可信赖程度(如99.5%以上)确保查出误差率仅在0.5%~1%的误差。使用发现抽样时,当发现重大的误差,如欺诈的凭据时,无论发生的次数多少,审计人员都可能放弃一切抽样程序,而对总体进行全面彻底的检查。若发现抽样未发现任何例外,审计人员可得出下列结论:在既定的误差率范围内没有发现重大误差。

使用发现抽样时,审计人员需确定可信赖程度及可容忍误差。然后,在预期总体误差为 0 的假设下,参阅适当的属性抽样表,即可得出所需的样本量。例如,审计人员怀疑企业的职员伪造请购单、验收单及进货发票,以虚构进货交易而达到支付现金的目的。为确定此种舞弊是否存在,审计人员必须在企业的已付凭单中找出一组不实的单据。假设审计人员设定:如果总体中包含 2% 或 2% 以上的欺诈性项目,那么在 95% 的可信赖程度下,样本将显示出不实的凭单。在预期总体误差为 0 及可容忍误差为 2% 时,所需样本量为 159 个。经审计人员选取并检查 159 个凭证后,未发现有不实情况,则审计人员有 95% 的把握确信总体中的不实凭单不超过 2%。

发现抽样适用于总体容量较大,但差错率较低的情况。在怀疑存在舞弊欺诈行为的审计情况下,采用这种方法最为有效。

(2) 属性估计抽样。属性估计抽样可以用来估计被测试控制的偏差发生率,或控制未有效运行的频率。以下内容以属性估计抽样法为主。

在控制测试中使用审计抽样可以分为样本设计、选取样本和评价样本结果三个阶段。

(一) 样本设计

1. 确定测试目标

注册会计师实施控制测试的目标是提供关于控制运行有效性的审计证据,以支持计划的重大错报风险评估水平。如果对控制运行有效性的定性评价分为最高、高、中和低四个层次,注册会计师只有在初步评估控制运行有效性在中等以上水平时,才会实施控制测试。

2. 定义总体和抽样单元

(1) 定义总体。在控制测试中,注册会计师应当考虑总体的同质性,即总体中的所有项目应该具有同样的特征。在界定总体时,应当确保总体适合于特定的审计目标,同时确保总体的完整性。例如,要测试现金支付授权控制是否有效运行,注册会计师应当将该时期的所有已支付现金的单据作为总体,而不是只从已得到授权的单据中抽取样本,这样不能发现控制偏差。

(2) 定义抽样单元。抽样单元应与审计测试目标相适应,通常是提供控制运行证据的一份文件资料、一个记录或其中一行。例如,如果测试目标是确定付款是否得到授权,且设定的控制要求付款之前授权人在付款单据上签字,抽样单元可能被定义为每一张付款单据。如果一张付款单据包含了对几张发票的付款,且设定的控制要求每张发票分别得到授权,那么付款单据上与发票对应的一行就可能被定义为抽样单元。

3. 定义偏差

注册会计师应定义所要测试的控制及可能出现偏差的情况。例如,设定的控制要求每笔支付都应附有发票、收据、验收报告和订购单等证明文件,且均盖有"已付"戳记。注册会计师认为盖有"已付"戳记的发票和验收报告足以显示控制的适当运行。在这种情况下,误差可能被定义为缺乏盖有"已付"戳记发票和验收报告等证明文件的款项支付。

4. 定义测试期间

注册会计师通常在期中实施控制测试。由于期中测试获取的证据只与控制截至期中测试时点的运行有关,注册会计师需要确定如何获取关于剩余期间的证据。注册会计师应当获取与控制在剩余期间发生的所有重大变化的性质和程度有关的证据,包括其人员的变化。如果发生了重大变化,注册会计师应修正其对内部控制的了解,并考虑对变化后的控制进行测试,或者,也可以考虑对剩余期间实施实质性分析程序或细节测试。

(二)选取样本

在控制测试中影响样本规模的因素包括以下三个方面:

(1)可接受的信赖过度风险。由于控制测试是控制是否有效运行的主要证据来源,因此,可接受的信赖过度风险应确定在相对较低的水平上。通常,相对较低的水平在数量上是指5%~10%的信赖过度风险。注册会计师一般将信赖过度风险确定为10%,特别重要的测试可以将信赖过度风险确定为5%。

(2)可容忍偏差率。一个很高的可容忍偏差率通常意味着,控制的运行不会大大降低相关实质性程序的程度。在这种情况下,由于注册会计师预期控制运行的有效性很低,特定的控制测试可能不需进行,反之,如果注册会计师在评估认定层次重大错报风险时预期控制的运行是有效的,必须实施控制测试,确定的可容忍偏差率则越低,进行控制测试的范围越大,样本规模越大。实务中,注册会计师通常认为,当偏差率为3%~7%时,控制有效性的估计水平较高;可容忍偏差率超过20%时,由于估计控制运行无效,注册会计师不需进行控制测试。

(3)预计总体偏差率。注册会计师可以根据上年测试结果和控制环境等因素对预计总体偏差率进行评估。在考虑上年测试结果时,应考虑被审计单位内部控制和人员的变化。在实务中,如果以前年度的审计结果无法取得或认为其不可靠,可以在抽样总体中选取一个较小的初始样本,以初始样本的偏差率作为预计总体偏差率的估计值。如果预计总体偏差率高得无法接受,意味着控制有效性很低,注册会计师通常决定不实施控制测试,而实施更多的实质性程序。

使用统计公式计算样本规模,在基于泊松分布的统计模型中,样本量的计算公式如下:

$$样本量(n) = 可接受的信赖过度风险系数(R) \div 可容忍偏差率(TR)$$

其中,分子"可接受的信赖过度风险系数"取决于特定的信赖过度风险和预期将出现的偏差的个数。表4-6列示了控制测试中常用的风险系数。

表4-6 控制测试中常用的风险系数

预期发生偏差的数量	信赖过度风险	
	5%	10%
0	3.0	2.3
1	4.8	3.9
2	6.3	5.3
3	7.8	6.7

(续表)

预期发生偏差的数量	信赖过度风险	
	5%	10%
4	9.2	8.0
5	10.5	9.3
6	11.9	10.6
7	13.2	11.8
8	14.5	13.0
9	15.7	14.2
10	17.0	15.4

确定样本规模后,使用上节所述的选取样本的方法选取样本,并对选取的样本项目实施审计程序。

(三) 评价样本结果

1. 分析偏差的性质和原因

注册会计师对偏差的性质和原因的分析包括:是有意还是无意?是误解了规定还是粗心大意?是经常发生还是偶然发生?是系统的还是随机的?如果对偏差的分析表明是故意违背了既定的内部控制政策或程序,注册会计师应考虑存在重大舞弊的可能性。

2. 计算总体偏差率

将样本中发现的偏差数量除以样本规模,就可以计算出样本偏差率。样本偏差率就是审计人员对总体信差率的最佳估计,因而在控制测试中无需另外推断总体偏差率。但审计人员还必须考虑抽样风险。

3. 得出总体结论

在实务中,审计人员使用统计抽样方法时通常使用公式、表格直接计算在确定的信赖过度风险水平下可能发生的偏差率上限,即估计的总体偏差率与抽样风险允许限度之和。

【例 4-5】 预计总体偏差率案例分析

A 注册会计师负责审计东方股份有限公司 2023 年的财务报表。在控制测试中通过审计抽样选取样本的过程和结果如下:

(1) 样本量的计算。在控制测试中选取样本时,假定 A 注册会计师确定的可容忍信赖过度风险为 10%,可容忍偏差率为 7%,并预期至多发现 1 例偏差。应用公式可计算出所需的样本量为 56,具体计算如下:

$n = R \div TR = 3.9 \div 7\% = 56$

其中的风险系数 3.9 是根据预期的偏差 1、信赖过度风险 10% 来确定的,从表 4-6 中可查出。

(2) 使用统计公式评价样本结果。假定审计人员对 56 个项目实施了既定的审计程序,且未发现偏差,则在既定的可接受信赖过度风险下,根据样本结果计算总体最大体差率如下:

总体偏差率上限 $(MDR) = R \div n \times 100\% = 2.3 \div 56 \times 100\% = 4.1\%$

其中的风险系数根据可接受的信赖过度风险为 10%、偏差数量为 0,在表 4-6 中可查出为

2.3。

这意味着,如果样本量为56且无一例偏差,总体实际偏差率不超过4.1%的风险为10%,即有90%的把握保证总体实际偏差率不超过4.1%。若审计人员确定的可容忍偏差率为7%,则可以得出结论:总体的实际偏差率超过可容忍偏差率的风险很小,总体可以接受。也就是说,样本结果证实审计人员对控制运行有效性的估计和评估的重大错报风险水平是适当的。

如果在56个样本中有2例偏差,则在既定的可接受信赖过度风险下,按照公式计算的总体偏差率上限如下:

总体偏差率上限$(MDR) = R \div n \times 100\% = 5.3 \div 56 \times 100\% = 9.5\%$

这意味着,如果样本量为56且有2例偏差,总体实际偏差率超过9.5%的风险为10%,在可容忍偏差率为7%的情况下,审计人员可以得出结论:总体的实际偏差率超过可容忍偏差率的风险很大,因而不能接受总体。也就是说,样本结果不支持审计人员对控制运行有效性的估计和评估的重大错报风险水平。审计人员应当扩大控制测试范围,以证实初步评估结果,或提高重大错报风险评估水平,并增加实质性程序的数量。

六、细节测试中的审计抽样

在细节测试中的审计抽样,通常被称作变量抽样。它是通过对样本检查的结果,推断总体金额的统计抽样方法。在进行实质性程序中的细节测试时,通常采用传统变量抽样和概率比例规模抽样。

(一) 传统变量抽样

(1) 均值估计抽样。均值估计抽样是通过检查确定样本的平均值,再根据样本平均值推断总体的平均值和总值的方法。这种方法的适用范围十分广泛,无论被审计单位提供的数据是否完整、可靠(甚至在被审计单位缺乏基本的经济业务或事项账面记录的情况下),均可使用此法。

使用这种方法时,审计人员先计算样本中所有项目审定金额的平均值,然后用这个样本平均值乘以总体规模,得出总体金额的估计值。总体估计金额和总体账面金额之间的差额就是推断的总体错报。

例如,审计人员从总体规模为1 000个、账面金额为1 000 000元的存货项目中选择了200个项目(账面总金额为210 000元)作为样本。在确定了正确的采购价格并重新计算了价格与数量的乘积之后,审计人员将200个样本项目的审定金额加总后除以200,确定样本项目的平均审定金额为990元。然后计算估计的存货余额为990 000元(990×1 000)。推断的总体错报就是10 000元(1 000 000−990 000)。

(2) 比率估计抽样。比率估计抽样是指以样本的实际金额与账面金额之间的比率关系来估计总体实际金额与账面金额之间的比率关系,然后再以此比率乘以总体的账面金额,从而求出估计的总体实际金额的一种抽样方法。比率估计抽样确定样本量的方法与均值估计抽样相同,在进行抽样结果评价时的计算公式如下:

比率 = 样本审定金额合计 ÷ 样本账面金额 × 100%

估计的总体实际金额 = 总体账面金额 × 比率

推断的总体错报 = 估计的总体实际金额 − 总体账面金额

如果上例中审计人员使用比率估计抽样,样本审定金额合计与样本账面金额的比率则为 0.94(200×990÷210 000)。审计人员用总体账面金额乘以该比率,得到估计的存货余额为 940 000 元(1 000 000×0.94)。推断的总体错报则为 60 000 元(1 000 000－940 000)。

比率估计抽样主要用于对审查项目正确值与账面值随项目变化并大致成比例变化的总体审查。

(3) 差额估计抽样。差额估计抽样是指以样本实际金额与账面金额的平均差额来估计总体实际金额与账面金额的平均差额,然后再以这个平均差额乘以总体规模,从而求出总体的实际金额与账面金额的差额(总体错报)的一种抽样方法。其计算公式如下:

平均错报＝样本实际金额与账面金额的差额÷样本规模
推断的总体错报＝平均错报×总体规模

使用这种方法时,审计人员先计算样本项目的平均错报,然后根据这个样本平均错报推断总体。例如,审计人员从总体规模为 1 000 个的存货项目中选择了 200 个项目作为样本检查。总体的账面金额总额为 1 000 000 元。审计人员先逐一比较 200 个样本项目的审定金额和账面金额,并将账面金额(210 000 元)和审定金额(196 000 元)之间的差异加总,本例中为 14 000 元,14 000 元的差额除以样本项目个数 200,得到样本平均错报 70 元;然后审计人员用这个平均错报乘以总体规模,计算出总体错报为 70 000 元(70×1 000)。

差额估计抽样主要用于对审查项目正确值与账面值随项目变化但不成比例变化的总体审查。

(二) 货币单元抽样

货币单元抽样(PPS 抽样)是一种运用属性抽样原理对货币金额而不是对发生率得出结论的统计抽样方法。PPS 抽样以货币单元作为抽样单元。在该方法下总体中的每个货币单元被选中的机会相同,所以总体中某一项目被选中的概率等于该项目的金额与总体金额的比率。项目金额越大,被选中的概率就越大。但实际上注册会计师并不是对总体中的货币单元实施检查,而是对包含被选取货币单元的余额或交易实施检查。PPS 抽样有助于注册会计师将审计重点放在较大的余额或交易。此抽样方法之所以得名,是因为总体中每一余额或交易被选取的概率与其账面金额(规模)成比例。

货币单元抽样的优点包括以下六个方面:

(1) 货币单元抽样以属性抽样原理为基础,审计人员可以很方便地计算样本规模和评价样本结果,因而通常比传统变量抽样更易于使用。

(2) 货币单元抽样在确定所需的样本规模时无需直接考虑总体的特征(如变异性),因为总体中的每一个货币单元都有相同的规模,而传统变量抽样的样本规模是在总体项目共有特征的变异性或标准差的基础上计算的。

(3) 货币单元抽样中,项目被选取的概率与其货币金额大小成比例,因而无需通过分层减少变异性,而传统变量抽样通常需要对总体进行分层以减小样本规模。

(4) 在货币单元抽样中使用系统选样法选取样本时,如果项目金额等于或大于选样间距,货币单元抽样将自动识别所有单个重大项目,即该项目一定会被选中。

(5) 如果审计人员预计不存在错报,货币单元抽样的样本规模通常比传统变量抽样方法更小。

(6) 货币单元抽样的样本更容易设计，且可在能够获得完整的最终总体之前开始选取样本。

货币单元抽样的缺点包括以下五个方面：

(1) 货币单元抽样不适用于测试总体的低估，因为账面金额小但被严重低估的项目被选中的概率低，如果在货币单元抽样中发现低估，审计人员在评价样本时需要特别考虑。

(2) 对零余额或负余额的选取需要在设计时予以特别考虑，例如，如果准备对应收账款进行抽样，审计人员可能需要将贷方余额分离出去，作为一个单独的总体，如果检查零余额的项目对审计目标非常重要，注册会计师需要单独对其进行测试，因为零余额的项目在货币单元抽样中不会被选取。

(3) 当发现错报时，如果风险水平一定，货币单元抽样在评价样本时可能高估抽样风险的影响，从而导致注册会计师更可能拒绝一个可接受的总体账面金额。

(4) 在货币单元抽样中，审计人员通常需要逐个累计总体金额，以确定总体是否完整并与财务报表一致，如果相关会计数据以电子形式储存，就不会额外增加大量的审计成本。

(5) 当预计总体错报的金额增加时，货币单元抽样所需的样本规模也会增加，这种情况下，货币单元抽样的样本规模可能大于传统变量抽样所需的规模。

课堂结账测试

班级_____ 姓名_____ 学号_____ 日期_____ 平时分_____

一、单项选择题(每题 5 分,共计 25 分)

1. 在确定审计证据的数量时,下列表述错误的是(　　)。
   A. 重大错报风险越高,需要的审计证据可能越多
   B. 审计证据质量越高,需要的审计证据可能越少
   C. 审计证据的质量存在缺陷,可能无法通过获取更多的审计证据予以弥补
   D. 通过调高重要性水平,可以降低所需获取的审计证据的数量

2. 下列有关审计证据的说法中,错误的是(　　)。
   A. 从外部独立来源获取的审计证据比从其他来源获取的审计证据更可靠
   B. 口头证据与书面证据矛盾时,注册会计师应当采用书面证据
   C. 审计证据相关性可能受测试方向的影响
   D. 相关性和可靠性是审计证据适当性的核心

3. 下列有关细节测试的样本规模的说法中,错误的是(　　)。
   A. 总体的变异性与样本规模同向变动
   B. 可容忍错报与样本规模反向变动
   C. 总体规模对样本规模的影响很小
   D. 可接受的误受风险与样本规模同向变动

4. 下列有关非抽样风险的说法中,错误的是(　　)。
   A. 非抽样风险影响审计风险
   B. 非抽样风险不能量化
   C. 注册会计师可以通过采取适当的质量控制政策和程序降低非抽样风险
   D. 注册会计师可以通过扩大样本规模降低非抽样风险

5. 下列有关归档期限的要求中,注册会计师认为正确的是(　　)。
   A. 在审计报告日后 60 天内完成
   B. 在审计报告日后 90 天内完成
   C. 在审计报告公布日后 60 天内完成
   D. 在审计报告公布日后 90 天内完成

二、多项选择题(每题 10 分,共计 50 分)

1. 充分、适当的审计证据,可以据以(　　)。
   A. 形成合乎要求的审计工作底稿
   B. 发表审计意见

C. 出具审计报告
D. 作出投资决策

2. 审计证据按证据的表现形态分为( )。
   A. 实物证据   B. 书面证据   C. 口头证据   D. 环境证据

3. 在完成最终审计档案的归整工作后，如果发现有必要修改现有审计工作底稿或增加新的审计工作底稿，无论修改或增加的性质如何，注册会计师均应当记录( )事项。
   A. 修改或增加审计工作底稿的时间和人员
   B. 修改或增加审计工作底稿的具体理由
   C. 修改或增加审计工作底稿对审计结论产生的影响
   D. 复核修改或增加审计工作底稿的时间和人员

4. 下列各项中，属于统计抽样特征的有( )。
   A. 评价非抽样风险   B. 运用概率论评价样本结果
   C. 运用概率论计量抽样风险   D. 随机选取样本项目

5. 下列有关抽样风险的说法中，正确的有( )。
   A. 误受风险和信赖过度风险影响审计效果
   B. 误受风险和信赖不足风险影响审计效果
   C. 误拒风险和信赖不足风险影响审计效率
   D. 误拒风险和信赖过度风险影响审计效率

三、判断题（每题 5 分，共 25 分）

1. 如果审计业务已完成，审计工作底稿归档期限为审计报告日后 60 天内。   (   )
2. 审计证据的数量越多越好。   (   )
3. 审计证据的充分性是对审计证据质量的衡量。   (   )
4. 可容忍误差越大，所需选取的样本量越大。   (   )
5. 预计总体误差越大，所需的样本量就越多。   (   )

第五章　计划审计工作

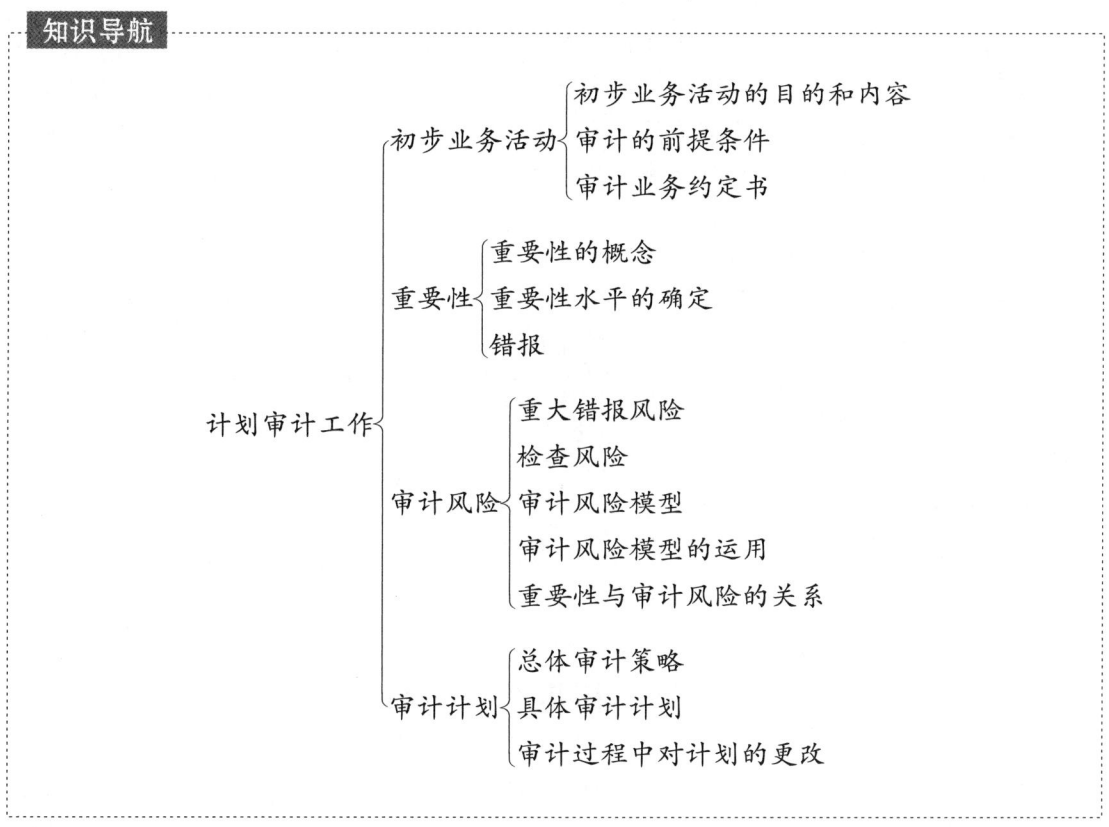

学习目标

1. 了解开展初步业务活动的内容和目的。
2. 理解审计计划的含义和作用。
3. 熟悉总体审计策略和具体审计计划的内容。
4. 掌握重要性的概念和确定方法。
5. 熟悉审计风险模型及其具体内容。

寓德于教

凡事预则立,不预则废

——前 IIA 的总裁兼首席执行官 Richard Chambers 谈审计计划

在担任 IIA 的总裁兼首席执行官期间,我曾与世界各地的内部审计师交流。我很欣慰听到了很多成功的案例,但是,了解内部审计工作中的挑战同样重要。一般而言,内部审计工作失败多数时候源于单一的根本原因:未充分展开审计计划。当我们利用上次审计的成果来减少本次审计内容时,可能会导致审计不全面、计划不充分,用本杰明富兰克林的话来说,"由于没准备好,你准备失败了"。

内部审计人员本应该预防低效、无效的审计。但是,在某些情况下,我们可能没有意识到糟糕的审计计划在很大程度上损害了审计人员的声誉和增值的能力。

IIA质量服务部门的一名高级工作人员回顾了其内部审计职能:内部审计人员多年来通常使用相同的工作计划,基本上不需要与客户互动,仅一遍又一遍地重复相同的审计。内部审计人员擅长保持按计划审计,但由于他们的审计报告总是千篇一律,大多数调查结果涉及相对较小的错误或疏忽,导致审计工作无法解决客户的具体问题。结果是客户不认可内部审计的职能,并认为内部审计不会增加价值。

审计计划是一项投资,这项投资会在提高审计工作可信度、改善与利益相关者的关系方面带来巨大的回报。这也是提高审计效率的最佳机会。作为一名大学生,做好计划也是我们学习、工作与生活中的重要一环,从计划入手,提升效率,事半功倍。

资料来源:审计之家,审计划不充分是审计工作的"杀手"[EB/OL]. 2022-11-30. https://mp.weixin.qq.com/s/ RU59YKEOc0oVzoDg-WKIKA.

思考:
1. 根据所学知识,简述审计计划包括的内容。
2. 简述审计计划在审计工作中所起到的作用。

第一节 初步业务活动

注册会计师审计是一种受托审计,会计师事务所应当按照审计执业准则的规定,谨慎决策是否接受或保持客户关系和具体审计业务,拒绝接受过高风险客户。为了促使注册会计师同被审计单位双方责任的履行,需要签订或修改审计业务约定书。而要完成审计业务约定书的签订或修改,就必须开展一些工作,如在接受客户委托时,应考虑被审计单位是否诚信及其对保证审计质量的影响;审计的前提条件是否存在、能否接受委托;注册会计师执行业务所需要的独立性和专业胜任能力是否具备及其对审计质量的影响;连续审计时前期审计发现的重大问题对保持同客户的关系有无影响等。这些工作就是在审计业务开始时注册会计师应进行的初步业务活动。

一、初步业务活动的目的和内容

(一)初步业务活动的目的

注册会计师在计划审计工作前,需要开展初步业务活动,以实现下列三个主要目的:
(1)确保注册会计师具备执行业务所需的独立性和能力。
(2)不存在因管理层诚信问题而可能影响注册会计师保持该项业务的意愿的事项。
(3)与被审计单位之间不存在对业务约定条款的误解。

（二）初步业务活动的内容

为实现上述三个目的,注册会计师在审计业务开始时应当开展下列初步业务活动。

1. 针对保持客户关系和具体审计业务实施质量控制程序

针对保持客户关系和具体审计业务实施质量控制程序,并且根据实施相应程序的结果作出适当的决策是注册会计师控制审计风险的重要环节。在首次接受审计委托时,注册会计师需要执行针对建立有关客户关系和承接具体审计业务的质量控制程序;在连续审计时,注册会计师通常执行针对保持客户关系和具体审计业务的质量控制程序。无论是首次接受审计委托还是连续审计,注册会计师均应考虑下列主要事项,以确定保持客户关系和具体审计业务的结论是恰当的:

（1）被审计单位的主要股东、关键管理人员和治理层是否诚信。
（2）项目组是否具备执行审计业务的专业胜任能力以及必要的时间和资源。
（3）注册会计师接受客户委托的前提条件是否存在。
（4）会计师事务所和项目组能否遵守职业道德规范。

会计师事务所执行客户接受与保持程序的目的,旨在识别和评价会计师事务所面临的风险。例如,如果注册会计师发现潜在客户正面临财务困难,或者发现现有客户在之前的业务中作出虚假陈述,那么可以认为接受或保持该客户的风险非常高,甚至是不可接受的。会计师事务所除考虑客户施加的风险外,还需要复核执行业务的能力,如当工作需要时能否获得合适的具有相应资格的员工;能否获得专业化协助;是否存在任何利益冲突;能否对客户保持独立性等。

注册会计师需要作出的最重要的决策之一就是是否接受和保持客户。一项低质量的决策会导致注册会计师不能准确确定计酬的时间或未被支付的费用,增加项目合伙人和员工的额外压力,使会计师事务所声誉遭受损失,或者涉及潜在的诉讼。

由于在连续审计的情况下,注册会计师已经积累了一定的审计经验,在决定是否保持与某一客户的业务关系时,项目负责人通常重点考虑本期或前期审计中发现的重大事项,及其对保持该客户关系的影响。在实务中,会计师事务所可以区别首次接受审计委托和连续审计的情况制定不同的质量控制程序,以提高审计工作的效率及效果。

2. 评价遵守相关职业道德要求的情况

评价遵守相关职业道德要求的情况也是一项非常重要的初步业务活动。质量控制准则含有包括独立性在内的有关职业道德要求,注册会计师应按照其规定执行。虽然保持客户关系及具体审计业务和评价职业道德的工作贯穿于审计业务的全过程,但是这两项活动需要安排在其他审计工作之前,以确保注册会计师已具备执行业务所需要的独立性和专业胜任能力,且不存在因管理层诚信问题而影响注册会计师保持该项业务意愿等情况。在连续审计的业务中,这些初步业务活动通常是在上期审计工作结束后不久或将要结束时就已经开始了。

3. 就审计业务约定条款达成一致意见

在作出接受或保持客户关系及具体审计业务的决策后,注册会计师应当按照规定,在审计业务开始前,与被审计单位就审计业务约定条款达成一致意见,签订或修改审计业务约定书,以避免双方对审计业务的理解产生分歧。

【例5-1】 初步业务活动案例分析

齐鲁会计师事务所审计了东方股份有限公司2021年度财务报表,并出具了无保留意见的审计报告。2022年7月1日,东方股份有限公司拟聘请ABC会计师事务所审计2022年度财务报表。

ABC会计师事务所在接受业务委托前与齐鲁会计师事务所进行了沟通。齐鲁会计师事务所告知,东方股份有限公司2021年年末持有的可供出售金融资产发生大幅减值,建议计提相应的减值准备。东方股份有限公司管理层以2021年度经营业绩不佳为由拒绝调整,并以解聘相威胁。由于齐鲁会计师事务所坚持要求调整,东方股份有限公司最终接受了审计调整建议。

ABC会计师事务所了解到东方股份有限公司经营及其所处环境状况如下:

(1) 2022年年初,东方股份有限公司董事会决定将每月薪酬发放日由当月最后1日推迟到次月8日,同时将员工薪酬水平平均上调8%。东方股份有限公司员工队伍基本稳定。

(2) 2022年8月1日,东方股份有限公司与丙公司签订协议,自当月起,由丙公司为东方股份有限公司于2022年第四季度投放市场的一款新产品——甲产品提供为期1年的广告服务。东方股份有限公司于2022年8月1日向丙公司预付6个月的基本广告服务费,每月12万元。另外,按照协议约定,东方股份有限公司于每月月末按当月甲产品销售收入的1%向丙公司另行支付追加的广告服务费。

(3) 自2022年起,东方股份有限公司将主要产品交货方式,由在东方股份有限公司仓库交货改为运至客户指定交货地点交客户验收,但客户需承担由此而发生运费的80%,其余20%由东方股份有限公司承担。

(4) 2022年年末,有网民称东方股份有限公司生产的乙产品中有害化学成分的含量较高,会对消费者健康造成不良影响。东方股份有限公司随即发表声明,称乙产品中的有害化学成分含量没有超出现行安全标准,并公布国家有关部门的检测报告。但网络调查显示,仍有超过半数的网民对乙产品的安全性表示担忧。

要求:结合案例资料,ABC会计师事务所在决定接受业务委托前,应当考虑哪些主要事项?

解:ABC会计师事务所在决定接受业务委托前,应当考虑的主要事项包括:

(1) 注册会计师的专业胜任能力和独立性。ABC会计师事务所的员工是否具备或能够获取必要的专业知识,进行审计的各种人员是否齐备,是否能够按照执业准则及时完成审计任务。例如,注册会计师是否具备审计衍生金融工具和公允价值计量的能力;ABC会计师事务所是否独立于东方股份有限公司,是否能够提供无偏见的结论。

(2) 东方股份有限公司管理层的诚信。例如,东方股份有限公司高管人员曾以2021年度经营业绩不佳为由拒绝采纳齐鲁会计师事务所的调整建议,并以解聘相威胁。

(3) 东方股份有限公司的声誉和形象。例如,东方股份有限公司的乙产品安全性引起人们的疑虑,ABC会计师事务所接受其作为客户是否会给事务所带来损失和麻烦。

(4) 东方股份有限公司的会计实务。例如,东方股份有限公司是否积极遵守会计准则,其财务报表能否合法、公允地反映公司的财务状况、经营业绩和现金流量。

(5) 东方股份有限公司的财务状况。例如,东方股份有限公司是否存在影响持续经营的情况,是否盈利。

(6) 与前任注册会计师的沟通。例如,更换事务所的原因,前任注册会计师与管理层发生冲突的性质,重要风险领域的确定,在欺诈、违法行为和内部控制等方面与客户交流的情况。

二、审计的前提条件

审计的前提条件,是指管理层在编制财务报表时采用可接受的财务报告编制基础,以及管理层对注册会计师执行审计工作的前提的认同。可接受的财务报告编制基础是指管理层编制财务报表有恰当的基础,也就是注册会计师对财务报表进行审计有适当的标准。管理层对注册会计师执行审计工作的前提认同是指管理层认可并理解其应承担的责任。

(一)财务报告编制基础

承接鉴证业务的条件之一是《中国注册会计师鉴证业务基本准则》中提及的标准适当,且能够为预期使用者获取。标准是指用于评价或计量鉴证对象的基准,当涉及列报时,还包括列报与披露的基准。适当的标准使注册会计师能够运用职业判断对鉴证对象作出合理一致的评价或计量。就审计准则而言,适用的财务报告编制基础为注册会计师提供了用以审计财务报表的标准。如果不存在可接受的财务报告编制基础,管理层就不具有编制财务报表的恰当基础,注册会计师也不具有对财务报表进行审计的适当标准。

1. 确定财务报告编制基础的可接受性

在确定编制财务报表所采用的财务报告编制基础的可接受性时,注册会计师需要考虑下列相关因素:

(1) 被审计单位的性质。例如,被审计单位是商业企业、公共部门实体,还是非营利组织。

(2) 财务报表的目的。例如,编制财务报表是用于满足广大财务报表使用者共同的财务信息需求,还是用于满足财务报表特定使用者的财务信息需求。

(3) 财务报表的性质。例如,财务报表是整套财务报表,还是单一财务报表。

(4) 法律法规是否规定了适用的财务报告编制基础。

2. 通用目的编制基础

如果财务报告准则由经授权或获得认可的准则制定机构制定和发布,供某类实体使用,只要这些机构遵循一套既定和透明的程序,则认为财务报告准则对于这类实体编制通用目的的财务报表是可接受的。

(二)就管理层的责任达成一致意见

按照审计准则的规定执行审计工作的前提是管理层已认可并理解其承担的责任。审计准则并不超越法律法规对这些责任的规定。然而,独立审计的理念要求注册会计师不对财务报表的编制或被审计单位的相关内部控制承担责任,并要求注册会计师合理预期能够获取审计所需要的信息。因此,管理层认可并理解其责任,这一前提对执行独立审计工作是至关重要的。根据《中国注册会计师审计准则1111号——就审计业务约定条款达成一致意见》的规定,管理层和治理层(如适用)认可并理解其对财务报表的责任包括以下三个方面:

(1) 按照适用的财务报告编制基础编制财务报表,并使其实现公允反映(如适用)。大多数财务报告编制基础包括与财务报表列报相关的要求,对于这些财务报告编制基础,在提到"按照适用的财务报告编制基础编制财务报表"时,其编制包括列报。实现公允列报的报告目标非常重要,因而在与管理层达成一致意见的执行审计工作的前提中需要特别提及公允列报,或需要特别提及管理层负有确保财务报表根据财务报告编制基础编制并使其实现公允反映的责任。

(2) 设计、执行和维护必要的内部控制,以使财务报表不存在由于舞弊或错误导致的重大错报。由于内部控制的固有限制,无论其如何有效,也只能合理保证被审计单位实现其财务报告目标。注册会计师按照审计准则的规定执行的独立审计工作,不能代替管理层维护编制财务报表所需要的内部控制。因此,注册会计师需要就管理层认可并理解其与内部控制有关的责任与管理层达成共识。

(3) 向注册会计师提供必要的工作条件,包括允许注册会计师接触与编制财务报表相关的所有信息(如记录、文件和其他事项),向注册会计师提供审计所需要的其他信息,允许注册会计师在获取审计证据时不受限制地接触其认为必要的内部人员和其他相关人员。

按照《中国注册会计师审计准则第1341号——书面声明》的规定,注册会计师应当要求对财务报表承担相应责任并了解相关事项的管理层提供书面声明。针对财务报表的编制,针对提供的信息和交易的完整性,注册会计师应当要求管理层就相关责任的履行提供书面声明。因此,注册会计师需要获取针对管理层责任的书面声明、其他审计准则要求的书面声明,以及在必要时需要获取用于支持其他审计证据的书面声明。注册会计师需要使管理层意识到这一点。

如果审计的前提条件不存在,注册会计师应当就此与管理层沟通,除非管理层同意在财务报表中作出额外披露,同时在审计报告中增加强调事项段加以说明;或注册会计师能与管理层就其应承担的责任与管理层达成一致意见等。否则注册会计师承接此类审计业务是不恰当的,除非法律法规另有规定。

三、审计业务约定书

(一) 审计业务约定书的定义和作用

审计业务约定书是会计师事务所与被审计单位签订的,用于记录和确认审计业务的委托与受托关系、审计目标和范围、双方的责任以及报告的格式等事项的书面合同。其目的在于明确约定双方的责任与义务,促使双方遵守约定事项并加强合作,以保护会计师事务所与被审计单位的利益。

会计师事务所承接任何审计业务,都应与被审计单位签订审计业务约定书。审计业务约定书应由会计师事务所和被审计单位双方的法定代表人或其授权人共同签订,并加盖委托人和会计师事务所的印章。签订后的审计业务约定书具有法定约束力,具有和其他根据《中华人民共和国合同法》签订的经济合同一样(同等)的法律效力,成为委托人和受托人双方之间在法律上的生效契约,如果一方违约,需负法律责任。签署审计业务约定书具有十分重要的意义:可作为签约双方检查审计工作完成情况的依据,如果被审计单位对注册会计师的服务提出质疑,注册会计师可以根据审计业务约定书的有关内容作出解释;可增强双方的相互了解,也使被审计单位了解注册会计师的责任及需要提供的合作,避免双方在审计目的、范围和双方责任等方面产生误解;如果涉及法律诉讼,审计业务约定书是确定双方应负责任的重要依据。

审计业务约定书是编制审计计划的依据,包括审计工作的时间预算、进度安排以及相应的费用预算。例如,根据审计业务约定书的约定,在资产负债表日之后3个月提交审计报告,则要相应地安排审计工作的进度。

(二) 审计业务约定书的内容

审计业务约定书在早期审计实践中并无定式,其内容和形式因具体审计项目不同而不同。随着审计实务经验的积累,审计业务约定书的内容和形式逐渐地统一起来。许多国家通过审计准则的方式将其固定下来。

1. 审计业务约定书的基本内容

中国审计准则规范的审计业务约定书的基本内容包括以下几个方面：

(1) 签订双方的名称。

(2) 财务报表审计的目标。

(3) 双方的责任，包括被审计单位管理层的责任与注册会计师的责任。

(4) 管理层编制财务报表所使用的财务报表编制基础。

(5) 审计范围，包括指明在执行财务报表审计业务时遵守的中国注册会计师审计准则。

(6) 执行审计工作的安排，包括出具审计报告的时间要求。

(7) 审计业务执行结果的报告格式或其他沟通形式。

(8) 由于测试的性质和审计的其他固有限制，以及内部控制的固有局限性，不可避免地存在着某些重大错报可能仍然未被发现的风险。

(9) 注册会计师不受限制地接触任何与审计有关的记录、文件和所需要的其他信息。

(10) 管理层对其做出的与审计有关的声明予以书面确认。

(11) 管理层为注册会计师提供必要的工作条件和协助。

(12) 注册会计师对执业过程中获知的客户信息保密。

(13) 审计收费，包括收费的计算基础和收费安排。

(14) 违约责任。

(15) 解决争议的方法。

(16) 签约双方法定代表人或其授权代表的签字盖章，以及签约双方加盖的公章。

2. 可以增加的内容

如果情况需要，会计师事务所和客户可以通过协商确定在审计业务约定书中列明下列内容：

(1) 在某些审计方面对利用其他注册会计师和专家工作的安排。

(2) 与审计涉及的客户内部审计人员和其他员工工作的协调。

(3) 说明预期向客户提交的其他函件或报告。

(4) 与治理层整体直接沟通。

(5) 在首次接受审计委托时，对与前任注册会计师沟通的安排。

(6) 注册会计师与客户之间需要达成进一步协议的事项。

审计业务约定书的示例如表 5-1 所示。

表 5-1　　　　　　　　　　　　　审计业务约定书

甲方：东方股份有限公司

乙方：ABC 会计师事务所

兹由甲方委托乙方对 2022 年度财务报表进行审计，经双方协商，达成如下约定。

一、审计的目标和范围

(1) 乙方接受甲方委托，对甲方按照企业会计准则编制的 2022 年 12 月 31 日资产负债表，2022 年度的利润表、所有者权益变动表和现金流量表以及财务报表附注（以下统称财务报表）进行审计。

(续表)

(2) 乙方通过执行审计工作,对财务报表的下列方面发表审计意见:①财务报表是否在所有重大方面按照企业会计准则的规定编制。②财务报表是否在所有重大方面公允反映了甲方2022年12月31日的财务状况以及2022年度的经营成果和现金流量。

二、甲方的责任

(1) 根据《中华人民共和国会计法》及《企业财务会计报告条例》,甲方及甲方负责人有责任保证会计资料的真实性和完整性。因此,甲方管理层有责任妥善保存和提供会计记录(包括但不限于会计凭证、会计账簿及其他会计资料),这些记录必须真实、完整地反映甲方的财务状况、经营成果和现金流量。

(2) 按照企业会计准则的规定编制和公允列报财务报表是甲方管理层的责任,这种责任包括:①按照企业会计准则的规定编制财务报表,并使其实现公允反映。②设计、执行和维护必要的内部控制,以使财务报表不存在由于舞弊或错误导致的重大错报。

(3) 及时为乙方的审计工作提供与审计有关的所有记录、文件和所需的其他信息,并保证所提供的资料的真实性和完整性。

(4) 确保乙方不受限制地接触其认为必要的甲方内部人员和其他相关人员。

(5) 甲方管理层对其做出的与审计有关的声明予以书面确认。

(6) 为乙方派出的有关工作人员提供必要的工作条件和协助,乙方将于外勤工作开始前提供主要事项清单。

(7) 按照本约定书的约定及时足额支付审计费用以及乙方人员在审计期间的交通、食宿和其他相关费用。

(8) 乙方的审计不能减轻甲方管理层的责任。

三、乙方的责任

(1) 乙方的责任是在执行审计工作的基础上对甲方财务报表发表审计意见。乙方根据中国注册会计师审计准则的规定执行审计工作。审计准则要求注册会计师遵守中国注册会计师职业道德守则,计划和执行审计工作以对财务报表是否不存在重大错报获取合理保证。

(2) 审计工作涉及实施审计程序,以获取有关财务报表金额和披露的审计证据。选择的审计程序取决于乙方的判断,包括对由于舞弊或错误导致的财务报表重大错报风险的评估。在进行风险评估时,乙方考虑与财务报表编制和公允列报相关的内部控制,以设计恰当的审计程序,但目的并非对内部控制的有效性发表意见。审计工作还包括评价管理层选用会计政策的恰当性和做出会计估计的合理性,以及评价财务报表的总体列报。

(3) 由于审计和内部控制的固有限制,即使按照审计准则的规定适当地计划和执行审计工作,仍不可避免地存在财务报表的某些重大错报可能未被发现的风险。

(4) 在审计过程中,乙方若发现甲方存在乙方认为值得关注的内部控制缺陷,应以书面形式向甲方治理层或管理层通报。但乙方通报的各种事项,并不代表已全面说明所有可能存在的缺陷或已提出所有可行的改进建议。甲方在实施乙方提出的改进建议前应全面评估其影响。未

(续表)

经乙方书面许可,甲方不得向任何第三方提供乙方出具的沟通文件。

(5) 按照约定时间完成审计工作,出具审计报告。乙方应于 2023 年 2 月 15 日前出具审计报告。

(6) 除下列情况外,乙方应当对执行业务过程中知悉的甲方信息予以保密:①法律、法规允许披露,并取得甲方的授权。②根据法律、法规的要求,为法律诉讼、仲裁准备文件或提供证据,以及向监管机构报告发现的违法行为。③在法律、法规允许的情况下,在法律诉讼、仲裁中维护自己的合法权益。④接受注册会计师协会或监管机构的执业质量检查,答复其询问和调查。⑤法律、法规,执业准则和职业道德规范规定的其他情形。

四、审计收费

(1) 本次审计服务的收费是以乙方各级别工作人员在本次工作中所耗费的时间为基础计算的。乙方预计本次审计服务的费用总额为人民币 100 万元。

(2) 甲方应于本约定书签署之日起 30 日内支付 50% 的审计费用,其余款项于审计报告草稿完成日结清。

(3) 如果由于无法预见的原因,致使乙方从事本约定书所涉及的审计服务实际时间较本约定书签订时预计的时间有明显增加或减少的,甲、乙双方应通过协商,相应调整本部分第一段所述的审计费用。

五、审计报告和审计报告的使用

(1) 乙方按照中国注册会计师审计准则规定的格式和类型出具审计报告。

(2) 乙方向甲方致送审计报告一式五份。

(3) 甲方在提交或对外公布乙方出具的审计报告及其后附的已审计财务报表时,不得对其进行修改。当甲方认为有必要修改会计数据、报表附注和所做的说明时,应当事先通知乙方,乙方将考虑有关的修改对审计报告的影响,必要时将重新出具审计报告。

六、本约定书的有效期间

本约定书自签署之日起生效,并在双方履行完毕本约定书约定的所有义务后终止。

七、约定事项的变更

如果出现不可预见的情况,影响审计工作如期完成,或需要提前出具审计报告,甲、乙双方均可要求变更约定事项,但应及时通知对方,并由双方协商解决。

八、终止条款

(1) 如果根据乙方的职业道德及其他有关专业职责,适用的法律、法规或其他任何法定要求,乙方认为已不适宜继续为甲方提供本约定书约定的审计服务,乙方可以采取向甲方提出合理通知的方式终止履行本约定书。

(2) 在本约定书终止的情况下,乙方有权就其终止之日前对约定的审计服务项目所做的工作收取合理的费用。

九、违约责任

(续表)

甲、乙双方按照《中华人民共和国合同法》的规定承担违约责任。 十、适用法律和争议解决 本约定书的所有方面均适用中华人民共和国法律进行解释并受其约束。本约定书履行地为乙方出具审计报告所在地,因本约定书引起的或与本约定书有关的任何纠纷或争议,双方协商确定采取以下方式予以解决: 向有管辖权的人民法院提起诉讼。 十一、双方对其他有关事项的约定 本约定书一式两份,甲、乙双方各执一份,具有同等法律效力。 甲方:东方股份有限公司　　　　　　　　乙方:ABC会计师事务所 　　（盖章）　　　　　　　　　　　　　　　（盖章） 授权代表:刘伟(签名并盖章)　　　　　授权代表:李红(签名并盖章) 2022年12月1日　　　　　　　　　　　2022年12月1日

第二节 重 要 性

在计划和执行审计工作时,注册会计师应当恰当地运用重要性概念并采用合理的方法确定重要性水平。

一、重要性的概念

根据《中国注册会计师审计准则第1221号——计划和执行审计工作时的重要性》的规定,重要性取决于在具体环境下对错报金额和性质的判断。在财务报表审计中,如果合理预期错报(包括漏报)单独或汇总起来可能影响财务报表使用者依据财务报表作出的经济决策,则通常认为错报是重大的。错报,是指某一财务报表项目的金额、分类、列报或披露,与按照适用的财务报告编制基础应当列示的金额、分类、列报或披露之间存在的差异;或根据注册会计师的判断,为使财务报表在所有重大方面得到公允反映,需要对金额、分类、列报或披露作出的必要调整。错报可能是由于错误或舞弊导致的。重要性水平可视为财务报表中的错报、漏报能否影响财务报表使用者决策的"临界点",超过该"临界点",就会影响使用者的判断和决策,这种错报和漏报就应被看作"重要的"。

重要性概念是基于成本效益原则的要求而产生的。由于现代企业经济活动日趋复杂,注册会计师审计所面对的会计信息量也日益庞大,注册会计师既无必要也不可能去审查全部的会计资料,只能在对内部控制和风险评估的基础上采用抽查的方法来确认财务报表的合法性和公允性。因此,在审计过程中,注册会计师在确定审计程序的性质、时间安排和范围以及评价错报的影响时,应当考虑重要性。

财务报告编制基础通常从编制和列报财务报表的方面定义重要性概念。适用的财务报告编制基础对重要性概念的规定,为注册会计师在审计工作中确定重要性提供了参考依据。财务报告编制基础可能以不同的术语解释重要性,如果适用的财务报告编制基础未对重要性概念作出规定,通常而言,重要性概念可以从以下三个方面理解:

(1) 重要性的判断与具体环境有关。不同的审计对象面临不同的环境。在不同的环境下,被审计单位的规模、性质、报表使用者对信息的需求都不尽相同,因此,注册会计师确定的重要性也不相同。从被审计单位的规模来看,某一金额的错报对一个规模较小的被审计单位的财务报表来说可能重要,而对另一个规模较大的被审计单位的财务报表来说可能就是不重要的。

(2) 重要性的判断受错报的金额或性质的影响,或受两者共同作用的影响。数额的大小无疑是判断重要性的一个重要因素。同样类型的错报或漏报,金额大的错报比金额小的错报更重要。在考虑数额大小的时候,还要注意多项小额错报的累积影响,一项错报单独看来并不重要,但如果多次出现,积少成多,就可能变得重要了。仅从数量角度考虑,重要性水平只是提供了一个门槛或临界点,在该门槛或临界点之上的错报就是重要的;反之,该错报则不重要。在有些情况下,某些金额的错报从数量上看并不重要,但从性质上考虑,则可能是重要的。从性质上考虑错报的重要性要注意以下几点:①错报是属于错误还是舞弊,如果属于舞弊,则性质相对严重。②错报是否会引起履行合同义务,如果错报致使履行了合同义务,则相对重要。③错报是否会影响收益趋势,如果改变了收益的趋势,则相对重要。

(3) 判断重要性是从财务报表使用者整体需求的角度出发。判断一项错报重要与否,应视其对财务报表使用者依据财务报表作出经济决策的影响程度而定。如果财务报表中的某项错报足以改变或影响财务报表使用者的相关决策,则该项错报就是重要的,否则就不重要。

在财务报表的审计中,注册会计师判断某事项对财务报表使用者是否重大,是在考虑财务报表使用者整体共同的财务信息需求的基础上作出的。由于不同财务报表使用者对财务信息的需求可能差异很大,因此不考虑错报对个别财务报表使用者可能产生的影响。

对重要性的评估需要运用职业判断。重要性的判断是一个复杂的过程,离不开特定的环境。影响重要性的因素很多,不同的审计对象的重要性不同,同一审计对象的重要性在不同时期也可能不同。注册会计师不能机械地套用,只能根据被审计单位面临的环境,并综合考虑其他因素,充分发挥其主观能动性进行专业判断,合理确定重要性水平。不同的注册会计师在确定同一被审计单位财务报表层次和认定层次的重要性水平时,得出的结果也可能不同,这主要是因为对影响重要性的各因素的判断存在差异。

二、重要性水平的确定

在计划审计工作中,注册会计师应当确定一个合理的重要性水平,以发现在金额上的重大错报。确定计划的重要性水平时,需要考虑对被审计单位及其环境的了解、审计的目标、财务报表各项目的性质及其相互关系、财务报表项目的金额及其波动幅度。

(一) 财务报表整体的重要性

由于财务报表审计的目标是注册会计师通过执行审计工作对财务报表发表审计意见,因此,注册会计师应当考虑财务报表整体的重要性。只有这样,才能得出财务报表是否公允反映的结论。确定多大错报会影响到财务报表使用者所作决策,是注册会计师运用职业判断的结果。很多注册会计师根据所在会计师事务所的惯例及自己的经验,考虑重要性。

确定重要性需要运用职业判断。通常先选定一个基准,再乘以某一百分比作为财务报表

整体的重要性。在选择基准时,需要考虑的因素包括以下五个方面:

(1) 财务报表要素(如资产、负债、所有者权益、收入和费用)。

(2) 是否存在特定会计主体的财务报表使用者特别关注的项目(如为了评价财务业绩,使用者可能更关注利润、收入或净资产)。

(3) 被审计单位性质、所处生命周期阶段及所处行业和经济环境。

(4) 被审计单位的所有权结构和融资方式。

(5) 基准的相对波动性。

适当的基准取决于被审计单位的具体情况,需要考虑预期使用者最为关注的财务指标,通常来说,新设期企业可以以总资产为基准;成长期企业可以以营业收入为基准;成熟期企业可以以税前利润为基准。对于经营状况大幅度波动,盈利和亏损交替发生的企业,可能选择过去3~5年经常性业务的平均税前利润或亏损作为基准更合适。常用的基准如表5-2所示。

表 5-2　　　　　　　　　　　常用的基准

序号	被审计单位的情况	可能选择的基准
1	企业的盈利水平保持稳定	经常性业务的税前利润
2	企业近年来经营状况大幅度波动,盈利和亏损交替发生,或者由正常盈利变为微利或微亏,或者本年度税前利润因情况变化而出现意外增加或减少	过去3~5年经常性业务的平均税前利润或亏损(取绝对值),或其他基准(如营业收入)
3	企业为新设企业,处于开办期,尚未开始经营,目前正在建造厂房及购买机器设备	总资产
4	企业处于新兴行业,目前侧重于抢占市场份额、扩大企业知名度和影响力	营业收入

为选定的基准确定百分比需要运用职业判断。百分比和选定的基准之间存在一定的联系,如经常性业务的税前利润对应的百分比通常比营业收入对应的百分比要高。例如,对以营利为目的的制造业,注册会计师可能认为经常性业务税前利润的5%是适当的;而对非营利组织,注册会计师可能认为总收入或费用总额的1%是适当的。无论百分比高一些还是低一些,只要符合具体情况,都是适当的。

(二) 特定类别交易、账户余额或披露的重要性水平

根据被审计单位的特定情况,下列因素可能表明存在一个或多个特定类别的交易、账户余额或披露,其发生的错报金额虽然低于财务报表整体的重要性,但合理预期将影响财务报表使用者依据财务报表作出的经济决策:

(1) 法律、法规或适用的财务报表编制基础是否影响财务报表使用者对特定项目(如关联方交易、管理层和治理层的薪酬)计量或披露的预期。

(2) 与被审计单位所处行业相关的关键性披露(如制药企业的研究与开发成本)。

(3) 财务报表使用者是否特别关注财务报表中单独披露的业务的特定方面(如新收购的业务)。

考虑是否存在上述交易、账户余额或披露时,了解治理层和管理层的看法和预期通常是有

用的。

(三) 实际执行的重要性

确定实际执行的重要性并非简单机械的计算,需要注册会计师运用职业判断。财务报表层次实际执行的重要性是指注册会计师确定的低于财务报表整体重要性的一个或多个金额,旨在将未更正和未发现错报的汇总数超过财务报表整体的重要性的可能性降至适当的低水平。确定特定类别的交易、账户余额或披露的重要性水平的一个或多个金额,旨在将这些交易、账户余额或披露中未更正与未发现错报的汇总数超过这些交易、账户余额或披露的重要性水平的可能性降至适当的低水平。

1. 考虑因素

注册会计师无需通过将财务报表整体的重要性平均分配或按比例分配至各个报表项目的方法来确定实际执行的重要性,而是根据风险评估结果确定实际执行的重要性。

确定实际执行的重要性并非简单机械的计算,需要注册会计师运用职业判断,并考虑下列因素的影响:

(1) 对被审计单位的了解(这些了解在实施风险评估程序的过程中得到更新)。
(2) 前期审计工作中识别出的错报的性质和范围。
(3) 根据前期识别出的错报对本期错报做出的预期。

通常而言,实际执行的重要性通常为财务报表整体重要性的 50%~75%。

2. 较低的情形

如果存在下列情况,注册会计师可能考虑选择较低的百分比来确定实际执行的重要性:

(1) 首次接受委托的审计项目。
(2) 连续审计项目,以前年度审计调整较多。
(3) 项目总体风险较高,如处于高风险行业、管理层能力欠缺、面临较大市场竞争压力或业绩压力等。
(4) 存在或预期存在值得关注的内部控制缺陷。

3. 较高的情形

如果存在下列情况,注册会计师可能考虑选择较高的百分比来确定实际执行的重要性:

(1) 连续审计项目,以前年度审计调整较少。
(2) 项目总体风险为低到中等,如处于非高风险行业、管理层有足够能力、面临较低的市场竞争压力和业绩压力等。
(3) 以前期间的审计经验表明内部控制运行有效。例如,根据以前期间的审计经验和本期审计计划阶段的风险评估结果,注册会计师认为可以以财务报表整体重要性的 75% 作为大多数报表项目的实际执行的重要性;与营业收入项目相关的内部控制存在控制缺陷,而且以前年度审计中存在审计调整,因此考虑以财务报表整体重要性的 50% 作为营业收入项目的实际执行的重要性,从而有针对性地对高风险领域执行更多的审计工作。

(四) 审计过程中修改重要性

在整个业务过程中,随着审计工作的进展,注册会计师应当根据所获得的新信息更新重要性。例如,注册会计师在审计过程中发现,实际财务成果与最初确定财务报表整体的重要性时使用的预期本期财务成果相比存在着很大差异,则需要修改重要性。由于存在下列原因,注册会计师可能需要修改财务报表整体的重要性和特定类别的交易、账户余额或披露的重要性水平(如适用)：

(1) 审计过程中情况发生重大变化。

(2) 获取新信息。

(3) 通过实施进一步审计程序,对被审计单位及其经营所了解的情况发生变化。

(五) 在审计中运用实际执行的重要性

实际执行的重要性在审计中的作用主要体现在以下两个方面：

(1) 注册会计师在计划审计工作时可以根据实际执行的重要性确定需要对哪些类型的交易、账户余额和披露实施进一步审计程序,即通常选取金额超过实际执行的重要性的财务报表项目,因为这些财务报表项目有可能导致财务报表出现重大错报。但是,这不代表注册会计师可以对所有金额低于实际执行的重要性的财务报表项目不实施进一步审计程序,这主要出于以下考虑：①单个金额低于实际执行的重要性的财务报表项目汇总起来可能金额重大(可能远远超过财务报表整体的重要性),注册会计师需要考虑汇总后的潜在错报风险。②对于存在低估风险的财务报表项目,不能仅仅因为其金额低于实际执行的重要性而不实施进一步审计程序。③对于识别出存在舞弊风险的财务报表项目,不能因为其金额低于实际执行的重要性而不实施进一步审计程序。

(2) 运用实际执行的重要性确定进一步审计程序的性质、时间安排和范围。例如：①实施实质性分析程序时,注册会计师确定的已记录金额与预期值之间的可接受差异额通常不超过实际执行的重要性。②运用审计抽样实施细节测试时,注册会计师可以将可容忍错报的金额设定为等于或低于实际执行的重要性。

【例 5-2】 重要性水平的确定案例分析

ABC 会计师事务所接受委托,负责审计多家上市公司 2022 年度财务报表,并委派 A 注册会计师担任项目质量控制复核人,审计工作底稿中记录的重要性相关的事项如下：

(1) 确定被审计单位甲公司财务报表整体的重要性水平时,审计项目组特别考虑了作为甲公司最大股东的乙公司的决策需要,以确保金额在重要性水平以下的错报不影响乙公司的经济决策。

(2) 由于原材料价格大幅上涨,被审计单位丙公司于 2021 年由正常盈利变为微亏,审计项目组认为选择营业收入作为基准确定重要性更加合适。由于丙公司经营规模较上年度未发生重大变化,审计项目组认为本年重要性不宜超过上年度的重要性。

(3) 对于被审计单位丁公司,审计项目组发现实际财务成果与最初确定财务报表整体重要性时使用的预期本期财务成果相比存在很大差异,审计项目组据此修改财务报表整体的重要性。

(4) 被审计单位戊公司于 2021 年成立,从事房地产开发与经营业务,2022 年处于商品房开发阶段,预计两年后开始对外销售,审计项目组将经常性业务税前利润作为确定财务报表整体重要性的基准。

要求：针对以上第(1)至第(4)项,逐项指出审计项目组的做法是否恰当,如不恰当,简要说明理由。

解：事项(1)不恰当。理由：确定重要性水平时,不应该考虑错报对个别财务报表使用者可能产生的影响。

事项(2)恰当。

事项(3)恰当。

事项(4)不恰当。理由：戊公司尚未开始对外销售，没有经常性收入和利润，不宜用经常性业务税前利润作为确定财务报表整体重要性的基准。考虑到戊公司处在新设立阶段，并且针对处于商品房开发阶段的房地产公司，财务报表使用者通常较关注资产，因此，选择总资产作为确定财务报表整体重要性的基准更加合适。

三、错报

(一) 错报的概念

错报是指某一财务报表项目的金额、分类、列报或披露，与按照适用的财务报表编制基础应当列示的金额、分类、列报或披露之间存在的差异；或根据注册会计师的判断，为使财务报表在所有重大方面实现公允反映，需要对金额、分类、列报或披露做出的必要调整。错报可能是由于错误或舞弊导致的。

错报可能由下列事项导致：

(1) 收集或处理用以编制财务报表的数据时出现错误。

(2) 遗漏某项金额或披露。

(3) 由于疏忽或明显误解有关事实导致作出不正确的会计估计。

(4) 注册会计师认为管理层对会计估计作出不合理的判断或对会计政策作出不恰当的选择和运用。

为了帮助注册会计师评价审计过程中累积的错报的影响以及与管理层和治理层沟通错报事项，可以将错报区分为事实错报、判断错报和推断错报。

(1) 事实错报。事实错报是毋庸置疑的错报。这类错报产生于被审计单位收集和处理数据的错误，对事实的忽略或误解，或故意舞弊行为。例如，注册会计师在审计测试中发现最近购入存货的实际价值为15 000元，但账面记录的金额却为10 000元。因此，存货和应付账款分别被低估了5 000元，这里被低估的5 000元就是已识别的对事实的具体错报。

(2) 判断错报。注册会计师认为存在管理层对会计估计作出不合理的判断或不恰当地选择和运用会计政策而导致的差异。这类错报产生于两种情况：一是管理层和注册会计师对会计估计值的判断差异。例如，由于包含在财务报表中的管理层作出的估计值超出了注册会计师确定的一个合理范围，导致出现判断差异。二是管理层和注册会计师对选择和运用会计政策的判断差异。例如，注册会计师认为管理层选用会计政策造成错报，管理层却认为选用会计政策适当，导致出现判断差异。

(3) 推断错报。注册会计师对总体存在的错报作出的最佳估计数，涉及根据在审计样本中识别出的错报来推断总体的错报。推断错报是指通过测试样本估计出的总体的错报减去在测试中发现的已经识别的具体错报。例如，应收账款年末余额为2 000万元，注册会计师测试样本发现样本金额有100万元的高估，高估部分为账面金额的20%，据此注册会计师推断总体的错报金额为400万元(2 000×20%)，那么上述100万元就是已识别的具体错报，其余300万元即推断误差。

(二) 累积识别出的错报

注册会计师可能将低于某一金额的错报界定为明显微小的错报，对这类错报不需要累积,因为注册会计师认为这些错报的汇总数明显不会对财务报表产生重大影响。"明显微小"不等同于"不重大"。明显微小错报的金额的数量级与重要性的数量级相比,是完全不同的。

在确定明显微小错报的临界值时,注册会计师可能考虑以下因素:
(1) 以前年度审计中识别出的错报(包括已更正和未更正错报)的数量和金额。
(2) 重大错报风险的评估结果。
(3) 被审计单位治理层和管理层对注册会计师与其沟通错报的期望。
(4) 被审计单位的财务指标是否勉强达到监管机构的要求或投资者的期望。

对上述因素的考虑,实际上是在确定审计过程中对错报的过滤程度。注册会计师的目标是要确保不累积的错报(即低于临界值的错报)连同累积的未更正错报不会汇总成为重大错报。

如果预期被审计单位存在数量较多、金额较小的错报,可能考虑采用较低的临界值,以避免大量低于临界值的错报积少成多构成重大错报,如果注册会计师预期被审计单位错报数量较少,则可能采用较高的临界值。

注册会计师可能将明显微小错报的临界值确定为财务报表整体重要性的3%~5%,也可能低一些或高一些,但通常不超过财务报表整体重要性的10%,除非注册会计师认为有必要单独为重分类错报确定一个更高的临界值。

(三) 对错报的考虑

错报可能不会孤立发生,一项错报的发生还可能表明存在其他错报。例如,注册会计师识别出由于内部控制失效而导致的错报,或被审计单位广泛运用不恰当的假设或评估方法而导致的错报,均可能表明还存在其他错报。

抽样风险和非抽样风险可能导致某些错报未被发现。审计过程中累积错报的汇总数接近所确定的重要性,则表明存在比可接受的低风险水平更大的风险,即可能未被发现的错报连同审计过程中累积错报的汇总数,可能超过重要性。

第三节 审计风险

注册会计师应当通过计划和实施审计工作,获取充分、适当的审计证据,将审计风险降至可接受水平。审计风险是指财务报表存在重大错报时,注册会计师发表不恰当审计意见的可能性。审计风险取决于重大错报风险和检查风险。

一、重大错报风险

重大错报风险是指财务报表在审计前存在重大错报的可能性。重大错报风险与被审计单位的风险相关,且独立于财务报表审计而存在。

(一) 两个层次的重大错报风险

在设计审计程序以确定财务报表整体是否存在重大错报时,注册会计师应当从财务报表层次和各类交易、账户余额、列报的认定层次方面考虑重大错报风险。

1. 财务报表层次的重大错报风险

财务报表层次重大错报风险与财务报表整体存在广泛联系,它可能影响多项认定,但难以界定某类交易、账户余额、列报的具体认定。此类风险通常与控制环境有关,如管理层缺乏诚信、治理层形同虚设而不能对管理层进行有效监督等;但也可能与其他因素有关,如经济萧条、企业所处行业处于衰退期。

注册会计师应对财务报表层次重大错报风险的措施包括：考虑审计项目组重要责任人的学识、技术和能力,是否需要专家介入;考虑给予业务助理人员适当程度的监督指导;考虑是否存在导致注册会计师怀疑被审计单位持续经营假设合理性的事项或情况。

2. 认定层次的重大错报风险

《中国注册会计师审计准则第1231号——针对评估的重大错报风险采取的应对措施》对注册会计师针对评估的认定层次重大错报风险如何设计和执行进一步的审计程序提出了详细的要求。注册会计师应当考虑特定类别交易、账户余额和列报层次的重大错报风险,考虑的结果有助于注册会计师确定对认定层次实施进一步审计程序的性质、时间安排和范围。

（二）固有风险和控制风险

认定层次的重大错报风险又可以进一步细分为固有风险和控制风险。

固有风险是指在考虑相关的内部控制之前,某类交易、账户余额或列报的某一认定易于发生错报（该错报单独连同其他错报可能是重大的）的可能性。

某些类别的交易、账户余额和列报及其认定,固有风险较高。例如,复杂的计算比简单计算更可能出错;受重大计量不确定性影响的会计估计发生错报的可能性较大。生产经营风险的外部因素也可能影响固有风险。例如,技术进步可能导致某项产品陈旧,进而导致存货易于发生高估错报(计价认定)。被审计单位及其环境中的某些因素还可能与多个甚至所有类别的交易、账户余额和披露有关,进而影响多个认定的固有风险。这些因素包括维持经营的流动资金匮乏、被审计单位处于夕阳行业等。

控制风险是指某类交易、账户余额或列报的某一认定发生错报,该错报单独或连同其他错报是重大的,但没有被内部控制及时防止或发现并纠正的可能性。控制风险取决于与财务报表编制有关的内部控制的设计和运行的有效性。由于控制的固有局限性,某种程度的控制风险始终存在。

需要特别说明的是,虽然固有风险和控制风险有时难以分割地交织在一起,但审计准则规定,对于识别出的认定层次重大错报风险,注册会计师应当分别评估固有风险和控制风险。对于识别出的、审计准则未明确规定的财务报表层次重大错报风险,注册会计师应当分别评估固有风险和控制风险,还是合并评估,取决于其偏好的审计技术方法以及实务上的考虑。

二、检查风险

检查风险是指如果存在某一错报,该错报单独或连同其他错报可能是重大的,注册会计师为将审计风险降至可接受的低水平而实施程序后没有发现这种错报的风险。

检查风险取决于审计程序设计的合理性和执行的有效性。由于注册会计师通常并不对所有的交易、账户余额和列报进行检查,检查风险不可能降低为零。其他原因包括注册会计师可能选择了不恰当的审计程序、审计过程执行不当,或者错误解读了审计结论。这些其他因素可以通过适当计划、在项目组成员之间进行恰当的职责分配、保持职业怀疑态度以及监督、指导和复核助理人员所执行的审计工作得以解决。

三、审计风险模型

在既定的审计风险水平下,可接受的检查风险水平与认定层次重大错报风险的评估结果呈反向关系。评估的重大错报风险越高,可接受的检查风险越低;评估的重大错报风险越低,可接受的检查风险越高。检查风险与重大错报风险的反向关系用数学公式表示如下:

$$审计风险 = 重大错报风险 \times 检查风险$$

根据该审计风险模型,在总的审计风险水平确定的情况下,检查风险可推算如下:

$$检查风险 = 审计风险 \div 重大错报风险$$

例如,针对某一认定,注册会计师将可接受的审计风险水平设定为5%,注册会计师实施风险评估程序后将重大错报风险评估为10%,则根据这一模型,可接受的检查风险为50%,当然,实务中,注册会计师不一定用绝对数表达这些风险水平,而是选用"高""中""低"等文字进行定量描述。

从上述风险模型可以看出,在审计风险一定的情况下,检查风险与重大错报风险之间呈反比例关系。也就是说,重大错报风险估计水平越低,可接受的检查风险就越高;重大错报风险估计水平越高,可接受的检查风险就越低。

四、审计风险模型的运用

(一)识别和评估重大错报风险

注册会计师应当识别和评估财务报表层次以及各类交易、账户余额、列报认定层次的重大错报风险。在识别和评估重大错报风险时,注册会计师应当实施下列审计程序:

(1)在了解被审计单位及其环境的整个过程中识别风险,并考虑各类交易、账户余额、列报。

(2)将识别的风险与认定层次可能发生错报的领域相联系。

(3)考虑识别的风险的重大性。

(4)考虑识别的风险导致财务报表发生重大错报的可能性。

注册会计师应当利用实施风险评估程序获取的信息,包括在评价控制设计和确定其是否得到执行时获取的审计证据,作为支持风险评估结果的审计证据。注册会计师应当根据风险评估结果,确定实施进一步审计程序的性质、时间和范围。

(二)计算可接受的检查风险

如前所述,审计风险要素之间存在着密切关系。重大错报风险的水平,决定着注册会计师可接受的检查风险水平。评估的重大错报风险水平越高,注册会计师可接受的检查风险水平也就越低;反之亦然。

鉴于重大错报风险的评估对检查风险有直接影响,重大错报风险的水平越高,注册会计师就应实施越详细的实质性测试程序,并着重考虑其性质。例如,针对存货和产品销售成本项目,除实施分析程序外,还应对其余额(金额)进行实质性测试,以将检查风险降至可接受的水平。

(三)检查风险对确定实质性测试性质、时间、范围的影响

不论重大错报风险的评估结果如何,注册会计师都应当对各重要账户或交易类别进行实

质性测试。然而,注册会计师实施的实质性测试,其性质、时间和范围的决定最终取决于根据重大错报风险水平所确定的可接受的检查风险。可接受的检查风险水平与实质性测试的性质、时间和范围的关系如表5-3所示。

表 5-3 检查风险水平与实质性测试的性质、时间和范围的关系

实质性测试可接受的检查风险	性质	时间	范围
高	分析程序和交易测试为主	期中审计为主	较小样本,较少证据
中	分析程序、交易测试以及余额测试结合运用	期中审计、期末审计和期后审计结合运用	适中样本,适量证据
低	余额测试为主	期末审计和期后审计为主	较大样本,较多证据

五、重要性与审计风险的关系

重要性与审计风险(面临的)之间存在反向关系,即重要性水平越高,审计风险越低;重要性水平越低,审计风险越高。这里所说的重要性水平高低指的是金额的大小,如4 000元的重要性水平比2 000元的重要性水平高。在理解两者之间的关系时,必须注意,重要性水平是注册会计师从财务报表使用者的角度进行判断的结果。如果重要性水平是4 000元,则意味着低于4 000元的错报不会影响到财务报表使用者的决策,此时注册会计师需要通过执行有关审计程序合理保证能发现4 000元以上的错报;如果重要性水平是2 000元,则金额在2 000元以上的错报就会影响财务报表使用者的决策,此时注册会计师需要通过执行有关审计程序合理保证能发现金额在2 000元以上的错报。显然,2 000~4 000元的重大错报有可能审计不出来(即审计风险),其要比重要性水平为4 000元时的审计风险高。此外,重大错报风险越高,越要求注册会计师收集更多更有效的审计证据,以将审计风险降至可接受的低水平。因此,可接受的审计风险和审计证据之间也是反向关系。

第四节 审 计 计 划

根据《中国注册会计师审计准则第1201号——计划审计工作》规定,注册会计师应当计划审计工作,使审计业务以更有效的方式得到执行。计划审计工作包括针对审计业务制定总体审计策略和具体审计计划。

计划审计工作对于注册会计师顺利完成审计工作和控制审计风险具有非常重要的意义。合理的审计计划有助于注册会计师关注重点审计领域、及时发现和解决潜在问题及恰当地组织和管理审计工作,以有效率和效果的方式执行审计业务。同时,充分的审计计划还可以帮助注册会计师对项目组成员进行恰当分工和指导监督,并复核其工作,还有助于协调其他注册会计师和专家的工作。

一、总体审计策略

总体审计策略是注册会计师对审计业务的范围、审计工作的时间安排和方向所作的规划,

也是注册会计师从接受审计委托到出具审计报告整个过程的基本工作的综合计划,可以说是整个审计工作的蓝图,也是指导制订更为详细的具体审计计划的依据。

(一) 制定总体审计策略时应考虑的因素

在制定总体审计策略时,注册会计师应当考虑以下主要事项。

1. 审计范围

为了界定审计范围,注册会计师应当确定审计业务的特征,包括采用的会计准则和相关会计制度、特定行业的报告要求以及被审计单位组成部分的分布等。具体来说,注册会计师在确定审计范围时,需要考虑下列具体事项:

(1) 编制财务报表适用的会计准则和相关会计制度。

(2) 特定行业的报告要求,如某些行业监管部门要求提交的报告。

(3) 预期的审计工作涵盖范围,包括审计的集团内部组成部分的数量及所在地点。

(4) 母公司和集团内其他组成部分之间存在的控制关系的性质,以确定如何编制合并会计报表。

(5) 其他注册会计师参与审计集团内组成部分的范围。

(6) 需审计的业务分部性质,包括是否需要具有专门知识。

(7) 外币业务的核算方法及外币财务报表折算和合并方法。

(8) 除对合并财务报表审计之外,是否需要对组成部分的财务报表单独进行法定审计。

(9) 内部审计工作的可利用性及对内部审计工作的拟依赖程度。

(10) 被审计单位使用服务机构的情况,以及注册会计师如何取得有关服务机构内部控制设计、执行和运行有效性的证据。

(11) 预期利用在以前期间审计工作中获取的审计证据的程度,如获得的与风险评估程序和控制测试相关的审计证据。

(12) 信息技术对审计程序的影响,包括数据的可获得性和预期使用计算机辅助审计技术的情况。

(13) 根据中期财务信息审阅及在审阅中所获信息对审计的影响,相应地调整审计涵盖的范围和时间安排。

(14) 与为被审计单位提供其他服务的会计师事务所人员讨论可能影响审计的事项。

(15) 被审计单位的人员和相关数据的可利用性。

2. 报告目标、时间安排及所需沟通

报告目标、时间安排和所需沟通,需要考虑下列事项:

(1) 被审计单位的财务报告时间表。

(2) 与管理层和治理层就审计工作的性质、范围和时间所举行会议的组织工作。

(3) 与管理层和治理层讨论预期签发报告和其他沟通文件的类型及提交时间。报告和其他沟通文件,既包括书面的,也包括口头的,如审计报告、管理建议书和与治理层沟通函等。

(4) 就组成部分的报告及其他沟通文件的类型及提交时间与组成部分的注册会计师沟通。

(5) 项目组成员之间预期沟通的性质和时间安排,包括项目组会议的性质和时间安排及复核工作的时间安排。

(6) 是否需要与第三方沟通,包括与审计相关的法律法规规定和业务约定书约定的报告责任。

(7) 与管理层讨论在整个审计过程中通报审计工作进展及审计结果的预期方式。

3. 审计方向

在确定审计方向时,注册会计师需要考虑下列事项:

(1) 重要性方面。重要性方面具体包括:①为计划目的确定重要性。②为组成部分确定重要性且与组成部分的注册会计师沟通。③在审计过程中重新考虑重要性。④识别重要的组成部分和账户余额。

(2) 重大错报风险较高的审计领域。

(3) 评估的报表层次的重大错报风险对指导、监督及复核的影响。

(4) 项目组人员的选择(在必要时包括项目质量控制复核人员)和工作分工,包括向重大错报风险可能较高的审计领域分派具备适当经验的人员。

(5) 项目预算,包括考虑为重大错报风险可能较高的审计领域分配适当的工作时间。

(6) 向项目组成员强调在收集和评价审计证据过程中保持职业怀疑必要性的方式。

(7) 以往审计中对内部控制运行有效性评价的结果,包括所识别的控制缺陷的性质及应对措施。

(8) 管理层重视设计和实施健全的内部控制的相关证据,包括这些内部控制得以适当记录的证据。

(9) 业务交易量规模,以基于审计效率的考虑确定是否依赖内部控制。

(10) 对内部控制重要性的重视程度。

(11) 影响被审计单位经营的重大发展变化,包括信息技术和业务流程的变化,关键管理人员的变化,以及收购、兼并和分立。

(12) 重大的行业发展情况,如行业法规变化和新的报告规定。

(13) 会计准则及会计制度的变化。

(14) 其他重大变化,如影响被审计单位法律环境的变化。

在制定总体审计策略时,注册会计师还应考虑初步业务活动的结果,以及为被审计单位提供其他服务时所获得的经验。

4. 审计资源

注册会计师应当在总体审计策略中清楚地说明审计资源的规划和调配,包括确定执行审计业务所必需的审计资源的性质、时间和范围,具体如下:

(1) 向具体审计领域调配的资源,包括向高风险领域分派有适当经验的项目组成员,就复杂的问题利用专家工作等。

(2) 向具体审计领域分配资源的数量,包括安排重要存货存放地观察存货盘点的项目组成员的数量,对其他注册会计师工作的复核范围,对高风险领域安排的审计时间预算。

(3) 何时调配这些资源,包括是在期中审计阶段还是在关键的截止日期调配资源等。

(4) 如何管理、指导、监督这些资源的利用,包括预期何时召开项目组预备会和总结会,预期项目负责人和经理如何进行复核,是否需要实施项目质量控制复核等。

(二) 总体审计策略的内容

注册会计师应当制定总体审计策略,用以确定审计工作的范围、时间安排和方向,以及指导具体审计计划的制订。根据《中国注册会计师审计准则第1201号——计划审计工作》规定,

在制定总体审计策略时,注册会计师应当:

(1) 确定审计业务的特征,以界定审计范围。

(2) 明确审计业务的报告目标,以计划审计的时间安排和所需沟通的性质。

(3) 根据职业判断,考虑用以指导项目组工作方向的重要因素。

(4) 考虑初步业务活动的结果,并考虑项目合伙人对被审计单位执行其他业务时获得的经验是否与审计业务相关(如适用)。

(5) 确定执行业务所需资源的性质、时间安排和范围。

(三) 总体审计策略的编制

审计计划(包括总体审计策略和具体审计计划)一般由审计项目负责人编制,并以书面的形式将其记录于审计工作底稿之中。审计计划的记录不仅包括审计计划本身,还包括支持审计计划的有关书面证据和审计过程作出的任何重大变动。注册会计师对总体审计策略的记录,应当包括为恰当计划审计工作和向项目组传达重要事项而作出的关键决策。在总体审计策略中,风险评估以及重点审计领域的确定是一个重要的内容,注册会计师的评估过程必须以书面的形式记录下来。时间预算也是总体审计策略编制中的一项十分重要的内容。

二、具体审计计划

具体审计计划是依据总体审计策略制定的,是对实施总体审计策略所需要的审计程序的性质、时间安排和范围所作的详细规划与说明。

(一) 总体审计策略和具体审计计划之间的关系

制定总体审计策略和具体审计计划的过程紧密联系,并且两者的内容也紧密相关。注册会计师应当针对总体审计策略中所识别的不同事项,制定具体审计计划,并考虑通过有效利用审计资源以实现审计目标。值得注意的是,虽然制定总体审计策略的过程通常在具体审计计划之前,但是两项计划活动并不是孤立、不连续的过程,而是内在紧密联系的,对其中一项的决定可能会影响甚至改变对另一项的决定。例如,注册会计师在了解被审计单位及其环境的过程中,注意到被审计单位对主要业务的处理依赖复杂的自动化信息系统,因此计算机信息系统的可靠性及有效性对其经营、管理、决策以及编制可靠的财务报告具有重大影响。对此,注册会计师可能会在具体审计计划中制定相应的审计程序,并相应调整总体审计策略的内容,作出利用信息风险管理专家的工作的决定。

因此,注册会计师应当根据实施风险评估程序的结果,对总体审计策略的内容予以调整。在实务中,注册会计师将制定总体审计策略和具体审计计划相结合,可能会使计划审计工作更有效率,并且注册会计师也可以采用将总体审计策略和具体审计计划合并为一份审计计划文件的方式,以提高编制及复核工作的效率,增强其效果。

(二) 具体审计计划的内容

具体审计计划比总体审计策略更加详细,其内容包括为获取充分、适当的审计证据以将审计风险降至可接受的低水平,项目组成员拟实施的审计程序的性质、时间安排和范围。为获取充分、适当的审计证据,确定审计程序的性质、时间安排和范围的决策是具体审计计划的核心。具体审计计划应当包括风险评估程序、计划实施的进一步审计程序和其他审计程序。

1. 风险评估程序

按照《中国注册会计师审计准则第 1211 号——重大错报风险的识别和评估》的规定,具体审计计划应当包括为了足够识别和评估财务报表重大错报风险,注册会计师计划实施的风险评估程序的性质、时间安排和范围。

2. 计划实施的进一步审计程序

按照《中国注册会计师审计准则第1231号——针对评估的重大错报风险采取的应对措施》的规定,具体审计计划应当包括针对评估的认定层次的重大错报风险,注册会计师计划实施的进一步审计程序的性质、时间安排和范围。进一步审计程序包括控制测试和实质性程序。

需要强调的是,随着审计工作的推进,对审计程序的计划会一步步深入,并贯穿于整个审计过程。例如,计划风险评估程序通常在审计开始阶段进行,计划进一步审计程序则需要根据风险评估程序的结果进行。因此,为达到制定具体审计计划的要求,注册会计师需要完成风险评估程序,识别和评估重大错报风险,并针对评估的认定层次的重大错报风险,计划实施进一步审计程序的性质、时间和范围。

通常,注册会计师计划的进一步审计程序可以分为进一步审计程序的总体方案和拟实施的具体审计程序(包括进一步审计程序的具体性质、时间和范围)两个层次。进一步审计程序的总体方案主要是指注册会计师针对各类交易、账户余额和列报决定采用的总体方案(包括实质性方案或综合性方案)。具体审计程序则是对进一步审计程序的总体方案的延伸和细化,它通常包括控制测试和实质性程序的性质、时间安排和范围。在实务中,注册会计师通常单独编制一套包括这些具体程序的进一步审计程序表,待具体实施审计程序时,注册会计师将基于所计划的具体审计程序,进一步记录所实施的审计程序及结果,并最终形成有关进一步审计程序的审计工作底稿。

3. 计划其他审计程序

根据审计准则的规定,计划应当实施的其他审计程序可以包括上述进一步审计程序的计划中没有涵盖的、根据其他审计准则的要求注册会计师应当执行的既定程序。在审计计划阶段,除了按照《中国注册会计师审计准则第1211号——重大错报风险的识别和评估》的规定进行计划工作,注册会计师还需要兼顾其他准则中规定的、针对特定项目在审计计划阶段应执行的程序及记录要求。例如,《中国注册会计师审计准则第1141号——财务报表审计中与舞弊相关的责任》《中国注册会计师审计准则第1324号——持续经营》《中国注册会计师审计准则第1323号——关联方》等准则对注册会计师针对这些特定项目在审计计划阶段应当执行的程序及其记录作出了规定。当然,由于被审计单位所处行业、环境各不相同,特别项目可能也有所不同。例如,有些企业可能涉及环境事项等,在实务中注册会计师应根据被审计单位的具体情况确定特定项目并执行相应的审计程序。

(三)具体审计计划的编制

具体审计计划是依据总体审计策略而制定的,具体审计计划所采用的审计程序的性质、时间安排和范围取决于总体审计策略中的基本内容。具体审计计划的编制除了要考虑被审计单位及其环境,还应当考虑如下几个因素。

1. 总体审计策略中确定的重要会计问题及重点审计领域

因为这些重要会计问题及重点审计领域发生错误或舞弊的可能性往往较高,因而包含较高的审计风险。这就要求注册会计师对这些领域的审计必须格外仔细,即注册会计师必须在具体审计计划中考虑对这些问题和领域实施更加详尽的审计程序,扩大审计测试的范围,以降低审计风险。

2. 重要性水平

重要性是指被审计单位会计报表中错报或漏报的严重程度,这一程度在特定环境下可能影响会计报表使用者的判断或决策。重要性水平和审计风险存在反向变动关系,这种关系影响了具体审计计划采用的审计程序的性质、时间安排和范围。重要性水平越低,审计风险越高,应实施的审计程序就越详细;重要性水平越高,审计风险越低,应实施的审计程序就可以适当简化。

3. 时间安排和人员安排

对于一项特定的审计业务约定来说,会计师事务所的审计资源是有限的。审计资源的重要内容是时间和人员,不同审计程序花费的时间和人力成本是不同的。例如,在审计存货的存在性时,对于不是存放在经营场所的存货,会计师事务所有两个可供选择的方案:一是直接派出注册会计师进行实地检查;二是通过联系(如函证)这些存货的管理人员来证明。很显然,无论从时间还是从人力上,前者的成本都要高于后者。注册会计师在制定具体审计计划时,需要考虑这种成本效益原则,在给定两个或更多的审计组合的情况下,如果其中的每一个都可以满足特定的审计目标,注册会计师应该选取其中成本最低的审计程序。但需要强调的是,审计成本虽然是注册会计师在制定具体审计计划时应当考虑的因素,但审计成本不是一个可以省略某些重要审计程序的借口。

三、审计过程中对计划的更改

计划审计工作并非审计业务的一个孤立阶段,而是一个持续的、不断修正的过程,贯穿于整个审计业务的始终。由于未预期事项、条件的变化或在实施审计程序中获取的审计证据等原因,注册会计师应当在审计过程中对总体审计策略和具体审计计划作出必要的更新和修改。

审计过程是一个前后紧密衔接的过程,在通常情况下,前一阶段的工作结果是制订后一阶段工作计划的基础和依据,而前一阶段的工作毕竟是在当时了解到的情况下完成的,在后一阶段的工作过程中可能就会发现新的情况,这就需要对已制订的相关计划进行相应的更新和修改。这些更新和修改涉及比较重要的事项。例如,对重要性水平的修改,对某类交易、账户余额和列报的重大错报风险的评估和进一步审计程序(包括总体方案和拟实施的具体审计程序)的更新和修改等。

例如,A注册会计师接受B公司委托,审计其2020年度的财务报表,A注册会计师在完成初步业务活动后,开始制定总体审计策略和具体审计计划。A注册会计师通过对B公司存货相关控制的设计和实施的了解和评估,认为存货相关的控制设计合理并得以执行,并将其评价为低风险领域,计划执行控制测试。但在对存货执行控制测试时,发现存货盘点结果与账面数量差别较大,存货盘点人员并没有认真盘点。因此,A注册会计师决定将存货的风险从低风险调整为高风险,并据以修改具体审计计划,采用控制测试和实质性程序相结合的方法。

课堂结账测试

班级_____ 姓名_____ 学号_____ 日期_____ 平时分_____

一、单项选择题(每题 5 分,共计 25 分)

1. 注册会计师应当在审计业务开始时开展初步业务活动。下列各项中,不属于初步业务活动的是( )。
   A. 评价遵守相关职业道德要求的情况
   B. 针对保持客户关系和具体审计业务实施相应的质量控制程序
   C. 在执行首次审计业务时,查阅前任注册会计师的审计工作底稿
   D. 就审计业务约定条款与被审计单位达成一致意见

2. 注册会计师在确定财务报表整体的重要性时通常选定一个基准。下列各项中,在选择基准时不需要考虑的是( )。
   A. 被审计单位的所有权结构和融资方式
   B. 基准的相对波动性
   C. 被审计单位所处的生命周期阶段
   D. 基准的重大错报风险

3. 下列情形中,注册会计师通常采用较高的百分比确定实际执行的重要性的是( )。
   A. 以前期间的审计经验表明被审计单位的内部控制运行有效
   B. 注册会计师首次接受委托
   C. 被审计单位面临较大的市场竞争压力
   D. 被审计单位管理层能力欠缺

4. 审计风险取决于( )。
   A. 重大错报风险和检查风险   B. 重大错报风险
   C. 检查风险   D. 经营风险

5. 在审计风险的组成要素中,审计人员能够控制的是( )。
   A. 重大错报风险   B. 控制风险
   C. 检查风险   D. 抽样风险

二、多项选择题(每题 5 分,共 50 分)

1. 下列各项中,不属于注册会计师在制定具体审计计划时,应当考虑的有( )。
   A. 计划实施的风险评估程序的性质、时间和范围
   B. 计划与管理层和治理层沟通的日期
   C. 计划向高风险领域分派的项目组成员
   D. 计划召开项目组会议的时间

2. 下列各项中,属于注册会计师应当开展的初步业务活动的有(　　)。
   A. 针对接受或保持客户关系实施相应的质量控制程序
   B. 确定审计范围和项目组成员
   C. 就审计业务约定条款与被审计单位达成一致
   D. 评价遵守相关职业道德要求的情况
3. 下列各项中,注册会计师在确定明显微小错报的临界值时通常需要考虑的因素有(　　)。
   A. 以前年度审计中识别出的错报的数量和金额
   B. 财务报表使用者的经济决策受错报影响的程度
   C. 重大错报风险的评估结果
   D. 被审计单位的财务指标是否勉强达到监管机构的要求
4. 两个层次的重大错报风险包括(　　)。
   A. 财务报表层次　　　　　　　B. 认定层次
   C. 检查风险　　　　　　　　　D. 审计风险
5. 认定层次的重大错报风险可以细分为(　　)。
   A. 审计风险　　B. 固有风险　　C. 控制风险　　D. 检查风险

三、判断题(每题 5 分,共 25 分)

1. 计划审计工作是一个持续的、不断修正的过程,贯穿于整个审计业务的始终。(　　)
2. 重大错报风险与被审计单位的风险相关,且独立存在于财务报表的审计中。(　　)
3. 重要性概念是针对财务报表编制者的信息需求而言的。(　　)
4. 重要性与审计风险之间存在正向关系。(　　)
5. 金额相对较小的错报一定不会对财务报表产生重大影响。(　　)

第六章　风　险　评　估

知识导航

风险评估
- 风险评估的作用和程序
  - 风险评估的作用
  - 风险评估程序
- 了解被审计单位及其环境和适用的财务报告编制基础
  - 了解被审计单位的组织结构、所有权和治理结构、业务模式
  - 了解被审计单位的行业形势、法律环境、监管环境及其他外部因素
  - 了解被审计单位财务业绩的衡量标准
  - 了解被审计单位适用的财务报告编制基础、会计政策及变更会计政策的原因
- 了解被审计单位内部控制体系各要素
  - 内部控制的概念和目标
  - 内部控制的局限性
  - 了解被审计单位内部控制的要求
  - 内部控制的要素
  - 在整体层面了解内部控制
  - 在业务流程层面了解内部控制
  - 评估重大错报风险

学习目标

1. 了解风险评估的总体要求及风险评估程序。
2. 理解被审计单位及其环境的内容。
3. 熟悉被审计单位内部控制的要素。
4. 了解对重要交易流程的内部控制和记录方法。
5. 掌握识别和评估重大错报风险的方法。

寓德于教

网络风险安全

2021年10月1日,INTHEBLACK网站在线刊出Jana Schmitz撰写的文章"审计师如何评

估网络安全风险(How auditors can assess cyber security risks)"。文章开篇指出,随着生产和运营的数字化转型,企业受到网络攻击的脆弱性增加。网络安全风险会对一般信息技术(IT)控制和IT应用控制产生普遍影响,从而可能影响财务信息的完整性和可靠性,产生重大错报的风险,这需要外部审计师进行评估。为协助审计人员考虑网络安全风险的直接和间接影响,澳大利亚审计与鉴证标准委员会(AUASB)发布了《在审计财务报告时应考虑的网络安全风险》公告,提示了网络入侵会对财务报告产生的直接和间接影响。

资料来源:https://www.intheblack.com/articles/2021/10/01/how-auditors-can-assess-cyber-security-risks.

思考:
1. 审计过程中是否可以不执行风险评估程序?
2. 风险评估程序有哪些作用?

第一节 风险评估的作用和程序

随着环境的变化,尤其是20世纪60年代针对注册会计师职业界"诉讼爆炸"的发生,引发并推动了审计技术革命,审计模式已从最初的账项导向审计发展到现在的风险导向审计。风险导向审计的基本理念,就是审计的实施要以评估风险为切入点,把对审计风险的识别、评估和应对贯穿于整个审计过程,以将审计风险降低至可接受的水平,为经审计的财务报表不存在重大错报提供合理保证。可见,风险评估是现代审计的一项重要程序。

《中国注册会计师审计准则第1211号——重大错报风险的识别和评估》指出,注册会计师应当了解被审计单位及其环境(包括内部控制),以充分识别和评估财务报表重大错报风险,设计和实施进一步审计程序,该准则为注册会计师如何识别和评估财务报表重大错报风险提供了规范性的指导。

一、风险评估的作用

为了解被审计单位及其环境而实施的程序称为风险评估程序。注册会计师应当依据实施这些程序所获取的信息,以充分识别和评估财务报表重大错报风险,设计和实施进一步审计程序。了解被审计单位及其环境是必要程序,也为注册会计师在下列关键环节作出职业判断提供重要基础:

(1) 确定重要性水平,并随着审计工作的进程评估对重要性水平的判断是否仍然适当。
(2) 考虑会计政策的选择和运用是否恰当,以及财务报表的列报是否适当。
(3) 识别需要特别考虑的领域,包括关联方交易的合理性等。
(4) 确定实施分析程序时所使用的预期值。
(5) 设计和实施进一步审计程序,以将审计风险降至可接受的低水平。
(6) 评价所获取审计证据的充分性和适当性。

了解被审计单位及其环境是一个连续和动态的收集、更新与分析信息的过程,贯穿于整个审计过程的始终。判断对被审计单位及其环境了解的程度是否恰当,关键是看注册会计师对被审计单位及其环境的了解是否足以识别和评估财务报表的重大错报风险。如果了解被审计单位及其环境获得的信息足以识别和评估财务报表的重大错报风险,并设计和实施进一步审计程序,那么了解的程度就是恰当的。

二、风险评估程序

注册会计师为了了解被审计单位及其环境应当实施的风险评估程序主要包括询问被审计单位管理层和内部其他相关人员、分析程序、观察和检查、其他审计程序和信息来源。

(一)询问被审计单位管理层和内部其他相关人员

询问被审计单位管理层和内部其他相关人员是注册会计师了解被审计单位及其环境的一个重要的程序和重要信息来源。一般情况下,注册会计师可以考虑向管理层和财务负责人询问下列事项:

(1)管理层关注的主要问题,如新的竞争对手、主要客户和供应商的流失、新的税收法规的实施以及经营目标或战略的变化等。

(2)被审计单位的财务状况、最近的经营成果及现金流量。

(3)可能影响财务报告的交易和事项,或者目前发生的重大会计处理问题,如重大的购并事宜等。

(4)被审计单位发生的其他重要变化,如所有权结构、组织结构的变化,以及内部控制的变化等。

注册会计师通过询问管理层和对财务报告负有责任的人员可获取大部分信息,但为了更好地识别和评估风险,注册会计师还应当考虑询问内部审计人员、采购人员、生产人员、销售人员等其他人员,并考虑询问不同层次的员工,以便从不同的视角获取对识别重大错报风险有用的信息。

在确定所要获取的信息和选择询问对象时,注册会计师应当考虑被审计单位不同人员的层次及所掌握的信息,从有助于识别和评估重大错报风险的角度加以确定。一般而言,询问治理层,有助于注册会计师了解财务报表编制的环境;询问内部审计人员,有助于注册会计师了解被审计单位内部审计针对内部控制设计和运行的有效性所实施的工作,也可以了解管理层对内部审计发现的问题是否采取了适当的行动;询问参与生成、处理或记录复杂或异常交易的员工,有助于注册会计师评估被审计单位选择和运用某项会计政策的适当性;询问内部法律顾问,有助于注册会计师了解有关诉讼、法律法规的遵循情况、影响被审计单位的舞弊或涉嫌舞弊、产品保证和售后责任、与业务合作伙伴的关系(如合营企业),以及合同条款的含义;询问营销或销售人员,有助于注册会计师了解被审计单位的营销策略及其变化、销售趋势或与其客户的合同安排;询问采购人员和生产人员,有助于注册会计师了解被审计单位的原材料采购和产品生产等情况;询问仓库管理人员,有助于注册会计师了解原材料、产成品等存货的进出、保管和盘点等情况。

(二)分析程序

分析程序是指注册会计师通过研究不同财务数据之间以及财务数据与非财务数据之间的内在联系,并对发现的与其他相关信息不一致或与预期数据有严重偏离、较大波动和异常数据关系的调查和分析,对财务信息作出评价的程序。分析程序既可用作风险评估程序和实质性程序,也可用来对财务报表进行总体复核。注册会计师实施分析程序有助于识别异常的交易或事项以及对财务报表和审计产生影响的金额、比率和趋势,确定重点审计领域和事项,以较低的成本实现审计目标。

运用分析程序的一个基本前提是数据之间存在某种关系,并且有理由预计这些关系将继续存在。因此,在实施分析程序时,注册会计师应当预期各种数据之间可能存在的合理关系,并与被审计单位记录的金额、依据记录金额计算的比率或趋势相比较。分析程序也包括将公司财务报表的本期数与上期数、预算数以及同行业标准之间进行的比较。如果发现未预期到的关系或异常波动,注册会计师应当在识别重大错报风险时考虑这些发现。例如,毛利率是销售毛利与销售收入的比率,也体现了销售收入与销售成本之间的内在联系,如果本期的生产及销售情况没有重要变化,那么本期的毛利率与上期的毛利率也应大体相等;如果由于原材料价格上升导致产品成本大幅提高而毛利率却没有变化,说明销售成本的列报可能存在重大错报风险,应实施进一步程序加以核实。

如果使用了高度汇总的数据,实施分析程序的结果可能仅初步显示财务报表存在重大错报风险,注册会计师应当将分析结果连同识别重大错报风险时获取的其他信息一并考虑。也就是说,为了确定重大错报风险的真正来源,注册会计师应当针对数据汇总的每一来源实施更为详细的分析程序。

(三) 观察和检查

观察和检查程序可以印证对管理层和其他相关人员的询问结果,并可提供有关被审计单位及其环境的信息。注册会计师可实施的观察和检查程序包括以下五个方面:

(1) 观察被审计单位的生产经营活动。例如,通过观察被审计单位人员正在从事的生产活动和内部控制活动,可以增加注册会计师对被审计单位人员如何进行生产经营活动及实施内部控制的了解。

(2) 检查有关书面文件和记录。这里文件和记录包括被审计单位的章程,被审计单位与其他单位签订的合同、协议、股东会、董事会会议、高级管理层会议的会议记录或纪要,各业务流程操作指引和内部控制手册,各种会计资料、内部凭证和单据等。

(3) 阅读由管理层和治理层编制的报告。例如,阅读被审计单位年度和中期财务报告、管理层的讨论和分析资料、经营计划和战略、管理层和治理层对重要经营环节和外部因素的评价、内部管理报告以及其他特殊目的报告(如新投资项目的可行性分析报告)。

(4) 现场访问和实地察看被审计单位的生产经营场所和设备。通过现场访问和实地察看被审计单位的生产经营场所和设备,可以帮助注册会计师了解被审计单位的性质及其经营活动。

(5) 追踪交易在财务报告信息系统中的处理过程(穿行测试)。通过追踪某笔或某几笔交易在财务报告系统中如何生成、记录、处理和报告,以及相关内部控制如何执行,注册会计师可以确定被审计单位的交易流程和内部控制是否与之前通过其他程序所获得的了解一致,并确定内部控制是否得到执行。

(四) 其他审计程序和信息来源

1. 其他审计程序

如果根据职业判断认为从被审计单位外部获取的信息有助于识别重大错报风险,注册会计师应当实施其他审计程序以获取这些信息。例如,询问被审计单位聘请的外部法律顾问、专业评估师、投资顾问和财务顾问等;阅读外部的信息,如证券分析师、银行、评级机构出具的有关被审计单位及其所处行业的经济或市场环境等状况的报告,贸易与经济方面的杂志,法规或金融出版物,以及政府部门或民间组织发布的行业报告和统计数据等。

2. 其他信息来源

在承接新审计业务或保持既有审计业务的时候,注册会计师都会对被审计单位及其环境有一个初步的了解,以确定是否承接或续接该业务,因此,注册会计师在实施风险评估程序时应当考虑在这个过程中获取的信息,以及向被审计单位提供其他服务所获得的经验是否有助于识别重大错报风险。当然,对于连续审计业务,如果拟利用在以前期间获取的信息,注册会计师应当确定被审计单位及其环境是否已发生变化,以及该变化是否可能影响以前期间获取的信息在本期审计中的相关性。例如,注册会计师前期已经了解了内部控制的设计和执行情况,但被审计单位及其环境可能在本期发生变化,导致内部控制也发生相应变化。在这种情况下,注册会计师需要实施询问和其他适当的审计程序(如穿行测试),以确定该变化是否可能影响此类信息在本期审计中的相关性。

注册会计师还可以考虑通过向被审计单位提供其他服务(如执行中期财务报表审阅业务)所获得的经验是否有助于识别重大错报风险。

注册会计师一般会从相关行业状况和法律环境等外部因素、被审计单位的性质等六个方面了解被审计单位及其环境,注册会计师无需在了解每个方面时都实施以上所有的风险评估程序。但在了解被审计单位及其环境的整个过程中,注册会计师通常会综合实施上述风险评估程序。

第二节 了解被审计单位及其环境和适用的财务报告编制基础

按照《中国注册会计师审计准则第1211号——重大错报风险的识别和评估》的规定,注册会计师应当实施风险评估程序,以了解下列三个方面:

(1) 被审计单位及其环境。这包括:①组织结构、所有权和治理结构、业务模式(包括该业务模式利用信息技术的程度)。②行业形势、法律环境、监管环境和其他外部因素。③财务业绩的衡量标准,包括内部和外部使用的衡量标准。

(2) 适用的财务报告编制基础、会计政策以及变更会计政策的原因。基于对上述第①项和第②项的了解,被审计单位在按照适用的财务报告编制基础编制财务报表时,固有风险因素怎样影响各项认定易于发生错报的可能性以及影响的程度。

(3) 被审计单位内部控制体系各要素。

上述了解的各个方面可能会互相影响。例如,被审计单位的行业形势、法律环境、监管环境和其他外部因素可能影响到被审计单位的目标、战略以及相关经营风险,而被审计单位的性质、目标、战略以及相关经营风险可能影响到被审计单位对会计政策的选择和运用,以及内部控制的设计和执行。因此,注册会计师在对上述各个方面进行了解和评价时,应当考虑各因素之间的相互关系。

一、了解被审计单位的组织结构、所有权和治理结构、业务模式

(一) 组织结构

复杂的组织结构通常更有可能导致某些特定的重大错报风险。注册会计师应当了解被审计单位的组织结构,考虑复杂组织结构可能导致的重大错报风险,包括财务报表合并、商誉以

及长期股权投资核算等问题,以及财务报表是否已对这些问题作了充分披露。

(二) 所有权结构

注册会计师应当了解所有权结构以及所有者与其他人员或实体之间的关系,包括关联方,考虑关联方关系是否已经得到识别,以及关联方交易是否得到恰当会计处理。

注册会计师还应当了解所有者、治理层、管理层之间的区别。

(三) 治理结构

良好的治理结构可以对被审计单位的经营和财务运作以及财务报告实施有效的监督,从而降低财务报表发生重大错报的风险。注册会计师应当了解被审计单位的治理结构。注册会计师应当考虑治理层是否能够在独立于管理层的情况下对被审计单位事务包括财务报告作出客观判断。

(四) 业务模式

了解业务模式主要是为了了解和评价被审计单位经营风险可能对财务报表重大错报产生的影响。注册会计师了解被审计单位的目标、战略和业务模式有助于从战略层面和整体层面了解被审计单位,并了解被审计单位承担和面临的经营风险。由于多数经营风险最终都会产生财务后果,从而影响财务报表,了解影响财务报表的经营风险有助于注册会计师识别重大错报风险。

二、了解被审计单位的行业形势、法律环境、监管环境及其他外部因素

(一) 行业形势

了解行业形势有助于注册会计师识别与被审计单位所处行业有关的重大错报风险。被审计单位经营所处的行业可能由于其经营性质或监管程度导致产生特定的重大错报风险。注册会计师应当了解被审计单位的行业形势,主要包括以下内容:

(1) 所处行业的市场与竞争,包括市场需求、生产能力和价格竞争。
(2) 生产经营的季节性和周期性。
(3) 与被审计单位产品相关的生产技术发展。
(4) 能源供应与成本。

(二) 法律环境与监管环境

注册会计师应当了解被审计单位所处的法律环境与监管环境,主要包括以下内容:

(1) 适用的财务报告编制基础。
(2) 受管制行业的法规框架,包括披露要求。
(3) 对被审计单位经营活动产生重大影响的法律法规,如劳动法和相关法规。
(4) 税收相关法律法规。
(5) 目前对被审计单位开展经营活动产生影响的政府政策,如货币政策(包括外汇管制)、财政政策、财政刺激措施(如政府援助项目)、关税或贸易限制政策等。
(6) 影响行业和被审计单位经营活动的环保要求。

(三) 其他外部因素

注册会计师应当了解影响被审计单位的其他外部因素,主要包括总体经济情况、利率、融资的可获得性、通货膨胀水平或币值变动等。具体而言,注册会计师可能需要了解以下情况:

(1) 当前的宏观经济状况以及未来的发展趋势如何。

(2) 目前国内或本地区的经济状况(如增长率、通货膨胀率、失业率、利率等)怎样影响被审计单位的经营活动。

(3) 被审计单位的经营活动是否受到汇率波动或全球市场力量的影响。

(四)了解的重点和程度

注册会计师对上述外部因素了解的范围和程度,因被审计单位所处行业、规模以及其他因素(如市场地位)的不同而不同。注册会计师应当考虑被审计单位所在行业的性质或监管程度是否可能导致特定的重大错报风险,并考虑项目组是否配备了具有相关知识和经验的成员。

三、了解被审计单位财务业绩的衡量标准

被审计单位管理层经常会衡量和评价关键业绩指标(包括财务的和非财务的)完成情况、预算及差异分析报告、分部信息和分支机构、部门或其他层次的业绩报告以及与竞争对手的业绩比较信息等。通过询问管理层等程序,了解用于评价被审计单位财务业绩的衡量标准,有助于注册会计师考虑这些内部或外部的衡量标准,是否会导致被审计单位面临实现业绩目标的压力。这些压力可能促使管理层采取某些措施,从而增加易于发生由管理层偏向或舞弊导致的错报的可能性(如改善经营业绩或有意歪曲财务报表)。

(一)了解的主要方面

在了解被审计单位财务业绩衡量和评价情况时,注册会计师应当关注下列用于评价财务业绩的标准:

(1) 关键业绩指标(财务的或非财务的)、关键比率、趋势和经营统计数据。

(2) 同期财务业绩比较分析。

(3) 预算、预测、差异分析,分部信息与分部、部门或其他不同层次的业绩报告。

(4) 员工业绩考核与激励性报酬政策。

(5) 被审计单位与竞争对手的业绩比较。

(二)关注内部财务业绩衡量的结果

内部财务业绩衡量可能显示未预期到的结果或趋势。在这种情况下,管理层通常会进行调查并采取纠正措施。注册会计师应当关注被审计单位内部财务业绩衡量所显示的未预期到的结果或趋势、管理层的调查结果和纠正措施,以及相关信息是否显示财务报表可能存在重大错报。

(三)考虑财务业绩衡量指标的可靠性

如果注册会计师计划在审计中(如在实施分析程序时)利用财务业绩指标,应当考虑相关信息是否可靠,以及在实施审计程序时利用这些信息是否足以发现重大错报。

(四)对小型被审计单位的考虑

小型被审计单位通常没有正式的财务业绩衡量和评价程序,管理层往往依据某些关键指标,作为评价财务业绩和采取适当行动的基础,注册会计师应当了解管理层使用的关键指标。

四、了解被审计单位适用的财务报告编制基础、会计政策及变更会计政策的原因

注册会计师应当了解适用的财务报告编制基础、会计政策及变更会计政策的原因,并评价被审计单位的会计政策是否适当、是否与适用的财务报告编制基础一致。

(一) 了解时需要考虑的事项

在了解被审计单位适用的财务报告编制基础,以及如何根据被审计单位及其环境的性质和情况运用该编制基础时,注册会计师可能需要考虑的事项包括以下内容:

(1) 被审计单位与适用的财务报告编制基础相关的财务报告实务。

(2) 就被审计单位对会计政策的选择和运用(包括发生的变化以及变化的原因)获得的了解。

相关了解主要包括下列事项:

(1) 被审计单位用于确认、计量和列报(包括披露)重大和异常交易的方法。

(2) 在缺乏权威性标准或共识的争议或新兴领域采用重要会计政策产生的影响。

(3) 环境变化,如适用的财务报告编制基础的变化或税制改革可能导致被审计单位的会计政策变更。

(4) 新颁布的会计准则、法律法规,被审计单位采用的时间以及如何采用或遵守这些规定。

了解被审计单位及其环境,可能有助于注册会计师考虑被审计单位财务报告预期发生变化(如相比以前期间)的领域。

(二) 了解固有风险因素如何影响认定易于发生错报的可能性

了解被审计单位及其环境和适用的财务报告编制基础,有助于注册会计师识别可能导致各类交易、账户余额和披露的认定易于发生错报的固有风险因素。固有风险因素可能通过影响错报发生的可能性以及错报发生时其可能的重要程度,来影响认定易于发生错报的可能性。

了解固有风险因素也可以帮助注册会计师按照《中国注册会计师审计准则第1231号——针对评估的重大错报风险采取的应对措施》的规定设计和实施进一步审计程序。

与适用的财务报告编制基础要求的信息(以下简称所需信息)编制相关的固有风险因素,包括复杂性、主观性、变化、不确定性和由影响固有风险的管理层偏向或其他舞弊风险因素导致易于发生错报的其他因素。

某类交易、账户余额和披露由于其复杂性或主观性而导致易于发生错报的可能性,通常与其变化或不确定性的程度密切相关。

第三节 了解被审计单位内部控制体系各要素

一、内部控制的概念和目标

(一) 内部控制的概念

内部控制是被审计单位为了合理保证财务报告的可靠性、经营的效率和效果以及对法律法规的遵守,由治理层、管理层和其他人员设计和执行的政策和程序。

(二) 内部控制的目标

(1) 合理保证财务报告的可靠性。这一目标与管理层履行财务报告编制责任密切相关。

(2) 合理保证经营的效率和效果,即经济有效地使用企业资源,以最优方式实现企业目标。

(3) 合理保证在所有经营活动中遵守法律法规的要求,即在法律法规的框架下从事经营活动。

二、内部控制的局限性

(一)内部控制的固有局限性

被审计单位只能设计和实施能为公司财务报表的公允表达提供合理保证的内部控制,而不能提供绝对的保证。注册会计师在对内部控制进行审计时,应当保持应有的职业谨慎,充分关注内部控制的固有局限性:

(1) 在决策时人为判断可能出现错误和由于人为失误而导致的内部控制失效。

(2) 控制可能由于两个或更多的人员串通或管理层不当地凌驾于内部控制之上而被规避。例如,管理层可能与客户签订"背后协议",修改标准的销售合同条款和条件,从而导致不适当的收入确认。

此外,如果被审计单位内部行使控制职能的人员素质不适应岗位职责的要求,也会影响控制职能的正常发挥。被审计单位实施内部控制的成本效益问题也会影响其效能,当实施某项控制的控制成本大于控制效果而发生损失时,就没有必要设置控制环节或控制措施。内部控制一般都是针对经常而重复发生的业务而设置的,如果出现不经常发生或未预计到的业务,原有控制就可能不适用。

(二)对小型被审计单位的考虑

小型被审计单位拥有的员工通常较少,限制了其职责分离的程度。在小型被审计单位,由于内部控制系统较为简单,业主兼经理更有可能凌驾于控制之上,注册会计师在识别因舞弊导致的重大错报风险时需要考虑这一问题。

三、了解被审计单位内部控制的要求

(一)了解被审计单位内部控制的目标

(1) 财务报表审计的目标是对是否不存在重大错报发表审计意见,而不是对内部控制有效性发表审计意见。

(2) 目标注册会计师应当在所有审计项目中了解内部控制。

(3) 注册会计师需要了解和评价的只是与审计相关的内部控制,并非被审计单位所有的内部控制。

(4) 被审计单位通常有一些与内部控制目标相关但与审计无关的控制,注册会计师无须对其加以考虑。

(二)了解被审计单位内部控制的深度

(1) 对内部控制了解的深度,是指在了解被审计单位及其环境时对内部控制了解的程度,包括评价控制的设计,并确定其是否得到执行,但不包括对控制是否得到一贯执行的测试。

(2) 除非存在某些可以使控制得到一贯运行的自动化控制,否则注册会计师对控制的了解并不足以测试控制运行的有效性。

(三)风险评估程序

注册会计师通常实施下列风险评估程序,以获取有关控制的设计和控制得到执行的审计证据:

(1) 询问被审计单位的人员,但询问本身并不足以评价控制的设计以及确定其是否得到执行,注册会计师应当将询问与其他风险评估程序结合使用。

(2) 观察特定控制的运用。
(3) 检查文件和报告。
(4) 追踪交易在财务报告信息系统中的处理过程(穿行测试)。

四、内部控制的要素

内部控制的要素包括控制环境、风险评估过程、信息系统与沟通、控制活动和对控制的监督。

(一) 控制环境

控制环境包括治理职能和管理职能,以及治理层和管理层对内部控制及其重要性的态度、认识和措施。控制环境设定了被审计单位的内部控制基调,影响员工对内部控制的认识和态度。良好的控制环境是实施有效内部控制的基础。

1. 有关诚信和道德价值观念的沟通及其落实

有关诚信和道德价值观念的沟通与落实是控制环境的重要组成部分,它影响到重要业务流程的设计和运行。内部控制的有效性直接依赖于负责创建、管理和监控内部控制的人员的诚信和道德价值观念。被审计单位是否存在道德行为规范,以及这些规范如何在被审计单位内部得到沟通和落实,决定了是否能产生诚信和道德的行为。注册会计师在了解和评价诚信和道德价值观念的沟通与落实时,考虑的主要因素可能包括:①被审计单位是否有书面的行为规范并向所有员工传达。②被审计单位的企业文化是否强调诚信和道德价值观念的重要性。③管理层是否身体力行,高级管理人员是否起表率作用。④对违反有关政策和行为规范的情况,管理层是否采取适当的惩罚措施。

2. 对胜任能力的重视

胜任能力是指具备完成某一职位的工作所应有的知识和能力。管理层对胜任能力的重视包括对于特定工作所需的胜任能力水平的设定,以及达到该水平所必需的知识和能力的要求。注册会计师在就被审计单位对胜任能力的重视情况进行了解和评估时,考虑的主要因素可能包括:①财会人员以及信息管理人员是否具备与被审计单位业务性质和复杂程度相称的胜任能力和培训,在发生错误时,是否通过调整人员或系统来加以处理。②管理层是否配备足够的财会人员以适应业务发展和有关方面的需要。③财会人员是否具备理解和运用会计准则所需的技能。

3. 治理层的参与程度

被审计单位的控制环境在很大程度上受治理层的影响。治理层的职责应在被审计单位的章程和政策中予以规定。治理层(董事会)通常通过其自身的活动,并在审计委员会或类似机构的支持下,监督被审计单位的财务报告政策和程序。注册会计师在对被审计单位治理层的参与程度进行了解和评估时,考虑的主要因素可能包括:①董事会是否建立了审计委员会或类似机构。②董事会、审计委员会或类似机构是否与内部审计人员以及注册会计师有联系和沟通,联系和沟通的性质以及频率是否与被审计单位的规模和业务复杂程度相匹配。③董事会、审计委员会或类似机构的成员是否具备适当的经验和资历。④董事会、审计委员会或类似机构是否独立于管理层。⑤审计委员会或类似机构会议的数量和时间是否与被审计单位的规模和业务复杂程度相匹配。⑥董事会、审计委员会或类似机构是否充分地参与了监督编制财务报告的过程。⑦董事会、审计委员会或类似机构是否对经营风险的监控有足够的关注,进而影响被审计单位和管理层的风险评估过程。⑧董事会成员是否保持相对的稳定性。

4. 管理层的理念和经营风格

管理层负责企业的运作以及经营策略和程序的制定、执行和监督。控制环境的每个方面在很大程度上都受管理层采取的措施和作出决策的影响,或在某些情况下受管理层不采取某些措施或不作出某种决策的影响。在有效的控制环境中,管理层的理念和经营风格可以创造一个积极的氛围,促进业务流程和内部控制的有效运行,同时创造一个减少错报发生可能性的环境。

5. 组织结构及职权与责任的分配

被审计单位的组织结构为计划、运作、控制及监督经营活动提供了一个整体框架。通过集权和分权决策,可在不同部门间进行适当的职责划分、建立适当层次的报告体系。被审计单位的组织结构在一定程度上取决于被审计单位的规模和经营活动的性质。

被审计单位组织结构中应采用向个人或小组分配控制职责的方法,应建立执行特定职能(包括交易授权)的授权机制,确保每个人都清楚地了解报告关系和责任。

6. 人力资源政策与实务

政策与实务(包括内部控制)的有效性,通常取决于执行人。因此,被审计单位员工的能力与诚信是控制环境中不可缺少的因素。人力资源政策与实务涉及招聘、培训、考核和薪酬等方面。被审计单位是否有能力招聘并保留一定数量既有能力又有责任心的员工,在很大程度上取决于其人事政策与实务。例如,招聘录用标准要求录用最合适的员工,包括强调员工的学历、经验、诚信和道德,这表明被审计单位希望录用有能力并值得信赖的人员。

综上所述,注册会计师应当对控制环境的构成要素获取足够的了解,并考虑内部控制的实质及其综合效果,以了解管理层和治理层对内部控制及其重要性的态度、认识以及所采取的措施。

(二)风险评估过程

风险评估过程包括识别与财务报告相关的经营风险,以及针对这些风险所采取的措施。任何经济组织在经营活动中都会面临各种各样的风险,对其生存和竞争能力产生影响。很多风险并不为经济组织所控制,但管理层应当确定可以承受的风险水平,识别这些风险并采取一定的应对措施。

可能产生风险的事项和情形包括:①监管及经营环境的变化。②新员工加入。③新信息系统的使用或对原系统进行升级。④业务快速发展。⑤新技术。⑥新生产型号、产品和业务活动。⑦企业重组。⑧发展海外经营。⑨新的会计准则。

注册会计师应当了解被审计单位风险评估过程和结果。注册会计师应当确定管理层如何识别与财务报告相关的经营风险,如何估计该风险的重要性,如何评估风险发生的可能性,以及如何采取措施管理这些风险。如果被审计单位的风险评估过程符合其具体情况,了解被审计单位的风险评估过程和结果有助于注册会计师识别财务报表的重大错报风险。

注册会计师可以通过了解被审计单位及其环境的其他方面信息,评价被审计单位风险评估过程的有效性。例如,在了解被审计单位的业务情况时,发现了某些经营风险,注册会计师应当了解管理层是否也意识到这些风险以及如何应对。在审计过程中,注册会计师如果识别出管理层未能识别的重大错报风险,应当考虑被审计单位的风险评估过程为何没有识别这些风险,以及评估过程是否适合具体环境。

(三) 信息系统与沟通

信息系统与沟通是收集与交换被审计单位执行、管理和控制业务活动所需信息的过程，包括收集和提供信息（特别是履行内部控制岗位职责所需的信息）给适当人员，使之能够履行职责。信息系统与沟通的质量直接影响到管理层对经营活动作出正确决策和编制可靠的财务报告的能力。

与财务报告相关的信息系统，包括用以生成、记录、处理和报告交易、事项和情况，对相关资产、负债和所有者权益履行经营管理责任的程序和记录。注册会计师应当了解被审计单位与财务报告相关的信息系统，并应特别关注由于管理层凌驾于控制之上，或规避控制行为而产生的重大错报风险。

与财务报告相关的沟通包括使员工了解各自在与财务报告有关的内部控制方面的角色和职责，员工之间的工作关系，以及向适当级别的管理层报告例外事项的方式。注册会计师应了解被审计单位内部如何对财务报告的岗位职责以及与财务报告相关的重大事项进行沟通，注册会计师应当了解管理层与治理层之间的沟通，以及被审计单位与外部的沟通。

(四) 控制活动

控制活动是指有助于确保管理层的指令得以执行的政策和程序，包括与授权、业绩评价、信息处理、实物控制和职责分离等相关的活动。

1. 授权

授权包括一般授权和特别授权。授权的目的在于保证交易在管理层授权范围内进行。一般授权是指管理层制定的要求组织内部遵守的普遍适用于某类交易或活动的政策。特别授权是指管理层针对特定类别的交易或活动逐一设置的授权，如重大资本支出和股票发行等。特别授权也可能用于超过一般授权的常规交易，如同意因某些特别原因，对某个不符合信用条件的客户赊购商品。

2. 业绩评价

业绩评价主要包括被审计单位分析评价实际业绩与预算（或预测、前期业绩）的差异，综合分析财务数据与经营数据的内在关系，将内部数据与外部信息来源相比较，评价职能部门、分支机构或项目活动的业绩，以及对发现的异常差异或关系采取必要的调查与纠正措施。

3. 信息处理

信息处理控制分为两类，即信息技术的一般控制和应用控制。信息技术的一般控制是指与多个应用系统有关的政策和程序，有助于保证信息系统持续恰当地运行（包括信息的完整性和数据的安全性），支持应用控制作用的有效发挥，通常包括数据中心和网络运行的控制，系统软件的购置、开发及维护控制。信息技术的应用控制是指主要在业务流程层面运行的人工或自动化程序，与用于生成、记录、处理、报告交易或其他财务数据的程序相关，通常包括检查数据计算的准确性，审核账户和试算平衡表，设置对输入数据和数字序号的自动检查，以及对例外报告进行人工干预。

4. 实物控制

实物控制主要包括了解对资产和记录采取适当的安全保护措施，对访问计算机程序和数据文件设置授权，以及定期盘点并将盘点记录与会计记录相核对。例如，对库存现金、有价证券和存货的定期盘点控制都是为了保护财产的安全完整。

5. 职责分离

职责分离主要包括了解被审计单位如何将交易授权、交易记录以及资产保管等职责分配给不同员工,以防范同一员工在履行多项职责时可能发生的舞弊和错误。职责划分的内容既包括不相容职务在组织机构之间的分离,如企业的材料收发、产品制造、产品销售等应分别由供应、生产、销售部门分别管理,也包括不相容职务在组织机构内部的分离,如在财会部门内部差旅费的审批与报销职权的分离等。

注册会计师应当了解被审计单位有关的控制活动。在了解控制活动时,注册会计师应当重点考虑一项控制活动单独或连同其他控制活动,是否能够以及如何防止或发现并纠正各类交易、账户余额和披露存在的重大错报。注册会计师的工作重点是识别和了解针对重大错报可能发生的领域的控制活动。

(五)对控制的监督

对控制的监督是指被审计单位评价内部控制在一段时间内运行有效性的过程。对控制的监督涉及及时评估控制的有效性并采取必要的补救措施。例如,管理层对是否定期编制银行存款余额调节表进行复核,内部审计人员评价销售人员是否遵守公司关于销售合同条款的政策等。

注册会计师应当了解被审计单位对控制的持续监督活动和专门的评价活动。持续的监督活动通常贯穿于被审计单位的日常经营活动与常规管理工作中,被审计单位可能安排内部审计人员或具有类似职能的人员对内部控制的设计和执行进行专门的评价。

五、在整体层面了解内部控制

在整体层面对被审计单位内部控制的了解和评估,通常由项目组中对被审计单位情况比较了解且较有经验的成员负责,同时需要项目组其他成员的参与和配合。在了解内部控制的各要素时,注册会计师应当对被审计单位整体层面的内部控制的设计进行评价,并确定其是否得到执行。这一评价过程需要大量的职业判断,注册会计师应当考虑管理层本身的理念和态度,实际设计和执行的控制,以及对经营活动的密切参与是否能够实现控制的目标。财务报表层次的重大错报风险很可能源于薄弱的控制环境,因此,注册会计师在评估财务报表层次的重大错报风险时,应当将被审计单位整体层面的内部控制状况和了解到被审计单位及其环境等方面的情况结合起来考虑。

被审计单位整体层面的内部控制是否有效将直接影响重要业务流程层面控制的有效性,进而影响注册会计师拟实施的进一步审计程序的性质、时间和范围。

六、在业务流程层面了解内部控制

(一)确定重要业务流程和重要交易类别

在实务中,将被审计单位的整个经营活动划分为几个重要的业务循环,有助于注册会计师更有效地了解和评估重要业务流程及相关控制。通常,制造业企业的内部控制可以划分为下列五个循环:

(1)销售与收款循环。本循环包括向顾客收受订购单,核准购货方的信用,装运商品,开具销货发票,记录收益和应收账款,记录现金收入等程序。

(2)采购与付款循环。本循环包括购买存货、其他资产和劳务,发出订货单,检查所收货物和开具验收报告,记录应付销货方债务,核准付款,支付款项和记录现金支出等程序。

（3）生产与存货循环。本循环包括领取各种原材料及其他物料用品,交付生产,分摊费用,计算生产成本,核算销售成本等程序。

（4）人力资源与工薪循环。本循环包括雇用、辞退职工,制定最低工资标准,核算实际工时,计算应付职工薪酬,计算个人所得税和其他代扣款项,记录工薪卡,发放工资等程序。

（5）投资与筹资循环。本循环包括授权、核准、执行和记录有关银行贷款、融资租赁、应付公司债和股本、交易性金融资产、债权投资、长期股权投资业务等程序。

（二）了解重要交易流程并进行记录

在确定重要业务流程和重要交易类别后,注册会计师便可着手了解每一类重要交易的生成、记录、处理及在财务报表中报告的程序,即重要交易流程。

注册会计师可以通过下列方法获得对重要交易流程的了解：

（1）询问被审计单位的适当人员。

（2）观察所运用的处理方法和程序。

（3）检查被审计单位的手册和其他书面资料。

（4）追踪交易在财务报告信息系统中的处理过程（穿行测试）。

注册会计师在了解重要交易流程时,可以采用下列方法对业务流程进行记录。

1. 文字表述法

文字表述法是审计人员用文字叙述的方式描述被审计单位内部控制的方法。

文字表述法形式灵活,可以根据实际情况选择内容,能充分表达内部控制的一切特殊情况。但这种方法也有局限性,表现在调查和叙述内部控制的情况比较耗费时间,对业务环节多的企业,文字说明难免冗长,容易产生误解,记录时也容易发生遗漏,且不能快速地确定内部控制的薄弱点。因此,文字说明法只适用于业务简单的中小型企业。

2. 调查表法

调查表法是指审计人员通过事先设计好的有关内部控制的问题式调查表,了解被审计单位内部控制的方法。

采用这种方法时,审计人员可事先进行细致研究,将内部控制的关键控制点和主要控制程序编制成一定格式的调查表。调查表可印发多份,分发给有关被调查人填写,填写后统一收回并将问题归纳整理,以便进行分析研究。如果调查的问题比较单一,涉及面不广,亦可采用当面询问、随问随填的方式。

调查表法的优点包括：①调查范围明确,省时省力,可提高工作效率。②如果调查表设置得当,审计人员很容易了解企业内部控制的优势和弱点。③方法简便易行,非审计人员亦可使用。当然调查表法也有其局限性,如缺乏灵活性,所询问和回答的问题只限于表内所提出的问题,如果调查的问题设置不当,就不能全面而正确地反映内部控制的情况,而且遇到特殊情况时,往往会因为"不适用"一栏填得太多而失去意义。另外,若被调查人不认真填写,调查表法会流于形式,审计人员了解不到真实情况。

3. 流程图法

流程图法是利用图解形式来描述被审计单位的内部控制的方法。

流程图一般按主要经营环节绘制,如果将各主要经营环节的流程图合并起来,就构成比较完整的内部控制流程图。流程图的绘制应注意以下几点：

（1）在绘制流程图前，审计人员必须全面、详细地调查了解主要经营业务各环节的相互关系、凭证传递程序、各环节和各程序应负的责任等。

（2）必须事先确定图形符号，设计好图例说明，在目前尚无统一规定专用符号的情况下，可选用一般通用的符号。

（3）流程图的绘制一般有两种形式：一种是纵式流程图；另一种是横式流程图。如采用横式流程图，应将业务部门放在上端，业务流程从左上角开始自左至右、从上到下绘制，线条、符号之间的关系要表示清楚，要特别注意业务交叉线的绘制，防止紊乱；另外，还要考虑所有流程图的合并问题，要将业务之间的勾稽关系说明清楚。

流程图法的优点是形象直观，能够清晰地表示各项经济业务的处理程序和内部控制情况，并展示各步骤之间的关系，便于进行评价；在定期审计的情况下，只要将被审计单位以前的流程图按照业务的变化情况对有关线条或符号稍加修改，就可以得到新的流程图。流程图法的缺点在于绘制流程图需要掌握一定的技术，如果绘图技术不过关，绘出的流程图不能清楚、准确地反映被审计单位的内部控制，就会影响审计工作的质量；此外，流程图法也不如调查表法那样容易确定内部控制的薄弱环节。

注册会计师评审内部控制时，上述三种方法可以针对性地选用，或者将三种方法相互结合运用，以便收到更好的评审效果。

（三）初步评价和风险评估

1. 对控制的初步评价

在识别和了解控制后，根据获取的审计证据，注册会计师需要评价控制设计的合理性并确定其是否得到执行。注册会计师对控制的评价结论可能是以下三种情况之一：

（1）所设计的控制单独或连同其他控制能够防止或发现并纠正重大错报，并得到执行。

（2）控制本身的设计是合理的，但没有得到执行。

（3）控制本身的设计就是无效的或缺乏必要的控制。

2. 风险评估需要考虑的因素

（1）账户特征及已识别的重大错报风险。如果已识别的重大错报风险水平为高，相关的控制应有较高的敏感度，即在错报率较低的情况下也能防止或发现并纠正错报。相反，如果已发现的重大错报风险水平为低，相关的控制就无须具有较高的敏感度。

（2）对被审计单位整体层面控制的评价。注册会计师应将对整体层面获得的了解和结论，同在业务流程层面获得的有关重大交易流程及其控制的证据结合起来考虑。

3. 评价决策

在对控制进行初步评价及风险评估后，注册会计师需要回答以下问题：

（1）控制本身的设计是否合理。注册会计师需要根据上述的考虑因素判断，如果识别的控制设计合理，该控制在重要业务流程中单独或连同其他控制能否有效地实现特定的控制目标。

（2）控制是否得到执行。如果设计合理的控制没有得到执行，该控制也不会发挥应有的作用。

（3）是否更多地信赖控制并拟实施控制测试。如果认为被审计单位控制设计合理并得到执行，能够有效防止或发现并纠正重大错报，注册会计师通常可以信赖这些控制，减少拟实施的实质性程序。如果拟更多地信赖这些控制，需要确信所信赖的控制在整个拟信赖期间都有效地发挥了作用,即注册会计师应对这些控制在该期间内是否得到一贯运行进行测试。如果控制测试的结果进一步证实内部控制是有效的,注册会计师可以认为相关账户及认定发生重大错报的可能性较低,对相关账户及认定实施实质性程序的范围也将缩小。

有时,注册会计师认为被审计单位控制设计不合理,不能实现控制目标,或者尽管控制设计合理但没有得到执行。在这种情况下,注册会计师不需要测试控制运行的有效性,而直接实施实质性程序。但在评估相应的重大错报风险时,需要考虑其对财务报表及其审计的影响。

七、评估重大错报风险

(一)评估重大错报风险的审计程序

(1) 在了解被审计单位及其环境的整个过程中,结合对财务报表中各类交易、账户余额和披露的考虑,识别风险。例如,被审计单位因相关环境法规的实施需要更新设备,可能面临原有设备闲置或贬值的风险;宏观经济的低迷可能预示应收账款的回收存在问题。

(2) 结合对拟测试的相关控制的考虑,将识别出的风险与认定层次可能发生错报的领域相联系。例如,销售困难使产品的市场价格下降,可能导致年末存货成本高于其可变现净值而需要计提存货跌价准备,这显示存货的计价认定可能发生错报。

(3) 评估识别出的风险,并评价其是否更广泛地与财务报表整体相关,进而潜在地影响多项认定。

(4) 考虑发生错报的可能性,以及潜在错报的重大程度是否足以导致重大错报。

注册会计师应当利用实施风险评估程序获取的信息,包括在评价控制设计和确定其是否得到执行时获取的审计证据,作为支持风险评估结果的审计证据。注册会计师应当根据风险评估结果,确定实施进一步审计程序的性质、时间安排和范围。

(二)识别两个层次的重大错报风险

在对重大错报风险进行识别和评估后,注册会计师应当确定,识别的重大错报风险是与特定的某类交易、账户余额、列报的认定相关,还是与财务报表整体广泛相关。例如,被审计单位存在复杂的联营或合资,表明长期股权投资账户的认定可能存在重大错报风险,进而影响多项认定;又如,管理层缺乏诚信或承受异常的压力可能引发舞弊风险,这些风险与财务报表整体相关。

课堂结账测试

班级_____ 姓名_____ 学号_____ 日期_____ 平时分_____

一、单项选择题(每题 5 分,共计 25 分)

1. 被审计单位及其环境一般在下列( )时间段内进行。
   A. 在承接客户和续约时
   B. 在进行审计计划时
   C. 贯穿于整个审计过程的始终
   D. 在进行期中审计时

2. 注册会计师在执行财务报表审计时,应先了解被审计单位及其环境,以识别和评估( )。
   A. 可接受的检查风险
   B. 审计风险水平
   C. 控制风险水平
   D. 财务报表层次重大错报风险

3. 下列各项中,与公司财务报表层次重大错报风险评估最相关的是( )。
   A. 公司控制环境薄弱
   B. 公司持有大量高价值且易被偷盗的资产
   C. 公司应收账款周转率呈明显下降趋势
   D. 公司的生产成本计算过程相当复杂

4. 诚信和道德价值观念是( )的重要组成部分。
   A. 控制环境
   B. 控制活动
   C. 信息系统与沟通
   D. 对控制的监督

5. 下列说法中,不正确的是( )。
   A. 内部控制只能为财务报表的可靠性提供合理的保证,而非绝对的保证
   B. 在了解被审计单位的内部控制时,只需关注控制的设计
   C. 实质性程序包括细节测试和实质性分析程序
   D. 在某些情况下,仅通过实施实质性程序不能获取充分、适当的审计证据

二、判断题(每题 5 分,共 25 分)

1. 内部控制的要素包括控制环境、风险评估过程、信息系统与沟通、控制活动、控制测试和对控制的监督。 ( )

2. 为了解被审计单位及其环境而实施的程序称为"风险评估程序"。注册会计师应当依据实施这些程序所获取的信息,评估重大错报风险。 ( )

3. 企业设计和实施各项内部控制的责任主体是管理层、注册会计师和其他人员,组织中的每个人都对内部控制负有责任。 ( )

4. 在进行风险评估时,注册会计师实施的风险评估程序主要包括询问被审计单位管理层和内部其他相关人员、分析程序、观察和检查、其他审计程序和信息来源。（   ）

5. 注册会计师无需了解被审计单位的所有内部控制,只需了解与审计相关的内部控制。（   ）

三、业务题(第 1 小题 20 分,第 2 小题 30 分,共 50 分)

1. 注册会计师孙婷是 A 公司 2023 年度财务报表审计业务的负责人。在制订具体审计计划时,孙婷需要了解 A 公司的内部控制,以评估重大错报风险。相关情况如下:

   (1) 在了解保护原材料安全完整的内部控制后,孙婷没有了解 A 公司管理层重点推荐的防止浪费原材料的内部控制。

   (2) 了解到 A 公司赊销审批环节的内部控制存在重大设计缺陷后,孙婷决定不对该环节实施穿行测试。

   (3) 为了解 A 公司业务流程层面的检查性控制,孙婷按职员级别从低到高的顺序向若干不同级别的职员进行了询问。

   (4) 孙婷认为 A 公司的控制设计不合理,决定不再对控制运行的有效性进行测试。

   要求:针对上述材料,逐一判断注册会计师孙婷在了解内部控制、评估重大错报风险时是否存在不当之处,予以指出,并简要说明理由、提出改进建议。

2. B 公司从事电子产品的生产和销售,主要原材料均在国内采购,产品主要自营出口到法国。注册会计师郑峰和王明负责审计 B 公司 2023 年度财务报表。郑峰和王明在审计工作底稿中记录了所了解的 B 公司情况及其环境,部分内容摘录如下:

   (1) 2023 年年初至 2023 年 8 月,B 公司主要原材料采购价格基本稳定。2023 年 9 月至 10 月,主要原材料价格平均下跌了约 3%。B 公司预计主要原材料在 2023 年年底前很可能止跌回升,因此在 2023 年 9 月至 10 月进行大量采购,以满足 2024 年 2 月底前的生产需求,但 2023 年 10 月之后,相关原材料市场价格实际上继续下跌。

   (2) 2023 年 12 月,B 公司决定淘汰一批账面价值为 68 万元的旧检验设备,并与受让方签订了不可撤销的转让协议,转让价格为 16 万元。2024 年 1 月,B 公司向受让方移交该批检验设备,并收讫转让款。

   (3) 根据 B 公司与 W 银行签订的贷款框架协议,W 银行自 2023 年 1 月至 2024 年 1 月向 B 公司提供累计金额不超过 2 亿元的流动资金贷款额度。2024 年 1 月 W 银行终止与 B 公司的贷款协议。B 公司正在寻求维持日常经营活动所需的资金来源,但尚未取得实质性进展。

   要求:针对上述资料,逐项指出资料所列事项是否可能表明存在重大错报风险。如果认为存在,请简要说明理由,并说明该风险是属于财务报表层次,还是认定层次。

第七章　风险应对

知识导航

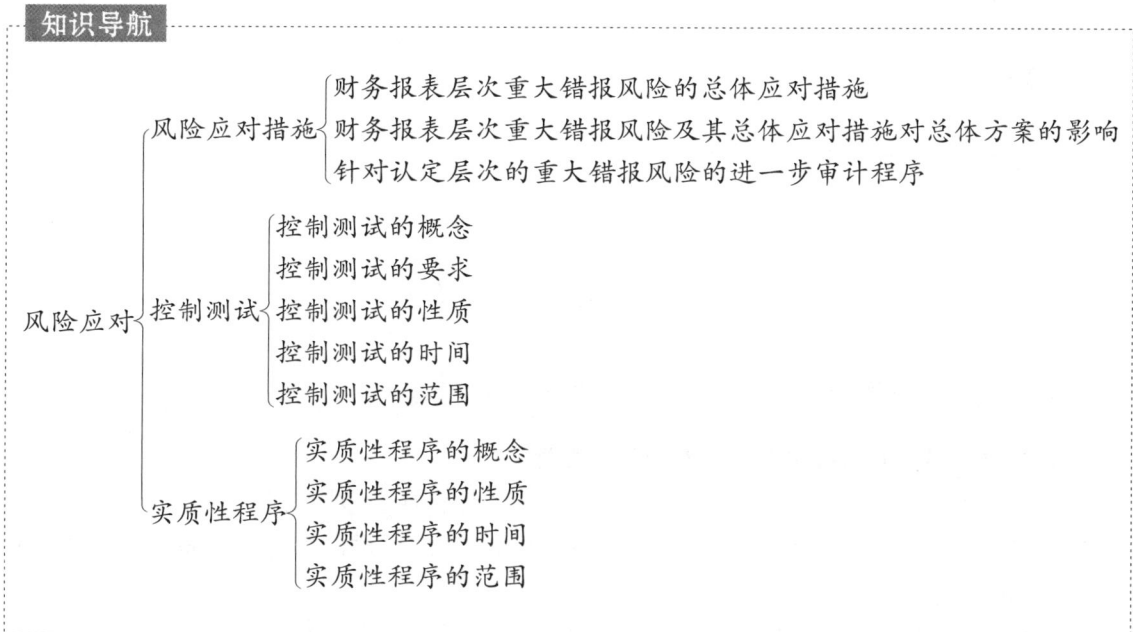

学习目标

1. 了解针对评估的财务报表层次重大错报风险应采取的总体应对措施。
2. 理解针对评估的认定层次重大错报风险制定进一步审计程序时应考虑的因素。
3. 理解风险评估程序、控制测试、实质性程序之间的关系。
4. 熟悉控制测试和实质性程序。

寓德于教

大数据背景下的审计手段

在大数据时代背景下，使用技术改变审计服务交付方式，将重复和低价值的工作标准化并将其进一步运用新兴技术实现自动化是提升审计质量和效率的必经之路。传统的人工审计方法，已经难以应对纷繁复杂的企业数据。海量数据的获取、整理、检查、分析牵扯了审计师大部分的精力，必然造成审计效率低下，审计成本高居不下。借助新兴技术手段，审计师可以在有限的时间里将更多的精力放在更有价值的风险评估、数据分析和专业判断上，真正做到风险导向和价值提升。数字化审计解决了被审计单位规模大、系统复杂、数据量大、审计和配合审计工作量大等难题的同时，也固化沉淀了各个行业的审计经验，是知识和经验持续积累的过程，拓展了审计分析的广度和深度,提升了审计质量,更好地防范风险。

数据专家的工作首先将审计数据充分数字化、电子化、无纸化,并通过数字化手段打通财务系统与审计系统的连接,使得审计数据可以实现系统层面的可查、可分析、可追溯,将传统的审计资料转变为可以度量的数字、数据并通过信息化手段进行统一处理。有了数据专家的支持,审计团队就被充分赋能,增强了对企业财务和非财务信息的透视能力,提高了风险防范手段,有效地提高了审计质量。

资料来源:https://mp.weixin.qq.com/s/WgQb_Khsl_4qFXs5p-dsQQ。

思考:
1. 进一步审计程序有哪两种方案?
2. 实质性程序有哪些类型?

第一节 风险应对措施

一、财务报表层次重大错报风险的总体应对措施

1. 向项目组强调保持职业怀疑态度的必要性

职业怀疑态度是指注册会计师以质疑的思维方式评价所获取审计证据的有效性,并对相互矛盾的审计证据,以及引起对文件记录或管理层和治理层提供的信息的可靠性产生怀疑的审计证据保持警觉。

2. 分派更有经验或具有特殊技能的审计人员,或利用专家的工作

由于各行业在经营业务、经营风险、财务报告、法规要求等方面具有特殊性,审计人员的专业分工细化成为一种趋势。审计项目组成员中应有一定比例的人员曾经参与过被审计单位以前年度的审计,或具有被审计单位所处特定行业的相关审计经验。必要时,要考虑利用信息技术、税务、评估、精算等方面的专家的工作。

3. 提供更多的督导

对于财务报表层次重大错报风险较高的审计项目,项目组的高级别成员,如项目负责人、项目经理等经验较丰富的人员,要对其他成员提供更详细、更经常、更及时的指导和监督,并加强项目质量复核。

4. 注意增加进一步审计程序的不可预见性

被审计单位人员,尤其是管理层,如果熟悉注册会计师的审计套路,就可能采取种种规避手段,掩盖财务报告中的舞弊行为。因此,在设计拟实施审计程序的性质、时间和范围时,为避免既定思维对审计方案的限制,避免对审计效果的人为干涉,从而使得针对重大错报风险的进一步审计程序更加有效,注册会计师要考虑使某些程序不被审计单位管理层所预见或事先了解,如表7-1所示。

在实务中,注册会计师可以通过以下方式提高审计程序的不可预见性:

(1) 对某些未测试过的低于设定的重要性水平或风险较小的账户余额和认定实施实质性程序。

(2) 调整实施审计程序的时间，使被审计单位不可预期。
(3) 采取不同的审计抽样方法，使当期抽取的测试样本与以前有所不同。
(4) 选取不同的地点实施审计程序，或预先不告知被审计单位所选定的测试地点。

表 7-1　　　　　　　　　　　审计程序的不可预见性示例

审计领域	一些可能适用的具有不可预见性的审计程序
存货	向以前审计过程中接触不多的被审计单位员工询问，如采购、销售、生产人员等
	在不事先通知被审计单位的情况下，选择一些以前未曾到过的盘点地点进行存货监盘
销售和应收账款	向以前审计过程中接触不多或未曾接触过的被审计单位员工询问，如负责处理大客户账户的销售部人员
	改变实施实质性分析程序的对象，如对收入按细类进行分析
	针对销售和销售退回延长截止测试期间
	实施以前未曾考虑过的审计程序，例如： (1) 函证确认销售条款或者选定销售额较不重要、以前未曾关注的销售交易，如对出口销售实施实质性程序 (2) 实施更细致的分析程序，如使用计算机辅助审计技术复核销售及客户账户 (3) 测试以前未曾函证过的账户余额，如金额为负或是零的账户，或者余额低于以前设定的重要性水平的账户 (4) 改变函证日期，即把所函证账户的截止日期提前或者推迟 (5) 对关联公司销售和相关账户余额，除了进行函证，再实施其他审计程序进行验证
采购和应付账款	如果以前未曾对应付账款余额普遍进行函证，可考虑直接向所有供应商函证确认余额。如果经常采用函证方式，可考虑改变函证的范围或者时间
	对以前由于低于设定的重要性水平而未曾测试过的采购项目，进行细节测试
	使用计算机辅助审计技术审阅采购和付款账户，以发现一些特殊项目，如是否有不同的供应商使用相同的银行账户
现金和银行存款	多选几个月的银行存款余额调节表进行测试
	对有大量银行账户的，考虑改变抽样方法
固定资产	对以前由于公共开支设定的重要性水平而未曾测试过的国有资产进行测试，如考虑实地盘查一些价值较低的固定资产，如汽车和其他设备等
集团审计项目	修改分支机构审计工作范围或者区域（如增加某些较次要分支机构的审计工作量，或实地去分支机构开展审计工作）

5. 对拟实施审计程序的性质、时间和范围作出总体修改

财务报表层次的重大错报风险很可能源于薄弱的环境控制。薄弱的环境控制带来的风险可能对财务报表产生广泛影响，难以限于某类交易、账户余额、列报，注册会计师应当采取总体应对措施。相应地，注册会计师对控制环境的了解影响其对财务报表层次重大错报风险的评估。有效的环境控制可以使注册会计师增强对内部控制和被审计单位内部产生的证据的信赖程度。如果环境控制存在缺陷，注册会计师在对拟实施审计程序的性质、时间和范围作出总体修改时应当考虑：

(1) 在期末而非期中实施更多的审计程序。环境控制的缺陷通常会削弱期中获得的审计证据的可信赖程度。

(2) 主要依赖实质性程序获取审计证据。良好的环境控制是其他控制要素发挥作用的基础。环境控制存在缺陷通常会削弱其他控制要素的作用，导致注册会计师可能无法信赖内部控制，而主要依赖实施实质性程序获取审计证据。

(3) 增加拟纳入审计范围的经营地点的数量。

二、财务报表层次重大错报风险及其总体应对措施对总体方案的影响

财务报表层次重大错报风险难以限于某类交易、账户余额、列报的特点，意味着此类风险可能对财务报表的多项认定产生广泛影响，并相应增加注册会计师对认定层次重大错报风险的评估难度。因此，注册会计师评估的财务报表层次重大错报风险以及采取的总体应对措施，对拟实施的进一步审计程序的总体审计方案具有重大影响。进一步审计程序包括控制测试和实质性程序，而实质性程序又包括细节测试和实质性分析程序。

注册会计师针对认定层次重大错报风险拟实施的进一步审计程序的总体审计方案包括实质性方案和综合性方案。实质性方案是指注册会计师实施的进一步审计程序以实质性程序为主；综合性方案是指注册会计师在实施进一步审计程序时，将控制测试与实质性程序结合使用。当评估的财务报表层次重大错报风险属于高风险水平（并相应采取更强调审计程序不可预见性，重视调整审计程序的性质、时间和范围等的总体应对措施）时，拟实施的进一步审计程序的总体审计方案往往更倾向于实质性方案。反之，则采用综合性方案。

三、针对认定层次的重大错报风险的进一步审计程序

（一）进一步审计程序的概念和要求

1. 进一步审计程序的概念

进一步审计程序是相对风险评估程序而言的，是指注册会计师针对评估的各类交易、账户余额、列报认定层次重大错报风险实施的审计程序，包括控制测试和实质性程序。实质性程序包括对各类交易、账户余额、列报的细节测试和实质性分析程序。进一步审计程序是获取审计证据的重要手段，注册会计师应当考虑进一步审计程序的性质、时间和范围，有效地获取充分、适当的审计证据。

2. 进一步审计程序的设计

在设计进一步审计程序时，注册会计师应当考虑下列因素：

(1) 风险的重要性。风险的重要性是指风险造成的后果的严重程度。风险的后果越严重，就越需要注册会计师关注和重视，越需要精心设计有针对性的进一步审计程序。

(2) 重大错报发生的可能性。重大错报发生的可能性越大，同样越需要注册会计师精心设计进一步审计程序。

(3) 涉及的各类交易、账户余额和列报的特征。不同的交易、账户余额和列报，产生的认定层次重大错报风险也会存在差异，适用的审计程序也有差别，需要注册会计师区别对待，并设计有针对性的进一步审计程序予以应对。

(4) 被审计单位采用的特定控制的性质。不同性质的控制（尤其应区分是人工控制还是自动化控制）对注册会计师设计进一步的审计程序具有重要影响。

(5) 注册会计师是否拟获取审计证据，以确定内部控制在防止或发现并纠正重大错报方

面的有效性。如果注册会计师在风险评估时预期内部控制运行有效,随后拟实施的进一步审计程序必须包括控制测试,且实质性程序自然会受到之前控制测试结果的影响。

3. 进一步审计程序总体方案的选择

注册会计师对认定层次重大错报风险的评估为确定进一步审计程序的总体方案奠定了基础。注册会计师应当根据对认定层次重大错报风险的评估结果,恰当地选用实质性方案或综合性方案。通常情况下,注册会计师出于成本效益的考虑可以采用综合性方案设计进一步审计程序,即将控制测试与实质性程序结合使用。但在某些情况下,如仅通过实质性程序无法应对重大错报风险,则注册会计师必须通过实施控制测试,才可能有效应对评估的某一认定的重大错报风险;在另一些情况下,注册会计师可能认为仅实施实质性程序是适当的。例如,注册会计师的风险评估程序未能识别出与认定相关的任何控制,或注册会计师认为控制测试很可能不符合成本效益原则。

无论选择何种方案,注册会计师都应当对所有重大的各类交易、账户余额、列报设计和实施实质性程序。

此外,小型被审计单位可能不存在能够被注册会计师识别的控制活动,注册会计师实施的进一步审计程序可能主要是实质性程序。在缺乏控制的情况下,注册会计师应当考虑仅通过实施实质性程序是否能够获取充分、适当的审计证据。

(二)进一步审计程序的性质

进一步审计程序的性质是指进一步审计程序的目的和类型。其中,进一步审计程序的目的包括通过实施控制测试以确定内部控制运行的有效性,通过实施实质性程序以发现认定层次的重大错报。

在确定进一步审计程序的性质时,注册会计师需要考虑的因素主要包括:

(1) 认定层次重大错报风险的评估结果。这是注册会计师首先需要考虑的因素。评估的认定层次重大错报风险越高,对通过实质性程序获取的审计证据的相关性和可靠性的要求越高,从而可能影响进一步审计程序的类型及其综合运用。例如,当注册会计师判断某类交易协议的完整性存在更高的重大错报风险时,除了检查文件以外,注册会计师还可能决定向第三方询问或函证协议条款的完整性。

(2) 评估的认定层次重大错报风险产生的原因。除了从总体上把握认定层次重大错报风险的评估结果对选择进一步审计程序的影响,在确定拟实施的审计程序时,注册会计师接下来应当考虑评估的认定层次重大错报风险产生的原因,包括考虑各类交易、账户余额、列报的具体特征以及内部控制。例如,注册会计师可能判断某特定类别的交易即使在不存在相关控制的情况下发生重大错报的风险仍较低,此时注册会计师可能认为仅实施实质性程序就可以获取充分、适当的审计证据。又如,对于经由被审计单位信息系统日常处理和控制的某类交易,如果注册会计师预期此类交易在内部控制运行有效的情况下发生重大错报的风险较低,且拟在控制运行有效的基础上设计实质性程序,注册会计师就会决定先实施控制测试。需要说明的是,如果在实施进一步审计程序时拟利用被审计单位信息系统生成的信息,注册会计师应当就信息的准确性和完整性获取审计证据。例如,注册会计师在实施实质性分析程序时,使用了被审计单位生成的非财务信息或预算数据。注册会计师应当获取关于这些信息的准确性和完整性的审计证据。

（三）进一步审计程序的时间

进一步审计程序的时间是指注册会计师何时实施进一步审计程序，或审计证据适用的期间或时点。

因此，有关进一步审计程序的时间的选择问题，第一个层面是注册会计师选择在何时实施进一步审计程序的问题；第二个层面是选择获取什么期间或时点的审计证据的问题。第一个层面的选择问题主要集中在如何权衡期中与期末实施审计程序的关系；第二个层面的选择问题分别集中在如何权衡期中审计证据与期末审计证据的关系，如何权衡以前审计获取的审计证据和本期审计获取的审计证据的关系。这两个层面的最终落脚点都是如何确保获取审计证据的效率和效果。

注册会计师可以在期中或期末实施控制测试或实质性程序。在进行选择时，一项基本的考虑因素应当是注册会计师评估的重大错报风险。当重大错报风险较高时，注册会计师应当考虑在期末或接近期末实施实质性程序，或采用不通知的方式，或在管理层不能预见的时间实施审计程序。另外，注册会计师在确定何时实施审计程序时还应当考虑以下几项重要因素：

（1）控制环境。良好的控制环境可以抵消在期中实施进一步审计程序的局限性，使注册会计师在确定实施进一步审计程序的时间时有更大的灵活度。

（2）何时能得到相关信息。例如，某些控制活动可能仅在期中（或期中以前）发生，而之后可能难以再被观察到。在这种情况下，注册会计师如果希望获取相关信息，则需要考虑能够获取相关信息的时间。

（3）错报风险的性质。例如，被审计单位可能为了保证盈利目标的实现，而在会计期末以后伪造销售合同以虚增收入，此时注册会计师需要考虑在期末（即财务报表日）这个特定时点获取被审计单位截至期末所能提供的所有销售合同及相关资料，以防范被审计单位在财务报表日后伪造销售合同虚增收入的做法。

（4）审计证据适用的期间或时点。注册会计师应当根据需要获取的特定审计证据确定何时实施进一步审计程序。例如，为了获取财务报表日的存货余额证据，显然不宜在与财务报表日间隔过长的期中时点或期末以后时点实施存货监盘等相关审计程序。

（四）进一步审计程序的范围

进一步审计程序的范围是指实施进一步审计程序的数量，包括抽取的样本量，对某项控制活动的观察次数等。

在确定审计程序的范围时，注册会计师应当考虑下列因素：

（1）确定的重要性水平。确定的重要性水平越低，注册会计师实施进一步审计程序的范围越广。

（2）评估的重大错报风险。评估的重大错报风险越高，对拟获取审计证据的相关性、可靠性的要求越高，因此注册会计师实施的进一步审计程序的范围也越广。

（3）计划获取的保证程度。注册会计师计划通过所实施的审计程序对测试结果可靠性所获取的信心。计划获取的保证程度越高，对测试结果可靠性要求越高，注册会计师实施的进一步审计程序的范围越广。

鉴于进一步审计程序的范围往往是通过一定的抽样方法加以确定的,因此,注册会计师需要慎重考虑抽样过程对审计程序范围的影响是否能够有效实现审计目的。注册会计师使用恰当的抽样方法通常可以得出有效结论。但如果出现注册会计师从总体中选择的样本量过小,或者选择的抽样方法对实现特定目标不适当,或者未对发现的例外事项进行恰当的追查等情形,注册会计师依据样本得出的结论可能与对总体实施同样的审计程序得出的结论不同,从而出现不可接受的风险。

第二节 控制测试

一、控制测试的概念

控制测试是指用于评价内部控制在防止或发现并纠正认定层次重大错报方面的运行有效性的审计程序。测试控制运行的有效性与确定控制是否得到执行所需获取的审计证据是不同的。在实施风险评估程序以获取控制是否得到执行的审计证据时,注册会计师应当确定某项控制是否存在,被审计单位是否正在使用。在测试控制运行的有效性时,注册会计师应当从下列方面获取关于控制是否有效运行的审计证据:

(1) 控制在所审计期间的相关时点是如何运行的。
(2) 控制是否得到一贯执行。
(3) 控制由谁或以何种方式运行。

如果被审计单位在审计期间内的不同时期使用了不同的控制方式,注册会计师应当考虑不同时期控制运行的有效性。

控制运行的有效性强调的是控制能够在各个不同时点按照既定设计得以一贯执行。因此,在了解控制是否得以执行时,注册会计师只需抽取少量的交易进行检查或观察某几个时点。但在测试控制运行的有效性时,注册会计师需要抽取足够数量的交易进行检查或对多个不同时点进行观察。

二、控制测试的要求

控制测试并非在任何情况下都需要实施。当存在下列情形之一时,注册会计师应当实施控制测试:

(1) 在评估认定层次重大错报风险时,预期控制的运行是有效的。如果在评估认定层次重大错报风险时预期控制的运行是有效的,注册会计师应当实施控制测试,就控制在相关期间或时点的运行有效性获取充分、适当的审计证据。注册会计师通过实施风险评估程序,可能发现某项控制的设计是合理的,同时也得到了执行。在这种情况下,出于成本效益的考虑,注册会计师可能预期,如果相关控制在不同时点都得到了一贯执行,与该项控制有关的财务报表认定发生重大错报的可能性就不会很大,也就可以考虑通过实施控制测试而减少实施实质性程序。为此,注册会计师可能会认为值得对相关控制在不同时点是否得到了一贯执行进行测试,即实施控制测试。这种测试主要是出于成本效益的考虑,其前提是注册会计师在了解内部控制以后认为某项控制存在被信赖和利用的可能,也就是说,只有认为控制设计合理、能够防止或发现和纠正认定层次的重大错报时,注册会计师才有必要对控制运行的有效性实施测试。

(2)仅实施实质性程序不足以提供认定层次充分、适当的审计证据。如果认为仅实施实质性程序获取的审计证据无法将认定层次重大错报风险降至可接受的低水平,注册会计师应当实施相关的控制测试,以获取控制运行有效性的审计证据。

三、控制测试的性质

控制测试的性质是指控制测试所使用的审计程序的类型及其组合。

计划从控制测试中获取的保证水平是决定控制测试性质的主要因素之一。注册会计师应当选择适当类型的审计程序以获取有关控制运行有效性的保证。计划的保证水平越高,对有关控制运行有效性的审计证据的可靠性要求越高。当拟实施的进一步审计程序主要以控制测试为主,尤其是仅实施实质性程序获取的审计证据无法将认定层次重大错报风险降至可接受的低水平时,注册会计师应当获取有关控制运行有效性的更高的保证水平。

控制测试采用的审计程序包括询问、观察、检查、重新执行。

通常,只有当询问、观察和检查程序结合在一起仍无法获得充分的证据时,注册会计师才考虑通过重新执行来证实控制是否有效运行。例如,为了合理保证计价认定的准确性,被审计单位一项控制是由复核人员核对发票上的价格与统一价格单上的价格是否一致。但是,要检查复核人员有没有认真执行核对,仅仅检查复核人员是否在相关文件上签字是不够的,注册会计师还需要自己选取一部分销售发票进行核对,这就是重新执行程序。

注册会计师在确定控制测试的性质时,应当注意以下五个方面。

1. 考虑特定控制的性质

注册会计师应当根据特定控制的性质选择所需实施审计程序的类型。例如,某些控制可能存在反映控制运行有效性的文件记录,在这种情况下,注册会计师可以检查这些文件记录以获取控制运行有效的审计证据;而某些控制可能不存在文件记录(如一项自动化的控制活动),或文件记录与能否证实控制运行有效性不相关,注册会计师应当考虑实施检查以外的其他审计程序(如询问和观察)或借助计算机辅助审计技术,以获取有关控制运行有效性的审计证据。

2. 考虑测试与认定直接相关和间接相关的控制

在设计控制测试时,注册会计师不仅应当考虑与认定直接相关的控制,还应当考虑这些控制所依赖的与认定间接相关的控制,以获取支持控制运行有效性的审计证据。例如,被审计单位可能针对超出信用额度的例外赊销交易设置报告和审核制度(与认定直接相关的控制);在测试该项制度的运行有效性时,注册会计师不仅应当考虑审核的有效性,还应当考虑与例外赊销报告中信息准确性有关的控制(与认定间接相关的控制)是否有效运行。

3. 对于自动化应用控制运行有效性的测试应紧密结合信息技术的特点

对于一项自动化的应用控制,由于信息技术处理过程的内在一贯性,注册会计师可以利用该项控制得以执行的审计证据和信息技术一般控制(特别是对系统变动的控制)运行有效性的审计证据，作为支持该项控制在相关期间运行有效性的重要审计证据。

4. 注册会计师可以考虑实施双重目的测试

控制测试的目的是评价控制是否有效运行，细节测试的目的是发现认定层次的重大错报。尽管两者目的不同，但注册会计师可以考虑针对同一交易同时实施控制测试和细节测试，以实现双重目的。例如，注册会计师通过检查某笔交易的发票可以确定其是否经过适当的授权，也可以获取关于该交易的金额、发生时间等细节证据。当然，如果拟实施双重目的测试，注册会计师应当仔细设计和评价测试程序。

5. 实施实质性程序的结果会对控制测试结果产生影响

如果通过实施实质性程序未发现某项认定存在错报，这本身并不能说明与该认定有关的控制是有效运行的；但如果通过实施实质性程序发现某项认定存在错报，注册会计师应当在评价相关控制的运行有效性时予以考虑。因此注册会计师应当考虑实施实质性程序发现的错报对评价相关控制运行有效性的影响（如降低对相关控制的信赖程度、调整实质性程序的性质、扩大实质性程序的范围等）。如果实施实质性程序发现被审计单位没有识别出的重大错报，通常表明内部控制存在重大缺陷，注册会计师应当就这些缺陷与管理层和治理层进行沟通。

四、控制测试的时间

控制测试的时间包含两层含义：一是何时实施控制测试；二是测试所针对的控制适用的时间点或期间。注册会计师应当根据控制测试的目的确定控制测试的时间，并确定拟信赖的相关控制的时点或期间。如果仅需要测试控制在特定时点的运行有效性，注册会计师只需要获取该时点的审计证据。如果需要获取控制在某一期间有效运行的审计证据，仅获取与时点相关的审计证据是不充分的，注册会计师应辅以其他控制测试，包括测试被审计单位对控制的监督。

（一）对期中审计证据的考虑

注册会计师可能在期中实施进一步审计程序。对于控制测试，注册会计师在期中实施此类程序具有更积极的作用。但即使注册会计师已获取了有关控制在期中运行有效性的审计证据，仍然需要考虑如何能够将控制在期中运行有效性的审计证据合理延伸至期末。因此，如果已获取有关控制在期中运行有效性的审计证据，并拟利用该证据，注册会计师应当实施下列审计程序。

1. 获取这些控制在剩余期间发生重大变化的审计证据

针对期中已获取过审计证据的控制，考察这些控制在剩余期间的变化情况：如果这些控制在剩余期间没有发生重大变化，注册会计师可能决定信赖期中获取的审计证据；如果这些控制在剩余期间发生了重大变化，注册会计师需要了解并测试控制的变化对期中审计证据的影响。

2. 确定针对剩余期间还需获取的补充审计证据

针对期中证据以外的、剩余期间的补充证据，注册会计师应当考虑下列因素：

（1）评估的认定层次重大错报风险的重大程度。评估的重大错报风险对财务报表的影响越大，注册会计师需要获取的剩余期间的补充证据越多。

（2）在期中测试的特定控制。例如，对自动化运行的控制，注册会计师更可能测试信息系统一般控制的运行有效性，以获取控制在剩余期间运行有效性的审计证据。

（3）在期中对有关控制运行有效性获取的审计证据的程度。如果注册会计师在期中对有关控制运行有效性获取的审计证据比较充分,可以考虑适当减少需要获取的剩余期间的补充证据。

(4) 剩余期间的长度。剩余期间越长,注册会计师需要获取的剩余期间的补充证据越多。

(5) 在信赖控制的基础上拟减少实施进一步实质性程序的范围。注册会计师对相关控制的信赖程度越高,通常在信赖控制的基础上拟减少进一步实质性程序的范围就越大。在这种情况下,注册会计师需要获取的剩余期间的补充证据就越多。

(6) 控制环境。在注册会计师总体上拟信赖控制的前提下,控制环境越薄弱或把握程度越低,注册会计师需要获取的剩余期间的补充证据越多。

(二) 对以前审计证据的考虑

1. 基本思路

被审计单位内部控制中的一些要素往往是相对稳定的(相对于具体的交易、账户余额和列报),注册会计师在本期审计时可以适当考虑利用以前审计获取的有关控制运行有效性的审计证据。但是,如果拟利用以前审计获取的有关控制运行有效性的审计证据,注册会计师应当通过获取这些控制在以前审计后是否发生重大变化的审计证据,确定以前审计获取的审计证据是否与本期审计持续相关。

注册会计师应当通过实施询问并结合观察或检查程序,获取这些控制是否发生重大变化的审计证据,以确认对这些控制的了解,并根据下列情况作出不同处理:

(1) 如果已发生变化,并且这些变化对以前审计获取的审计证据的持续相关性产生影响,注册会计师应当在本期审计中测试这些控制运行的有效性。

(2) 如果未发生这些变化,注册会计师应当每三年至少对内部控制测试一次,并且在每年审计中测试部分控制,以避免将所有拟信赖控制的测试集中于某一年,而在之后的两年中不进行任何测试。

注册会计师是否需要在本期测试某项控制的决策过程,如图 7-1 所示。

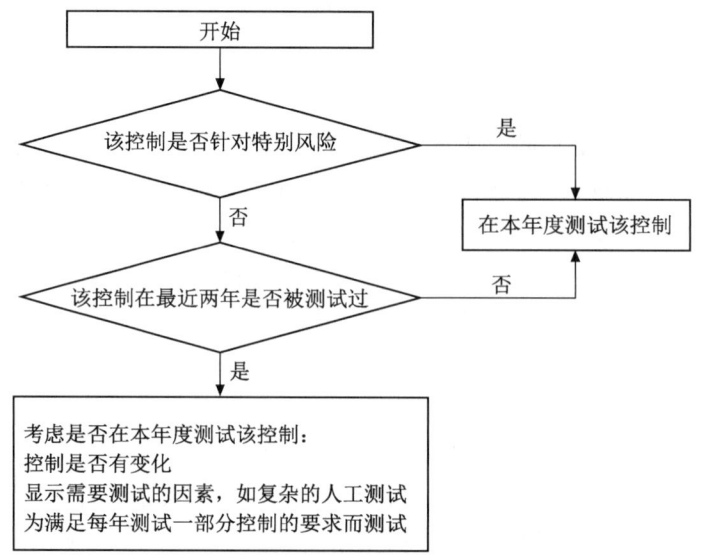

图 7-1　测试某项控制的决策过程图

2. 对测试时间间隔的考虑因素

在确定利用以前审计获取的有关控制运行有效性的审计证据是否适当以及再次测试控制的时间间隔时，注册会计师应当考虑的因素或情况包括以下六个方面：

（1）内部控制其他要素的有效性，包括控制环境、对控制的监督以及被审计单位的风险评估过程。

（2）控制特征（如是人工控制还是自动化控制）产生的风险。

（3）信息技术一般控制的有效性。

（4）控制设计及其运行的有效性，包括在以前审计中发现的控制运行偏差的性质和程度，以及是否发生对控制运行产生重大影响的人员变动。

（5）是否存在由于环境发生变化而特定控制缺乏相应变化导致的风险。

（6）重大错报风险和对控制的信赖程度。如果重大错报风险较大或对控制的拟信赖程度较高，注册会计师应当缩短再次测试控制的时间间隔或完全不信赖以前审计获取的审计证据。

3. 不得依赖以前审计所获证据的情形

如果确定评估的认定层次重大错报风险是特别风险，并拟信赖针对该风险实施的控制，注册会计师应当在本期审计中测试这些控制运行的有效性。也就是说，如果注册会计师拟信赖针对特别风险的控制，那么所有关于该控制运行有效性的审计证据必须来自当年的控制测试，注册会计师应当在每次审计中都测试这类控制。

五、控制测试的范围

控制测试的范围主要是指某项控制活动的测试次数。注册会计师应当设计控制测试，以获取控制在整个拟信赖的期间有效运行的充分、适当的审计证据。在确定某项控制的测试范围时，注册会计师通常考虑以下六个因素：

（1）执行控制的频率。在整个拟信赖的期间，被审计单位执行控制的频率越高，控制测试的范围越大。

（2）在审计期间，注册会计师拟信赖控制运行有效性的时间长度。拟信赖控制运行有效性的时间长度不同，在该时间长度内发生的控制活动次数也不同。注册会计师需要根据拟信赖控制的时间长度确定控制测试的范围。拟信赖期间越长，控制测试的范围越大。

（3）证据的相关性和可靠性。为证实控制能够防止或发现并纠正认定层次重大错报，对所需获取审计证据的相关性和可靠性要求越高，控制测试的范围越大。

（4）通过测试与认定相关的其他控制获取的审计证据的范围。针对同一认定，可能存在不同的控制。当针对其他控制获取审计证据的充分性和适当性较高时，测试该控制的范围可适当缩小。

（5）在风险评估时拟信赖控制运行有效性的程度。注册会计师在风险评估时对控制运行有效性的拟信赖程度越高，需要实施控制测试的范围越大。

（6）控制的预期偏差。预期偏差可以用控制未得到执行的预期次数占控制应当得到执行次数的比率加以衡量。考虑该因素，是因为在考虑测试结果是否可以得出控制运行有效性的结论时，不可能只要出现任何控制执行偏差就认定控制运行无效，所以需要确定一个合理水平的预期偏差率。控制的预期偏差率越高,需要实施控制测试的范围越大。如果控制的预期偏差率过高,注册会计师应当考虑控制可能不足以将认定层次的重大错报风险降至可接受的低水平,从而针对某一认定实施的控制测试可能是无效的。

第三节 实质性程序

一、实质性程序的概念

实质性程序,是指注册会计师针对评估的重大错报风险实施的、直接用于发现认定层次重大错报的审计程序。实质性程序包括对各类交易、账户余额和披露的细节测试以及实质性分析程序。

由于注册会计师对重大错报风险的评估是一种判断,可能无法充分识别所有的重大错报风险。并且由于内部控制存在固有局限性,无论评估的重大错报风险结果如何,注册会计师都应当针对所有重大的各类交易、账户余额、列报实施实质性程序。此外,如果认为评估的认定层次重大错报风险是特别风险,注册会计师应当专门针对该风险实施实质性程序。

二、实质性程序的性质

实质性程序的性质,是指实质性程序的类型及其组合。实质性程序的两种基本类型包括细节测试和实质性分析程序。

1. 细节测试

细节测试是对各类交易、账户余额、列报的具体细节进行测试,目的在于直接识别财务报表认定是否存在错报。

细节测试适用于对各类交易、账户余额、披露认定的测试,尤其是对存在或发生、计价认定的测试。注册会计师需要根据不同的认定层次的重大错报风险,设计有针对性的细节测试。例如,在针对存在或发生认定设计细节测试时,注册会计师应当选择包含在财务报表金额中的项目,并获取相关审计证据。又如,在针对完整性认定设计细节测试时,注册会计师应当选择有证据表明应包含在财务报表金额中的项目,并调查这些项目是否确实包括在内。

2. 实质性分析程序

实质性分析程序从技术特征上讲仍然是分析程序,主要是通过研究数据间关系评价信息,只是将该技术方法用作实质性程序,即用以识别各类交易、账户余额、列报及相关认定是否存在错报。

对在一段时期内存在可预期关系的大量交易,注册会计师可以考虑实施实质性分析程序。注册会计师在设计实质性分析程序时应当考虑的因素包括:对特定认定使用实质性分析程序的适当性;对已记录的金额或比率作出预期时,所依据的内部或外部数据的可靠性;作出预期的准确程度是否足以在计划的保证水平上识别重大错报;已记录金额与预期值之间可接受的差异额等。

考虑到数据及分析的可靠性,当实施实质性分析程序时,如果使用被审计单位编制的信息,注册会计师应当考虑测试与信息编制相关的控制,以及这些信息是否在本期或前期经过审计。

三、实质性程序的时间

与控制测试的时间选择类似,实质性程序也面临着对期中审计证据和对以前审计获取的审计证据的考虑。但与控制测试不同的是:在控制测试中,期中实施控制测试并获取期中关于控制运行有效性审计证据的做法更具有一种"常态",而由于期中实施实质性程序获取的审计证据不能直接作为期末财务报表认定的审计证据,注册会计师仍然需要消耗进一步的审计资源使期中审计证据能够合理延伸至期末,因此,注册会计师在期中实施实质性程序时更需要考虑其成本效益的权衡。另外,在本期控制测试中拟信赖以前审计获取的有关控制运行有效性的审计证据,已经受到了很大的限制;而对于以前审计中通过实质性程序获取的审计证据,现行审计准则采取了更加慎重的态度和更严格的限制。

如果在期中实施了实质性程序,注册会计师应当针对剩余期间实施进一步的实质性程序,或将实质性程序和控制测试结合使用,以将期中测试得出的结论合理延伸至期末。如果拟将期中测试得出的结论延伸至期末,注册会计师应当考虑针对剩余期间仅实施实质性程序是否足够。如果认为实施实质性程序本身不充分,注册会计师还应测试剩余期间相关控制运行的有效性或针对期末实施实质性程序。此外,如果已识别出由于舞弊导致的重大错报风险,为将期中得出的结论延伸至期末而实施的审计程序通常是无效的,注册会计师应当考虑在期末或者接近期末实施实质性程序。

在以前审计中实施实质性程序获取的审计证据,通常对本期只有很弱的证据效力或没有证据效力,不足以应对本期的重大错报风险。只有当以前获取的审计证据及其相关事项未发生重大变动时(如以前审计通过实质性程序测试过的某项诉讼在本期没有任何实质性进展),以前获取的审计证据才可能用作本期的有效审计证据。但即便如此,如果拟利用以前审计中实施实质性程序获取的审计证据,注册会计师应当在本期实施审计程序以确定这些审计证据是否具有持续相关性。

四、实质性程序的范围

在确定实质性程序的范围时,注册会计师应当考虑评估的认定层次重大错报风险和实施控制测试的结果。注册会计师评估的认定层次的重大错报风险越高,需要实施实质性程序的范围越广。如果对控制测试结果不满意,注册会计师应当考虑扩大实质性程序的范围。

在设计细节测试时,注册会计师除了从样本量的角度考虑测试范围,还要考虑选样方法的有效性等因素。例如,注册会计师有时从总体中选取大额或异常项目进行测试,而不是进行代表性抽样或分层抽样。

实质性分析程序的范围有两层含义:一是对什么层次上的数据进行分析,注册会计师可以选择在高度汇总的财务数据层次进行分析,也可以根据重大错报风险的性质和水平调整分析层次。例如,按照不同产品线、不同季节或月份、不同经营地点或存货存放地点等实施实质性分析程序。二是需要对什么幅度或性质的偏差展开进一步调查。一般来说,可接受的偏差越大,作为实质性分析程序一部分的进一步调查的范围就越小,因此,在设计实质性分析程序时,注册会计师应当确定已记录金额与预期值之间可接受的差异额。

在实务中,注册会计师根据评估的重大错报风险水平和实施控制测试的结果来确定计划实施的实质性程序、风险评估程序、控制测试和实质性程序之间存在对应关系。

课堂结账测试

班级_____ 姓名_____ 学号_____ 日期_____ 平时分_____

一、单项选择题(每题 5 分,共计 25 分)

1. 下列各项审计程序,非必须执行的是( )。
   A. 了解被审计单位的基本情况
   B. 控制测试
   C. 实质性程序
   D. 编写审计报告

2. 如果控制环境存在缺陷,注册会计师在对拟实施审计程序的性质、时间和范围作出总体修改时,应当考虑在( )实施更多的审计程序。
   A. 期初   B. 期中
   C. 期末   D. 期中或期末

3. 注册会计师应当针对评估的财务报表层次重大错报风险确定总体应对措施,这类措施不包括( )。
   A. 向项目组强调在收集和评价审计证据过程中保持职业怀疑态度的必要性
   B. 分派更有经验或具有特殊技能的审计人员,或利用专家的工作
   C. 在选择进一步审计程序时,应加强与被设计单位管理层的沟通
   D. 增加进一步审计程序的不可预见性

4. 即使注册会计师已获取了控制在期中有效运行的审计证据,仍然需要( )。
   A. 重新考虑重要性水平
   B. 重新评估财务报表层次重大错报风险
   C. 重新评估认定层次的重大错报风险
   D. 考虑如何将控制在期中运行有效性的审计证据合理延伸至期末

5. 实质性程序包括( )。
   A. 细节测试和实质性分析程序
   B. 控制测试和实质性程序
   C. 控制测试和细节测试
   D. 控制测试和实质性分析程序

二、判断题(每题 5 分,共 25 分)

1. 通常,只有当询问、观察和检查程序结合在一起仍无法获得充分的证据时,注册会计师才考虑通过重新执行来证实控制是否有效运行。 ( )

2. 如果被审计单位控制在剩余期间发生了变化,注册会计师可以决定信赖期中获取的审计

证据。   (   )
3. 无论评估的重大错报风险结果如何,注册会计师都应当针对所有重大的各类交易、账户余额、列报实施实质性程序。   (   )
4. 注册会计师应针对评估的认定层次重大错报风险确定总体审计策略。   (   )
5. 实质性程序的时间可以选择在期末或期中。如果在期中实施了实质性程序,注册会计师无需再对剩余期间实施进一步的实质性程序。   (   )

三、业务题(共 50 分)

注册会计师张芳是 C 公司 2023 年度财务报表审计项目合伙人,在实施风险评估阶段,识别出收入确认中与关联方发生舞弊的风险较高。在考虑这一事项对审计程序的影响时,张芳有如下观点或做法:

(1) 鉴于风险的重要性,注册会计师张芳认为不必再了解与该风险相关的控制,而直接依赖实质性程序获取审计证据。

(2) 注册会计师张芳拟采用实质性方案来实施进一步审计程序。

(3) 在对收入相关的控制进行测试时,注册会计师张芳利用了上年度控制测试的证据。

(4) 注册会计师张芳在期中对与关联方发生的收入交易实施实质性程序,并针对剩余期间实施进一步的实质性程序,以将期中得出的结论合理延伸至期末。

(5) 为了增加审计程序的不可预见性,注册会计师张芳安排审计项目组成员向关联方函证销售协议的细节条款。在收到关联方回函证实被审计单位会计记录无误后,注册会计师张芳拟不再实施其他程序。

(6) 注册会计师张芳在确定实质性分析程序中已记录金额与预期值之间可接受的差异额时,考虑了相关重要性水平和计划的保证水平。

要求:针对上述事项(1)至事项(6),逐项判断注册会计师张芳的观点或做法是否恰当。如果不恰当,请简要说明理由。

第八章 审计报告

知识导航

```
              ┌ 审计报告的概念
    审计报告概述┤ 审计报告的作用
              └ 审计报告的种类

              ┌ 审计报告的要素
    审计报告的  │ 无保留意见审计报告的签发条件
    基本内容   ┤ 评价财务报表应考虑的内容
              └ 无保留意见审计报告的关键措辞

              ┌ 确定关键审计事项的决策框架
    在审计报告中│ 在审计报告中沟通关键审计事项
审计 沟通关键审计┤ 不在审计报告中沟通关键审计事项的情形
报告 事项      └ 就关键审计事项与治理层沟通

              ┌ 非无保留意见的概念
              │ 确定非无保留意见的类型
    非无保留意见┤ 保留意见审计报告
    审计报告   │ 否定意见审计报告
              └ 无法表示意见审计报告

    在审计报告中 ┌ 强调事项段
    增加强调事项 ┤ 其他事项段
    段和其他事项段└ 与治理层的沟通
```

学习目标

1. 理解审计报告的概念、作用和种类。
2. 熟悉我国注册会计师审计准则有关审计报告格式的规定。
3. 熟悉不同意见审计报告类型出具的条件及意见的内容。
4. 掌握审计报告意见的决策方法。

寓德于教

中国证券市场中的第一份否定意见审计报告

1998年4月29日,重庆渝港钛白粉有限公司(以下简称渝钛白)公告了经注册会计师审计后的1997年年度财务报告,公司公告显示重庆会计师事务所对渝钛白公司的会计报表出具了一份否定意见审计报告,这是中国资本市场历史上相关上市公司被注册会计师出具的第一份否定意见审计报告。1999年4月,中国证监会宣布对渝钛白进行了ST特别处理,随后渝钛白公司被PT暂停上市。

渝钛白事件的发生,产生了中国证券市场中的第一份否定意见审计报告,可以看作是中国注册会计师成熟的标志,意味着注册会计师社会责任意识的加强和中国注册会计师行业已具有一定的独立性。

资料来源:谭菊芳,李若山.能否对上市公司的会计信息说声"不":由渝钛白事件看规范中国证券市场审计业务[J].财务与会计,1999(06):39-41.

思考:
1. 什么是否定意见审计报告?
2. 什么情况下注册会计师应出具否定意见的审计报告?

第一节 审计报告概述

一、审计报告的概念

(一) 审计报告的基本概念

审计报告是指注册会计师根据审计准则的规定,在执行审计工作的基础上,对财务报表发表审计意见的书面文件。

审计报告是注册会计师在完成审计工作后向委托(委派)人递交的最终产品。它具有以下特征:

(1) 注册会计师应当按照审计准则的规定执行审计工作。审计准则是用来规范注册会计师执行审计业务的标准。它包括一般原则与责任、风险评估与应对、审计证据、利用其他主体的工作、审计结论与报告以及特殊领域审计六个方面的内容,涵盖了注册会计师执行审计业务的整个过程和各个环节。审计报告应当按照审计准则规定的要求,执行工作后完成。

(2) 注册会计师在实施审计工作的基础上才能出具审计报告。注册会计师在审计工作中,只有通过实施风险评估、进一步审计等程序,才能获取充分适当的审计证据,得出合理的审计结论,为形成审计意见提供基础,出具审计报告。否则,出具的就可能是不恰当的审计报告。

(3) 注册会计师应通过对财务报表发表意见履行业务约定书约定责任。财务报表审计的目标是注册会计师通过执行审计工作,对财务报表是否在所有重大方面按照财务报告编制基础编制并实现公允反映发表审计意见。因此,在实施审计工作的基础上,注册会计师需要对财务报表形成审计意见,向委托(委派)人提交审计报告。形成了审计意见,编制并向委托(委派)人提交了审计报告,才能履行业务约定书约定的责任。

(4)注册会计师应当以书面形式出具审计报告。审计报告具有特定的要素和格式,注册会计师只有以书面形式出具审计报告,才能清楚表达对财务报表发表的审计意见。

(二)注册会计师对审计报告的责任

审计报告是注册会计师在完成审计工作后向委托(委派)人递交的最终产品。为了明确责任,注册会计师应当在审计报告中清楚地表达对财务报表的意见,并对出具的审计报告负责。

注册会计师应当根据由审计证据得出的结论,清楚表达对财务报表的意见。财务报表是指对企业财务状况、经营成果和现金流量的结构化表示,至少应当包括资产负债表、利润表、所有者(股东)权益变动表、现金流量表和附注。无论是出具无保留意见审计报告,还是非无保留意见审计报告,注册会计师一旦在审计报告上签名并盖章,就表明对其出具的审计报告负责。

(三)审计报告与已审计财务报表的关系

审计报告是注册会计师对财务报表是否在所有重大方面按照财务报告编制基础编制并实现公允反映发表审计意见的书面文件,因此,注册会计师应当将已审计财务报表附于审计报告之后,以便于财务报表使用者正确理解和使用审计报告,并防止被审计单位替换、更改已审计的财务报表。

二、审计报告的作用

注册会计师签发的审计报告,主要具有鉴证、保护和证明三方面的作用。

1. 鉴证作用

注册会计师签发的审计报告,不同于政府审计和内部审计的审计报告,它是以超然独立的第三者身份,对被审计单位财务报表合法性、公允性发表意见。这种意见,具有鉴证作用,得到了政府及其各部门和社会各界的普遍认可。政府有关部门,如财政部门、税务部门等了解、掌握企业的财务状况和经营成果的主要依据是企业提供的财务报表。财务报表是否合法公允,主要依据注册会计师的审计报告作出判断。股份制企业的股东,主要依据注册会计师的审计报告来判断被投资企业的财务报表是否公允地反映了其财务状况、经营成果和现金流量,以进行投资决策等。

2. 保护作用

注册会计师通过审计,可以对被审计单位财务报表出具不同类型审计意见的审计报告,以提高或降低财务报表信息使用者对财务报表的信赖程度,能够在一定程度上对被审计单位的财产、债权人和股东的权益及企业利害关系人的利益起到保护作用。例如,投资者为了减少投资风险,在进行投资之前,必须要查阅被投资企业的财务报表和注册会计师的审计报告,了解被投资企业的经营情况和财务状况。投资者根据注册会计师的审计报告作出投资决策,可以降低其投资风险。

3. 证明作用

审计报告是对注册会计师审计任务完成情况及其结果所作的总结,它可以表明审计工作的质量并明确注册会计师的审计责任。因此,审计报告可以对审计工作质量和注册会计师的审计责任起证明作用。通过审计报告,可以证明注册会计师在审计过程中是否实施了必要的审计程序,是否以审计工作底稿为依据发表审计意见,发表的审计意见是否与被审计单位的实际情况相一致,审计工作的质量是否符合要求。通过审计报告,可以证明注册会计师审计责任的履行情况。

三、审计报告的种类

审计报告可以按照不同的标准进行分类。

1. 按审计报告的使用目的或公开程度分类

审计报告按其使用目的或公开程度不同，可以分为公布的审计报告和非公布的审计报告。公布的审计报告是指公诸于世，供社会大众阅读，不具有保密性的审计报告。这种审计报告都附有被审计单位的财务报表，以供企业股东、投资者、债权人等阅读。非公布的审计报告是指为特定目的而撰写的审计报告。这种审计报告一般用于经营管理、合并或业务转让、融通资金等的需要。

2. 按审计报告的性质分类

审计报告按其性质不同，可以分为无保留意见审计报告和非无保留意见审计报告。无保留意见审计报告是指注册会计师认为财务报表在所有重大方面按照适用的财务报告编制基础编制并实现公允反映形成审计意见而编写的报告。非无保留意见审计报告，是指无保留意见审计报告以外的其他审计报告，包括保留意见的审计报告、否定意见的审计报告和无法表示意见的审计报告。

第二节 审计报告的基本内容

一、审计报告的要素

审计报告应当包括下列要素：①标题。②收件人。③审计意见。④形成审计意见的基础。⑤管理层对财务报表的责任。⑥注册会计师对财务报表审计的责任。⑦按照相关要求履行其他报告责任（如适用）。⑧注册会计师的签名和盖章。⑨会计师事务所的名称、地址和公章。⑩报告日期。

在适用的情况下，注册会计师还应当按照《中国注册会计师审计准则第1324号——持续经营》《中国注册会计师审计准则第1504号——在审计报告中沟通关键审计事项》《中国注册会计师审计准则第1521号——注册会计师对其他信息的责任》的相关规定，在审计报告中对与持续经营相关的重大不确定性、关键审计事项，被审计单位年度报告中包含的除了财务报表和审计报告的其他信息进行报告。

（一）标题

标题应当统一规范为"审计报告"，以突出业务性质，并与其他业务报告相区别。

（二）收件人

收件人即注册会计师按照业务约定书的要求致送审计报告的对象，一般是指审计业务的委托人。审计报告应当载明收件人的全称。对于股份有限公司，审计报告收件人一般可用"××股份有限公司全体股东"；对于有限责任公司，收件人一般可用"××有限责任公司董事会"；对于合伙企业，收件人一般可用"××合伙企业全体合伙人"；对于独资企业，收件人一般可直接用"××公司（企业）（该独资企业的名称）"。

(三)审计意见

审计意见部分由两部分构成。第一部分指出已审计财务报表,应当包括下列方面:
(1) 指出被审计单位的名称。
(2) 说明财务报表已经审计。
(3) 指出构成整套财务报表的每一财务报表的名称。
(4) 提及财务报表附注。
(5) 指明构成整套财务报表的每一财务报表的日期或涵盖的期间。

第二部分应当说明注册会计师发表的审计意见。如果对财务报表发表无保留意见,除非法律法规另有规定,审计意见应当使用"我们认为,财务报表在所有重大方面按照适用的财务报告编制基础(如企业会计准则等)编制,公允反映了……"的措辞。审计意见说明财务报表在所有重大方面按照适用的财务报告编制基础编制,公允反映了财务报表旨在反映的事项。例如,对于按照企业会计准则编制的财务报表,这些事项是"被审计单位期末的财务状况、截至期末某一期间的经营成果和现金流量"。

(四)形成审计意见的基础

审计报告应当包含标题为"形成审计意见的基础"的部分。该部分提供关于审计意见的重要背景,应当紧接在审计意见部分之后,并包括以下四个方面:
(1) 说明注册会计师按照审计准则的规定执行了审计工作。
(2) 提及审计报告中用于描述审计准则规定的注册会计师责任的部分。
(3) 声明注册会计师按照与审计相关的职业道德要求独立于被审计单位,并按照这些要求履行了职业道德方面的其他责任。声明中应当指明适用的职业道德要求,如遵守中国注册会计师职业道德守则。
(4) 说明注册会计师是否相信获取的审计证据是充分、适当的,为发表审计意见提供了基础。

(五)管理层和治理层对财务报表的责任

审计报告应当包含标题为"管理层对财务报表的责任"的部分。这部分内容应当说明管理层负责以下两个方面:
(1) 按照适用的财务报告编制基础编制财务报表,使其实现公允反映,并设计、执行和维护必要的内部控制,以使财务报表不存在由于舞弊或错误导致的重大错报。
(2) 评估被审计单位的持续经营能力和使用持续经营假设是否适当,并披露与持续经营相关的事项(如适用)。对管理层评估责任的说明应当包括描述在何种情况下使用持续经营假设是适当的。

(六)注册会计师对财务报表审计的责任

审计报告应当包含标题为"注册会计师对财务报表审计的责任"的部分,其中应当包括下列内容:
(1) 说明注册会计师的目标是对财务报表整体是否不存在由于舞弊或错误导致的重大错报获取合理保证,并出具包含审计意见的审计报告。
(2) 说明合理保证是高水平的保证,但并不能保证按照审计准则执行审计在某一重大错报存在时总能发现。
(3) 说明错报可能由于舞弊或错误导致。在说明错报可能由于舞弊或错误导致时,注册会计师应当从下列两种做法中选取一种：①描述如果合理预期错报单独或汇总起来可能影响财务报表使用者依据财务报表作出的经济决策，则错报是重大的。②根据适用的财务报告编制基础，提供关于重要性的定义或描述。

注册会计师对财务报表审计的责任部分还应当包括下列内容：

(1) 说明在按照审计准则执行审计工作的过程中，注册会计师运用职业判断，并保持职业怀疑。

(2) 通过说明注册会计师的责任，对审计工作进行描述。这些责任包括：①识别和评估由于舞弊或错误导致的财务报表重大错报风险，对这些风险有针对性地设计和实施审计程序，获取充分、适当的审计证据，作为发表审计意见的基础。由于舞弊可能涉及串通、伪造、故意遗漏、虚假陈述或凌驾于内部控制之上，未能发现由于舞弊导致的重大错报的风险高于未能发现因错误导致的重大错报的风险。②了解与审计相关的内部控制，以设计恰当的审计程序，但目的并非对内部控制的有效性发表意见。③评价管理层选用会计政策的恰当性和作出会计估计及相关披露的合理性。④对管理层使用持续经营假设的恰当性得出结论。同时，基于所获取的审计证据，对是否存在与特定事项或情况相关的重大不确定性，从而可能导致对被审计单位的持续经营能力产生重大疑虑得出结论。⑤评价财务报表的总体列报（包括披露）、结构和内容，并评价财务报表是否公允反映相关交易和事项。

注册会计师对财务报表审计的责任部分还应当包括下列内容：

(1) 说明注册会计师与治理层就计划的审计范围、时间安排和重大审计发现等进行沟通，包括沟通注册会计师在审计中识别的值得关注的内部控制缺陷。

(2) 对于上市实体财务报表审计，指出注册会计师就遵守关于独立性的相关职业道德要求向治理层提供声明，并与治理层沟通可能被合理认为影响注册会计师独立性的所有关系和其他事项，以及相关的防范措施（如适用）。

(3) 对于上市实体财务报表审计，以及决定按照《中国注册会计师审计准则第1504号——在审计报告中沟通关键审计事项》的规定沟通关键审计事项的其他情况，说明注册会计师从与治理层沟通的事项中确定哪些事项对当期财务报表审计最为重要，因而构成关键审计事项。注册会计师在审计报告中描述这些事项，除非法律法规不允许公开披露这些事项，或在罕见的情形下，注册会计师合理预期在审计报告中沟通某事项造成的负面后果超过产生的公众利益方面的益处，因而确定不应在审计报告中沟通该事项。

(七) 按照相关要求，履行其他报告责任（如适用）

除了审计准则规定的注册会计师对财务报表出具审计报告的责任，相关法律法规可能对注册会计师设定了其他报告责任。例如，如果注册会计师在财务报表审计中注意到某些事项，可能被要求对这些事项予以报告。此外，注册会计师可能被要求实施额外的规定的程序并予以报告，或对特定事项（如会计账簿和记录的适当性）发表意见。在某些情况下，相关法律法规可能要求或允许注册会计师将对这些其他责任的报告作为对财务报表出具的审计报告的一部分。在另外一些情况下，相关法律法规可能要求或允许注册会计师在单独出具的报告中进行报告。

如果注册会计师在对财务报表出具的审计报告中履行其他报告责任，应当在审计报告中将其单独作为一部分，并以"按照相关法律法规的要求报告的事项"为标题。此时，审计报告应当区分为"对财务报表出具的审计报告"和"按照相关法律法规的要求报告的事项"两部分，以便将其同注册会计师的财务报表报告责任明确区分。在另外一些情况下,相关法律法规可能要求或允许注册会计师在单独出具的报告中进行报告。

(八) 注册会计师的签名和盖章

审计报告应当由项目合伙人和另一名负责该项目的注册会计师签名和盖章。为进一步增强对审计报告使用者的透明度,在对上市实体整套通用目的财务报表出具的审计报告中应当注明项目合伙人。

(九) 会计师事务所的名称、地址和公章

审计报告应当载明会计师事务所的名称和地址,并加盖会计师事务所公章。

根据《注册会计师法》的规定,注册会计师承办业务,由其所在的会计师事务所统一受理并与委托人签订委托合同。因此,审计报告除了应由注册会计师签名和盖章,还应载明会计师事务所的名称和地址,并加盖会计师事务所公章。

注册会计师在审计报告中载明会计师事务所地址时,标明会计师事务所所在的城市即可。在实务中,审计报告通常载于会计师事务所统一印刷的、标有该所详细通信地址的信笺上,因此,无须在审计报告中注明详细地址。

(十) 报告日期

审计报告标注的日期为注册会计师完成审计工作的日期。审计报告的日期不应早于注册会计师获取充分、适当的审计证据,并在此基础上对财务报表形成审计意见的日期。

在确定审计报告日期时,注册会计师应当确信已获取以下两方面的审计证据:

(1) 构成整套财务报表的所有报表(包括披露)已编制完成。
(2) 被审计单位的董事会、管理层或类似机构已经认可其对财务报表负责。

在实务中,注册会计师在正式签署审计报告前,通常把审计报告草稿和已审计财务报表草稿一同提交给治理层。如果治理层批准并签署已审计财务报表,注册会计师即可签署审计报告。注册会计师签署审计报告的日期通常与治理层签署已审计财务报表的日期为同一天,或晚于治理层签署已审计财务报表的日期。

二、无保留意见审计报告的签发条件

无保留意见,是指当注册会计师认为财务报表在所有重大方面按照适用的财务报告,编制基础编制并实现公允反映时发表的审计意见。注册会计师在审计后,认为被审计单位财务报表符合下列所有条件,注册会计师应当出具无保留意见的审计报告:

(1) 财务报表已经在所有重大方面按照适用的财务报告编制基础编制,公允反映了被审计单位的财务状况、经营成果和现金流量。
(2) 注册会计师已经按照中国注册会计师审计准则的规定计划和实施审计工作,在审计过程中未受到限制。

综合起来,注册会计师出具无保留意见审计报告的条件:一是财务报表按照财务报告编制基础编制;二是注册会计师的审计范围没有受到重大限制。

三、评价财务报表应考虑的内容

注册会计师应当就财务报表是否在所有重大方面按照适用的财务报告编制基础编制并实

现公允反映,形成审计意见。针对财务报表整体是否不存在由于舞弊或错误导致的重大错报,注册会计师应当得出结论,确定是否已就此获取合理保证。在得出结论时,注册会计师应当考虑以下三个方面:

(1) 是否已获取充分、适当的审计证据。

(2) 未更正错报单独或汇总起来是否构成重大错报。

(3) 财务报表是否在所有重大方面按照适用的财务报告编制基础编制并实现公允反映。

在评价财务报表是否在所有重大方面按照适用的财务报告编制基础编制时,注册会计师应当特别评价下列内容:①财务报表是否恰当披露了所选择和运用的重要会计政策。作出这一评价时,注册会计师应当考虑会计政策与被审计单位的相关性,以及会计政策是否以可理解的方式予以表述。②所选择和运用的会计政策是否符合适用的财务报告编制基础,并适合被审计单位的具体情况。③管理层作出的会计估计是否合理。④财务报表列报的信息是否具有相关性、可靠性、可比性和可理解性。⑤财务报表是否作出恰当披露,使预期使用者能够理解重大交易和事项对财务报表所传递的信息的影响。⑥财务报表使用的术语(包括每一财务报表的标题)是否适当。

四、无保留意见审计报告的关键措辞

无保留意见审计报告应当以"我们认为"作为意见段的开头,并使用"在所有重大方面""公允反映了"等专业术语。按照适用的财务报告编制基础(如企业会计准则)编制的财务报表出具的无保留意见审计报告的参考格式如表 8-1 所示。

表 8-1　　　　　　　　对财务报表出具的无保留意见审计报告

审 计 报 告
ABC 股份有限公司全体股东: 一、审计意见 我们审计了 ABC 股份有限公司(以下简称 ABC 公司)财务报表,包括 2022 年 12 月 31 日的资产负债表,2022 年度的利润表、现金流量表、所有者权益(或股东权益)变动表以及财务报表附注。 我们认为,后附的财务报表在所有重大方面按照企业会计准则的规定编制,公允反映了 ABC 公司 2022 年 12 月 31 日的财务状况以及 2022 年度的经营成果和现金流量。 二、形成审计意见的基础 我们按照中国注册会计师审计准则的规定执行了审计工作。审计报告的"注册会计师对财务报表审计的责任"部分进一步阐述了我们在这些准则下的责任。按照中国注册会计师职业道德守则,我们独立于 ABC 公司,并履行了职业道德方面的其他责任。我们相信,我们获取的审计证据是充分、适当的,为发表审计意见提供了基础。 三、关键审计事项 关键审计事项是我们根据职业判断,认为对本期财务报表审计最为重要的事项。这些事项是在对财务报表整体进行审计并形成意见的背景下进行处理的,我们不对这些事项提供单独的意见。

(续表)

按照《中国注册会计师审计准则第1504号——在审计报告中沟通关键审计事项》的规定描述每一关键审计事项。

四、其他信息

按照《中国注册会计师审计准则第1521号——注册会计师对其他信息的责任》的规定报告。

五、管理层和治理层对财务报表的责任

管理层负责按照企业会计准则的规定编制财务报表,使其实现公允反映,并设计、执行和维护必要的内部控制,以使财务报表不存在由于舞弊或错误导致的重大错报。

在编制财务报表时,管理层负责评估公司的持续经营能力,披露与持续经营相关的事项(如适用),并运用持续经营假设,除非管理层计划清算公司、停止营运或别无其他现实的选择。

治理层负责监督ABC公司的财务报告过程。

六、注册会计师对财务报表审计的责任

我们的目标是对财务报表整体是否不存在由于舞弊或错误导致的重大错报获取合理保证,并出具包含审计意见的审计报告。合理保证是高水平的保证,但并不能保证按照审计准则执行的审计在某一重大错报存在时总能被发现。错报可能由于舞弊或错误导致,如果合理预期错报单独或汇总起来可能影响财务报表使用者依据财务报表作出的经济决策,则通常认为错报是重大的。我们也执行下列工作:

(1) 识别和评估由于舞弊或错误导致的财务报表重大错报风险;对这些风险有针对性地设计和实施审计程序;获取充分、适当的审计证据,作为发表审计意见的基础。由于舞弊可能涉及串通、伪造、故意遗漏、虚假陈述或凌驾于内部控制之上,未能发现由于舞弊导致的重大错报的风险高于未能发现由于错误导致的重大错报的风险。

(2) 了解与审计相关的内部控制,以设计恰当的审计程序,但目的并非对内部控制的有效性发表意见。

(3) 评价管理层选用会计政策的恰当性和作出会计估计及相关披露的合理性。

(4) 对管理层使用持续经营假设的恰当性得出结论。同时,根据获取的审计证据,就可能导致对ABC公司持续经营能力产生重大疑虑的事项或情况是否存在重大不确定性得出结论。如果我们得出结论认为存在重大不确定性,审计准则要求我们在审计报告中提请报表使用者注意财务报表中的相关披露;如果披露不充分,我们应当发表非无保留意见。我们的结论基于审计报告日可获得的信息。然而,未来的事项或情况可能导致ABC公司不能持续经营。

(5) 评价财务报表的总体列报、结构和内容,并评价财务报表是否公允反映相关交易和事项。

我们与治理层就计划的审计范围、时间安排和重大审计发现等事项进行沟通,包括沟通我们在审计中识别的值得关注的内部控制缺陷。

我们还就已遵守与独立性相关的职业道德要求向治理层提供声明,并与治理层沟通可能被合理认为影响我们独立性的所有关系和其他事项,以及相关的防范措施(如适用)。

（续表）

> 从与治理层沟通的事项中,我们确定哪些事项对本期财务报表审计最为重要,因而构成关键审计事项。我们在审计报告中描述这些事项,除非法律法规禁止公开披露这些事项,或在罕见的情形下,如果合理预期在审计报告中沟通某事项造成的负面后果超过在公众利益方面产生的益处,我们确定不应在审计报告中沟通该事项。

××会计师事务所	中国注册会计师：×××（项目合伙人）
（盖章）	（签名并盖章）
	中国注册会计师：×××
中国××市	（签名并盖章）
	二〇二三年××月××日

第三节　在审计报告中沟通关键审计事项

《中国注册会计师审计准则第1504号——在审计报告中沟通关键审计事项》要求注册会计师在上市实体整套通用目的财务报表审计报告中增加关键审计事项部分,用于沟通关键审计事项。关键审计事项,是指注册会计师根据职业判断认为对当期财务报表审计最为重要的事项。在审计报告中沟通关键审计事项,可以提高已执行审计工作的透明度,从而提高审计报告的决策相关性和有用性。沟通关键事项还能够为财务报表使用者提供额外的信息,以帮助其了解被审计单位、已审计财务报表中涉及重大管理层判断的领域,以及注册会计师根据职业判断认为对当期财务报表审计最为重要的事项。沟通关键审计事项,还能够为财务报表预期使用者就与被审计单位、已审计财务报表或已执行审计工作相关的事项进一步与管理层和治理层沟通提供基础。

一、确定关键审计事项的决策框架

根据关键审计事项的定义,注册会计师在确定关键审计事项时,需要遵循以下决策框架,关键审计事项的决策框架如图8-1所示。

（一）以"与治理层沟通的事项"为起点选择关键审计事项

《中国注册会计师审计准则第1151号——与治理层的沟通》要求注册会计师与被审计单位治理层沟通审计过程中的重大发现,包括注册会计师对被审计单位的重要会计政策、会计估计和财务报表披露等会计实务的看法,审计过程中遇到的重大困难,已与治理层讨论或需要书面沟通的重大事项等,以便治理层履行其监督财务报告过程的职责。对财务报表和

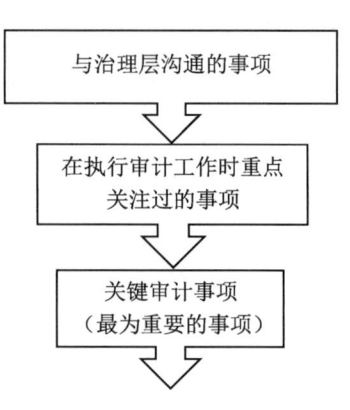

图8-1　关键审计事项的决策框架

审计报告使用者信息需求的调查结果表明,他们对这些事项感兴趣,并且呼吁增加这些沟通的透明度。因此,注册会计师应当从与治理层沟通过的事项中选取关键审计事项。

(二) 从"与治理层沟通的事项"中选出"在执行审计工作时重点关注过的事项"

审计是风险导向的,注重识别和评估财务报表重大错报风险,设计和实施应对这些风险的审计程序,获取充分、适当的审计证据,是形成审计意见的基础。因此,对获取充分、适当的审计证据或对财务报表形成审计意见构成挑战的事项与注册会计师确定关键审计事项尤其相关。

注册会计师重点关注过的领域通常与财务报表中复杂、重大的管理层判断领域相关。因而通常涉及困难或复杂的注册会计师职业判断。相应地,重点关注过的事项通常影响注册会计师的总体审计策略以及对这些事项分配的审计资源和审计工作的力度。注册会计师在确定哪些事项属于重点关注过的事项时,需要特别考虑以下三个方面:

(1) 评估的重大错报风险较高的领域或识别出的特别风险。

(2) 与财务报表中涉及重大管理层判断(包括被认为具有高度估计不确定性的会计估计)的领域相关的重大审计判断。

(3) 当期重大交易或事项对审计的影响。

(三) 从"在执行审计工作时重点关注过的事项"中选出"最为重要的事项"从而构成关键审计事项

注册会计师可能已就需要重点关注的事项与治理层进行了较多的互动。对审计而言,这些事项与治理层的性质和范围,通常能够表明哪些事项最为重要。

在确定某一与治理层沟通过的事项的相对重要程度,以及该事项是否构成关键审计事项时,下列因素也是需纳入考虑范围内的:

(1) 该事项对预期使用者理解财务报表整体的重要程度,尤其是对财务报表的重要性。

(2) 与该事项相关的会计政策的性质或者与同行业其他实体相比,管理层在选择适当的会计政策时涉及的复杂程度或主观程度。

(3) 从定性和定量方面考虑,与该事项相关的由于舞弊或错误导致的已更正错报和累积未更正错报(如有)的性质和重要程度。

(4) 为应对该事项所需要付出的审计努力的性质和程度。

(5) 在实施审计程序、评价实施审计程序的结果、获取相关和可靠的审计证据以作为发表审计意见的基础时,注册会计师遇到的困难的性质和严重程度,尤其是当注册会计师的判断变得更加主观时。

(6) 识别与该事项相关的控制缺陷的严重程度。

(7) 该事项是否涉及数项可区分但又相互关联的审计考虑。例如,长期合同的收入确认、诉讼或其他或有事项等方面,可能需要重点关注,并且影响其他会计估计。

二、在审计报告中沟通关键审计事项

(一) 在审计报告中单设关键审计事项部分

为达到突出关键审计事项的目的,注册会计师应当在审计报告中单设一部分,以"关键审计事项"为标题,并在该部分使用恰当的子标题逐项描述关键审计事项。关键审计事项部分的引言应当同时说明下列事项:

(1) 关键审计事项是注册会计师根据职业判断,认为对本期财务报表审计最为重要的事项。

(2) 关键审计事项的应对以对财务报表整体进行审计并形成审计意见为背景,注册会计师对财务报表整体形成审计意见,而不对关键审计事项单独发表意见。

(二) 描述单一关键审计事项

为帮助财务报表使用者了解注册会计师确定的关键审计事项,注册会计师应当在审计报告中逐项描述每一关键审计事项,并同时说明下列方面:

(1) 该事项被认定为审计中最为重要的事项之一,因而被确定为关键审计事项的原因。

(2) 该事项在审计中是如何应对的。注册会计师可以描述下列要素:①审计应对措施或审计方法中,与该事项最为相关或对评估的重大错报风险最有针对性的方面。②对已实施审计程序的简要概述。③实施审计程序的结果。④对该事项作出的主要看法。

在描述时,注册会计师还应当分别索引至财务报表的相关披露(如有),以使预期使用者能够进一步了解管理层在编制财务报表时如何应对这些事项。

三、不在审计报告中沟通关键审计事项的情形

一般而言,在审计报告中沟通关键审计事项,通常有助于提高审计的透明度,是符合公众利益的。然而,在罕见的情况下,关键审计事项可能涉及某些"敏感信息",沟通这些信息可能为被审计单位带来较为严重的负面影响。在某些情况下,法律法规也可能禁止公开披露某事项。例如,公开披露某事项可能妨碍相关机构对某项违法行为或疑似违法行为的调查。

因此,除非法律法规禁止公开披露某事项,或者在罕见的情况下,如果合理预期在审计报告中沟通某事项造成的负面后果超过产生的公众利益方面的益处,注册会计师确定不应在审计报告中沟通该事项,否则注册会计师应当在审计报告中逐项描述关键审计事项。

四、就关键审计事项与治理层沟通

治理层在监督财务报告过程中担当重要角色。就关键审计事项与治理层沟通,能够使治理层了解注册会计师就关键审计事项作出的审计决策的基础以及这些事项将如何在审计报告中作出描述,也能够使治理层考虑鉴于这些事项将在审计报告中沟通,作出新的披露或提高披露质量是否有用。因此,注册会计师就下列方面与治理层沟通:

(1) 注册会计师确定的关键审计事项。

(2) 根据被审计单位和审计业务的具体情况,注册会计师确定不存在需要在审计报告中沟通的关键审计事项(如适用)。

审计报告中关键审计事项——商誉的减值测试的参考格式,如表8-2所示。

表8-2　　　　　　审计报告中关键审计事项——商誉的减值测试

相关信息披露详见财务报表附注——××
(一) 事项描述 截至2022年12月31日,集团因收购YYY公司而确认了×××万元的商誉。贵公司管理层于每年年末对商誉进行减值测试。本年度,YYY公司产生了经营损失,该商誉出现了减值迹象。

(续表)

> 报告期末,集团管理层对YYY公司的商誉进行了减值测试,以评价该项商誉是否存在减值。管理层采用现金流预测模型来计算商誉的可收回金额,并将其与商誉的账面价值相比较。该模型所使用的折现率、预计现金流,特别是未来收入增长率等关键指标需要作出重大的管理层判断。通过测试,管理层得出商誉没有减值的结论。
>
> (二)实施的审计程序
>
> 我们针对管理层减值测试所实施的审计程序包括:
>
> (1)对管理层的估值方法予以了评估。
>
> (2)基于我们对相关行业的了解,我们质疑了管理层假设的合理性,如收入增长率、折现率等。
>
> (3)检查录入数据与支持证据的一致性,例如,已批准的预算以及考虑这些预算的合理性。
>
> (三)实施审计程序的结果
>
> 我们认为,基于目前所获取的信息,管理层在对商誉减值测试所使用的假设是合理的,相关信息在财务报表附注——××中所作出的披露是适当的。

第四节 非无保留意见审计报告

一、非无保留意见的概念

非无保留意见,是指对财务报表发表的保留意见、否定意见或无法表示意见。当存在下列情形之一时,注册会计师应当在审计报告中发表非无保留意见:

(1)根据获取的审计证据,得出财务报表整体存在重大错报的结论。

(2)无法获取充分、适当的审计证据,不能得出财务报表整体不存在重大错报的结论。

二、确定非无保留意见的类型

注册会计师确定恰当的非无保留意见类型,取决于下列事项:

(1)导致非无保留意见的事项的性质,是财务报表存在重大错报,还是在无法获取充分、适当的审计证据的情况下,财务报表可能存在重大错报。

(2)注册会计师就导致非无保留意见的事项对财务报表产生或可能产生影响的广泛性作出的判断。

广泛性是描述错报影响的术语,用以说明错报对财务报表的影响,或者由于无法获取充分、适当的审计证据而未发现的错报(如存在)对财务报表可能产生的影响。根据注册会计师的判断,对财务报表的影响具有广泛性的情形包括:①不限于对财务报表的特定要素、账户或项目产生影响。②虽然仅对财务报表的特定要素、账户或项目产生影响,但这些要素、账户或项目可能是财务报表的主要组成部分。③当与披露相关时,产生的影响对财务报表使用者理解财务报表至关重要。

注册会计师对导致发表非无保留意见的事项的性质和这些事项对财务报表产生或可能产生影响的广泛性作出的判断,以及注册会计师的判断对审计意见类型的影响如表 8-3 所示。

表 8-3　　　　　　　　　　注册会计师发表非无保留意见的情形

导致发表非无保留	这些事项对财务报表产生或可能产生影响的广泛性	
意见的事项的性质	重大但不具有广泛性	重大且具有广泛性
财务报表存在重大错报	保留意见	否定意见
无法获取充分、适当的审计证据	保留意见	无法表示意见

三、保留意见审计报告

(一)签发保留意见审计报告的条件

当存在下列情形之一时,注册会计师应当发表保留意见审计报告:

(1)在获取充分、适当的审计证据后,注册会计师认为错报单独或汇总起来对财务报表影响重大,但不具有广泛性。

注册会计师在获取充分、适当的审计证据后,只有当认为财务报表就整体而言是公允的,但还存在对财务报表产生重大影响的错报时,才能发表保留意见。如果注册会计师认为,错报对财务报表产生的影响极为严重且具有广泛性,则应发表否定意见。因此,保留意见被视为注册会计师在不能发表无保留意见情况下,最不严厉的审计意见。

(2)注册会计师无法获取充分、适当的审计证据以作为形成审计意见的基础,但认为未发现的错报(如存在)对财务报表可能产生的影响重大,但不具有广泛性。

注册会计师因审计范围受到限制而发表保留意见还是无法表示意见,取决于无法获取的审计证据对形成审计意见的重要性。注册会计师在判断重要性时,应当考虑有关事项潜在影响的性质和范围以及在财务报表中的重要程度。只有当未发现的错报(如存在)对财务报表可能产生的影响重大,但不具有广泛性时,才能发表保留意见。

(二)保留意见审计报告的基本内容与专业术语

(1)如果对财务报表发表保留意见,除在审计报告中包含规定的审计报告要素外,注册会计师应当对审计意见部分使用"保留意见"的标题并发表保留意见。

当由于财务报表存在重大错报而发表保留意见时,注册会计师应当根据适用的财务报告编制基础在审计意见段中说明:注册会计师认为,除"形成保留意见的基础"部分所述事项产生的影响外,后附的财务报表在所有重大方面按照适用的财务报告编制基础的规定编制,公允反映了……等措辞。

当无法获取充分、适当的审计证据而导致发表保留意见时,注册会计师应当在审计意见段中使用"除……可能产生的影响外"等措辞。

(2)对财务报表发表保留意见审计报告,注册会计师还应当将"形成审计意见的基础"这一标题修改为"形成保留意见的基础",并在该部分对导致发表保留意见的事项进行描述:注册会计师相信,注册会计师已获取的审计证据是充分、适当的,为发表保留意见提供了基础。

由于财务报表存在重大错报而发表保留意见的审计报告的参考格式如表8-4所示。

表 8-4　　　　由于财务报表存在重大错报而发表保留意见的审计报告

审 计 报 告

ABC股份有限公司全体股东：

一、保留意见

我们审计了ABC股份有限公司（以下简称ABC公司）财务报表，这些报表包括2022年12月31日的资产负债表，2022年度的利润表、现金流量表、股东权益变动表以及相关财务报表附注。

我们认为，除"形成保留意见的基础"部分所述事项产生的影响外，后附的财务报表在所有重大方面按照企业会计准则的规定编制，公允反映了ABC公司2022年12月31日的财务状况以及2022年度的经营成果和现金流量。

二、形成保留意见的基础

ABC公司2022年12月31日资产负债表中存货的列示金额为×元。ABC公司管理层（以下简称管理层）根据成本对存货进行计量，而没有根据成本与可变现净值孰低的原则进行计量，这不符合企业会计准则的规定。ABC公司的会计记录显示，如果管理层以成本与可变现净值孰低来计量存货，存货列示金额将减少×元。相应地，资产减值损失将增加×元，所得税、净利润和股东权益将分别减少×元、×元和×元。

我们按照中国注册会计师审计准则的规定执行了审计工作。审计报告的"注册会计师对财务报表审计的责任"部分进一步阐述了我们在这些准则下的责任。按照中国注册会计师职业道德守则，我们独立于ABC公司，并履行了职业道德方面的其他责任。我们相信，我们获取的审计证据是充分、适当的，为发表保留意见提供了基础。

三、其他信息

按照《中国注册会计师审计准则第1521号——注册会计师对其他信息的责任》的规定报告，其他信息部分的最后一段需要进行改写，以描述导致注册会计师对财务报表发表保留意见并且影响其他信息的事项。

四、关键审计事项

关键审计事项是根据我们的职业判断，认为对本期财务报表审计最为重要的事项。这些事项是在对财务报表整体进行审计并形成意见的背景下进行处理的，我们不对这些事项提供单独的意见。除"形成保留意见的基础"部分所述事项外，我们确定下列事项是需要在审计报告中沟通的关键审计事项。

按照《中国注册会计师审计准则第1504号——在审计报告中沟通关键审计事项》的规定描述每一关键审计事项。

五、管理层和治理层对财务报表的责任

按照《中国注册会计师审计准则第1501号——对财务报表形成审计意见和出具审计报告》的规定报告，参见表8-1。

(续表)

六、注册会计师对财务报表审计的责任 　　按照《中国注册会计师审计准则第1501号——对财务报表形成审计意见和出具审计报告》的规定报告，参见表8-1。 　　××会计师事务所　　　　　　　　　　中国注册会计师：×××（项目合伙人） 　　（盖章）　　　　　　　　　　　　　　（签名并盖章） 　　　　　　　　　　　　　　　　　　　　中国注册会计师：××× 　　中国××市　　　　　　　　　　　　　（签名并盖章） 　　　　　　　　　　　　　　　　　　　　二〇二三年××月××日

四、否定意见审计报告

（一）签发否定意见审计报告的条件

否定意见是指注册会计师认为财务报表没有在所有重大方面按照适用的财务报告编制基础编制，未能实现公允反映被审计单位的财务状况、经营成果和现金流量而发表的审计意见。否定意见说明被审计单位的财务报表不能信赖，无论是注册会计师，还是被审计单位都不希望发表此类意见。因而在审计实务中发表否定意见的情况罕见。

在获取充分、适当的审计证据后，如果认为错报单独或汇总对财务报表的影响重大且具有广泛性，注册会计师应当发表否定意见。

（二）否定意见审计报告的基本内容与关键措辞

（1）在发表否定意见时，注册会计师应当对审计意见部分使用恰当的标题"否定意见"。

当发表否定意见时，注册会计师应当根据适用的财务报告编制基础在审计意见部分说明：注册会计师认为，由于"形成否定意见的基础"部分所述事项的重要性，财务报表没有在所有重大方面按照适用的财务报告编制基础编制，未能实现公允反映。

（2）否定意见审计报告的基本内容不仅应包括标准无保留意见审计报告的基本内容，还应当将"形成审计意见的基础"这一标题修改为"形成否定意见的基础"。且该部分应包含对导致发表否定意见的事项的描述，说明注意到的、将导致发表否定意见的所有其他事项及其影响，并在该部分对导致否定意见的事项进行描述：注册会计师获取了充分、适当的审计证据以作为形成否定审计意见的基础。

由于合并财务报表存在重大错报而发表否定意见的审计报告的参考格式，如表8-5所示。

表 8-5　　　　　　　由于合并财务报表存在重大错报而发表否定意见

审 计 报 告

ABC 股份有限公司全体股东：

一、否定意见

我们审计了 ABC 股份有限公司及其子公司（以下简称 ABC 集团）的合并财务报表，这些报表包括 2022 年 12 月 31 日的合并资产负债表，2022 年度的合并利润表、合并现金流量表、合并所有者权益（或股东权益）变动表以及合并财务报表附注。

我们认为，由于"形成否定意见的基础"部分所述事项的重要性，后附的集团合并财务报表没有在所有重大方面按照企业会计准则的规定编制，未能公允反映 ABC 集团 2022 年 12 月 31 日的合并财务状况以及 2022 年度的合并经营成果和合并现金流量。

二、形成否定意见的基础

如财务报表附注×所述，2022 年 ABC 集团通过非同一控制下的企业合并获得对 XYZ 公司的控制权，因未能取得购买日 XYZ 公司某些重要资产和负债的公允价值，故未将 XYZ 公司纳入合并财务报表的范围。按照企业会计准则的规定，该集团应将这一子公司纳入合并范围，并以暂估金额为基础核算该项收购。如果将 XYZ 公司纳入合并财务报表的范围，后附的 ABC 集团合并财务报表的多个报表项目将受到重大影响。但我们无法确定未将 XYZ 公司纳入合并范围对合并财务报表产生的影响。

我们按照中国注册会计师审计准则的规定执行了审计工作。审计报告的"注册会计师对合并财务报表审计的责任"部分进一步阐述了我们在这些准则下的责任。按照中国注册会计师职业道德守则，我们独立于 ABC 集团，并履行了职业道德方面的其他责任。我们相信，我们获取的审计证据是充分、适当的，为发表否定意见提供了基础。

三、其他信息

按照《中国注册会计师审计准则第 1521 号——注册会计师对其他信息的责任》的规定报告，其他信息部分的最后一段需要进行改写，以描述导致注册会计师对财务报表发表保留意见并且影响其他信息的事项。

四、关键审计事项

除"形成否定意见的基础"部分所述事项外，我们认为，没有其他需要在我们的报告中沟通的关键审计事项。

五、管理层和治理层对财务报表的责任

按照《中国注册会计师审计准则第 1501 号——对财务报表形成审计意见和出具审计报告》的规定报告，参见表 8-1。

六、注册会计师对财务报表审计的责任

按照《中国注册会计师审计准则第 1501 号——对财务报表形成审计意见和出具审计报告》的规定报告，参见表 8-1。

××会计师事务所	中国注册会计师：×××（项目合伙人）
（盖章）	（签名并盖章）
	中国注册会计师：×××
	（签名并盖章）
中国××市	二○二三年××月××日

五、无法表示意见审计报告

(一)签发无法表示意见审计报告的条件

注册会计师发表无法表示意见,不同于注册会计师拒绝接受委托,它是在注册会计师实施了必要审计程序后所形成的结论。注册会计师发表无法表示意见,不是注册会计师不愿意发表无保留、保留或否定意见,而是由于一些重大限制使得注册会计师无法实施必要的审计程序,未能对一些重大事项获得充分、适当的审计证据,从而不能对财务报表整体发表意见。

(1)如果无法获取充分、适当的审计证据以作为形成审计意见的基础,但认为未发现的错报(如存在)对财务报表可能产生的影响重大且具有广泛性,注册会计师应当发表无法表示意见。

(2)在极其罕见的情况下,可能存在多个不确定事项。尽管注册会计师对每个单独的不确定事项获取了充分、适当的审计证据,但由于不确定事项之间可能存在相互影响,以及可能对财务报表产生累计影响,注册会计师不可能对财务报表形成审计意见。在这种情况下,注册会计师应当发表无法表示意见。

典型的审计范围受到限制的情况有:

(1)未能对存货进行监盘。

(2)未能对应收账款进行函证。

(3)未能取得被投资企业的财务报表。

(4)内部控制极度混乱,会计记录缺乏系统性与完整性等。

在承接审计业务后,如果注意到管理层对审计范围施加了限制,且认为这些限制可能导致对财务报表发表保留意见或无法表示意见,注册会计师应当要求管理层消除这些限制。如果管理层拒绝消除这些限制,除非治理层全部成员参与管理被审计单位,注册会计师应当就此事项与治理层沟通,并确定能否实施替代程序以获取充分、适当的审计证据。

(二)无法表示意见审计报告的基本内容与关键措辞

无法表示意见审计报告的基本内容,在标准无保留审计报告基本内容的基础上进行多方面的修正。

(1)在发表无法表示意见时,注册会计师应当对审计意见部分使用"无法表示意见"作为标题。在审计意见部分,只强调"我们接受委托"的内容,而非"我们审计了……"的内容。

当由于无法获取充分、适当的审计证据而发表无法表示意见时,注册会计师应当:①说明注册会计师不对后附的财务报表发表审计意见。②说明由于形成无法表示意见的基础部分所述事项的重要性,注册会计师无法获取充分、适当的审计证据以作为对财务报表发表审计意见的基础。③修改财务报表已经审计的说明,改为注册会计师接受委托审计财务报表。

(2)"形成审计意见的基础"这一标题修改为"形成无法表示意见的基础",在该部分包含对导致发表无法表示意见的事项的描述,说明注册会计师无法获取审计证据的原因,以及注意到的、将导致发表无法表示意见的所有其他事项及其影响。

(3)当注册会计师对财务报表无法表示意见时,注册会计师应当修改标准无保留意见审计报告中对注册会计师责任的表述,并仅能包含如下内容:①说明注册会计师的责任是按照中国注册会计师审计准则的规定,对被审计单位财务报表执行审计工作,以出具审计报告。②但由于形成无法表示意见的基础部分所述的事项,注册会计师无法获取充分、适当的审计证据以作为发表审计意见的基础。③说明注册会计师在独立性和职业道德其他要求方面的责任。

（4）当对财务报表发表无法表示意见时，注册会计师不得在审计报告中包含关键审计事项部分，除非法律法规另有规定。

由于注册会计师无法针对财务报表多个要素获取充分、适当的审计证据而发表无法表示意见的审计报告的参考格式，如表8-6所示。

表8-6　　　　由于注册会计师无法针对财务报表多个要素获取充分、
适当的审计证据而发表无法表示意见的审计报告

审 计 报 告

ABC股份有限公司全体股东：

一、无法表示意见

我们接受委托，审计ABC股份有限公司（以下简称ABC公司）财务报表，包括2022年12月31日的资产负债表，2022年度的利润表、现金流量表、所有者权益（或股东权益）变动表以及财务报表附注。

我们不对后附的ABC公司财务报表发表审计意见。由于"形成无法表示意见的基础"部分所述事项的重要性，我们无法获取充分、适当的审计证据以作为发表审计意见的基础。

二、形成无法表示意见的基础

我们于2023年1月接受ABC公司的审计委托，因而未能对ABC公司2022年年初金额为×元的存货和年末金额为×元的存货实施监盘程序。此外，我们也无法实施替代审计程序获取充分、适当的审计证据。并且，ABC公司于2022年9月采用新的应收账款电算化系统，由于存在系统缺陷导致应收账款出现大量错误。截至报告日，管理层仍在纠正系统缺陷并更正错误，我们也无法实施替代审计程序，以对截至2022年12月31日的应收账款总额×元获取充分、适当的审计证据。因此，我们无法确定是否有必要对存货、应收账款以及财务报表其他项目作出调整，也无法确定应调整的金额。

三、管理层和治理层对财务报表的责任

按照《中国注册会计师审计准则第1501号——对财务报表形成审计意见和出具审计报告》的规定报告，参见表8-1。

四、注册会计师对财务报表审计的责任

我们的责任是按照中国注册会计师审计准则的规定，对ABC公司的财务报表执行审计工作，以出具审计报告。但由于"形成无法表示意见的基础"部分所述的事项，我们无法获取充分、适当的审计证据以作为发表审计意见的基础。

按照中国注册会计师职业道德守则，我们独立于ABC公司，并履行了职业道德方面的其他责任。

××会计师事务所	中国注册会计师：×××（项目合伙人）
（盖章）	（签名并盖章）
	中国注册会计师：×××
中国××市	（签名并盖章）
	二〇二三年××月××日

第五节　在审计报告中增加强调事项段和其他事项段

一、强调事项段

(一) 强调事项段的概念

审计报告的强调事项段,是指审计报告中含有的一个段落,该段落提及已在财务报表中恰当列报或披露的事项,且根据注册会计师的职业判断,该事项对财务报表使用者理解财务报表至关重要。

(二) 需要增加强调事项段的情形

如果认为有必要提醒财务报表使用者关注已在财务报表中列报或披露,且根据职业判断认为对财务报表使用者理解财务报表至关重要的事项,在同时满足下列条件时,注册会计师应当在审计报告中增加强调事项段:

(1) 按照《中国注册会计师审计准则第1502号——在审计报告中发表非无保留意见》的规定,该事项不会导致注册会计师发表非无保留意见。

(2) 当《中国注册会计师审计准则第1504号——在审计报告中沟通关键审计事项》适用时,该事项未被确定为在审计报告中沟通的关键审计事项。

某些审计准则对注册会计师在特定情况下在审计报告中增加强调事项段提出具体要求。这些情形包括以下三个方面:

(1) 法律法规规定的财务报告编制基础不可接受,但其是基于法律或法规作出的规定。

(2) 提醒财务报表使用者注意财务报表按照特殊目的编制基础编制。

(3) 注册会计师在审计报告日后知悉了某些事实(即期后事项),并且出具了新的或经修改的审计报告。

除上述审计准则要求增加强调事项的情形外,注册会计师可能认为需要增加强调事项段的情形举例如下:

(1) 异常诉讼或监管行动的未来结果存在不确定性。

(2) 在财务报表日至审计报告日之间发生的重大期后事项。

(3) 在允许的情况下,提前应用对财务报表有重大影响的新会计准则。

(4) 存在已经或持续对被审计单位财务状况产生重大影响的特大灾难。

过于广泛地使用强调事项段,可能会降低注册会计师对强调事项所作沟通的有效性。

(三) 在审计报告中包含强调事项段时注册会计师采取的措施

如果在审计报告中包含强调事项段,注册会计师应当采取下列措施:

(1) 将强调事项段作为单独的一部分置于审计报告中,并使用包含"强调事项"这一术语的适当标题。

(2) 明确提及被强调事项以及相关披露的位置,以便能够在财务报表中找到对该事项的详细描述。强调事项段应当仅提及已在财务报表中列报或披露的信息。

(3) 指出审计意见没有因该强调事项而改变。增加强调事项段是为了提醒财务报表使用者关注某些事项,并不影响注册会计师的审计意见。为了使财务报表使用者明确这一点,注册会计师应当在强调事项段中指明,该内容仅用于提醒财务报表使用者关注,并不影响已发表的审计意见。带强调事项段的无保留意见审计报告的参考格式如表8-7所示。

表 8-7　　　　　　　　　　带强调事项段的无保留意见审计报告

审 计 报 告

ABC 股份有限公司全体股东：

一、审计意见

我们审计了 ABC 股份有限公司(以下简称 ABC 公司)财务报表,这些报表包括 2022 年 12 月 31 日的资产负债表,2022 年度的利润表、现金流量表、所有者权益(或股东权益)变动表以及财务报表附注。

我们认为,后附的财务报表在所有重大方面按照企业会计准则的规定编制,公允反映了 ABC 公司 2022 年 12 月 31 日的财务状况以及 2022 年度的经营成果和现金流量。

二、形成审计意见的基础

我们按照中国注册会计师审计准则的规定执行了审计工作。审计报告的"注册会计师对财务报表审计的责任"部分进一步阐述了我们在这些准则下的责任。按照中国注册会计师职业道德守则,我们独立于 ABC 公司,并履行了职业道德方面的其他责任。我们相信,我们获取的审计证据是充分、适当的,为发表审计意见提供了基础。

三、强调事项

我们提醒财务报表使用者关注,财务报表附注×描述了火灾对 ABC 公司的生产设备造成的影响。本段内容不影响已发表的审计意见。

四、关键审计事项

关键审计事项是我们根据职业判断,认为对本期财务报表审计最为重要的事项。这些事项是在对财务报表整体进行审计并形成意见的背景下进行处理的,我们不对这些事项提供单独的意见。

按照《中国注册会计师审计准则第 1504 号——在审计报告中沟通关键审计事项》的规定描述每一关键审计事项。

五、其他信息

按照《中国注册会计师审计准则第 1521 号——注册会计师对其他信息的责任》的规定报告。

六、管理层和治理层对财务报表的责任

按照《中国注册会计师审计准则第 1501 号——对财务报表形成审计意见和出具审计报告》的规定报告,参见表 8-1。

七、注册会计师对财务报表审计的责任

按照《中国注册会计师审计准则第 1501 号——对财务报表形成审计意见和出具审计报告》的规定报告,参见表 8-1。

××会计师事务所	中国注册会计师：×××(项目合伙人)
(盖章)	(签名并盖章)
	中国注册会计师：×××
中国××市	(签名并盖章)
	二〇二三年××月××日

二、其他事项段

(一)其他事项段的含义

其他事项段,是指审计报告中含有的一个段落。该段落提及未在财务报表中列报或披露的事项,且根据注册会计师的职业判断,该事项与财务报表使用者理解审计工作、注册会计师的责任或审计报告相关。

(二)可能需要增加其他事项段的情形

如果认为有必要沟通虽然未在财务报表中列报或披露,但根据职业判断认为与财务报表使用者理解审计工作、注册会计师的责任或审计报告相关的事项,在同时满足下列条件时,注册会计师应当在审计报告中增加其他事项段:

(1)未被法律法规禁止。

(2)当《中国注册会计师审计准则第1504号——在审计报告中沟通关键审计事项》适用时,该事项未被确定为在审计报告中沟通的关键审计事项。

具体讲,可能需要在审计报告中增加其他事项段的情形包括以下四个方面:

(1)与使用者理解审计工作相关的情形。

(2)与使用者理解注册会计师的责任或审计报告相关的情形。

(3)对两套以上财务报表出具审计报告的情形。

(4)限制审计报告分发和使用的情形。

如果在审计报告中包含其他事项段,注册会计师应当将该段落作为单独的一部分,并使用"其他事项"或其他适当标题。

三、与治理层的沟通

如果拟在审计报告中增加强调事项段或其他事项段,注册会计师应当就该事项和拟使用的措辞与治理层沟通。

与治理层的沟通能使治理层了解注册会计师拟在审计报告中所强调的特定事项的性质,并在必要时为治理层提供向注册会计师作出进一步澄清的机会。对于连续审计业务,当某一特定事项在每期审计报告中的其他事项段中重复出现时,除非法律法规另有规定,注册会计师可能认为没有必要在每次审计业务中重复沟通。

课堂结账测试

班级_____ 姓名_____ 学号_____ 日期_____ 平时分_____

一、单项选择题(每题 5 分,共计 25 分)

1. 注册会计师签发的审计报告,不具有(　　)作用。
   A. 鉴证作用　　B. 保护作用　　C. 证明作用　　D. 促进作用

2. 在获取充分、适当的审计证据后,如果认为错报单独或汇总起来对财务报表影响重大,且具有广泛性时,注册会计师应当出具(　　)审计报告。
   A. 无保留意见　　　　　　B. 保留意见
   C. 否定意见　　　　　　　D. 无法表示意见

3. 下列各项中,不属于审计报告要素的是(　　)。
   A. 形成审计意见的基础　　　　B. 审计报告后附的财务报表和附注
   C. 注册会计师对财务报表的责任　　D. 管理层对财务报表的责任

4. 如果对影响财务报表的重大事项无法实施必要的审计程序,在不考虑其他因素的情况下,注册会计师应当(　　)。
   A. 发表无保留意见　　　　　　　B. 发表保留意见或否定意见
   C. 发表保留意见或无法表示意见　D. 发表带强调事项段的无保留意见

5. 某位注册会计师在编写审计报告时,在审计意见段后增加了提请财务报表使用者关注事项,但不影响已发表的审计意见。这种审计报告是(　　)。
   A. 无保留意见审计报告　　　　B. 保留意见审计报告
   C. 无法表示意见审计报告　　　D. 带强调事项段的审计报告

二、判断题(每题 5 分,共 25 分)

1. 无保留意见审计报告应当以"我们认为"作为意见段的开头,并使用"在所有重大方面""公允反映了"等专业术语。(　　)

2. 如果无法获取充分、适当的审计证据以作为形成审计意见的基础,但认为未发现的错报(如存在)对财务报表可能产生的影响重大且具有广泛性,注册会计师应当发表无法表示意见。(　　)

3. 否定意见审计报告的基本内容除包括标准无保留意见审计报告的基本内容外,还应当将"形成审计意见的基础"这一标题修改为"形成否定意见的基础"。(　　)

4. 非无保留意见审计报告是指无保留意见审计报告以外的其他审计报告,包括保留意见的审计报告、否定意见的审计报告和无法表示意见的审计报告。(　　)

5. 为达到突出关键审计事项的目的,注册会计师应当在审计报告中单设一部分,以"强调审计事项"为标题,并在该部分使用恰当的子标题逐项描述关键审计事项。(　　)

三、业务题(50分)

甲会计师事务所接受委托对A公司2022年度财务报表进行审计。注册会计师于2023年3月18日完成了审计工作,按审计业务约定书的要求,应于2023年3月28日提交审计报告。A公司2022年度审计前的利润总额为150万元。注册会计师确定的财务报表层次的重要性水平为10万元。现假定存在以下几种情况:

(1) 在某诉讼案中,A公司被起诉侵权,原告要求赔偿75万元。至2022年12月31日胜负难以预料。诉讼案和可能产生的影响均已列示在财务报表附注中。

(2) A公司在2022年7月以面值112万元购买某公司发行的债券,确认为债权投资,2021年12月31日的市价为80万元。A公司仅在财务报表附注中揭示了该市价。

(3) A公司在2022年11月购入一台管理用设备,当月投入使用,2022年年末提取折旧。该设备原始价值为50万元,月折旧率为2%。

(4) A公司重要的全资子公司B由于违反法律,被监管机构和法院查封,财务资料和业务资料均无法取得和查阅。

(5) 由于A公司的ERP系统存在重大缺陷,应收账款、营业收入、应付账款、营业成本等多个项目发生重大错报。

要求:假设上述情况都是独立的,请分别针对上述情况,说明注册会计师应当出具何种意见的审计报告,并简要说明理由。

第九章　销售与收款循环审计

知识导航

- 销售与收款循环审计
  - 销售与收款循环控制测试
    - 销售与收款循环涉及的主要凭证和会计记录
    - 销售与收款循环涉及的主要业务活动
    - 销售交易的内部控制和控制测试
    - 收款交易的内部控制和控制测试
    - 评估重大错报风险
  - 营业收入审计
    - 营业收入的审计目标
    - 主营业务收入的实质性程序
    - 其他业务收入的实质性程序
  - 应收账款审计
    - 应收账款的审计目标
    - 应收账款的实质性程序
  - 坏账准备审计
    - 坏账准备的审计目标
    - 坏账准备的实质性程序

学习目标

1. 了解销售与收款循环涉及的主要经济业务活动、相关的会计凭证及记录。
2. 理解销售与收款循环的内部控制。
3. 掌握销售与收款循环控制测试的方法。
4. 掌握主营业务收入、应收账款的实质性审计程序的方法。

寓德于教

注册会计师行业的数字化转型

当前,我国正在大力发展数字经济。数字经济的一个显著特征,是数据成为推动经济发展的关键生产要素。习近平总书记强调,要推动产业数字化,利用互联网新技术新应用对传统产业进行全方位、全角度、全链条的改造,提高全要素生产率,释放数字对经济发展的放大、叠加、倍增作用,要推动互联网、大数据、人工智能和实体经济深度融合,加快制造业、农业、服务业数字化、网络化、智能化。

2023年3月27日,中注协发布《注册会计师审计数据规范 公共基础》《注册会计师审计数

据规范 总账》等4项注册会计师审计数据规范。

早在2010年,中注协就将信息化作为注册会计师行业发展的一大战略。进入"十四五"时期,为了进一步实施注册会计师行业信息化战略,引领行业信息化建设,推动行业数字化转型,驱动行业高质量发展,2021年4月,中注协印发了《注册会计师行业信息化建设规划(2021—2025年)》(以下简称《信息化规划》),提出行业信息化未来五年的建设目标为"标准化、数字化、网络化、智能化",并将"推动构建行业数据标准体系"作为行业信息化建设的一项重要任务,提出"围绕审计数据采集、审计报告电子化、行业管理服务数据、电子签章与证照等领域,按照继承、发展和创新原则,急用先行、循序渐进推动构建科学适用的行业数据标准体系,满足数据共享交换和数据分析需求,发挥数据作为生产要素的作用。"本次发布的4项注册会计师审计数据规范,就是行业贯彻落实《信息化规划》的一项重要成果。

资料来源:中注协有关负责人就《注册会计师审计数据规范 公共基础》《注册会计师审计数据规范 总账》等4项注册会计师审计数据规范答记者问。

思考:
1. 收入审计中常见的主要凭证有哪些?
2. 推动数字化转型对注册会计师行业有什么积极意义?

第一节 销售与收款循环控制测试

公司销售产品或提供劳务而获取的收入是公司赖以生存和发展的根本。销售与收款循环是企业接受销售订单向客户销售商品或提供劳务,直到取得货款或劳务收入的有关活动所组成的业务循环。由于该循环涉及收入和资产项目,它既影响利润表项目,又影响资产负债表项目。因此,销售与收款循环审计是财务报表审计中十分重要的内容。

注册会计师只有了解销售与收款循环涉及的主要凭证、记录及其业务活动,才能站在整个循环的角度把握该循环涉及的相关账户的审计风险,进而提高审计的效率。

一、销售与收款循环涉及的主要凭证和会计记录

1. 客户订购单

客户订购单即客户提出的书面购货要求,企业可以通过销售人员或其他途径向客户发送订购单等方式接受客户订货。

2. 销售单

销售单是列示客户所订商品的名称、规格、数量以及其他有关信息的凭证,作为销售方处理客户订购单的凭证。

3. 发运凭证

发运凭证是在发运货物时编制的,用来反映发出商品的规格、数量和其他有关内容的凭据。发运凭证的一联寄送给客户,其余联(一联或数联)由企业保留,这种凭证可用作向客户开票收款的依据。

4. 销售发票

销售发票是在会计账簿中登记销售交易的基本凭证。以增值税发票为例,销售发票的两

联(抵扣联和记账联)寄送给客户,一联由企业保留。

5. 商品价目表

商品价目表是列示已经授权批准的、可供销售的各种商品的价格清单。

6. 贷项通知单

贷项通知单是一种用来表示由于销售退回、或经批准的折让而引起的应收销货款减少的凭证。

7. 应收账款账龄分析表

应收账款账龄分析表是按月编制的、反映月末尚未收回的应收账款总额和账龄。

8. 应收账款明细账

应收账款明细账是用来记录每个客户各项赊销、还款、销售退回及折让的明细账。

9. 主营业务收入明细账

主营业务收入明细账是一种用来记录销售业务的明细账。它通常记载或反映不同类别商品或服务的营业收入的明细发生情况和总额。

10. 折扣与折让明细账

折扣与折让明细账是一种用来核算企业销售商品时,按销售合同规定为了及早收回货款而给予客户的销售折扣,以及因商品品种、质量等原因而给予客户的销售折让情况的明细账。

11. 汇款通知书

汇款通知书是一种与销售发票一起寄给客户,由客户在付款时再寄回销售单位的凭证。该凭证注明了客户的姓名、销售发票号码、销售单位开户银行账号以及金额等内容。

12. 现金日记账和银行存款日记账

现金日记账和银行存款日记账是用来记录应收账款的收回、现销收入或其他各种现金、银行存款收入和支出的日记账。

13. 坏账核销审批表

坏账核销审批表是仅在企业内部使用的用来批准将某些无法收回的应收款项作为坏账予以核销的凭证。

14. 客户对账单

客户对账单是一种定期寄送给客户的用于购销双方定期核对账目的凭证,对账单可能是月度、季度或年度的,取决于企业的经营管理需要。

15. 转账凭证

转账凭证是指记录转账业务的记账凭证,它是根据有关转账业务的原始凭证编制的。

16. 收款凭证

收款凭证是指用来记录现金和银行存款收入业务的记账凭证。

二、销售与收款循环涉及的主要业务活动

1. 接受客户订购单

企业接受客户的订购单要求是销售与收款循环的起点,是购买某种货物或接受某种劳务的一种申请。

客户的订购单只有在符合企业管理层的授权标准时才能被接受。企业管理层一般都列出了已批准销售的客户名单。销售单管理部门首先应审查该客户是否在已经批准的客户名单内,如果该客户未被列入,则通常需要由销售单管理部门的主管来决定是否同意销售。

企业在接受了客户订购单之后,下一步就应编制一式多联的销售单。销售单是证明管理层有关销售交易的"发生"认定的凭据之一,也是此笔销售的交易轨迹的起点。

2. 批准赊销信用

赊销业务的批准是由信用管理部门根据管理层的赊销政策及每个客户的已授权的信用额度,来决定给予客户多少信用限额的业务。信用管理部门的职员在收到销售管理部门的销售单后,应比较销售单与该客户已被授权的赊销信用额度以及至今尚欠的账款余额。执行人工赊销信用检查时,还应合理划分工作职责,以避免销售人员为扩大销售而使企业承受不适当的信用风险。

企业的信用管理部门应对每个新客户进行信用调查,包括获取信用评审机构对客户信用等级的评定报告。无论批准赊销与否,被授权的信用管理部门人员都需要在销售单上签署意见,然后再将签署意见后的销售单返回订单管理部门。

设计信用批准控制的目的是降低坏账风险,因此,这些控制与应收账款账面余额的"准确性、计价和分摊"认定有关。

3. 按销售单供货

企业管理层通常要求商品仓库只有在收到经过批准的销售单时才能供货。设立这项控制程序的目的是防止仓库在未经授权的情况下擅自发货。因此,已批准销售单的一联通常应送达仓库,作为仓库按销售单供货和发货给装运部门的授权依据。

4. 按销售单装运货物

将按经批准的销售单供货与按销售单装运货物职责相分离,有助于避免负责装运货物的职员在未经授权的情况下装运产品。装运部门职员在装运之前,通常还会进行独立验证,以确定从仓库提取的商品都附有经批准的销售单,并且所装运商品与销售单列示的项目一致。发运凭证的一联寄送给客户,其余联(一份或数份)由企业保留。

5. 开具账单

开具账单是指开具并向客户寄送事先连续编号的销售发票。与这项活动相关的问题包括以下三个方面:

(1) 是否对所装运的货物都开具了账单(完整性)。

(2) 是否只对实际装运的货物开具账单,有无重复开具账单或虚构交易(发生)。

(3) 是否按已授权批准的商品价目表所列价格计价开具账单(准确性)。

为了降低开具账单过程中出现遗漏、重复、错误计价或其他差错的风险,企业应设立以下控制程序:

(1) 负责开具发票的员工在开具每张销售发票之前,独立检查是否存在装运凭证和相应的经批准的销售单。

(2) 依据已授权批准的商品价目表开具销售发票。

(3) 将发运凭证上的商品总数与相对应的销售发票上的商品总数进行核对。

上述控制与销售交易的发生、完整性以及准确性认定相关。企业通常保留销售发票存根联。

6. 记录销售

在手工会计系统中,记录销售的过程包括区分赊销、现销。按销售发票编制转账凭证或现金、银行存款收款凭证,再据以登记销售明细账和应收账款明细账或库存现金、银行存款日记账。

记录销售的控制程序包括以下内容：

(1) 依据有效的发运凭证和销售单记录销售。这些发运凭证和销售单应能证明销货交易的发生及其发生的日期。

(2) 使用事先连续编号的销售发票并对发票使用情况进行监控。

(3) 独立检查已处理销售发票上的销售金额同会计记录金额的一致性。

(4) 记录销售的职责应与处理销售交易的其他功能相分离。

(5) 对记录过程中所涉及的有关记录的接触予以限制，以减少未经授权批准的记录发生。

(6) 定期独立检查应收账款明细账与总账的一致性。

由不负责现金出纳和销售及应收账款记账的人员定期向客户寄送对账单，对不符事项进行调查，必要时调整会计记录，编制对账情况汇总报告并交管理层审核。

上述控制与发生、完整性、准确性以及计价和分摊认定相关。

7. 办理和记录现金、银行存款收入

办理和记录现金、银行存款收入涉及的是有关货款收回，现金、银行存款增加以及应收账款减少的活动。在办理和记录现金、银行存款收入时，企业最应关心的是货币资金失窃的可能性。货币资金失窃可能发生在货币资金收入登记入账之前或登记入账之后。处理货币资金收入时最重要的是要保证全部货币资金都必须如数、及时地记入库存现金、银行存款日记账或应收账款明细账，并如数、及时地将现金存入银行。企业通过出纳与现金记账的职责分离、现金盘点、编制银行余额调节表、定期向客户寄送对账单等控制来实现上述目的。

8. 办理和记录销售退回、销售折扣与折让

客户如果对商品不满意，销售企业一般都会同意接受退货，或给予一定的销售折让；客户如果提前支付货款，销售企业则可能会给予一定的销售折扣。发生此类事项时，必须经授权批准，并应确保与办理此事有关的部门和职员各司其职，分别控制实物流和会计处理。在这方面，严格使用贷项通知单会起到关键的作用。

9. 注销坏账

不管赊销部门的工作如何主动，客户因经营不善、宣告破产、死亡等原因而不支付货款的事仍可能发生。销售企业若认为某项货款再也无法收回，就必须注销这笔货款。对这些坏账，正确的处理方法应该是获取货款无法收回的确凿证据，经适当审批后及时作出会计调整。

10. 提取坏账准备

企业一般定期对应收账款的信用风险进行评估，并根据预期信用损失计提坏账准备。坏账准备提取的数额应当能够抵补企业以后无法收回的本期销货款。

三、销售交易的内部控制和控制测试

(一) 销售交易的内部控制

1. 适当的职责分离

(1) 企业应当将办理销售、发货、收款三项业务的部门(或岗位)分别设立。

(2) 企业在销售合同订立前，应当指定专门人员就销售价格、信用政策、发货及收款方式等具体事项与客户进行谈判。谈判人员至少应有两人以上，并与订立合同的人员相分离。

(3) 编制销售通知单的人员与开具销售发票的人员应职务相互分离。

(4) 销售人员应当避免接触销售现款。

（5）企业应收票据的取得和贴现必须经由保管票据以外的主管人员的书面批准。

2. 恰当的授权审批

注册会计师应当关注以下四个关键点上的审批程序：

（1）在销售发生之前，赊销已经正确审批。

（2）非经正当审批，不得发出货物。

（3）销售价格、销售条件、运费、折扣等必须经过审批。

（4）审批人应当根据销售与收款授权批准制度的规定，在授权范围内进行审批，不得超越审批权限。对于超过企业既定销售政策和信用政策规定范围的特殊销售业务，企业应当进行集体决策。

前两项控制的目的在于防止企业因向虚构的或无力支付货款的客户发货而蒙受损失。价格审批控制的目的在于保证销售交易按照企业定价政策规定的价格开票收款。对授权审批范围设定权限的目的在于防止因审批人决策失误而造成损失。

3. 充分的凭证和记录

只有具备充分的记录程序，才有可能实现其他各项控制目标。例如，有的企业在收到客户订购单后，就立即编制一份预先编号的一式多联的销售单，分别用于批准赊销、审批发货、记录发货数量以及向客户开具账单和销售发票等。在这种制度下，只要定期清点销售单和销售发票，漏开账单的情形几乎就不太会发生。相反的情况是，有的企业只在发货以后才开具账单，如果没有其他控制措施，漏开账单的情况就很可能会发生。

4. 凭证的预先编号

凭证应预先编号，这是为了防止销售以后遗漏向客户开具账单或登记入账，也可防止重复开具账单或重复记账。当然，如果对凭证的编号不作清点，预先编号就会失去其控制意义。定期检查全部凭证的编号，并调查凭证缺号或重号的原因，是实施这项控制的关键点。在目前信息技术得以广泛运用的环境下，凭证预先编号这一控制在很多情况下由系统执行，同时辅以人工的监控（如对系统生成的例外报告进行复核）。

5. 按月寄送对账单

由不负责现金出纳、销售及应收账款记账的人员按月向客户寄发对账单，能促使客户在发现应付账款余额不正确后及时作出说明。为了使这项控制更加有效，最好将账户余额中出现的所有核对不符的账项，指定一位既不掌管货币资金也不记录主营业务收入和应收账款的主管人员处理。

6. 内部核查程序

由内部审计人员或其他独立人员核查销货业务的处理和记录，是实现内部控制目标所不可缺少的一项控制措施。销售与收款内部核查的主要内容包括以下五个方面：

（1）销售与收款交易相关岗位及人员的设置情况。重点检查是否存在销售与收款交易不相容职务混岗的现象。

（2）销售与收款交易授权批准制度的执行情况。重点检查授权批准手续是否健全，是否存在越权审批行为。

（3）销售的管理情况。重点检查信用政策、销售政策的执行是否符合规定。

（4）收款的管理情况。重点检查销售收入是否及时入账，应收账款的催收是否有效，坏账核销和应收票据的管理是否符合规定。

(5) 销售退回的管理情况。重点检查销售退回手续是否齐全,退回货物是否及时入库。

(二) 销售交易的控制测试

(1) 对于职责分离,注册会计师通常通过观察被审计单位有关人员的活动,以及与这些人员进行讨论,来实施职责分离的控制测试。

(2) 对于授权审批,注册会计师通过检查凭证在"2.恰当的授权审批"所述的四个关键点上是否经过审批,可以很容易地测试出授权审批内部控制的效果。

(3) 对于充分的凭证和记录以及凭证的预先编号这两项控制,常用的控制测试程序是清点各种凭证。例如,从主营业务收入明细账中选取样本,追查至相应的销售单、发运单、销售发票存根,看其编号是否连续,有无不正常的缺号发票和重号发票。这种测试程序可同时提供有关真实性和完整性目标的证据。

(4) 对于按月寄送对账单这项控制,观察指定人员寄送对账单,并检查客户复函档案,是一项十分有效的控制测试。

(5) 对于内部核查程序,注册会计师可以通过检查内部审计人员的报告,或检查其他独立人员在他们核查的内容上的签字等方法实施控制测试。

四、收款交易的内部控制和控制测试

(一) 收款交易的内部控制

每个企业的性质、所处行业、规模以及内部控制健全程度等不同,其与收款交易相关的内部控制内容因此有所不同,但以下与收款交易相关的内部控制内容通常是应当共同遵循的:

(1) 企业应当按照《现金管理暂行条例》及《支付结算办法》等规定,及时办理销售收款。

(2) 企业应将销售收入及时入账,不得账外设账,不得擅自坐支现金。销售人员应当避免接触销售现款。

(3) 企业应当建立应收账款账龄分析制度和逾期应收账款催收制度。销售部门应当负责应收账款的催收,财会部门应当督促销售部门加紧催收。对催收无效的逾期应收账款可通过法律程序予以解决。

(4) 企业应当按客户设置应收账款台账,及时登记每一客户应收账款余额增减变动情况和信用额度使用情况,对长期往来客户应当建立起完善的客户资料,并对客户资料实行动态管理,及时更新。

(5) 企业对于可能成为坏账的应收账款应当报告有关决策机构,由其进行审查确定是否确认为坏账。企业发生的各项坏账,应查明原因,明确责任,并在履行规定的审批程序后作出会计处理。

(6) 企业注销的坏账应当进行备查登记,做到账销案存。已注销的坏账又收回时应当及时入账,防止形成账外资金。

(7) 企业应收票据的取得和贴现必须经由保管票据以外的主管人员的书面批准。应有专人保管应收票据,对于即将到期的应收票据,应及时向付款人提示付款;已贴现票据应在备查簿中登记,以便日后追踪管理;并应制定逾期票据的冲销管理程序和逾期票据追踪监控制度。

(8) 企业应当定期与往来客户通过函证等方式核对应收账款,应收票据、预收款项等往来款项。如有不符,应查明原因,及时处理。

（二）收款交易的控制测试

（1）测试应收账款记录的收款与银行存款是否一致。测试程序包括：检查核对每日收款总表和银行存款清单的核对记录和核对人签名；检查银行存款余额调节表和负责编制员工的签名。

（2）测试收款是否被记入不正确的应收账款账户。测试程序包括：检查对例外事项报告中的信息核对记录以及无法核对事项的解决情况；检查客户质询信件并确定问题是否得到解决；检查管理层对应收账款账龄分析表的复核及跟进措施。

（3）测试登记入账的现金收入与企业已经实际收到的现金是否一致。测试程序包括：实地观察收银台、销售点的收款过程，并检查这些地方是否有足够的物理监控；检查盘点记录和结算记录上负责计算现金和与销售汇总表相调节工作的员工签名；检查银行存款单和销售汇总表上的签名，证明已实施复核。

（4）测试坏账准备的计提是否充分与核销是否经审批。测试程序包括：询问管理层如何复核坏账准备计提表的计算，检查是否有复核人员的签字；检查坏账核销是否经过管理层的恰当审批；检查计算账龄分析表的规则是否正确。

五、评估重大错报风险

收入确认是审计的高风险领域，注册会计师应当考虑影响收入交易的重大错报风险，并对被审计单位经营活动中可能发生的重大错报风险保持警觉。营业收入存在的风险可能包括以下五项。

1. 收入确认存在的舞弊风险

有些企业往往为了达到粉饰财务报表的目的而采用虚增或隐瞒收入等方式实施舞弊。例如，为虚构销售收入，将商品从某一地点移送至另一地点，凭出库单和运输单据为依据记录销售收入。为降低税负或转移利润，将商品发出、收到货款并满足收入确认条件后，不确认收入，将收到的货款作为负债挂账，或转入本单位以外的其他账户。中国注册会计师审计准则要求注册会计师基于收入确认存在舞弊风险的假定，评价哪些类型的收入、收入交易或认定导致舞弊风险。

2. 收入的复杂性可能导致的错误

被审计单位可能针对一些特定的产品或者服务提供一些特殊的交易安排（如特殊的退货约定、特殊的服务期限安排等），但管理层可能对这些不同安排下所涉及的交易风险的判断缺乏经验，收入确认上就容易发生错误。

3. 期末收入交易和收款交易的截止错误

将属于下一会计期间的收入有意或无意地计入本期，或者将属于本期的收入有意或无意地计入下一会计期间，可能导致本期收入以及本期期末应收账款余额、货币资金余额和应交税费余额的高估或低估。

4. 收款未及时入账或记入不正确的账户

例如，被审计单位将商品发出、收到货款并满足收入确认条件后，不确认收入，而将收到的货款作为负债挂账，或转入本单位以外的其他账户。

5. 应收账款坏账准备的计提不准确

例如，有些企业人为改变应收账款的账龄分类，或者人为改变坏账准备计提比例和计提方法来达到调节利润的目的。

【例 9-1】 销售与收款循环内部控制测试案例分析

ABC 会计师事务所承接了新华公司 2022 年度财务报表审计业务,注册会计师 A 于 2022 年 12 月 1~6 日对新华公司的销售与收款循环的内部控制进行了解和测试,并在相关工作底稿中记录了了解和测试的事项,部分摘录如下:

(1)开具账单部门在收到发运单并与销售单核对无误后,编制预先连续编号的销售发票,并将其连同发运单和销售单及时送交会计部门。会计部门在核对无误后由财务部门职员王某据以登记销售收入和应收账款明细账。

(2)由负责登记应收账款备查簿的人员在每月月末定期给顾客寄送对账单,并对顾客提出的异议进行专门追查。

要求:请代注册会计师 A 判断上述事项中新华公司内部控制是否存在缺陷,说明理由并提出改进建议。

解:第(1)项存在缺陷。理由:由财务部门职员王某一个人登记销售收入和应收账款明细账。建议:登记收入明细账和应收账款明细账的职务应该分离。

第(2)项存在缺陷。理由:登记应收账款备查簿的人员不能寄发对账单。建议:由不负责现金出纳和销售及应收账款记账的人员寄发对账单。

第二节 营业收入审计

营业收入包括主营业务收入和其他业务收入,该项目核算企业在销售商品、提供劳务等主营业务活动中所产生的收入,以及企业确认的除主营业务活动以外的其他经营活动实现的收入。主营业务收入一般占企业总收入的较大比重,对企业的经济效益产生较大影响,如工业企业的主营业务收入主要包括销售商品、自制半成品、代制品、代修品,提供工业性劳务等实现的收入。其他业务收入是企业为完成其经营目标所从事的经常性相关的活动实现的收入,如工业企业出租固定资产、出租无形资产、出租包装物和商品、销售材料等实现的收入。

一、营业收入的审计目标

(1)确定利润表中记录的营业收入已发生,且与被审计单位有关。
(2)确定所有应当记录的营业收入是否完整。
(3)确定与营业收入有关的金额是否恰当。
(4)确定营业收入是否已记录于正确的会计期间。
(5)确定营业收入是否记录于恰当的账户。
(6)确定营业收入的列报是否恰当。

营业收入审计目标与认定的对应关系如表 9-1 所示。

表 9-1 审计目标与认定对应关系表

审计目标	财务报表认定					
	发生	完整性	准确性	截止	分类	列报
利润表中记录的营业收入已发生,且与被审计单位有关	√					

(续表)

审计目标	财务报表认定					
	发生	完整性	准确性	截止	分类	列报
所有应当记录的营业收入均已记录		√				
与营业收入有关的金额及其他数据已恰当记录			√			
营业收入已记录于正确的会计期间				√		
营业收入已记录于恰当的账户					√	
营业收入已按照企业会计准则的规定在财务报表中做出恰当的列报						√

二、主营业务收入的实质性程序

(一)获取或编制主营业务收入明细表

(1)复核加计是否正确,并与总账数和明细账合计数核对是否相符,同时,结合其他业务收入科目与报表数核对是否相符。

(2)检查以非记账本位币结算的主营业务收入的折算汇率及折算是否正确。

(二)检查主营业务收入的确认方法是否符合《企业会计准则》的规定

根据《企业会计准则第14号——收入》的规定,企业应当在履行了合同中的履约义务,即在客户取得相关商品控制权时确认收入。取得相关商品控制权是指能够主导该商品的使用并从中获得几乎全部的经济利益。

当企业与客户之间的合同同时满足下列条件时,企业应当在客户取得商品控制权时确认收入:

(1)合同各方已批准该合同并承诺将履行各自义务。

(2)该合同明确了合同各方与所转让商品或提供劳务相关的权利和义务。

(3)该合同有明确的与所转让的商品相关的支付条款。

(4)该合同具有商业实质,即履行该合同将改变企业未来现金流量的风险、时间分布或金额。

(5)企业因向客户转让商品而有权取得的对价很可能收回。

《企业会计准则》分别对"在某一时段内履行的履约义务"和"在某一时点履行的履约义务"的收入确认作出了规定。因此,注册会计师需要基于对被审计单位商业模式和日常经营活动的了解,判断被审计单位的合同履约义务是在某一时段内履行还是在某一时点履行的,据以评估被审计单位确认产品销售收入的会计政策是否符合《企业会计准则》,并测试被审计单位是否按照既定的会计政策确认产品销售收入。

对于在某一时段内履行的履约义务,企业应当在该段时间内按照履约进度确认收入,但履约进度不能合理确定的除外。注册会计师应注意审查,企业是否在考虑商品性质的基础上,采用产出法或投入法确定恰当的履约进度;对于类似情况下的类似履约义务企业是否采用相同的方法确定履约进度;当履约进度不能合理确定时,如果企业已经发生的成本预计能够得到补偿的,企业是否按照已经发生的成本金额确认收入,直到履约进度能够合理确定为止。注册会计师应注意查明企业有无随意确认履约进度,从而随意确认收入的现象。

对于在某一时点履行的履约义务,企业应当在客户取得相关商品控制权时点确认收入。注册会计师应注意审查,企业在判断客户是否已取得商品控制权时所考虑的迹象是否符合企业会计准则的规定,有无随意确认收入、虚增或虚减本期收入的现象。

(三)实施实质性分析程序

注册会计师应实施分析程序,检查主营业务收入是否有异常变动和重大波动,从而在总体上对主营业务收入的真实性作出初步判断。注册会计师通常在以下几方面进行比较分析:

(1)针对已识别需要运用分析程序的有关项目,并基于对被审计单位及其环境的了解,通过进行以下比较,同时考虑有关数据间关系的影响,以建立有关数据的期望值:①将账面销售收入、销售清单和销售增值税销项清单进行核对。②将本期销售收入金额与以前可比期间的对应数据或预算数进行比较。③分析月度或季度销售量、销售单价、销售收入金额毛利率变动趋势。④将销售收入变动幅度与销售商品及提供劳务收到的现金、应收账款、存货、税金等项目的变动幅度进行比较。⑤将销售毛利率、应收账款周转率、存货周转率等关键财务指标与可比期间数据、预算数或同行其他企业数据进行比较。⑥分析销售收入等财务信息与投入产出率、劳动生产率、产能、水电能耗、运输数量等非财务信息之间的关系。⑦分析销售收入与销售费用之间的关系,包括销售人员的人均业绩指标、销售人员薪酬、广告费、差旅费,以及销售机构的设置、规模、数量、分布等。

(2)确定可接受的差异额。

(3)将实际的情况与期望值相比较,识别需要进一步调查的差异。

(4)如果其差额超过可接受的差异额,调查并获取充分的解释和恰当的、佐证性质的审计证据(如通过检查相关的凭证等)。

(5)评估分析程序的测试结果。

【例 9-2】 主营业务收入的实质性分析程序案例分析

华贸公司是 ABC 会计师事务所的常年审计客户,主要从事罐头的加工和销售。

B 注册会计师负责审计华贸公司 2022 年度财务报表。2022 年 3 月 15 日,华贸公司某批次产品存在严重的食品安全问题被媒体曝光,B 注册会计师就此事项及相关影响与华贸公司管理层进行了沟通。受食品安全事件影响,华贸公司产品出现滞销。为恢复市场占有率,华贸公司未因本年度成本大幅上涨而提高售价,销量逐渐回升。B 注册会计师在审计工作底稿中记录了华贸公司的财务数据,部分内容摘录如表 9-2 所示。

表 9-2 华贸公司财务数据摘录金额 单位:万元

项目	2022 年	2021 年
	未审数	已审数
营业收入	10 000	11 000
营业成本	7 200	7 800

要求:假定不考虑其他条件,请指出华贸公司财务数据中是否存在重大错报风险。如果有,简要说明理由,并说明该风险主要与哪些财务报表项目的哪些认定相关(不考虑税务影

响）。

解：华贸公司2022年度毛利率为28%,2021年度毛利率为29%,与成本大幅上涨不符,可能存在少记营业成本、多记营业收入的风险。

涉及财务报表项目名称及认定有：营业成本（完整性）、存货（存在）、应收账款（存在）、营业收入（发生/准确性）。

（四）审查产品售价是否合理

从销售发票中选取样本,将其单价与经批准的产品价格目录比较,并分析价格的合理性,注意销售给关联方或关系密切的重要客户的产品价格是否合理,有无以低价或高价结算的方法相互之间转移利润的现象。

（五）核对收入交易的原始凭证与会计记录

以主营业务收入明细账中的会计分录为起点,检查相关原始凭证（如订购单、销售单、发运凭证和销售发票等）,以评价已入账的营业收入是否真实发生。同时,还要检查原始凭证中的交易日期,以确认收入计入了正确的会计期间。

（六）从发运凭证中选取样本,追查至销售发票存根和主营业务收入明细账,以确定是否存在遗漏事项

为使这一程序成为一项有意义的测试,注册会计师必须能够确信全部发运凭证均已归档,这点可以通过检查发运凭证的顺序编号查明。

（七）结合对应收账款实施的函证程序,选择主要客户函证本期销售额

（八）实施销售截止测试

对主营业务收入实施截止测试,其目的主要在于确定被审计单位主营业务收入的会计记录归属期是否正确,应计入本期或下期的主营业务收入是否被推延至下期或提前至本期。

注册会计师对销售交易实施的截止测试包括以下程序：

(1) 选取资产负债表日前后若干天一定金额以上的发运凭证,与应收账款和收入明细账进行核对;同时,从应收账款和收入明细账中选取在资产负债表日前后若干天一定金额以上的凭证,与发运凭证核对,以确定销售是否存在跨期现象。

(2) 复核资产负债表日前后销售和发货水平,确定业务活动水平是否异常,并考虑是否有必要追加截止测试程序。

(3) 取得资产负债表日后所有的销售退回记录,检查是否存在提前确认收入的情况。

(4) 结合对资产负债表日应收账款的函证程序,检查有无未取得对方认可的大额销售。

实施截止测试的前提是注册会计师充分了解被审计单位的收入确认会计实务,并识别能够证明某笔销售符合收入确认条件的关键单据,在审计实务中,注册会计师可以考虑选择以下两条审计路径实施主营业务收入的截止测试：一是以账簿记录为起点,从资产负债表日前后若干天的账簿记录查至记账凭证,检查发票存根与发运凭证,目的是证实已入账收入是否在同一期间已开具发票并发货,有无多记收入。二是以发运凭证为起点,从资产负债表日前后若干天的发运凭证查至发票开具情况与账簿记录,确定主营业务收入是否已记入恰当的会计期间。使用这种方法主要是为了防止少计收入。

实际上由于被审计单位的具体情况各异,管理层意图各不相同,有的为了完成利润目标承包指标,更多地享受税收等优惠政策,便于筹资等,可能会多计收入;有的则为了以丰补歉、留有余地、推迟缴税时间等而少计收入。注册会计师应当凭借专业经验和所掌握的信息、资料作出正确判断,选择其中的一条或两条审计路径实施更有效的收入截止测试。

(九) 检查销售退回

如果被审计单位存在销货退回,注册会计师应检查相关手续是否符合规定,结合相关原始凭证检查其会计处理是否正确;结合存货项目检查其是否真实发生。

(十) 检查销售折扣与折让

企业在销售业务中,经常会因产品质量、品种不符合要求以及结算方面的原因发生销售折扣与折让,尽管引起销售折扣与折让的原因不尽相同,其表现形式也不尽一致,但都是对收入的抵减,直接影响收入的确认和计量。因此,注册会计师应注意检查销售折扣与折让业务是否真实,内容是否完整,相关手续是否符合规定,折扣与折让的数额计算是否正确,会计处理是否恰当。

(十一) 确认主营业务收入在利润表上的列报是否恰当

【例9-3】 主营业务收入的细节测试案例分析

注册会计师A负责审计东方股份有限公司2022年度财务报表。注册会计师A对营业收入的发生认定进行审计,编制了审计工作底稿,部分内容摘录如表9-3所示。

表9-3　　　　　　　　　　审计工作底稿摘录　　　　　　金额单位:万元

记账凭证日期	记账凭证编号	记账凭证金额	发票日期	出库单日期
2022年1月6日	转字9号	15	2022年1月9日	2022年1月9日
2022年2月26日	转字56号	9	2022年2月25日	2022年2月25日
2022年3月22日	转字50号	11	2020年3月21日	2022年3月21日
(略)				
2022年11月2日	转字5号	15	2022年11月1日	2022年11月2日
2022年11月16日	转字29号	210	2022年11月15日	2022年11月15日
2022年12月12日	转字53号	260	2022年12月12日	2022年12月12日
(略)				

审计说明:

(1) 根据销售合同约定,在客户收到货物、验收合格并签发收货通知单后,东方股份有限公司取得收取货款的权利。审计中已检查销售合同。

(2) 已检查记账凭证日期、发票日期和出库单日期,未发现异常。发票和出库单中的其他信息与记账凭证一致。

(3) 11月转字29号和12月转字53号记账凭证反映的销售额较高,财务经理解释系调整价格所致。注册会计师A认为解释合理,未实施进一步检查。

要求:针对审计说明(1)至(3)项,指出注册会计师A实施的审计程序中是否存在不当之处,并简要说明理由。

解:事项(1)存在不当之处。未测试收货通知单。理由:根据销售合同,被审计单位应当以获取客户签发的收货通知单作为收入确认的时点。检查销售合同并不足以就营业收入发生认定获取充分、适当的审计证据。

事项(2)存在不当之处。未对1月转字9号记账凭证实施检查。理由：该记账凭证的日期早于发票日期和出库单日期。

事项(3)存在不当之处。未对11月转字29号和12月转字53号记账凭证实施进一步检查。理由：上述两笔记账凭证反映的销售额明显高于其他测试项目，表明收入确认方面可能存在舞弊风险迹象，不应仅仅依赖管理层的解释。

三、其他业务收入的实质性程序

(1) 获取或编制其他业务收入明细表，复核加计是否正确，并与总账数和明细账合计数核对是否相符，结合主营业务收入科目与营业收入报表数核对是否相符。

(2) 计算本期其他业务收入与其他业务成本的比率，并与上期该比率比较，检查是否有重大波动，如有，应查明原因。

(3) 检查其他业务收入内容是否真实、合法，收入确认原则及会计处理是否符合规定，抽查原始凭证予以核实。

(4) 对异常项目，应追查入账依据及有关法律文件是否充分。

(5) 抽查资产负债表日前后一定数量的记账凭证，实施截止测试，追踪到销售发票、收据等，确定入账时间是否正确，对于重大跨期事项作必要的调整建议。

(6) 确认其他业务收入在利润表上的列报是否恰当。

第三节 应收账款审计

应收账款是指企业因销售商品、提供劳务而形成的债权，即由于企业销售商品、提供劳务等应向购货客户或接受劳务的客户收取的款项，其是企业的债权性资产。

一、应收账款的审计目标

(1) 确定资产负债表中记录的应收账款是否存在。
(2) 确定所有应当记录的应收账款是否均已记录。
(3) 确定记录的应收账款是否被审计单位拥有或控制。
(4) 确定应收账款的期末余额是否正确。
(5) 确定应收账款已记录于恰当的账户。
(6) 确定应收账款在财务报表中的列报是否恰当。

应收账款审计目标与认定的对应关系如表9-4所示。

表9-4 审计目标与认定对应关系表

审计目标	财务报表认定					
	存在	完整性	权利和义务	准确性、计价和分摊	分类	列报
资产负债表中记录的应收账款是存在的	√					
所有应当记录的应收账款均已记录		√				

(续表)

审计目标	财务报表认定					
	存在	完整性	权利和义务	准确性、计价和分摊	分类	列报
记录的应收账款由被审计单位拥有或控制			√			
应收账款以恰当的金额包括在财务报表中，与之相关的计价调整已恰当记录				√		
应收账款已记录于恰当的账户					√	
应收账款已按照企业会计准则的要求在财务报表中作出恰当的列报						√

二、应收账款的实质性程序

（一）取得或编制应收账款明细表

（1）复核加计正确，并与总账数和明细账合计数核对相符；结合"坏账准备"科目与报表数核对相符。

（2）检查非记账本位币应收账款的折算。对于用非记账本位币（通常为外币）结算的应收账款，注册会计师应检查被审计单位外币应收账款的增减变动是否按业务发生时的市场汇率或期初市场汇率折合为记账本位币金额，所选折合汇率前后各期是否一致；期末外币应收账款余额是否按期末市场汇率折合为记账本位币金额；折算差额的会计处理是否正确。

（3）分析有贷方余额的项目，查明原因，必要时，建议作重分类调整。

（4）结合其他应收款、预收账款等往来项目的明细余额，查明有无同一客户多处挂账、异常余额或与销售无关的其他款项，如有，应作出记录，必要时提出调整建议。

（二）分析与应收账款相关的财务指标目标

（1）复核应收账款借方累计发生额与主营业务收入是否配比，并将当期应收账款借方发生额占销售收入净额的百分比与管理层考核指标和被审计单位相关赊销政策比较，如存在差异，应查明原因。

（2）计算应收账款周转率、应收账款周转天数等指标，并与被审计单位上年指标，同行业同期相关指标对比分析，检查是否存在重大异常。

（三）检查应收账款账龄分析是否正确

（1）获取或编制应收账款账龄分析表。注册会计师可以通过获取或编制应收账款账龄分析表来分析应收账款的账龄，以便了解应收账款的可收回性。应收账款账龄分析表的格式如表9-5所示。

应收账款的账龄，是指资产负债表中的应收账款从销售实现、产生应收账款之日起至资产负债表日止所经历的时间。编制应收账款账龄分析表时，可以选择重要的顾客及其余额列示，不重要的或余额较小的，可以汇总列示。

（2）如果应收账款账龄分析表由被审计单位编制，测试其计算的准确性。

表 9-5　　　　　　　　　　　　　　应收账款账龄分析表
　　　　　　　　　　　　　　　　　　年　　月　　日　　　　　　　　　　　　　金额单位：元

客户名称	期末余额	账龄			
		1 年以内	1～2 年	2～3 年	3 年以上
合计					

（3）将应收账款账龄分析表中的合计数与应收账款总分类账余额相比较，并调查重大调节项目。

（4）从账龄分析表中抽取一定数量的项目，追查至相关原始凭证，如销售发票、运输记录等，测试账龄核算的准确性。

（四）对应收账款实施函证程序

函证（外部函证），是指注册会计师直接从第三方（被询证者）获取书面答复作为审计证据的过程。书面答复可以采用纸质、电子或其他介质等形式。函证应收账款的目的在于证实应收账款账户余额的真实性、正确性，防止或发现被审计单位及其有关人员在销售交易中发生的错误或舞弊行为。

注册会计师可以在考虑被审计单位的经营环境、内部控制的有效性、应收账款账户的性质、被询证者处理询证函的习惯做法及回函的可能性等基础上，确定应收账款函证的内容、范围、时间安排和方式。

1. 函证决策

除非有充分证据表明应收账款对被审计单位财务报表而言是不重要的，或者函证很可能是无效的，否则，注册会计师应当对应收账款进行函证。如果注册会计师不对应收账款进行函证，应当在审计工作底稿中说明理由。如果认为函证很可能是无效的，注册会计师应当实施替代审计程序，获取相关、可靠的审计证据。

2. 函证的范围和对象

函证数量的多少、范围是由诸多因素决定的，主要包括以下三个方面：

（1）应收账款在全部资产中的重要性。若应收账款在全部资产中所占的比重较大，则函证的范围相应大一些。

（2）被审计单位内部控制的强弱。若内部控制制度较健全，则可以相应减少函证量；反之，则应相应扩大函证范围。

（3）以前期间的函证结果。若以前期间函证中发现过重大差异，或欠款纠纷较多，则函证范围应相应扩大。

在一般情况下，注册会计师应选择以下项目作为函证对象：

（1）大额或账龄较长的项目。

（2）与债务人发生纠纷的项目。

（3）重大关联方项目。

（4）主要客户（包括关系密切的客户）项目。

(5) 交易频繁但期末余额较小甚至余额为零的项目。

(6) 可能产生重大错报或舞弊的非正常的项目。

3. 函证的方式

注册会计师可采用积极的或消极的函证方式实施函证,也可将两种方式结合使用。

(1) 积极式函证是指要求被询证者直接向注册会计师回复,表明是否同意询证函所列示的信息、或填列所要求的信息的一种询证方式。

积极式函证要求被询证者在所有情况下都必须回函,确认所列示的信息是否正确或填列询证函要求的信息。通常认为,对积极式询证函的回函能够提供可靠的审计证据,但存在被询证者对所列示信息根本不验证就予以回函确认的风险。为了降低这种风险,注册会计师可以采用另外一种形式的询证函,即在询证函中不列明账户余额(或其他信息),而是要求被询证者填列有关信息或提供进一步信息,但是,采用这种空白式询证函方式要求被询证者作出更多工作,可能导致回函率降低。

在采用积极式函证时,只有注册会计师收到回函,才能为财务报表认定提供审计证据。注册会计师没有收到回函,原因可能是:被询证者根本不存在;被询证者没有收到询证函;被询证者没有理会询证函。注册会计师没有收到回函时,无法证明所函证信息是否正确。在这种情况下,注册会计师应当考虑与被询证者联系,要求对方作出回应或再次寄发询证函。如果仍未能得到被询证者的回应,注册会计师应当实施替代审计程序。

积极式询证函的格式如表9-6和表9-7所示。

表9-6　　　　　　　　　　企业询证函(格式一)　　　　　　　　编号:

××(公司):

　　本公司聘请的××会计师事务所正在对本公司××年度财务报表进行审计,按照中国注册会计师审计准则的要求,应当询证本公司与贵公司的往来账项等事项。下列数据出自本公司账簿记录,如与贵公司记录相符,请在本函下端"信息证明无误"处签章证明;如有不符,请在"信息不符"处列明不符金额。回函请直接寄至××会计师事务所。

回函地址:

邮编:　　　　电话:　　　　传真:　　　　联系人:

1. 本公司与贵公司的往来账项列示如下:

单位:元

截止日期	贵公司欠	欠贵公司	备注

2. 其他事项:

本函仅为复核账目之用,并非催款结算。若款项在上述日期之后已经付清,仍请及时复函为盼。

（公司盖章）
年　　月　　日

1. 结论：信息证明无误

（公司盖章）
年　　月　　日
经办人：

2. 信息不符,请列明不符的详细情况

（公司盖章）
年　　月　　日
经办人：

表9-7　　　　　　　　　　企业询证函(格式二)

××（公司）：

本公司聘请的××会计师事务所正在对本公司××年度财务报表进行审计,按照中国注册会计师审计准则的要求,应当询证本公司与贵公司的往来账项等事项。请列示截至××年×月×日贵公司与本公司往来款项余额。回函请直接寄至××会计师事务所。

回函地址：
邮编：　　　　电话：　　　　传真：　　　　联系人：

本函仅为复核账目之用,并非催款结算。若款项在上述日期之后已经付清,仍请及时复函为盼。

（公司盖章）
年　　月　　日

1. 本公司与贵公司的往来账项列示如下：

单位：元

截止日期	贵公司欠	欠贵公司	备注

2. 其他事项：

（公司盖章）
年　　月　　日
经办人：

（2）消极式函证是指要求被询证者只有在不同意询证函所列示的信息时才直接向注册会计师回函的一种询证方式。

在采用消极式函证方式时，如果收到回函，能够为财务报表认定提供说服力强的审计证据。未收到回函则可能是因为被询证者已收到询证函且核对无误，也可能是因为被询证者根本就没有收到询证函。因此，积极式函证通常比消极式函证提供的审计证据可靠。因而在采用消极式函证时，注册会计师通常还需辅之以其他审计程序。

4. 函证时间的选择

注册会计师通常在资产负债表日后适当时间内实施函证。如果重大错报风险评估为低水平，可选择资产负债表日前适当日期为截止日实施函证，并对所函证项目自该截止日起至资产负债表日止发生的变动实施实质性程序。

5. 函证的控制

注册会计师应直接控制询证函的发送和回收，对函证实施过程应采取必要的控制措施：
（1）将被询证者的名称、单位名称和地址与被审计单位有关记录核对。
（2）将询证函中列示的账户余额或其他信息与被审计单位有关资料核对。
（3）在询证函中指明直接向接受审计业务委托的会计师事务所回函。
（4）询证函经被审计单位盖章后，由注册会计师直接发出。
（5）将发出询证函的情况形成审计工作记录。
（6）将收到的回函形成审计工作记录，并汇总统计函证结果。

消极式询证函的参考格式如表9-8所示。

表 9-8　　　　　　　　　　　　　企业询证函

××（公司）：

　　本公司聘请的××会计师事务所正在对本公司××年度财务报表进行审计，按照中国注册会计师审计准则的要求，应当询证本公司与贵公司的往来账项等事项。下列数据出自本公司账簿记录，如与贵公司记录相符，则无需回复；如有不符，请直接通知会计师事务所，并请在空白处列明贵公司认为是正确的信息。回函请直接寄至××会计师事务所。

回函地址：
邮编：　　　　电话：　　　　传真：　　　　联系人：

1. 本公司与贵公司的往来账项列示如下：

单位：元

截止日期	贵公司欠	欠贵公司	备注

2. 其他事项：

本函仅为复核账目之用,并非催款结算。若款项在上述日期之后已经付清,仍请及时复函为盼。

（公司盖章）
年　月　日

×× 会计师事务所：
　　上面的信息不正确,差异如下：

（公司盖章）
年　月　日
经办人：

6. 对不符事项的处理

不符事项,是指被询证者提供的信息与询证函要求确认的信息不一致,或与被审计单位记录的信息不一致。不符事项的原因可能是：

（1）双方登记入账的时间不同。这主要表现在：一是询证函发出时,债务人已付款,而被审计单位尚未收到货款。二是询证函发出时,被审计单位的货物已经发出并已作销售记录,但货物仍在途中,债务人尚未收到货物。三是债务人由于某种原因将货物退回,而被审计单位尚未收到。四是债务人对收到的货物的数量、质量及价格等方面有异议而全部或部分拒付货款等。

（2）一方或双方记账错误。

（3）被审计单位的舞弊行为。

如果函证发现了不符事项,注册会计师应当考虑不符事项是否构成错报及其对财务报表可能产生的影响,并将结果形成审计工作底稿。如果不符事项构成错报,注册会计师应当重新考虑所实施审计程序的性质、时间安排和范围。

7. 对未回函应收账款实施替代审计程序

如果未收到被询证方的回函,注册会计师应当实施下列替代审计程序：

（1）检查资产负债表日后收回的货款。值得注意的是,注册会计师不能仅查看应收账款的货方发生额,而且还要查看相关的收款单据,以证实付款方为该客户且与资产负债表日的应收账款相关。

（2）检查相关的销售合同、销售单、发运凭证等文件。注册会计师需要根据被审计单位的收入确认条件和时点,确定能够证明收入发生的凭证。

（3）检查被审计单位与客户之间的往来邮件,如有关发货、对账、催款等事宜邮件。

8. 对函证结果的总结和评价

（1）重新考虑对内部控制的原有评价是否适当;控制测试的结果是否适当;分析程序的结果是否适当;相关的风险评估是否适当等。

（2）如果函证结果表明没有审计差异,则可以合理地推论全部应收账款总体是正确的。

（3）如果函证结果表明存在审计差异,则应当估算应收账款总额中可能出现的累计差错是多少,估算未被选中进行函证的应收账款的累计差错。为取得对应收账款累计差错更加准确的估计,也可以进一步扩大函证范围。

函证应收账款的目的在于证实"应收账款"账户余额的真实性、正确性,防止或发现被审计单位及其有关人员在销售交易中发生的错误或舞弊行为。通过函证应收账款,可以比较有效地证明被询证者(债务人)的存在和被审计单位记录的可靠性。

【例 9-4】 函证不符事项的处理案例分析

ABC 会计师事务所接受委托,审计新华股份有限公司 2022 年度的财务报表。A 注册会计师了解和测试了与应收账款相关的内部控制,并将重大错报风险评估为高水平。A 注册会计师取得了 2022 年 12 月 31 日的应收账款明细表,并于 2023 年 1 月 20 日采用积极式函证方式对所有重要客户寄发了询证函。

A 注册会计师将与函证结果相关的重要异常情况如表 9-9 所示。

表 9-9 与函证结果相关的重要异常情况　　金额单位:万元

异常情况	函证编号	客户名称	询证金额	回函日期	回函内容
(1)	21	甲	30	2023 年 1 月 23 日	购买新华股份有限公司 30 万元货款属实,但款项已于 2022 年 12 月 26 日用支票支付
(2)	55	乙	60	2023 年 1 月 20 日	因产品质量不符合要求,根据购货合同,于 2022 年 12 月 28 日将货物退回
(3)	60	丙	74	2023 年 1 月 20 日	2022 年 12 月 8 日收到新华股份有限公司委托本公司代销的货物 74 万元,尚未销售
(4)	134	丁	80	因地址错误被邮局退回	—

要求:针对上述异常情况,简要指出 A 注册会计师应分别实施的重要审计程序。

解:(1)检查银行存款日记账、收款凭证及银行对账单,查明是否收到该笔货款。

(2)检查销售合同及与销货退回相关的增值税发票、入库单及存货明细账,证实所退产品是否已收到。

(3)检查代销合同和代销清单,查明是否存在编制虚假代销清单、虚增本期收入和应收账款的情况。

(4)核实函证地址与新华股份有限公司应收账款明细账户记录的地址是否一致。如不一致,在确认地址正确后再次发函询证。如一致,检查与销售有关的文件,如销售合同,销售发票副本及货运文件等,以证实产品确已发出。

(五)确定已收回的应收账款金额

注册会计师应请被审计单位协助,在应收账款明细账上标出至审计时已收回的应收账款金额。对已收回金额较大的款项进行常规检查,如核对收款凭证、银行对账单、销售发票等,并注意凭证发生日期的合理性,分析收款时间是否与合同相关要素一致。

(六)对应收账款余额实施函证以外的细节测试

在未实施应收账款函证的情况下,注册会计师需要实施其他审计程序获取有关应收账款的审计证据。这种程序通常与上述未收到回函情况下实施的替代审计程序相似。

(七)检查坏账的冲销和转回

在检查坏账的确认时,注册会计师应检查有无债务人破产或者死亡的,以及破产或遗产清偿后仍无法收回的,或者债务人长期未履行清偿义务的应收账款;在检查坏账的处理时,注册会计师应检查被审计单位坏账的处理是否经授权批准,有关会计处理是否正确。

(八)确定应收账款的列报是否恰当

略。

第四节 坏账准备审计

坏账是指企业无法收回或收回的可能性极小的应收款项。由于发生坏账而产生的损失称为坏账损失。《企业会计准则》规定，企业应当在期末对应收款项进行检查，并合理预计可能产生的坏账损失。企业通常应采用备抵法按期估计坏账损失，形成坏账准备。应收款项包括应收票据、应收账款、预付款项、其他应收款和长期应收款等，下面以与应收账款相关的坏账准备为例，阐述坏账准备审计常用的实质性程序。

一、坏账准备的审计目标

(1) 确定计提坏账准备的方法和比例是否恰当。
(2) 坏账准备的计提是否充分。
(3) 确定坏账准备增减变动的记录是否完整。
(4) 确定坏账准备期末余额是否正确。
(5) 确定坏账准备的披露是否恰当。

二、坏账准备的实质性程序

(一) 获取或编制坏账准备明细表

注册会计师应获取或编制坏账准备明细表，复核加计正确，与坏账准备总账数、明细账合计数核对相符；将坏账准备本期计提数与信用减值损失相应明细科目的发生额核对相符。

(二) 检查坏账准备的计提

企业应根据所持应收账款的实际可收回情况，合理计提坏账准备，不得多提或少提否则应视为滥用会计估计，按照重大会计差错更正的方法进行会计处理。

对于单项金额重大的应收账款，企业应当单独进行减值测试，如有客观证据证明其已发生减值，应当计提坏账准备。对于单项金额不重大的应收账款，可以单独进行减值测试，或包括在具有类似信用风险特征的应收账款组合中(如账龄分析)进行减值测试。此外，单独测试未发生减值的应收账款，应当包括在具有类似信用风险特征的应收账款组合中(如账龄分析)再进行减值测试。

采用账龄分析法时，收到债务单位当期偿还的部分债务后，剩余的应收账款，不应改变其账龄，仍应按原账龄加上本期应增加的账龄确定；在存在多笔应收账款且各笔应收账款账龄不同的情况下，收到债务单位当期偿还的部分债务，应当逐笔认定收到的是哪一笔应收账款；如果确实无法认定的，则按照先发生先收回的原则确定，剩余应收账款的账龄按上述同一原则确定。

在确定坏账准备的计提比例时，企业应当根据以往的经验、债务单位的实际财务状况和预计未来现金流量的情况，以及其他相关信息合理地估计。

(三) 检查实际发生的坏账损失

对于被审计单位在被审计期间内发生的坏账损失，注册会计师应检查其原因是否清楚，是否符合有关规定，有无授权批准，有无已作坏账处理又重新收回的应收账款，相应的会计处理是否正确。

(四) 确定坏账准备的披露是否恰当

企业应当在财务报表附注中清楚地说明坏账的确认标准、坏账准备的计提方法和计提比例。

课堂结账测试

班级_____ 姓名_____ 学号_____ 日期_____ 平时分_____

一、单项选择题（每题 5 分，共计 25 分）

1. 销售与收款循环业务的起点是（　　）。
   A. 顾客提出订货要求
   B. 向顾客提供商品或劳务
   C. 商品或劳务转化为应收账款
   D. 收入货币资金

2. 下列内部控制中，能防止企业因审批人决策失误而造成严重损失的是（　　）。
   A. 编制销售单要经过审批
   B. 非经正当审批，不得发出货物
   C. 销售价格、销售条件、运费、折扣等必须经过审批
   D. 审批人应当根据销售与收款授权批准制度的规定，在授权范围内进行审批，不得超越审批权限

3. 下列各项中，与营业收入的"发生"认定直接相关的是（　　）。
   A. 发运凭证连续编号
   B. 仓库只有在收到经批准的发货通知单时才能供货
   C. 负责开具发票的人员无权修改开票系统中已设置好的商品价目表
   D. 财务人员根据核对一致的销售合同、客户签收单和销售发票编制记账凭证并确认销售收入

4. 下列各项中，不属于注册会计师对应收账款实施分析程序时考虑的指标的是（　　）。
   A. 应收账款借方发生额占销售收入净额的百分比
   B. 应收账款周转率
   C. 应收账款周转天数
   D. 应收账款借方余额占销售收入净额的百分比

5. 针对下列函证程序的替代程序中，最有效的是（　　）。
   A. 询问被审计单位管理层
   B. 重新实施控制测试
   C. 检查与应收账款对应的发运凭证
   D. 实施实质性分析程序

二、判断题（每题 5 分，共 25 分）

1. 注册会计师应当假定被审计单位在收入确认方面存在舞弊风险，并应当考虑哪些收入类

别以及与收入有关的交易或认定可能导致舞弊。 （　　）
2. 实施收入截止测试时,注册会计师应当以该年度的账簿记录为起点,以检查是否低估业务收入。 （　　）
3. 如果不对应收账款函证,注册会计师应当在工作底稿中说明理由。 （　　）
4. 应收账款询证函的寄发和收回均应由注册会计师直接控制。 （　　）
5. 对主营业务收入项目实施截止测试,其目的主要在于确定被审计单位主营业务收入的会计记录归属期是否正确;应计入本期或下期的主营业务收入是否被推迟到下期或提前至本期。 （　　）

三、业务题(50 分)

注册会计师王某于 2023 年 1 月 8 日对东兴公司销售与收款循环的内部控制进行了了解和测试,并在相关的审计工作底稿中作了记录,相关记录现摘录如下:

(1) 销售部门收到顾客的订单后,由销售经理甲对品种、规格、数量、价格、付款条件、赊销结算方式等详细审核后签章,交仓库办理发货手续。

(2) 仓库在发运商品出库时,均必须由管理员乙根据经批准的订单,填制一式四联的销售通知单。在各联上签章后,第一联作为发运单,由工作人员配货并随货交顾客;第二联送会计部;第三联送应收账款管理员丙;第四联由乙按编号顺序连同订单一并归档保存,作为盘存的依据。

(3) 会计部收到销货单后,根据单中所列资料,开具统一的一式多联预先连续编号的销售发票,将顾客联寄送顾客,将销售联交应收账款管理员丙,作为记账和收款的凭证。

(4) 应收账款管理员丙收到发票后,将销售发票与销售通知单核对,如无错误,据以登记应收账款明细账,并将销售发票与销售通知单按顾客顺序归档保存。

要求:指出东兴公司在销售与收款循环内部控制中存在的缺陷,并提出改进建议。

第十章　采购与付款循环审计

知识导航

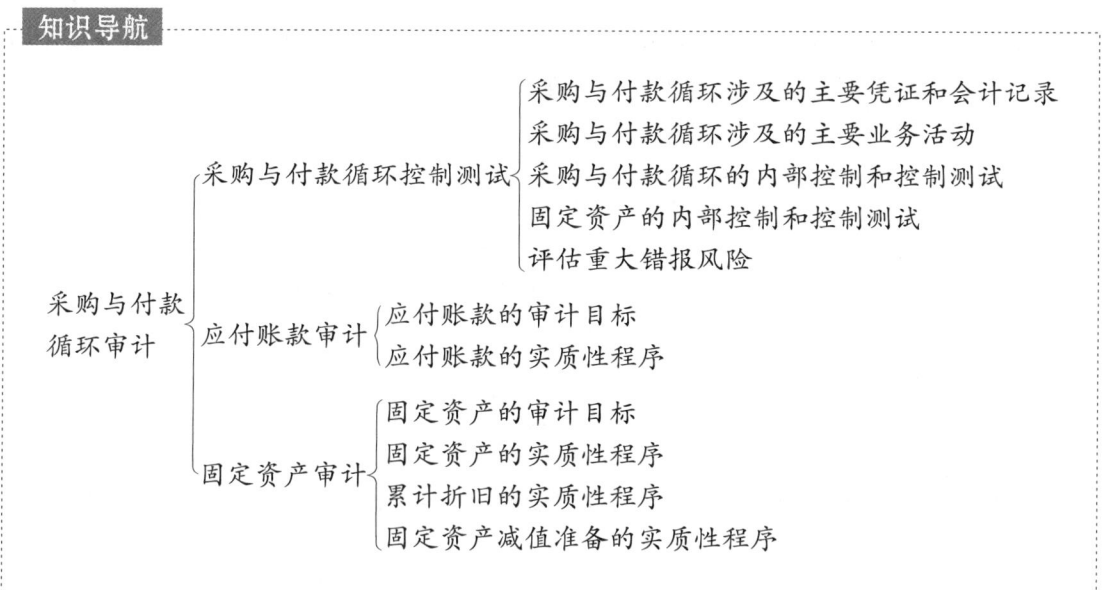

学习目标

1. 了解采购与付款循环中的主要业务活动。
2. 理解采购与付款循环的内部控制。
3. 掌握采购与付款循环控制测试的方法。
4. 掌握固定资产和应付账款实质性程序的方法。

寓德于教

从山区里"走"出来的全国一等奖

"以前只知道国家对购买农机具有补贴，但补贴标准、流程等政策细节，我们都不知道，农机销售公司让我们怎么做，我们就怎么做。原来这里边还有这么多弯弯绕绕呢。"

河北省石家庄市元氏县，审计组正在和当地村民交谈。村民攥住审计人员的手感谢地说："听你们一讲，今后再买农机具，心里就有数了。"

时间回到 2019 年 9 月，河北省石家庄市藁城区审计局实施了"元氏县 2018 年度扶贫及惠农补贴'一卡通'专项审计"项目。该项目移送问题线索 6 件，根据审计组移交的线索，纪检部门处理干部 32 人次；得到批示的审计信息或报告共 16 篇，促进完善相关制度 20 项。2021 年 12 月，该项目受到审计署表彰，获得县级审计机关全国优秀审计项目（民生类）一等奖。

"宜未雨而绸缪,毋临渴而掘井",审计组深入学习了习总书记对扶贫工作的重要指示,研究了中央和省委对扶贫领域的决策部署,聚焦精准扶贫、精准脱贫的方针政策及民生领域热点问题,聚焦国家乡村振兴战略等方面的内容,进行了相关工作内容、法规的学习,补强专业知识。审前经过多次商讨,最终确定审计方案。

实施过程中,审计组内的年轻同志积极学习计算机知识,结合实际工作建立数据分析模型,搭建审计分析平台,运用数据分析发现审计疑点。面对数以千计的疑点,审计组7名成员分区域、分乡镇、分层级进行核实,走村入户,现场核查,发现真正发生在群众身边、关乎群众切身利益的问题,足迹布满了每一条街道、小路和巷子。

面对农户的不配合,审计人员没有一走了之,而是耐心解释政策,详细说明国家补贴标准、种类、金额等政策细节。通过政策讲解,农户认识到自己并未享受到全额农机购置补贴,自身的合法权益受到了侵害,便放下对审计人员的戒心,讲述起补贴申报流程。

在开展审计工作的同时,他们也在对农户进行惠农政策的普及。审计发现被审地区农机管理方面存在"农机具经销商代替购机者办理申请手续并领取农机具购置补贴"的现象,审计人员反复向农户普及"申领农机具补贴时,需本人持身份证件及购机凭证去农机管理部门申请"的政策,有效避免了经销商虚开发票的行为。

审计的最终目的,是要确保惠农补贴真正惠及农户。在走访中,审计组发现部分补贴资金发放不及时,涉及资金数千万元,补贴延迟半年才发放。"也许每个人的补贴金额并不算大,但对于一个贫困家庭,这份补贴非常重要。补贴发放晚一个月,都可能使这个家庭陷入困境。对补贴发放不及时等行为要严查,绝不姑息。"

农户朱某拿到补贴后,感慨道:"当时审计人员来的时候,说以后补贴会按时发放,还以为只是说说,没想到真的做到了。"

资料来源:根据审计署微信公众号"优秀审计项目"专栏整理所得。

思考:
1. 请指出采购与付款环节涉及的主要业务活动。
2. 根据上述资料,分析是什么使得项目组审计人员在诸多困难中仍然无畏前行的。

第一节 采购与付款循环控制测试

采购与付款循环是企业购买商品或接受劳务,直至支付相关款项的活动所组成的循环。采购业务是企业生产经营活动的起点,企业的支出从性质、数量和发生频率上是多种多样的。支出会影响到与之相关的成本、利润、资产等项目,在审计中应选取相对较低的重要性水平。

注册会计师首先在审计计划阶段了解被审计单位采购与付款循环的主要业务活动及其相关内部控制,识别和评估采购交易、付款交易认定层次的重大错报风险,对相关内部控制的有效性作出初步判断,以便设计和实施应对重大错报风险的进一步审计程序。

一、采购与付款循环涉及的主要凭证和会计记录

1. 采购计划

企业以销售和生产计划为基础,考虑供需关系及市场计划变化等因素,制订采购计划,并

经适当的管理层审批后执行。

2. 供应商清单

企业通过文件审核及实地考察等方式对合作的供应商进行认证,将通过认证的供应商信息进行手工和系统维护,并及时进行更新。

3. 请购单

请购单是由产品制造、资产使用等部门的有关人员填写,送交采购部门,申请购买商品、劳务或其他资产的书面凭证。

4. 订购单

订购单是由采购部门填写,向另一企业购买订购单上所指定的商品、劳务或其他资产的书面凭证。

5. 验收单及入库单

验收单是由验收部门收到商品时所编制的列示所收到的商品的名称、种类、数量、供应商名称和订单号等内容的凭证。入库单是由仓库管理人员填写的验收合格品入库的凭证。

6. 供应商发票

供应商发票是供应商开具的,交给买方以载明发运的货物或提供的劳务、应付款金额和付款条件等事项的凭证。

7. 付款凭单

付款凭单是采购方企业的应付凭单部门编制的,载明已收到的商品、资产或接受的劳务、应付款金额和付款日期的凭证。付款凭单是采购方企业内部记录和支付负债的授权证明文件。

8. 转账凭证

转账凭证是指记录转账交易的记账凭证,它是根据有关转账交易(即不涉及库存现金、银行存款收付的各项交易)的原始凭证编制的。

9. 付款凭证

付款凭证包括现金付款凭证和银行存款付款凭证,是指用来记录库存现金和银行存款支出交易的记账凭证。

10. 应付账款明细账

11. 现金日记账和银行存款日记账

12. 供应商对账单

供应商对账单是由供应商按月编制的,标明期初余额、本期购买、本期支付给供应商的款项和期末余额的凭证。

二、采购与付款循环涉及的主要业务活动

(一)制订采购计划

基于企业的生产经营计划,考虑供需关系等因素,生产、仓库等部门定期编制采购计划,经部门负责人等适当的管理人员审批后提交采购部门,具体安排商品及服务采购。

(二)供应商认证及信息维护

企业通常对于合作的供应商事先进行资质等审核,将通过审核的供应商信息录入系统,形成完整的供应商清单,并及时对其信息变更进行更新。采购部门只能向通过审核的供应商进

行采购。

(三) 请购商品和劳务

生产部门、仓库部门负责对需要购买的已列入存货清单的原材料等项目填写请购单,其他资产使用部门也可以对所需要的未列入存货清单的商品项目填写请购单,大部分企业对正常经营所需要的物资的购买均作为一般授权,比如,仓库在现有库存达到再订购点时就可直接提出采购申请,其他部门也可为正常的工作需要直接申请采购有关物品。但对资本支出和租赁合同,企业则通常要求作特别授权,只允许指定人员提出请购。请购单可用手工或计算机由不同人员、部门填制。由于其不便于事先编号,为了加强控制,每张请购单必须经过对这类支出负预算责任的主管人员签字批准。请购单是证明有关采购交易的"发生"认定的凭据之一,也是采购交易轨迹的起点。

(四) 编制订购单

采购部门在收到请购单后,只能对经过批准的请购单发出订购单。对每张订购单,采购部门应确定最佳的供应来源。对一些大额的、重要的采购项目应采用竞价的方式确定供应商,以保证供货的质量、及时性和成本的低廉。

订购单应正确填写所需要的商品品名、数量、价格、厂商名称和地址等,预先予以顺序编号并经过被授权的采购人员签名。其正联应送交供应商,副联则送至企业内部的验收部门、应付凭单部门和编制请购单的部门。随后,应独立检查订购单的处理,以确定是否确实收到商品并正确入账。这项检查与采购交易的"完整性"和"发生"认定有关。

(五) 验收商品

有效的订货单代表企业已授权验收部门接受供应商发运来的商品。验收部门首先应比较所收商品与订购单上的要求是否相符,如商品的品名、说明、数量、到货时间等,然后盘点商品并检查商品有无损坏。

验收后,验收部门应对已收货的每张订购单编制一式多联、预先编号的验收单,作为验收和检验商品的依据。验收人员将商品送交仓库或其他请购部门时,应取得经过签字的收据,或要求其在验收单的副联上签收,以确立他们对所采购的资产应负的保管责任。验收单应送交应付凭单、财会等有关部门。

验收单是支持资产以及与采购有关的负债的"存在或发生"、采购交易的"完整性"认定的重要依据。

(六) 储存已验收的商品

将已验收商品的保管与采购的其他职责相分离,可减少未经授权的采购和盗用商品的风险。存放商品的仓储区应相对独立,限制无关人员接近。这些控制与商品的"存在"认定有关。

(七) 编制付款凭单

记录采购交易之前,应付凭单部门应编制付款凭单。付款凭单是由采购方企业的应付凭单部门编制的,载明已收到的商品、资产或接受劳务的厂商、应付款金额和付款日期的凭证,是企业内部记录和支付负债的授权证明文件。付款凭单应预先编号,并经过适当批准。这项功能的控制包括:

(1) 确定供应商发票的内容与相关的验收单、订购单的一致性。
(2) 确定供应商发票计算的正确性。
(3) 编制有预先编号的付款凭单,并附上支持性凭证,如购单、验收单和供应商发票等。

(4) 独立检查付款凭单计算的正确性。

(5) 在付款凭单上填入应借记的资产或费用账户名称。

(6) 由被授权人员在凭单上签字,以示批准按照此凭单要求付款。所有未付凭单的副联应保存在未付凭单档案中,以待日后付款。经适当批准和有预先编号的凭单为记录采购交易提供了依据。这些控制与"存在""发生""完整性""权利与义务""准确性、计价和分摊"认定有关。

(八) 确认与记录负债

正确确认已验收货物和已接受劳务的债务,要求准确、及时地记录负债。该记录对企业财务报表和实际现金支出具有重大影响。因此,必须特别注意,要按正确的数额记载企业确实已发生的购货和接受劳务事项。与应付账款确认和记录相关的部门一般有责任核查购置的财产,并在应付凭单登记簿或应付账款明细账中加以记录。在收到供应商发票时,应付凭单部门应将发票上所记载的品名、规格、价格、数量、条件及运费与订购单上的有关资料核对,如有可能,还应与验收单上的资料进行比较。

应付账款确认与记录的一项重要控制是要求记录现金支出的人员不得经手现金、有价证券和其他资产。恰当的凭证、记录与记账手续,对业绩的独立考核和应付账款职能而言是必不可少的控制。

在手工系统下,已批准的未付款凭单应送达会计部门,据以编制有关记账凭证和登记有关账簿。会计主管应监督为采购交易而编制的记账凭证中账户分类的适当性;通过定期核对编制记账凭证的日期与凭单副联的日期,监督入账的及时性。而独立检查会计人员则应核对所记录的凭单总数与应付凭单部门送来的每日凭单汇总表是否一致,并定期独立检查应付账款总账余额与应付凭单部门未付款凭单档案中的总金额是否一致。

(九) 付款

付款通常是由应付凭单部门负责确定未付凭单在到期日付款。企业有多种款项结算方式,以支票结算方式为例,编制和签署支票的有关控制包括:

(1) 独立检查已签发支票的总额与所处理的付款凭单的总额的一致性。

(2) 应由被授权的财务部门的人员负责签署支票。

(3) 被授权签署支票的人员应确定每张支票都附有一张已经适当批准的未付款凭单,并确定支票收款人姓名和金额与凭单内容的一致性。

(4) 支票一经签署就应在其凭单和支持性凭证上用加盖印戳或打洞等方式将其注销,以免重复付款。

(5) 支票签署人不应签发无记名甚至空白的支票。

(6) 支票应预先顺序编号,保证支票支出存根的完整性和作废支票处理的恰当性。

(7) 应确保只有被授权的人员才能接近未经使用的空白支票。

(十) 记录现金、银行存款支出

以支票结算方式为例,在手工系统下,会计部门应根据已签发的支票编制付款记账凭证,并据以登记银行存款日记账及其他相关账簿。以记录银行存款支出为例,有关控制包括:

(1) 会计主管应独立检查记入银行存款日记账和应付账款明细账的金额的一致性,以及支票汇总记录的一致性。

(2) 通过定期比较银行存款日记账记录的日期与支票副本的日期,独立检查入账的及时性。

(3) 独立编制银行存款余额调节表。

三、采购与付款循环的内部控制和控制测试

(一) 采购与付款循环的内部控制

1. 职责分离控制

企业应当建立采购与付款交易的岗位责任制,明确相关部门和岗位的职责、权限,确保办理采购与付款交易的不相容岗位相互分离、制约和监督。采购与付款交易不相容岗位至少包括:请购与审批;询价与确定供应商;采购合同的订立与审批;采购与验收;采购、验收与相关会计记录;付款审批与付款执行。不得由同一个部门和同一个人负责采购及付款的全过程。

2. 采购计划控制

生产、仓储等部门根据生产计划制定需求计划,采购部门汇总需求,按采购类型制定采购计划,经复核人复核后执行。

3. 供应商控制

企业建立科学的供应商审核制度,对供应商资质、信誉情况进行审查和评估,确定合格的供应商清单,完善企业统一的供应商网络,并及时对其信息变更进行更新。采购部门只能向通过审核的供应商进行采购。

4. 请购控制

企业应当建立采购申请制度,依据购置商品或劳务的类型,确定相应的管理部门,授予相应的请购权,并明确相关部门或人员的职责权限及相应的请购程序。请购部门提出的采购需求,应明确采购类别、质量等级、规格、数量、相关要求和标准、到货时间等,由相关权责主管在相应的权限范围内,根据预算合理地签发请购申请单。临时需要的急件零星物品可由使用部门直接购买,但须列入预算。

5. 订货控制

无论何种需要的请购,购货部门在收到请购单后,在最终发出购货订单之前,都应明确订购多少、向谁订购、何时订货等问题。

(1) 在订购多少的控制方面,购货部门首先应对每一份请购单审查其请购数量是否在控制限额的范围内,其次是检查使用物品和获得劳务的部门主管是否在请购单上签字同意。对于需大量采购的原材料零配件等,必须进行各种采购数量对成本影响的成本分析,其内容是将各种请购项目进行有效归类,然后利用经济批量法来测算成本。

(2) 关于向谁订购的问题,购货部门在正式填制购货订单前,必须向不同的供应商(通常需求两家以上)索取供应物品的价格、质量指标、折扣和付款条件以及交货时间等资料,比较不同供应商所提供的资料,选择最有利于企业生产和成本最低的供应商,与供应商签订合同。

(3) 关于何时订货的问题,主要由存货管理部门运用经济批量法和分析最低存货点来进行,而不是由购货部门进行。当请购单已提出,购货部门应对这些请购单的处理结果及时告知仓储和生产部门。

在上述三方面的决定做出之后,购货部门应及时填制购货订单,并对其进行控制,主要是预先应对每份订单进行编号;在购货订单向供应商发出前,必须由专人检查该订单是否得到授权人的签字;由专人复查购货订单的编制过程和内容;购货订单的副本应递交给请购、保管与会计部门等。

6. 验收控制

验收的职能必须独立于请购、采购、会计的部门人员来承担,根据企业规定的验收制度和经批准的订单、合同等采购文件,对所购物品或劳务等的品种、规格、数量、质量和其他相关内容进行验收,填制包括供应商名称、收货日期、货物名称、数量和质量以及运货人名称、原购货订单编号等内容的收货报告单,并将其及时报告请购、购货和会计部门。

7. 应付账款的控制

任何应付账款的不正确记录和不按时偿还该债务,都会导致交易双方不必要的债务纠纷。对应付账款的控制包括以下六个方面:

(1) 应付账款的记录必须由独立于请购、采购、验收、付款的职员来进行。
(2) 应付账款的入账还必须在取得和审核各种必要的凭证以后才能进行。
(3) 对于有预付货款的交易,在收到供应商发票后,应将预付金额冲抵部分发票金额来记录应付账款。
(4) 必须分别设置应付账款的总分类账户和明细账。
(5) 对于享有折扣的交易,应根据供应商发票金额减去折扣金额的净额登记应付账款。
(6) 每月应将应付账款明细账与客户的对账单进行核对。

8. 付款控制

(1) 支票准备。支票准备应独立于采购、付款确认和函证程序,所有付款都应有事前编号的支票,对已签发的支票应将其原始凭证加盖"已付款"印章,以避免重复付款,尽可能使用有安全保障的支票书写器或电脑生成的支票,对于空白支票应安全存放,作废的支票应立即注销等。

(2) 支付。付款前,应复核客户发票上的数量、价格和合计数以及折扣条件等,核对支票的金额,采购和付款应有各自独立的签名,对支票应采取函寄或其他安全方式送交。

(3) 会计处理。会计部门及时记录付款业务,定期核对总账的分类账以及日记账,注意未付账款。检查应付账款的明细账和有关文件,以防失去可能的现金折扣。

(二)采购与付款循环的控制测试

1. 记录对内部控制的了解

注册会计师主要凭借以往与客户交往的经验,并通过运用询问、观察和检查凭证等审计核准程序取得对被审计单位采购交易控制程序的了解。例如,注册会计师可以询问批准订购单所遵循的程序,观察验收程序,检查应付凭单部门的凭单和相关原始凭证等。注册会计师通常使用问卷调查表、流程图或者文字说明性备忘录等方式来记录所了解到的情况。

2. 测试控制制度

注册会计师进行控制测试,应结合业务控制环节进行。另外,鉴于固定资产项目有着不同于一般商品的特殊性,对其控制测试问题也单独加以阐述。采购与付款循环控制风险和控制测试程序如表10-1所示。

表 10-1　　　　　　　　采购与付款循环控制风险和控制测试程序

关键控制环节	可能存在的错报	相关财务报表项目及认定	控制测试程序
制订采购计划	采购计划未经适当审批	存货：存在 应付账款：存在	询问复核人复核采购计划的过程，检查采购计划是否经复核人恰当复核
供应商认证及信息维护	新增供应商或供应商信息变更未经恰当的认证	存货：存在 应付账款：存在	询问复核人复核供应商数据变更请求的过程； 抽样检查变更需求是否有相关文件支持及有复核人的复核确认
请购商品和劳务	请购过多的商品		检查请购授权和审批的情况
编制订购单	订购单与有效的请购单不符	存货：存在，准确性、计价与分摊 应付账款：存在，准确性、计价与分摊	询问复核人复核订购单的过程，包括复核人提出的问题及其跟进记录； 抽样检查订购单是否有对应的请购单及复核人签署确认
验收商品	收到未订购的商品，收到商品的名称、数量、质量不符合要求	存货：存在，完整性 应付账款：存在，完整性	检查验收单后附的请购单、订购单； 询问和检查验收人员实际验收过程
关键控制环节	可能存在的错报	相关财务报表项目及认定	控制测试程序
储存已验收的商品	商品可能被盗走	存货：存在 应付账款：存在	检查入库单；观察接近资产的情况
编制付款凭单、确认与记录负债	对未订购的商品或未收到的商品编制凭单	存货：存在，准确性、计价与分摊 应付账款：存在，准确性、计价与分摊	检查与每张凭单相配合的订购单、验收单和供应商发票
	凭单可能未入账	存货：完整性，准确性、计价与分摊 应付账款：完整性，准确性、计价与分摊	审查执行独立检查的证据，重新执行独立检查
付款	可能对未授权的采购签发支票	应付账款：存在	观察支票签署人对支付凭证进行的独立检查
	可能对一张凭证重复付款	应付账款：存在	检查已付款凭单上的"已付讫"印章
	支票金额可能开错	应付账款：准确性、计价与分摊	重新执行独立检查
	支票可能在签署后被篡改	应付账款：存在，完整性、准确性、计价与分摊	询问邮寄程序，观察邮寄过程
记录现金支出	现金支付未记录或者记录金额不正确	应付账款：存在，完整性、准确性、计价与分摊 存货：存在，准确性、计价与分摊	检查使用和控制预先编号支票的证据； 审查银行存款余额调节表及复核情况； 抽取供应商对账单，检查其是否与应付账款明细账得到正确的核对

四、固定资产的内部控制和控制测试

(一) 固定资产的内部控制

1. 预算控制

预算制度是固定资产内部控制中最重要的部分。通常,大中型企业应编制旨在预测与控制固定资产增减和合理运用资金的年度预算;小企业即使没有正规的预算,对固定资产的购建也要事先加以计划。

2. 授权批准控制

完善的授权批准制度包括:企业的资本性预算只有经过董事会等高层管理机构批准方可生效;所有固定资产的取得和处置均需经企业管理当局的书面认可。

3. 账簿记录控制

除固定资产总账外,被审计单位还须设置固定资产明细分类账和登记卡,按固定资产类别、使用部门和每项固定资产进行明细分类核算。固定资产的增减变化均应有充分的原始凭证。

4. 职责分工控制

对固定资产的取得、记录、保管、使用、维修、处置等,均应明确划分责任,由专门部门和专人负责。

5. 资本性支出和收益性支出的区分

企业应制定区分资本性支出和收益性支出的书面标准。通常须明确资本性支出的范围和最低金额,凡不属于资本性支出的范围、金额低于下限的任何支出,均应列作费用并抵减当期收益。

6. 处置控制

固定资产的处置,包括投资转出、报废、出售等,均要有一定的申请报批程序。

7. 定期盘点控制

对固定资产的定期盘点,是验证账面各项固定资产是否真实存在、了解固定资产放置地点和使用状况以及发现是否存在未入账固定资产的必要手段。

8. 维护保养控制

固定资产应有严密的维护保养制度,以防止其因各种自然和人为的因素而遭受损失并应建立日常维护和定期检修制度,以延长其使用寿命。

严格地讲,固定资产的保险不属于企业固定资产的内部控制范围,但它对企业非常重要。因此,注册会计师在检查、评价企业的内部控制时,应当了解企业对固定资产的保险情况。

(二) 固定资产的控制测试

结合前面固定资产内部控制的内容和顺序,注册会计师在对被审计单位的固定资产实施控制测试时应注意:

(1) 对于固定资产的预算制度,注册会计师选取固定资产投资预算和投资可行性项目论证报告,检查是否编制预算并进行论证,以及是否经适当层次审批;对实际支出与预算之间的差异以及未列入预算的特殊事项,应检查其是否履行特别的审批手续。如果固定资产增减均能处于良好的经批准的预算控制之下,注册会计师即可适当减少对固定资产增加、减少审计中的实质性程序样本量。

(2) 对于固定资产的授权批准制度,注册会计师不仅应检查被审计单位固定资产授权批准制度本身是否完善,还应选取固定资产请购单及相关采购合同,检查是否得到适当的审批和签署,关注授权批准制度是否得到切实执行。

(3) 对于固定资产的账簿记录制度,注册会计师应当认识到,一套设置完善的固定资产明细分类账和登记卡,将为注册会计师分析固定资产的取得和处置、复核折旧费用和修理支出的列支带来帮助。

(4) 对于固定资产的职责分工制度,注册会计师应当认识到,明确的职责分工制度,有利于防止舞弊,降低注册会计师的审计风险。因此,注册会计师应通过对前面所讲关键环节有无明确职责划分进行测试,了解职责分工情况。

(5) 对于资本性支出和收益性支出的区分制度,注册会计师应当检查该项制度是否遵循企业会计准则的要求,是否适应被审计单位的行业特点和经营规模,并抽查实际发生与固定资产相关的支出时是否按照该制度进行恰当的会计处理。

(6) 对于固定资产的处置制度,注册会计师应当关注被审计单位是否设置了有关固定资产处置的分级申请报批程序;抽取固定资产盘点明细表,检查账实之间的差异是否经审批后及时处理;抽取固定资产报废单,检查报废是否经适当批准和处理;抽取固定资产内部调拨单,检查调入、调出是否已进行适当处理;抽取固定资产增减变动情况分析报告检查是否经复核。

(7) 对于固定资产的定期盘点制度,注册会计师应了解和评价企业固定资产盘点制度,并应注意查询盘盈、盘亏固定资产的处理情况。

(8) 对于固定资产的保险情况,注册会计师应抽取固定资产保险单盘点表,检查是否已办理商业保险。

五、评估重大错报风险

注册会计师应当考虑采购、付款交易的重大错报风险,并对被审计单位特殊的交易活动和可能影响财务报表真实反映的事项保持职业怀疑态度。影响采购与付款交易和余额的重大错报风险可能包括:

1. 管理层错报费用支出的偏好和动因

被审计单位管理层可能出于完成预算、满足业绩考核要求、保证从银行获得资金、吸引潜在投资者、误导股东、影响公司股价等动机,以操纵负债和费用的方式确认控制损益。例如,通过计提准备或少计负债和准备,把损益控制在被审计单位管理层希望的程度;利用特别目的实体把负债从资产负债表中剥离,管理层把私人费用计入企业费用,把企业资金当作私人资金运作。

2. 费用支出的复杂性

被审计单位以复杂的交易安排购买一定期间的多种服务,管理层对涉及的服务收益与付款安排的复杂性缺乏足够的了解,可能导致费用支出分配和准备金计提的错误。

3. 低估负债和相关准备

在承受反映较高盈利水平和营运资本的压力下,被审计单位管理层可能试图低估应付账款和资产相关准备,包括低估对存货应计提的跌价准备。其重大错报风险具体体现在以下三个方面:

(1) 遗漏交易,如不计提已收取货物但尚未收到发票的采购相关的负债或不计提尚未付款的已经购买的服务支出等。

(2) 采用不正确的费用支出截止期,将本期采购并收到的商品计入下一会计期间;或者将下一会计期间采购的商品提前计入本期。

(3) 将应当及时确认损益的费用化支出资本化,然后通过资产的逐步摊销予以消化等。

4. 舞弊和盗窃的固有风险

如果被审计单位经营大型零售业务,由于所采购商品和固定资产的数量及支付的款项庞大,交易复杂,容易造成商品发运错误,员工和客户发生舞弊和盗窃的风险较高。如果负责付款的会计人员有权接触应付账款主文档,并能够通过在应付账款主文档中擅自添加新的账户来虚构采购交易,舞弊和盗窃的风险也会增加。

5. 存在未记录的权利和义务

这可能导致资产负债表分类错误以及财务报表附注不正确或披露不充分。

6. 存货的采购成本确认不当

存货的采购成本没有按照适当的计量属性确认,结果可能导致存货成本和销售成本的核算不正确。

在评估采购与付款循环的重大错报风险时,注册会计师应当落实到该风险所涉及的相关财务报表项目及认定,再基于采购与付款循环的重大错报风险评估结果,制定实施进一步审计程序的总体方案(包括综合性方案和实质性方案),继而实施控制测试和实质性程序。

采购与付款循环的重大错报风险主要涉及费用支出和应付账款的低估,集中体现在遗漏交易、采用不正确的费用支出截止期,以及错误划分资本性支出和费用性支出。这些将对完整性、截止、发生、存在、准确性和分类认定产生影响。

【例10-1】 采购与付款循环内部控制测试案例分析

注册会计师A于2023年1月6日对东方股份有限公司采购与付款循环的内部控制进行了了解和测试,并在相关的审计工作底稿中作了记录,相关记录现摘录如下:

(1) 对需要购买的已列入材料清单上的采购项目由仓库负责填写请购单,对未列入存货清单上的采购项目由相关需求部门填写请购单。每张请购单必须经过对这类支出负预算责任的主管人员签字批准。

(2) 采购部收到经批准的请购单后,由其职员小王进行询价并确定供应商,再由其职员小李负责编制和发出预先连续编号的订购单。订购单一式四联,经被授权的采购人员签字后,分别送交供应商、负责验收的部门、提交请购单的部门和负责采购业务结算的应付凭单部门。

(3) 采购人员小张根据请购单向东方股份有限公司的长期供应商甲公司发出订购单,采购人员小张长期以来一直负责向甲公司采购材料。

(4) 根据仓库部门记录,甲公司虽然经常出现交货不及时、数量不符等问题,但由于从甲公司采购的材料价格相对较低,因此财务部门指定甲公司为东方股份有限公司的主要供应商。

(5) 验收部门根据订购单上的要求对所采购的材料进行验收,完成验收后,将原材料交由仓库人员存入库房,并编制预先未连续编号的验收单交由仓库人员签字确认。验收单一式三联,其中,两联分送应付凭单部门和仓库,一联留存验收部门。

(6) 应付凭单部门核对供应商发票、验收单和订购单,并编制预先连续编号的付款凭单。在付款凭单经被授权人员批准后,应付凭单部门将付款凭单连同供应商发票及时送交会计部门,并将未付款凭单副联保存在未付款凭单档案中。会计部门收到附供应商发票的付款凭单后即应及时编制有关的记账凭证,并登记原材料和应付账款账簿。

要求:请逐一判断东方股份有限公司在采购与付款循环内部控制中是否存在缺陷,如存在,请说明理由并提出改进建议。

解：事项(1)不存在内控缺陷。

事项(2)存在内控缺陷。理由：询价和确定供应商是属于不相容的两个岗位，由职员小王一人担任不正确。应当由其他职员负责确定供应商。

事项(3)存在内控缺陷。理由：企业应根据具体情况对办理采购业务的人员定期轮岗，防范采购人利用职权和工作便利收受商业贿赂，损害企业利益。

事项(4)存在内控缺陷。理由：企业应建立供应商评价制度，由采购、请购、生产、财务、仓储等部门共同对供应商提供商品的质量、价格、交货及时性、付款条件及供应商资质进行评价，并根据评价调整供应商。

事项(5)存在内控缺陷。理由：验收单应当预先连续编号。

事项(6)不存在内控缺陷。

第二节 应付账款审计

应付账款是企业在正常经营过程中，因赊购商品或劳务等引起的短期债务，如采取赊购方式购买商品、原料、固定资产及其他办公用品等形成的短期债务。

从审计角度来看，应付账款具有以下几个显著特点：

(1) 审查负债的重点在于揭示和纠正负债的低估或漏列。在通常情况下，注册会计师审查资产账户，主要是为了防止资产的高估。因为只有高估资产才能人为地"改善"企业的财务状况。但就负债而言，则只有通过低估其债务，才能达到人为地"美化"企业财务状况的目的，从而人为地改善流动比率等财务指标，以取得信贷上的好处。由于低估负债经常伴随着低估费用和高估净收益，对企业的经营成果也有很大影响。例如，企业管理层将某些经营费用延迟到次年付款时才入账，就可虚增年终的净收益。因此，注册会计师审查负债项目主要是为了防止企业债务的低估。

(2) 企业的债务即为其他企业的债权，债权企业必定具有完整的会计记录。如果债务企业不按期清偿，将会受到债权企业的直接催讨。这在某种意义上而言可以保证负债记录的正确性。所以，对负债项目的内部控制制度和账务处理审计，相对资产而言，就较为简单了。因为它有外部债权人的牵制。

(3) 注册会计师对于资产和负债审计的另一个不同之处在于，负债通常不会引起计价问题。负债的未来清偿价值一般在负债成立之时就立即确定，并不受外界环境因素的影响。而对资产即存在适当计价问题，许多耗费于资产上的审计时间，大都花费在研讨委托人所采用的计价方法是否适当上。而由于负债不存在不同计价基础方法的选择问题，对其审核验证的工作量就可以适当减少。

一、应付账款的审计目标

(1) 确定资产负债表中记录的应付账款是否存在。
(2) 确定所有应当记录的应付账款是否均已记录。
(3) 确定资产负债表中记录的应付账款是否为被审计单位应履行的现时义务。
(4) 确定应付账款是否以恰当的金额包括在财务报表中，与之相关的计价调整是否已恰当记录。

(5) 确定应付账款已记录于恰当的账户。

(6) 确定应付账款是否已按照企业会计准则的规定在财务报表中作出恰当的列报。

应付账款审计目标与认定的对应关系如表 10-2 所示。

表 10-2　　　　　　　　　　　审计目标与认定对应关系表

审计目标	财务报表认定					
	存在	完整性	权利和义务	准确性、计价和分摊	分类	列报
资产负债表中记录的应付账款是存在的	√					
所有应当记录的应付账款均已记录		√				
记录的应付账款由被审计单位拥有或控制			√			
应付账款以恰当的金额包括在财务报表中,与之相关的计价调整已恰当记录				√		
应付账款已记录于恰当的账户					√	
应付账款已按照企业会计准则的要求在财务报表中作出恰当的列报						√

二、应付账款的实质性程序

(一)获取或编制应付账款明细表

(1) 复核加计是否正确,并与报表数、总账数和明细账合计数核对是否相符。

(2) 检查非记账本位币应付账款的折算汇率及折算是否正确。

(3) 分析出现借方余额的项目,查明原因,必要时,建议作重分类调整。

(4) 结合预付账款、其他应付款等往来项目的明细余额,调查有无同挂的项目、异常余额或与购货无关的其他款项(如关联方账户或雇员账户),如有,应作出记录,必要时建议作出调整。

(二)对应付账款执行实质性分析程序

(1) 将本期期末应付账款余额与上期期末余额进行比较,分析波动原因。

(2) 分析长期挂账的应付账款,要求被审计单位作出解释,判断被审计单位是否缺乏偿还能力或利用应付账款隐瞒利润,并注意其是否可能无需支付。对确实无需支付的应付账款,账务处理是否正确,依据是否充分。

(3) 计算应付账款与存货的比率、应付账款与流动负债的比率,并与以前年度相关比率对比分析,评价应付账款整体的合理性。

(4) 分析存货和营业成本等项目的增减变动,判断应付账款增减变动的合理性。

(三)函证应付账款

一般情况下,应付账款不需要函证,这是因为函证不能保证查出未记录的应付账款,况且注册会计师能够取得采购发票等外部凭证来证实应付账款的余额。但如果控制风险较高,某应付账款明细账户余额较大或被审计单位处于财务困难阶段,则应进行应付账款的函证。

(1) 函证对象。应选择较大金额的债权人,以及那些在资产负债表日金额不大,甚至为零,但为被审计单位重要供应商的债权人,作为函证对象。

(2) 函证方式。最好采用积极函证方式。

(3) 函证的控制。要求债权人直接回函,并根据回函情况编制与分析函证结果汇总表对未回函的,应考虑是否再次函证。

(4) 函证替代程序。对于未回函的重大项目,注册会计师应采用替代审计程序,即检查决算日后应付账款明细账及库存现金和银行存款日记账,核实其是否已支付,同时检查该笔债务的相关凭证资料,如合同发票、验收单,核实应付账款的真实性。

【例 10-2】 应付账款函证案例分析

注册会计师 A 对东方股份有限公司的应付账款项目进行审计。根据需要该注册会计师决定对东方股份有限公司四个明细账户中的两个进行函证。账户具体情况如表 10-3 所示。

表 10-3　　　　　　东方股份有限公司应付账款明细账情况汇总表　　　　　单位:元

单位名称	应付账款年末余额	本年度进货余额
甲公司	23 876	64 785
乙公司	—	2 738 930
丙公司	55 900	78 850
丁公司	267 800	3 564 260

要求:(1) 请指出该注册会计师应该选择哪两位供货商进行函证,并说明原因。

(2) 假定上述四家公司均为东方股份有限公司的采购人,表 10-3 中两栏分别是应收账款年末余额和本年度进货余额,指出注册会计师 A 应选择哪两家公司进行函证,并说明原因。

解:(1) 该注册会计师应该选择乙公司和丁公司进行应付账款余额的函证。因为函证客户的应付账款,应选择那些可能存在较大年度发生额而并非在会计决算日有较大余额的债权人。函证的目的在于查实有无未入账负债,而不在于验证具有较大年末余额的债务。本年度东方股份有限公司从乙公司和丁公司采购了大量商品,存在漏记负债业务的可能性更大。

(2) 选择丙和丁两公司函证。因为应收账款审计主要是防止高估,因此选金额大的客户函证。

(四) 检查应付账款是否计入了正确的会计期间,是否存在未入账的应付账款

(1) 检查债务形成的相关原始凭证,如供应商发票、验收报告或入库单等,查找有无未及时入账的应付账款,确认应付账款期末余额的完整性。

(2) 检查资产负债表日后应付账款明细账贷方发生额的相应凭证,关注其购货发票的日期,确认其入账时间是否合理。

(3) 获取被审计单位与其供应商之间的对账单(应从非财务部门,如采购部门获取),并将对账单和被审计单位财务记录之间的差异进行调节(如在途款项、在途商品、付款折扣、未记录的负债等),查找有无未入账的应付账款,确定应付账款金额的准确性。

(4) 针对资产负债表日后付款项目,检查银行对账单及有关付款凭证(如银行汇款通知、供应商收据等),询问被审计单位内部或外部知情人员,查找有无未及时入账的应付账款。

(5) 结合存货监盘程序,检查被审计单位在资产负债表日前后的存货入库资料(验收报告或入库单),检查是否有大额料到单未到的情况,确认相关负债是否记入了正确的会计期间。

如果注册会计师通过这些审计程序发现某些未入账的应付账款,应将有关情况详细记入审计工作底稿,并根据其重要性确定是否需要建议被审计单位进行相应的调整。

(五)检查已偿付的应付账款

针对已偿付的应付账款,追查至银行对账单、银行付款单据和其他原始凭证,检查其是否在资产负债表日前真实偿付。

(六)检查异常或大额交易及重大调整事项

针对异常或大额交易及重大调整事项(如大额的购货折扣或退回,会计处理异常的交易、未经授权的交易或缺乏支持性凭证的交易等),检查相关原始凭证和会计记录,以分析交易的真实性、合理性。

(七)检查带有现金折扣的应付账款

检查带有现金折扣的应付账款是否按发票上记载的全部应付金额入账,在实际获得现金折扣时再冲减财务费用。

(八)检查应付账款是否已按照企业会计准则的规定在财务报表中作出恰当列报

一般来说,"应付账款"项目应根据"应付账款"和"预付账款"科目所属明细科目的期末贷方余额的合计数填列。

【例10-3】 应付账款审计实质性程序案例分析

注册会计师A在具体审计计划中列示了对东方股份有限公司应付账款项目的实质性程序,摘录如下:

(1)选取应付余额较小的供应商寄发积极式询证函,要求供应商提供东方股份有限公司欠款信息。

(2)从采购部门获取供应商的年末对账单,调查供应商对账单与账务记录之间的差异。

(3)检查应付账款明细账中带有现金折扣的应付账款是否按发票上记载的全部应付金额入账,在实际获得现金折扣时再冲减财务费用。

(4)将资产负债表日前已偿付的应付账款追查至银行对账单、银行付款单和其他原始凭证,检查偿付是否真实。

(5)检查资产负债表日后的银行付款单,追查支持性凭证的日期和应付账款借方记录。

要求:指出上述实质性程序能否直接发现应付账款完整性认定的重大错报(是或否),如认为"是",请简要描述具体情形;如认为"否",请指出该程序能直接发现应付账款何种认定的错报。

解:具体分析如表10-4所示。

表10-4   程序直接发现与应付账款完整性认定相关错报的情形

程序	"是"或"否"	程序直接发现与应付账款完整性认定相关错报的具体情形
(1)	是	供应商提供的欠款笔数可能多于东方股份有限公司应付账款明细账的笔数
(2)	是	可能发现新的供应商或应付账款明细账中未记录的欠款
(3)	否	可能直接发现应付账款准确性、计价和分摊认定的错报
(4)	是	如追查结果显示并未支付,则账簿记录并未反映全部应付账款
(5)	是	如支持性凭证中的验收单日期属于上期且应付账款未加记录

第三节 固定资产审计

固定资产是指同时具有下列两个特征的有形资产：①为生产商品、提供劳务、出租或经营管理而持有的。②使用寿命超过一个会计年度。这里的使用寿命是指企业使用固定资产的预计期间，或者该固定资产所能生产产品或提供劳务的数量。固定资产折旧则是指在固定资产的使用寿命内，按照确定的方法对应计折旧额进行系统分摊。由于固定资产在企业资产总额中一般都占有比较大的比例，固定资产的安全、完整对企业的生产经营影响极大，注册会计师应对固定资产的审计予以高度重视。

固定资产是企业实物资产的主要组成部分，它具有以下特点：

(1) 其在一个会计期间内交易次数较少。

(2) 其单位价值较高。

(3) 其能够多次参加生产经营过程，使用期限超过 1 年（或超过 1 年的一个营业周期），并且在使用过程中基本保持原来的物质形态不变。

(4) 其使用寿命是有限的。

(5) 其损耗价值是以折旧方式计入制造费用或管理费用中去，随着产品价值的实现而转化为货币资金。

(6) 企业持有它的目的是用于生产经营活动，而不是转卖。

就审计而言，固定资产的审查较存货、应收账款等流动资产要简单。审计时主要是审核会计期间内固定资产的增减变动及折旧费用的适当性，在整个审计计划中通常安排的时间较少。

一、固定资产的审计目标

(1) 确定固定资产是否存在。

(2) 确定所有应记录的固定资产是否均已记录。

(3) 确定记录的固定资产是否由被审计单位拥有或控制。

(4) 确定固定资产以恰当的金额包括在财务报表中，与之相关的计价或分摊已恰当记录。

(5) 确定固定资产已记录于恰当的账户。

(6) 确定固定资产在财务报表上的列报与披露是否恰当。

固定资产审计目标与认定对应关系如表 10-5 所示。

表 10-5 　　　　　　　　　　审计目标与认定对应关系表

审计目标	财务报表认定					
	存在	完整性	权利和义务	准确性、计价和分摊	分类	列报
资产负债表中记录的固定资产是存在的	√					
所有应当记录的固定资产均已记录		√				
记录的固定资产由被审计单位拥有或控制			√			

(续表)

审计目标	财务报表认定					
	存在	完整性	权利和义务	准确性、计价和分摊	分类	列报
固定资产以恰当的金额包括在财务报表中,与之相关的计价调整已恰当记录				√		
固定资产已记录于恰当的账户					√	
固定资产已按照企业会计准则的要求在财务报表中作出恰当的列报						√

二、固定资产的实质性程序

(一)获取或编制固定资产分析表

固定资产分析表又称固定资产及累计折旧汇总表,其内容包括固定资产的增减变动情况、固定资产折旧计提情况等。注册会计师获取或编制的固定资产分析表主要是为了分析固定资产账户余额的变动,并为固定资产的取得、处置和出售等提供进一步的证据。固定资产分析表参考格式如表10-6所示。

表10-6　　　　　　　　　　固定资产分析表

被审计单位名称：　　　　　　　　编制人：　　　　　　　　执行日期：
结账日期：　　　　　　　　　　　复核人：　　　　　　　　复核日期：

账户编号	摘要	固定资产				累计折旧					
		期初余额	本期增加	本期减少	期末余额	折旧方法	折旧率	期初余额	本期增加	本期减少	期末余额
合计											

(二)对固定资产实施实质性分析程序

(1)将本期各类固定资产占全部固定资产总额的比率与上期比较、本期固定资产周转率与上期比较,分析固定资产构成的合理性。

(2)分别将本期折旧额、累计折旧额占固定资产原值的比率同上期比较,分析本期折旧、累计折旧核算的正确性。

(3)分别将本期折额、累计折额占制造费用的比率同上期比较,分析本期折旧、累计折旧核算的正确性。

(4)将本期固定资产维修费占固定资产原值比率同上期比较,分析维修费用的合理性。

(三) 实地检查重要固定资产

实地检查重要固定资产,确定其是否存在,关注是否存在已报废但仍未核销的固定资产。

实施实地检查审计程序时,注册会计师可以以固定资产明细分类账为起点,进行实地追查,以证明会计记录中所列固定资产确实存在,并了解其目前的使用状况;也应考虑以实地为起点,追查至固定资产明细分类账,以获取实际存在的固定资产均已入账的证据。

当然,注册会计师实地检查的重点是本期新增加的重要固定资产,有时检查范围也会扩展到以前期间增加的重要固定资产。观察范围的确定需要依据被审计单位内部控制的强弱、固定资产的重要性和注册会计师的经验来判断。如为首次接受审计,则应适当扩大检查范围。

(四) 验证固定资产的所有权或控制权

对各类固定资产,注册会计师应获取、收集不同的证据以确定其是否确实归被审计单位所有。具体验证时应注意:

(1) 对外购的机器设备等固定资产,通常经审核采购发票、采购合同等予以确定。

(2) 对于房地产类固定资产,需查阅有关的合同、产权证明、财产税单、抵押借款的还款凭据、保险单等书面文件。

(3) 对汽车等运输设备,应验证有关运营证件等。

(4) 对受留置权限制的固定资产,通常还应审核被审计单位的有关负债项目等予以证实。

(五) 审查本期固定资产的增加

审计固定资产的增加,是固定资产实质性程序中的重要内容。被审计单位如果不正确核算固定资产的增加,将对资产负债表和利润表产生长期的影响。固定资产的增加有购置、自制自建、投资者投入、更新改造增加、债务人抵债增加等多种途径。注册会计师的审计要点如下:

(1) 询问管理层当年固定资产的增加情况,并与获取或编制的固定资产明细表同时进行。

(2) 检查本年度增加固定资产的计价是否正确,手续是否齐备,会计处理是否正确。

对于外购固定资产,通过核对采购合同、发票、保险单、发运凭证等资料,抽查测试其入账价值是否正确,授权批准手续是否齐备,会计处理是否正确;如果购买的是房屋建筑物,还应检查契税的会计处理是否正确;检查分期付款购买固定资产的入账价值及会计处理是否正确。

对于在建工程转入的固定资产,应检查在建工程转入固定资产的时点是否符合会计准则的规定,入账价值与在建工程的相关记录是否核对相符,是否与竣工决算、验收和移交报告等一致;对已经达到预定可使用状态,但尚未办理竣工决算手续的固定资产,检查其是否已按估计价值入账,相关估价是否合理,并按规定计提折旧。

对于投资者投入的固定资产,检查投资者投入的固定资产是否按投资各方确认的价值入账,并检查确认价值是否公允,交接手续是否齐全;涉及国有资产的,是否有评估报告并经国有资产管理部门评审备案或核准确认。

对于更新改造增加的固定资产,检查通过更新改造而增加的固定资产,增加的原值是否符合资本化条件,是否真实,会计处理是否正确,重新确定的剩余折旧年限是否恰当。

对于因债务人抵债而获得的固定资产,检查产权过户手续是否齐备,检查固定资产入账价值及确认的损益和负债是否符合规定。

对于通过其他途径增加的固定资产,应检查增加固定资产的原始凭证,核对其计价及会计处理是否正确,法律手续是否齐全。

(3) 检查固定资产是否存在弃置费用,如果存在弃置费用,检查弃置费用的估计方法和弃置费用现值的计算是否合理,会计处理是否正确。

(六) 审查本期固定资产的减少

固定资产的减少主要包括出售、向其他单位投资转出、向债权人抵债转出、报废、毁损、盘亏等。有的被审计单位在全面清查固定资产时,常常会出现固定资产账存实亡现象,这可能是由于固定资产管理或使用部门不了解报废固定资产与会计核算两者间的关系,擅自报废固定资产而未及时通知财务部门作相应的会计核算所致,这样势必造成财务报表反映失真。审计固定资产减少的主要目的就在于查明已减少的固定资产是否已作适当的会计处理。其审计要点如下:

(1) 结合固定资产清理科目抽查固定资产账面转销额是否正确。
(2) 检查出售、盘亏、转让、报废或毁损的固定资产是否经授权批准,会计处理是否正确。
(3) 检查因修理,更新改造而停止使用的固定资产的会计处理是否正确。
(4) 检查投资转出固定资产的会计处理是否正确。
(5) 检查债务重组或非货币性资产交换转出固定资产的会计处理是否正确。
(6) 检查其他减少固定资产的会计处理是否正确。

(七) 审查固定资产的后续支出

审计固定资产的后续支出,确定与固定资产有关的后续支出是否满足资产确认条件;如不满足,该支出是否在该后续支出发生时计入当期损益。

(八) 审查闲置的固定资产

获取暂时闲置固定资产的相关证明文件,并观察其实际状况,检查是否已按规定计提折旧,相关的会计处理是否正确。

(九) 审查已提足折旧的固定资产

获取已提足折旧仍继续使用固定资产的相关证明文件,并作相应记录。

(十) 审查固定资产的抵押、担保情况

结合对银行借款等的检查,了解固定资产是否存在重大的抵押、担保情况。如存在,应取证,并作相应的记录,同时提请被审计单位作恰当披露。

(十一) 审查固定资产的列报

确定固定资产是否已按照《企业会计准则》的规定在财务报表中做出恰当列报。
财务报表附注通常应说明以下内容:
(1) 固定资产的标准、分类、计价方法和折旧方法。
(2) 固定资产的预计使用寿命和预计净残值。
(3) 对固定资产所有权的限制及其金额。
(4) 已承诺将为购买固定资产支付的金额。
(5) 暂时闲置的固定资产账面价值。
(6) 已提足折旧仍继续使用的固定资产账面价值。
(7) 已报废和准备处置的固定资产账面价值。

如果被审计单位是上市公司,还应在其财务报表附注中披露以下内容:
(1) 固定资产期初余额、本期增加额、本期减少额及期末余额。
(2) 说明固定资产中存在的在建工程转入、出售、置换、抵押或担保等情况。
(3) 披露通过经营租赁租出的固定资产每类租出资产的账面价值。

【例 10-4】 固定资产审计实质性程序的运用案例分析

注册会计师 A 负责审计东方股份有限公司 2023 年度的财务报表。根据对东方股份有限公司及其环境的了解，注册会计师 A 确定的固定资产重要审计目标为：本年新增的固定资产是否存在，是否为东方股份有限公司所拥有，计价是否正确，并在审计工作底稿中记载了东方股份有限公司 2023 年度新增的固定资产，部分内容摘录如下：

(1) 从甲公司购进一台机床。
(2) 由乙建筑公司新建完工、交付使用的办公大楼。
(3) 由丁公司投资转入的运输设备。

要求：

(1) 指出为证实上述第(1)至第(3)项固定资产是否存在，注册会计师 A 应当实施何种实质性程序。

(2) 指出为证实东方股份有限公司对上述第(1)至第(3)项固定资产拥有所有权注册会计师 A 应当分别实施何种具体的实质性程序。

(3) 指出为证实东方股份有限公司对上述第(2)至第(3)项固定资产入账价值是否正确，注册会计师 A 应分别将何种文件与账簿记录核对。

解：(1) 从固定资产账簿记录追查到固定资产实物。

(2) 对于机床，应检查购货合同与卖方发票；对于办公大楼，应检查产权证明、财产税单、抵押借款的还款凭据、保险单等书面文件；对于投资转入的运输设备，应检查投资协议与有关运营证件等。

(3) 应当分别将竣工决算报告和资产评估报告中确定的价值与对应账簿记录核对。

三、累计折旧的实质性程序

固定资产可以长期参加生产经营而仍保持其原有实物形态，但其价值将随着固定资产的使用而逐渐转移到生产的产品中，或构成经营成本与费用。这部分在固定资产使用寿命内，按照确定的方法对应计折旧额进行的系统分摊就是固定资产的折旧。

由于在计算折旧时，对固定资产的使用寿命、残余价值、清理费、有形和无形损耗、减值准备均带有估计的成分，在一定程度上具有主观性。而且折旧的计算方法又呈多样化，各种方法可能导致不同的结果，并影响期间的净收益和所得税的申报。所以，注册会计师要认真审查被审计单位在会计年度内计提折旧方法选择的适当性。

（一）累计折旧的审计目标

(1) 确定折旧方法是否符合相关规定，是否一贯遵循。
(2) 核实累计折旧增减变动的记录是否完整。
(3) 审查折旧金额的计算是否正确。
(4) 确定累计折旧的期末余额是否正确。
(5) 确定累计折旧的披露是否恰当。

（二）累计折旧的实质性程序

累计折旧的实质性程序通常包括：

(1) 获取或编制累计折旧分类汇总表，复核加计是否正确，并与总账数和明细账合计数核对是否相符。

(2) 检查被审计单位制定的折旧政策和方法是否符合相关会计准则的规定,确定其所采用的折旧方法能否在固定资产预计使用寿命内合理分摊其成本,前后期是否一致,预计使用寿命和预计净残值是否合理。

(3) 复核本期折旧费用的计提和分配,具体内容包括:①了解被审计单位的折旧政策是否符合规定,计提折旧的范围是否正确,确定的使用寿命、预计净残值和折旧方法是否合理;如采用加速折旧法,是否取得批准文件。②检查被审计单位折旧政策前后期是否一致。如果折旧政策或者相关会计估计有变更,变更理由是否合理;如果没有变更,是否存在需要提请被审计单位关注的对折旧政策或者会计估计产生重大影响的事项。③复核本期折旧费用的计提是否正确。如已计提部分减值准备的固定资产,计提的折旧是否正确;已全额计提减值准备的固定资产,是否已停止计提折旧;因更新改造而停止使用的固定资产是否已停止计提折旧;因大修理而停止使用的固定是否照提折旧;未使用、不需用和暂时闲置的固定资产是否按规定计提折旧等。④检查折旧费用的分配方法是否合理,是否与上期一致;分配计入各项目的金额占本期全部折旧计提额的比例与上期比较是否有重大差异。⑤注意固定资产增减变动时,有关折旧的会计处理是否符合规定,查明通过更新改造、接受捐赠或融资租入而增加的固定资产的折旧费用计算是否正确。

(4) 将"累计折旧"账户贷方的本期计提折旧额与相应的成本费用中的折旧费用明细账户的借方相比较,以查明所计提折旧金额是否已全部摊入本期产品成本或费用。若存在差异,应追查原因,并考虑是否应建议作适当调整。

(5) 检查累计折旧的减少是否合理、会计处理是否正确。

(6) 确定累计折旧的披露是否恰当。

【例 10-5】 累计折旧审计实质性程序的运用案例分析

东方股份有限公司 2022 年未发生购并、分立和重组行为,供销形式与上年相当。注册会计师 A 获取的东方股份有限公司 2022 年固定资产和累计折旧项目附注资料,如表 10-7 所示。

表 10-7　　　　　　　　　固定资产和累计折旧项目附注资料　　　　　　　　单位:元

类别	固定资产原价			
	年初数	本期增加	本期减少	年末数
房屋及建筑物	20 930 000	2 655 000	21 000	23 564 000
通用设备	8 612 000	1 158 000	62 000	9 708 000
专用设备	10 008 000	3 854 000	121 000	13 741 000
土地	472 000			472 000
……				
合计	42 092 000	8 277 000	789 000	49 580 000

(续表)

类别	累计折旧			
	年初数	本期增加	本期减少	年末数
房屋及建筑物	3 490 000	328 000	31 000	3 787 000
通用设备	863 000	865 000	34 000	1 694 000
专用设备	3 080 000	1 041 000	20 000	4 101 000
土地	0	15 000	0	15 000
……				
合计	8 540 000	2 564 000	378 000	10 726 000

要求：请代注册会计师 A 指出存在的错报。

解：(1)"累计折旧——土地"本期增加 1.5 万元，国家规定土地不提折旧。

(2)"固定资产原价——房屋及建筑物"本期减少 2.1 万元，而"累计折旧——房屋及建筑物"本期减少 3.1 万元，即便已提足折旧，其累计折旧数也应小于相应固定资产原价。

四、固定资产减值准备的实质性程序

(一) 固定资产减值准备的审计目标

(1) 确定固定资产减值准备的方法是否恰当，计提是否充分。

(2) 确定固定资产减值准备增减变动的记录是否完整。

(3) 确定固定资产减值准备期末余额是否正确。

(4) 确定固定资产减值准备的披露是否恰当。

(二) 固定资产减值准备的实质性程序

固定资产减值准备的实质性程序一般包括：

(1) 获取或编制固定资产减值准备明细表，复核加计正确，并与总账数和明细账合计数核对相符。

(2) 检查被审计单位计提固定资产减值准备的依据是否充分，会计处理是否正确。

(3) 检查资产组的认定是否恰当，计提固定资产减值准备的依据是否充分，会计处理是否正确。

(4) 实施实质性分析程序，计算期末固定资产减值准备占期末固定资产原值的比率并与期初该比率比较，分析固定资产的质量状况。

(5) 检查被审计单位处置固定资产时原计提的减值准备是否同时结转，会计处理是否正确。

(6) 检查是否存在转回固定资产减值准备的情况。按照企业会计准则的规定，固定资产减值损失一经确认，在以后会计期间不得转回。

(7) 确定固定资产减值准备的披露是否恰当。

课堂结账测试

班级_____ 姓名_____ 学号_____ 日期_____ 平时分_____

一、单项选择题(每题 5 分,共计 25 分)

1. 审计人员在证实被审计单位应付账款是否在资产负债表上充披露时,不需要考虑的是(   )。
   A. 应付账款发生是否恰当
   B. 预付账款明细账的期末贷方余额是否并入应付账款项目
   C. 应付账款明细账的期末借方余额是否并入预付款项项目
   D. 应付账款的分类是否恰当

2. 固定资产审计目标一般不包括(   )。
   A. 固定资产是否存在
   B. 固定资产是否归被审计单位所有
   C. 固定资产的计价和折旧政策是否恰当及预算是否合理
   D. 固定资产的期末余额是否正确

3. 计算固定资产原值与本期产品产量的比率,并与以前期间进行比较,是对固定资产实施的(   )。
   A. 控制测试   B. 实质性程序
   C. 数字测试   D. 实质性分析程序

4. 对于购入固定资产,审计人员实地观察的重点是(   )重要固定资产。
   A. 本期新增加的   B. 本期减少的
   C. 计提折旧的   D. 正在使用的

5. 下列审计程序中,与查找未入账的应付账款无关的是(   )。
   A. 审核应付账款账簿记录
   B. 审核后期现金支出的主要凭证
   C. 审核后期未付账单的主要凭证
   D. 追查年终前签发的验收单及相关的卖方发票

二、判断题(每题 5 分,共 25 分)

1. 因多数舞弊企业在低估应付账款时是以漏记业务为主的,所以实施函证无益于查找未入账的应付账款。   (   )

2. 实施实地检查审计程序时,注册会计师可以以固定资产明细分类账为起点,进行实地追查,以证明会计记录中所列固定资产确实存在,并了解其目前的使用状况;也应考虑以实地为起点,追查至固定资产明细分类账,以获取实际存在的固定资产均已入账的证据。   (   )

3. 对于因债务人抵债而获得的固定资产,检查产权过户手续是否齐备,检查固定资产入账价值及确认的损益和负债是否符合规定。   (   )
4. 预算制度是固定资产内部控制中最重要的部分。通常,大中型企业应编制旨在预测与控制固定资产增减和合理运用资金的年度预算;小企业即使没有正规的预算,对固定资产的购建也要事先加以计划。   (   )
5. 某一应付账款明细账户年末余额为零,审计人员可以完全不用考虑将其列为函证对象。
                                                                    (   )

三、业务题(50分)

注册会计师 A 于 2023 年 1 月 5 日至 10 日对东方公司采购与付款循环的内部控制进行了了解和测试,并在相关的审计工作底稿中作了记录,现摘录如下:

(1) 东方公司的材料采购需要经授权批准后方可进行,采购部根据经批准的请购单编制、发出订购单,订购单没有编号。货物运达后,由隶属于采购部门的验收人员根据订购单的要求验收货物,并编制一式多联的未连续编号的验收单。仓库根据验收单验收货物,在验收单上签字后,将货物移送仓库加以保管。验收单上有数量、品名、单价等内容。验收单一联交采购部门登记采购明细账和编制付款凭单,付款凭单经批准后,月末交会计部门;一联交会计部门登记材料明细账。会计部门根据只附有验收单的付款凭单登记有关账簿。

(2) 会计部门审核付款凭单后,支付采购款项。东方公司授权会计部的经理签署支票,经理将其授权给会计人员丁负责,但保留了支票印章。丁根据已适当批准的凭单,在确定支票收款人名称与凭单内容一致后签署支票,并在凭单上加盖"已支付"的印章。对付款控制程序的穿行测试表明,注册会计师 A 未发现与公司规定有不一致之处。

要求:根据上述情况,指出东方公司采购与付款交易内部控制方面存在的缺陷,作出简单评价,并提出相应的改进建议。

第十一章　生产与存货循环审计

知识导航

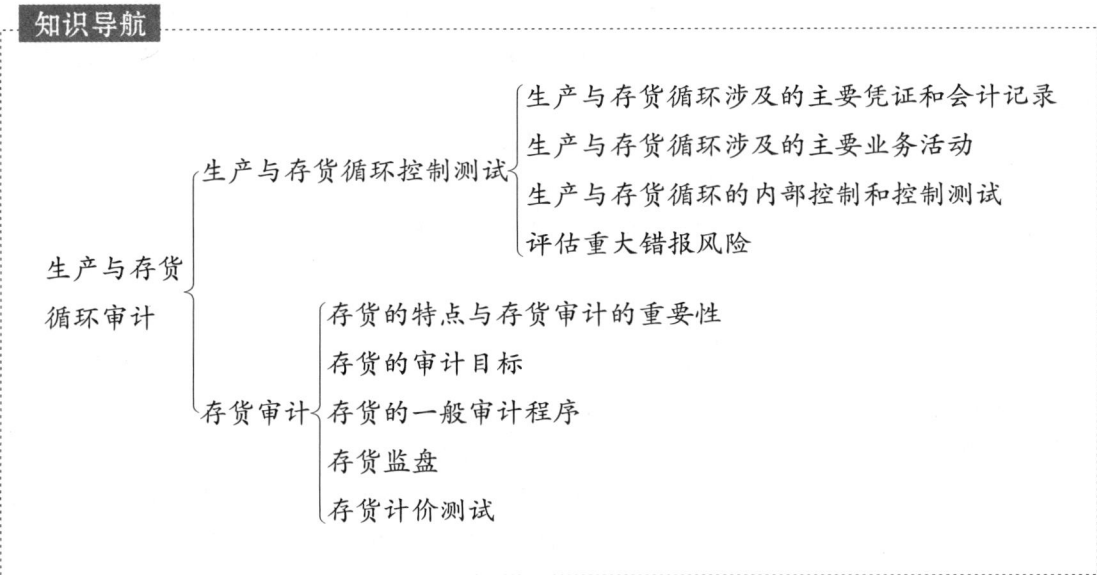

学习目标

1. 了解生产与存货循环中的主要业务活动。
2. 理解生产与存货循环的内部控制。
3. 掌握生产与存货循环控制测试的方法。
4. 掌握存货实质性程序的方法。

寓德于教

海拔 3 500 米，出差 200 天——黄河审计背后的故事

三江源、青海湖、柴达木、祁连山、湟水河，是很多人旅行向往的地方。然而，在青藏高原腹地，有一个团队，常年以审计视角与这"五大生态板块"打交道。

他们就是青海省审计厅自然资源和生态环境审计处。审计和旅行的最大区别在哪？一起听听高原审计人的故事。

"这里的山水林田湖草冰沙，都与我们有关！"

"上审天、下审地、中间还能审空气"，没错，他们就是这样的资环审计人。生态保护与修复情况怎么样，大气、水、土壤污染防治效果如何，项目建设和资金使用是否规范，都是审计监督的范围和重点。

"这片网围栏才建了一年多,咋就锈成这样了?"当时的草原已是微微泛黄,审计组一行穿着夹棉冲锋衣在核查一个黑土滩治理项目,资环审计处马璟突然发出疑问。网围栏在青海的草原上很常见。围栏封育是保护和修复草原的主要措施,是草原治理的最后一道工序。

"坚持碰到问题不畏难、遇到焦点不绕道。"同事这样评价马璟。她从现场回来后,马上查阅项目资料,发现建设标准是采用镀锌钢丝网围栏,而且国家对镀锌层厚度有明确规定。

审计组通过抽查、取样、送检后,第三检测机构给出"区域内网围栏防锈镀锌层不达标、质量普遍不合格"的结论。

深入调查后发现,原始的"产品检验报告"是伪造的,部分建设单位将所谓的"网围栏生产许可证"纳入招标条件,发证的"某网围栏协会"是民间组织,建设方和监理方监管有漏洞。这还导致非"某网围栏协会"的企业无法参与投标,影响区域市场公平竞争,审计组将情况反馈给主管部门进行整改。

污水处理厂是青海历次环保督察和各部门检查的重点,审计组这次重点核查沿黄河排污口的管理和整治情况。在一家污水处理厂大门东侧的河道旁,细心的审计人员在周围发现了端倪。一根粗大的水泥管直通河道,入河口处有残存积水,伴着浑浊和气味。

靠近黄河的厂子,按要求溢流口应封堵。实际情况呢?

果然,审计人员在其他县的审计中"被惊到了","约半米高的水泥管道不断向河道排放着污水,液体浑浊、气味刺鼻、泡沫涌动。因位置偏僻,溢流口没有得到相关部门监管。"

据这个厂子运维人员反映,以往相关检查都没有关注到溢流口,对审计组的核查重点感到很意外。最后查出的问题得到省政府高度重视,目前部分管网建设和污水处理厂提升改造项目已纳入当地建设计划。

"为什么我的眼里常含泪水?因为我对这土地爱得深沉。"正如现代诗人艾青的诗句,青海资环审计人的内心深处,也一直坚守着一份信仰——牢记习总书记的殷殷嘱托,贯彻"绿水青山就是金山银山"理念。

资料来源:根据审计署微信公众号"优秀审计项目"专栏整理所得。

思考:
1. 简述存货监盘的作用。
2. 根据上述资料,分析审计黄河的重要意义。

第一节 生产与存货循环控制测试

生产与存货循环涉及的主要内容主要是存货的管理及生产成本的计算等。该循环涉及的资产负债表项目主要是存货(包括材料采购或在途物资、原材料、材料成本差异、库存商品、发出商品、商品进销差价、委托加工物资、委托代销商品、受托代销商品、周转材料、生产成本、制造费用、劳务成本、存货跌价准备、受托代销商品款等)。生产与存货循环涉及的利润表项目主要是营业成本。

存货的性质由于被审计单位业务的不同而有很大的差别,不同行业类型的经营主体的存货性质如表 11-1 所示。

表 11-1　　　　　　　　　　　　不同行业类型的存货性质

行业类型	存货性质
一般制造业	采购的原材料、低值易耗品和配件等,生产的半成品和产成品
贸易业	从厂商、批发商或其他零售商处采购的商品
餐饮业	用于加工食品的食材、饮料等
建筑业	建筑材料、周转材料、在建项目成本(一般包括建造活动发生的直接材料、直接人工成本和间接费用,以及支付给分包商的建造成本等)

一、生产与存货循环涉及的主要凭证和会计记录

生产与存货循环所涉及的凭证和记录主要包括以下几项。

1. 生产指令

生产指令是企业下达制造产品等生产任务的书面文件,用以通知供应部门组织材料发放,生产车间组织产品制造,会计部门组织成本计算。

2. 领发料凭证

领发料凭证是企业为控制材料发出所采用的各种凭证,如材料发出汇总表、领料单、限额领料单、领料登记簿、退料单等。

3. 产量和工时记录

产量和工时记录是登记工人或生产班组在出勤时间内完成产品数量、质量和生产这些产品所耗费工时数量的原始记录。常见的产量和工时记录主要有工作通知单、工序进程单、工作班产量报告、产量通知单、产量明细表、废品通知单等。

4. 工薪汇总表及工薪费用分配表

工薪汇总表是为了反映企业全部工薪的结算情况,并据以进行工薪总分类核算和汇总整个企业工薪费用而编制的,它是企业进行工薪费用分配的依据。工薪费用分配表反映了各生产车间各产品应负担的生产工人工薪及福利费。

5. 材料费用分配表

材料费用分配表是用来汇总反映各生产车间各产品所耗费的材料费用的原始记录。

6. 制造费用分配汇总表

制造费用分配汇总表是用来汇总反映各生产车间各产品所应负担的制造费用的原始记录。

7. 成本计算单

成本计算单是用来归集某一成本计算对象所应承担的生产费用,计算该成本计算对象的总成本和单位成本的记录。

8. 产品入库单和出库单

产品入库单是产品生产完成并经检验合格后从生产部门转入仓库的凭证。产成品出库单是根据经批准的销售单发出产成品的凭证。

9. 存货明细账

存货明细账是用来反映各种存货增减变动情况、期末库存数量及相关成本信息的会计记录。

10. 存货盘点指令、盘点表及盘点标签

一般制造业企业通常会定期对存货实物进行盘点，将实物盘点数量与账面数量进行核对，对差异进行分析调查，必要时作账务调整，以确保账实相符。在实施存货盘点之前，管理人员通常编制存货盘点指令，对存货盘点的时间、人员、流程及后续处理等方面作出安排。在盘点过程中，我们通常会使用盘点表记录盘点结果，使用盘点标签对已盘点存货及数量做出标识。

11. 存货货龄分析表

很多制造业企业通过编制存货货龄分析表，识别流动较慢或滞销的存货，并根据市场情况和经营预测，确定是否需要计提存货跌价准备。这对管理具有保质期的存货尤其重要。

二、生产与存货循环涉及的主要业务活动

生产与存货循环所涉及的主要业务活动如下。

1. 计划和安排生产

生产计划部门根据顾客订购单或者对销售预测和产品需求的分析来决定生产授权。如果决定授权生产，即签发预先顺序编号的生产通知单。该部门通常应将发出的所有生产通知单顺序编号并加以记录控制。此外，还需要编制一份材料需求报告，列示所需要的材料和零件及其库存。

2. 发出原材料

仓库部门根据从生产部门收到的领料单发出原材料。领料单上必须列示所需的材料数量和种类，以及领料部门的名称。领料单可以一料一单，也可以多料一单，通常需一式三联，仓库发料后，其中一联连同材料交给领料部门，其余两联留在仓库登记材料明细账后，交会计部门进行材料收发核算和成本核算。

3. 生产产品

生产部门在收到生产通知单及领取原材料后，将生产任务分解到每一个生产工人，并将所领取的原材料交给生产工人，据以执行生产任务。生产工人完成生产任务后，将完成的产品交生产部门查点，然后转交检验员验收并办理入库手续；或是将所完成的产品移交下一个步骤或部门，进行进一步加工。

4. 核算产品成本

为了正确地核算产品成本，对在产品进行有效控制，企业必须建立健全成本会计制度，将生产控制和成本核算有机结合在一起。一方面，生产过程中的各种记录、生产通知单、领料单、计工单、入库单等文件资料都要汇集到会计部门，由会计部门对其进行检查和核对，了解和控制生产过程中存货的实物流转。另一方面，会计部门要设置相应的会计账户，会同有关部门对生产过程中的成本进行核算和控制。成本会计制度可以非常简单，只是在期末记录存货余额；也可以是完善的标准成本制度，它持续地记录所有材料处理、在产品和产成品，并产生对成本

差异的分析报告。完善的成本会计制度应该提供原材料转为在产品,在产品转为产成品,以及按成本中心、分批生产任务通知单或生产周期所消耗的材料、人工和间接费用的分配与归集的详细资料。

5. 储存产成品

产成品入库,须由仓库部门先行点验和检查,然后签收。签收后,将实际入库数量通知会计部门。据此,仓库部门确立了本身应承担的责任,并对验收部门的工作进行验证。除此之外,仓库部门还应根据产成品的品质特征分类存放,并填制标签。

6. 发出产成品

产成品的发出须由独立的发运部门进行。装运产成品时必须持有经有关部门核准的发运通知单,并据此编制出库单。出库单一般为一式四联,一联交仓库部门;一联由发运部门留存;一联送交顾客;一联作为给顾客开发票的依据。

7. 存货盘点

管理人员编制盘点指令,安排适当人员对存货实物进行定期盘点,将盘点结果与存货账面数量进行核对,调查差异并进行适当调整。

8. 计提存货跌价准备

财务部门根据存货货龄分析表信息及相关部门提供的有关存货状况的信息,结合存货盘点过程中对存货状况的检查结果,对出现毁损、滞销、跌价等降低存货价值的情况进行分析计算,计提存货跌价准备。

三、生产与存货循环的内部控制和控制测试

(一) 生产与存货循环的内部控制

在实务中,为识别、防止企业生产与存货循环的控制风险,企业设计和执行的生产与存货循环的内部控制包括以下内容。

1. 计划和安排生产

对于计划和安排生产这项业务,有些企业内部控制要求,根据经审批的月度生产计划书,由生产计划经理签发预先按顺序编号的生产通知单。此项业务活动与生产成本和制造费用的"发生"认定相关。

2. 发出原材料

领料单应当经生产主管批准,仓库管理员凭经批准的领料单发料;领料单一式三联,分别作为生产部门存根联、仓库联和财务联。仓库管理员应把领料单编号、领用数量、规格等信息输入计算机系统,经仓储经理复核并以电子签名方式确认后,系统自动更新材料明细台账。此项业务活动与生产成本的"发生"、存货的"存在"和"完整性"认定相关。

3. 生产产品和核算产品成本

生产部门通过产量和工时记录登记生产工人所耗费工时数量。生产成本记账员根据原材料领料单财务联,编制原材料领用日报表,由会计主管审核无误后,生成记账凭证并过账至生产成本及原材料明细账和总分类账。每月月末,由生产车间与仓库核对原材料和产成品的转出和转入记录,如有差异,仓库管理员应编制差异分析报告,经仓储经理和生产经理签字确认

后交会计部门进行调整。将当月发生的生产成本在完工产品和在产品之间按比例分配,同时将完工产品成本在各不同产品类别之间分配,由此生成产品成本计算表和生产成本分配表,由生产成本记账员编制成生产成本结转凭证,经会计主管审核批准后进行账务处理。生产产品业务活动与生产成本的"准确性"认定相关。核算产品成本业务活动与存货的"准确性、计价和分摊"、营业成本的"准确性"认定相关。

4. 储存产成品

产成品入库时,质量检验员应检查并签发预先顺序编号的产成品验收单,由生产小组将产成品送交仓库,仓库管理员应检查产成品验收单,并清点产成品数量,填写预先顺序编号的产成品入库单经质检经理、生产经理和仓储经理签字确认。存货存放在安全的环境中,只有经过授权的工作人员可以接触及处理存货。此项业务活动与存货的"存在""完整性""准确性、计价和分摊"、营业成本的"准确性"认定相关。

5. 发出产成品

产成品出库时,由仓库管理员填写预先顺序编号的出库单。产成品装运发出前,由运输经理独立检查出库单、销售订购单和发运通知单,确定从仓库提取的商品附有经批准的销售订购单,并且所提取商品的内容与销售订购单一致。每月月末,生产成本记账员编制销售成结转凭证,结转相应的销售成本,经会计主管审核批准后进行账务处理。此项业务活动与存货的"准确性、计价和分摊"、营业成本的"准确性"认定相关。

6. 存货盘点

生产部门和仓储部门在盘点日前对所有存货进行清理和规整,安排不同的工作人员分别负责初盘和复盘,每一组盘点人员中应包括仓储部门以外的企业部门人员。盘点表和盘点标签事先连续编号,发给盘点人员时登记领用人员;盘点结束后回收并清点所有已使用和未使用的盘点表和盘点标签。不属于本单位的代其他方保管的存货单独堆放并作标识,将盘点期间需要领用的原材料或出库的产成品分开堆放并作标识。汇总盘点结果,与存货账面数量进行比较,调查分析差异原因,并对认定的盘盈和盘亏提出账务调整,经仓储经理、生产经理、财务经理和总经理复核批准后入账。此项业务活动与存货的"存在"认定相关。

7. 计提存货跌价准备

定期编制存货货龄分析表,管理人员复核该分析表,确定是否有必要对滞销存货计提存货跌价准备,并计算存货可变现净值,据此计提存货跌价准备。生产部门和仓储部门每月上报残次存货明细,采购部门和销售部门每月上报原材料和产成品最新价格信息,财务部门据此分析存货跌价风险并计提跌价准备,由财务经理和总经理复核批准并入账。此项业务活动与存货的"准确性、计价和分摊"、资产减值损失的"完整性"和"准确性"认定相关。

【例11-1】 生产与存货循环内部控制案例分析

注册会计师A负责于2023年10月20日对东方股份有限公司的内部控制进行了解。并在审计工作底稿中记录了所了解的内部控制,部分内容摘录如下:

(1) 会计部门职员甲根据收到的生产通知单、领料单、工时记录和产成品入库单等资料,编制材料费用、人工费用和制造费用分配表,以及完工产品与在产品成本分配表,经本部门的复核人员复核后,据以登记成本明细账和存货明细账。

(2)仓库职员根据收到的领料单发出原材料,将领料单的一联连同材料交生产部门,并在登记材料明细账后将另外两联传递给会计部门进行实物流转记录和成本会计核算。

(3)东方股份有限公司要求每半年进行一次全面的存货盘点,并编制盘点表。会计部门与仓库部门核对结存数量后,向管理层报告差异情况及形成原因,并经批准后进行处理。

(4)仓库部门职员在发现存货毁损、变质或过期的情况后,直接向部门主管报告,由仓储经理负责处置,并报财务部门进行账务处理。

(5)仓库引进先进的远红外监控系统,实行24小时不间断的全自动无人监控,以避免监守自盗。保安人员每天上班后调阅前一天的监控录像,以确定是否发生异常。

要求:假定不考虑其他条件,请逐项判断东方股份有限公司上述内部控制程序在设计上是否存在缺陷。如存在,请简要说明理由并提出改进建议。

解:(1)中所述的内部控制程序不存在缺陷。

(2)中所述的内部控制程序存在缺陷。仓库部门没有保留领料单,无法定期进行账、证核对,难以发现材料明细账中存在的错误。建议仓库部门除了将领料单的两联分别交给生产部门和会计部门外,保留领料单的一联作为登记材料明细账的原始凭证。

(3)中所述的内部控制程序不存在缺陷。

(4)中所述的内部控制程序存在缺陷。存货毁损、变质或过期情况的报告和处置均由仓储部门负责,不利于存货的安全完整。建议存货的处置由仓储部门与验收部门、会计部门共同负责。

(5)中所述的内部控制程序存在缺陷。全自动无人监控无法防止监控系统发生异常时存货的丢失或毁损。保安人员事后调阅录像无助于及时发现并制止相关事项的发生。建议仓库实行全自动监控与人工监控相结合的监控措施。

(二)生产与存货的控制测试

测试生产与存货循环内部控制是在了解与描述的基础上,对其在实际业务中的执行与实施情况和过程进行检查和观察,以确定制定的内部控制与实际执行的是否相符。

在通常情况下注册会计师对生产与存货循环实施的控制测试,如表11-2所示。

表11-2　　　　　　　　　　生产与存货的控制测试

关键控制环节	可能存在的错报	相关财务报表项目及认定	控制测试程序
计划和安排生产	生产可能没计划	—	检查生产单是否连续编号;询问有关批准生产单的过程
发出原材料	原材料的发出可能未经授权	生产成本:发生	检查领料单项目是否与生产单相符;检查是否有生产主管的签字授权
生产产品和核算产品成本	发出的原材料可能未正确记入相应产品的生产成本中	生产成本:准确性	检查生产主管核对材料成本明细表的记录,并询问其核对过程及结果

(续表)

关键控制环节	可能存在的错报	相关财务报表项目及认定	控制测试程序
生产产品和核算产品成本	生产工人的人工成本可能未得到准确反映	生产成本：准确性	观察记工单的使用和计时程序；询问并检查财务经理复核工资费用分配表的过程和记录
	发生的制造费用可能没有得到完整归集	制造费用：完整性	询问并检查成本会计复核制造费用明细表的过程和记录；检查财务经理对调整制造费用的分录的批准记录
	生产成本和制造费用在不同产品之间、在产品和产成品之间的分配可能不正确	存货：准确性、计价和分摊 营业成本：准确性	询问财务经理如何执行复核及调查；选取产品成本计算表及相关资料，检查财务经理的复核记录
储存产成品	已完工产品的生产成本可能没有转移到产成品中	存货：准确性、计价和分摊	询问和检查成本会计将产成品收发存报表与成本计算表进行核对的过程和记录
发出产成品	销售发出的产成品的成本可能没有准确转入营业成本	存货：准确性、计价和分摊 营业成本：准确性	检查成本结转方式是否符合公司成本核算政策；询问和检查财务经理和总经理进行毛利率分析的过程和记录，并对异常波动的调查和处理结果进行核实
存货盘点	存货可能被盗或因材料领用、产品销售未入账而出现账实不符	存货：存在	询问和观察存货与记录的接触以及相应的批准程序；询问和观察存货盘点程序
计提存货跌价准备	可能存在残次的存货	存货：准确性、计价和分摊 资产减值损失：完整性	询问财务经理识别减值风险并确定减值准备的过程，检查总经理的复核批准记录

对生产与存货循环内部控制进行评价，是为了对生产与存货循环进行实质性测试前确定对该循环内部控制的可依赖程度。注册会计师在评价时应注意分析生产与存货循环中可能发生哪些潜在的错报，哪些控制可以防止或者发现并纠正这些错报。通过比较必要的控制和现有控制，评价审计计划依赖的生产与存货内部控制的健全性与有效性。如果被审计单位没有建立注册会计师认为必要的内部控制，或者现有控制不足以防止或发现错报，那么注册会计师应该考虑内部控制缺陷对审计的影响，确定是否扩大实质性测试的范围。

【例 11-2】 生产与存货循环控制测试案例分析

东方股份有限公司是 ABC 会计师事务所的常年审计客户，A 注册会计师是东方股份有限公司 2022 年度财务报表审计业务的项目合伙人。A 注册会计师在对兴茂股份有限公司的内部控制进行了解，并在审计工作底稿中记录了所了解的内部控制，部分内容摘录如下：

（1）根据经理审批的月度生产计划书，由生产经理签发预先按顺序编号的生产通知单。

（2）由质量控制人员检查每一生产阶段完工的存货，以确保其在送达产成品仓库前符合质量标准。

（3）会计部门的成本会计人员根据收到的生产通知单、领料单、计工单、入库单等文件资料，在月末编制原材料、人工与制造费用的分配表，以及完工产品与在产品成本分配表，并据以核算成本和登记相关账簿。

（4）由独立的装运部门装运货物，装运部门收到发运通知后，装运产成品出库。

（5）会计部门的人员在收到出库单、销售发票等后，编制结转成本的会计分录，登记相应明细账。

（6）产成品仓库分别于每月末、每季末和年度终了时，对产成品存货进行盘点，由会计部门对盘点结果进行复盘。仓库管理员应编写产成品存货盘点明细表，发现差异及时处理，经仓储经理和生产经理复核后调整入账。

要求：针对所述的内部控制，试确定 A 注册会计师应当实施的控制测试程序。

解：A 注册会计师应当实施的控制测试程序如下：

（1）抽取并检查生产通知单是否经过授权，编号是否连续。

（2）检查接收完工产品到产成品仓库的证据。

（3）抽取记录生产成本凭证测试各种费用的归集和分配以及成本的计算；测试是否按照规定的成本核算流程和账务处理流程进行核算和账务处理。

（4）选取出库单，看是否有相应的发运通知单，询问和观察发运是否有独立的发运部门负责。

（5）抽取销售成本结转凭证检查与支持性文件是否一致并适当复核。

（6）抽取产成品存货盘点报告并检查是否经适当层次复核，有关差异是否得到处理。

四、评估重大错报风险

以一般制造类企业为例，影响生产存货交易和余额的风险因素可能包括以下情况。

（一）产品多元化

产品多元化会引起存货计量方法的差异，可能要求聘请专家来验证其质量、状况或价值。例如，计量煤堆、筒仓里的谷物或糖、黄金或贵重宝石、化工品和药剂产品的储存量的方法都可能不一样。

(二) 某些存货项目的可变现净值难以确定

这将影响存货采购价格和销售价格的确定,也将影响注册会计师对与存货准确性、计价和分摊认定有关的风险进行的评估。

(三) 将存货存放在不同地点

大型企业可能将存货放在不同地点,并且可以在不同地点之间配送存货,可能导致:

(1) 增加商品途中毁损或遗失的风险。

(2) 导致存货在两个地点被重复列示。

(3) 产生转移定价的错误或舞弊。

(四) 寄存的存货

有时候存货虽然还存放在企业,但可能已经不归企业所有;反之,企业的存货也可能被寄存在其他企业。

(五) 存货跌价风险

(1) 技术进步或竞争对手推出新产品导致的存货跌价。

(2) 鲜活、易腐烂的产品因变质导致的存货跌价。

(3) 销路不畅或行业低迷导致的存货跌价。

(六) 管理层错报成本费用的偏好和动因

管理层为了完成预算、满足业绩考核要求、进行筹资、影响公司股价等,会通过一些方法错报成本费用。

(七) 存货交易的数量庞大,业务复杂

企业交易的数量庞大,业务复杂,折旧增加了错误和舞弊的风险。

(八) 成本基础的复杂性

虽然原材料和直接人工等直接费用的分配比较简单,但间接费用的分配可能较为复杂,并且,同一行业中的不同企业也可能采用不同的认定和计量基础。

第二节 存货审计

一、存货的特点与存货审计的重要性

(一) 存货的特点

最能反映企业生产经营状况的存货具有以下特点:

(1) 流动性较强,介于其他流动资产和非流动资产之间。其周转速度受到生产周期和销售周期的影响。

(2) 空间的累积性与不可逆转性。由于成本费用具有"步步累积、层层叠加"的性质,在不同生产环节的同一在产品,随着加工程度的深入,其单位成本呈不断递增的特征,这就赋予了存货成本的累积性与不可逆转性。即存货的"上游"失控,就必然导致"下游"的"劫难";反之,

"下游"的灾情又往往同"上游"的流速、流量、流径密切相关。

（3）时间的跨期性。同一存货可能存在于不同的会计期间,这些不同的会计期间又有前期、当期(本期)、后期之分。

（4）存在的实物性。虽然存货处于连续不断的变化之中,但万变不离其宗,它总会以某一实物形式而存在,可通过实地盘点确证其数量。

（5）价值流转的假定性。由于存货实物流转具有以上诸多特性,尤其是流转的连续性,因此,势必带来存货价值流转计量与计价的相当假定性。衡量这种计量、计价假定性的合适与公允与否,成为审计的目标之一。

(二) 存货审计的重要性

以制造业为例,一个企业虚计利润,资产不实,在"存货"项目上最常见。存货的借记,必然会引起其他资产或负债的贷记;存货的贷记,亦必然会引起营业成本的借记。存货作为生产与存货循环上的重要一环,作为费用成本核算链上的重要一节,对资产、负债、所有者权益、费用、利润等会计要素的计量影响,举足轻重。

二、存货的审计目标

存货在企业中一般十分重要。存货的重大错报对企业的资产负债表和利润表都有直接影响。实践中,公司的存货数量巨大,很容易发生存货的短缺和损失。因此,注册会计师对存货项目的审计应当予以特别的关注。对存货进行审计需要达到的审计目标是：

(1) 确定存货是否存在。
(2) 确定存货是否由被审计单位拥有或控制。
(3) 确定存货增减变动的记录是否完整。
(4) 确定存货的计价方法是否恰当。
(5) 确定存货的期末余额是否正确。
(6) 确定存货在财务报表上的披露是否恰当。

三、存货的一般审计程序

存货审计涉及数量和单价两个方面,针对存货数量的实质性程序主要是存货监盘。针对存货单价的实质性程序包括对购买和生产成本的审计程序和对存货可变现净值(计价测试)的审计程序。

(一) 获取或编制存货明细表

获取或编制存货明细表,复核加计是否正确,并与报表数、总账数和明细账合计数核对是否相符;同时抽查各存货明细账与仓库台账、卡片记录,检查是否相符。

(二) 对存货执行分析程序

分析程序在存货审计中普遍采用,注册会计师通常运用简单比较法和比率分析法两种。其中,简单比较法主要进行以下分析：

(1) 比较前后各期及本年度各个月份存货余额及其构成、存货成本差异率、产品成本总额及单位生产成本、直接材料成本、直接人工、制造费用、主营业务成本总额及单位销售成本等，以评价其总体合理性。

（2）将存货的余额与现有的订单、资产负债表日后各期的销售额和下一年度的预测销售额进行比较，以评价存货滞销和跌价的可能性。

（3）将存货跌价准备与本年度存货处理损失的金额进行比较，判断被审计单位是否已计提足额的跌价损失准备。

（4）将与关联企业发生存货交易的频率、规模、价格和账款结算条件，与非关联企业对比，判断被审计单位是否利用关联企业的存货交易虚构交易业务、调节利润。

比率分析法的内容如下。在实施生产与存货循环的分析程序中，注册会计师通常运用的比率主要是存货周转率和毛利率。存货周转率是用以衡量销售能力和存货是否积压的指标。存货周转率的异常波动可能意味着被审计单位存在有意无意地减少存货储备；存货管理或控制程序发生变动；存货成本项目或核算方法发生变动；存货跌价准备计提基础或冲销政策发生变动等情况。毛利率是反映盈利能力的主要指标，用来衡量成本控制及销售价格的变化。毛利率的异常变动可能意味着被审计单位存在销售价格、销售产品总体结构、单位产品成本发生变动等情况。

四、存货监盘

（一）存货监盘的作用

如果存货对财务报表是重要的，注册会计师应当实施下列审计程序，对存货的存在和状况获取充分、适当的审计证据：

（1）在存货盘点现场实施监盘。

（2）对期末存货记录实施审计程序，以确定其是否准确反映实际的存货盘点结果。

具体来说，存货监盘涉及：

（1）检查存货以确定其是否存在，评价存货状况，并对存货盘点结果进行测试。

（2）观察管理层指令的遵守情况，以及用于记录和控制存货盘点结果的程序的实施情况。

（3）获取有关管理层存货盘点程序可靠性的审计证据。

这些程序是用作控制测试还是实质性程序，取决于注册会计师的风险评估结果、审计方案和实施的特定程序。

实施存货监盘，获取有关期末存货数量和状况的充分、适当的审计证据是注册会计师的责任，但这并不能取代被审计单位管理层定期盘点存货、合理确定存货的数量和状况的责任。被审计单位管理层通常对存货每年至少进行一次实物盘点，以作为编制财务报表的基础，并用以确定被审计单位永续盘存制的可靠性。

注册会计师监盘存货的目的在于获取有关存货数量和状况的审计证据。因此，存货监盘针对的主要是存货的存在认定，对存货的完整性认定及准确性、计价和分摊认定，也能提供部分审计证据。此外，注册会计师还可能在存货监盘中获取有关存货所有权的部分审计证据。但是，存货监盘本身并不足以供注册会计师确定存货的所有权，注册会计师可能需要执行其他实质性审计程序以应对所有权认定的相关风险。

按照本章风险评估确定的范围,注册会计师需对存货进行实质性程序,并确定存货的审计后金额。

(二) 存货监盘计划

1. 制定存货监盘计划的基本要求

注册会计师应当根据被审计单位存货的特点、盘存制度和存货内部控制的有效性等情况,在评价被审计单位制定的存货盘点程序的基础上,编制存货监盘计划,对存货监盘作出合理安排。

2. 制定存货监盘计划应考虑的相关事宜

1) 与存货相关的重大错报风险

存货通常具有较高水平的重大错报风险,影响重大错报风险的因素包括:存货的数量和种类;成本归集的难易程度;陈旧过时的速度或易损坏程度;遭受失窃的难易程度。由于制造过程和成本归集制度的差异,制造企业的存货与其他企业(如批发企业)的存货相比,往往具有更高的重大错报风险,对于注册会计师的审计工作而言则更具复杂性。此外,外部因素也会对存货的重大错报风险产生影响。例如,技术上的进步可能导致某些产品过时,从而导致存货价值更容易发生高估。以下类别的存货就可能增加审计的复杂性与风险:

(1) 制造过程漫长的存货。对制造过程漫长的企业(如飞机制造和酒类产品酿造企业)存货进行审计时,应当重点关注递延成本、预期发生成本以及未来市场波动可能对当期损益的影响等事项。

(2) 鲜活、易腐商品存货。因为物质特性和保质期短暂,此类存货变质的风险很高。

(3) 具有高科技含量的存货。由于技术进步,此类存货易于过时。

(4) 单位价值、容易被盗窃的存货。例如,珠宝存货的错报风险通常高于铁制纽扣之类存货的错报风险。

2) 与存货相关的内部控制的性质

注册会计师应当了解与存货相关的内部控制,并根据内部控制的完善程度确定进一步审计程序的性质、时间和范围。存货的内部控制涉及被审计单位供、产、销各个环节,包括采购、验收、仓储、领用、加工、装运出库等方面。

3) 对存货盘点是否制定了适当的程序,并下达了正确的指令

注册会计师在复核或与管理层讨论其存货盘点程序时,应当考虑下列主要因素,以评价其能否合理地确定存货的数量和状况:盘点的时间安排;存货盘点范围和场所的确定;盘点人员的分工及胜任能力;盘点前的会议及任务布置;存货的整理和排列;对毁损、陈旧、过时、残次及所有权不属于被审计单位的存货的区分;存货的计量工具和计量方法;在产品完工程度的确定方法;存放在外单位的存货的盘点安排;存货收发截止的控制;盘点期间存货移动的控制;盘点表单的设计、使用与控制;盘点结果的汇总以及盘盈或盘亏的分析、调查与处理。注册会计师如果认为被审计单位的存货盘点程序存在缺陷,应当提请被审计单位调整。

4) 存货盘点的时间安排

如果存货盘点在财务报表日以外的其他日期进行,注册会计师除实施存货监盘的相关审计程序外,还应当实施其他审计程序,以获取审计证据,确定存货盘点日与财务报表日之间的存货变动是否已得到恰当的记录。

5) 存货的存放地点,以确定适当的监盘地点

注册会计师应了解所有的存货存放地点,既可以防止被审计单位或自己发生任何遗漏,也有助于恰当地分配审计资源。注册会计师通常应当重点考虑被审计单位的重要存货存放地点,特别是金额较大或可能存在重大错报风险的存货地点,将这些存货列入监盘范围。对于无法实施存货现场监盘的存货,注册会计师应当实施替代审计程序,以获取有关存货的存在和状况的充分、适当的审计证据。

6) 是否需要专家协助

注册会计师可能不具备其他专业领域的专长与技能。在确定资产数量或资产实物状况时(如矿石堆),以及收集特殊类别存货(如艺术品、稀有玉石等)的审计证据,或者评估在产品完工程度时,注册会计师可以考虑利用专家的工作。

【例 11-3】 存货监盘的注意事项案例分析

审计项目组实施存货监盘的部分事项如下:审计项目组按 2022 年年末各存放地点存货余额进行排序,选取存货余额最大的 15 个地点(合计占年末存货余额的 70%)实施监盘。审计项目组根据选取地点的监盘结果,认为被审计单位年末存货盘点结果满意。

要求:指出注册会计师的处理是否适当。如认为不当,简要说明理由。

解:注册会计师的处理存在不当之处。确定存货存放地点时不仅要考虑金额的大小,还应考虑风险评估结果。对其他无法在存货盘点现场实施存货监盘的存货存放地点,实施替代审计程序。

3. 存货监盘计划的主要内容

1) 存货监盘的目标、范围及时间安排

存货监盘的主要目标包括获取被审计单位资产负债表日有关存货数量和状况以及管理层存货盘点程序可靠性的审计证据,检查存货的数量是否完整,是否归被审计单位所有,存货有无毁损、陈旧、过时、残次和短缺等状况。

存货监盘的范围大小取决于存货的内容、性质以及与存货相关的内部控制的完善程度和重大错报风险的评估结果。对存放于外单位的存货,应当考虑实施适当的替代程序,以获取充分、适当的审计证据。

存货监盘的时间安排,包括实地察看盘点现场的时间、观察存货盘点的时间和对已盘点存货实施检查的时间等,应当与被审计单位实施存货盘点的时间相协调。

2) 存货监盘的要点及关注事项

存货监盘的要点包括注册会计师实施存货监盘程序的方法、步骤,各个环节应注意的问题以及所要解决的问题。注册会计师需要重点关注的事项包括盘点期间的存货移动、存货的状况、存货的截止确认、存货的各个存放地点及金额。

3）参加存货监盘人员的分工

注册会计师应当根据对被审计单位存货盘点人员分工、分组情况,以及存货监盘工作量的大小和人员素质情况,确定参加存货监盘的人员组成、各组成人员的职责和具体的分工情况,并加强督导。

4）实施抽盘的范围

注册会计师应当根据对被审计单位存货盘点和对被审计单位内部控制的评价结果确定检查存货的范围。注册会计师在实施观察程序后,如果认为被审计单位内部控制设计良好且得到有效实施、存货盘点组织良好,可以相应缩小实施检查程序的范围。

【例11-4】 存货监盘的主要内容案例分析

ABC会计师事务所接受委托,对常年审计客户恒久股份有限公司2022年度财务报表进行审计。恒久股份有限公司为钻石加工企业,其中丁公司委托恒久股份有限公司加工钻石,该部分未加工的钻石存放于恒久股份有限公司的仓库。恒久股份有限公司拟于2022年12月30日盘点存货,以下是注册会计师撰写的存货监盘计划的部分内容:

(1) 存货监盘的目标是检查恒久股份有限公司2022年12月31日存货数量是否真实完整。

(2) 存货监盘范围是库存的所有存货,包括受托加工业务中的钻石。

(3) 存货的观察与检查时间均为2022年12月31日。

(4) 在监盘存货时,采用观察以及检查收发结存记录的方法,确定存货的数量。

(5) 检查相关凭证以证实盘点截止到日前所有已确认为销售但尚未装运出库的存货均已纳入盘点范围。

要求:针对上述存货监盘计划的事项(1)至事项(5),请逐项判断是否恰当,若不恰当,请指出不恰当的地方并予以修改。

解:事项(1)存货监盘的目标不恰当。监盘目标应为获取有关存货数量和状况以及有关管理层存货盘点程序可靠性的审计证据。

事项(2)存货监盘范围不恰当。丁公司委托加工钻石的所有权仍然属于丁公司,不属于恒久股份有限公司,不应纳入监盘范围。

事项(3)存货监盘时间不恰当。存货的观察与检查时间应与盘点时间相一致,应为12月30日。

事项(4)存货监盘方法不恰当。钻石是贵重物品,要选择样品进行化验与分析,以利用专家的工作。

事项(5)存货盘点范围不恰当。注册会计师应当检查相关凭证以证实盘点截止到日前所有已确认为销售但尚未装运出库的存货均未纳入盘点范围,确认为销售的存货的所有权不再属于被审计单位,不能纳入盘点范围。

(三) 存货监盘程序

1. 评价管理层用以记录和控制存货盘点结果的指令和程序

注册会计师需要考虑这些指令和程序是否包括下列方面:

(1) 适当控制活动的运用。例如,收集已使用的存货盘点记录,清点未使用的存货盘点表单,实施盘点和复核程序。

(2) 准确认定在产品的完工程度,流动缓慢(呆滞)、过时或毁损的存货项目,以及第三方拥有的存货(如寄存货物)。

(3) 在适用的情况下用于估计存货数量的方法,如可能需要估计煤堆的数量。

(4) 对存货在不同存放地点之间的移动以及截止日前后期间出入库的控制。

2. 观察管理层制定的盘点程序的执行情况

尽管盘点存货时最好能保持存货不发生移动,但在某些情况下,存货的移动是难以避免的。如果在盘点过程中被审计单位的生产经营仍将继续进行,注册会计师应通过实施必要的检查程序,确定被审计单位是否已经对此设置了相应的控制程序,确保在适当的期间内对存货作出了准确记录。注册会计师应实施的检查程序如下:

(1) 注册会计师一般应当获取盘点日前后的存货收发及移动的凭证,检查库存记录与会计记录期末截止是否正确。存货正确截止的关键在于存货实物纳入盘点范围的时间是否与存货引起的借贷双方会计科目的入账时间都处于同一会计期间;检查在途存货和被审计单位直接向顾客发运的存货是否均已得到了适当的会计处理。

(2) 在存货入库和装运过程中采用连续编号的凭证时,注册会计师应当关注截止日期前的最后编号。

(3) 如果被审计单位使用运货车厢或拖车进行存储、运输或验收入库,注册会计师应当详细列出存货场地上满载和空载的车厢或拖车,并记录各自的存货状况。

3. 检查存货

(1) 在存货监盘过程中检查存货,虽然不一定能确定存货的所有权,但有助于确定存货的存在,以及识别过时、毁损或陈旧的存货。注册会计师应当把所有过时、毁损或陈旧存货的详细情况记录下来,这既便于进一步追查这些存货的处置情况,也能为测试被审计单位存货跌价准备计提的准确性提供证据。

(2) 注册会计师应当根据取得的所有权不属于被审计单位的存货的有关资料,观察这些存货的实际存放情况,确保其未被纳入盘点范围。即使在被审计单位声明不存在受托代存货的情形下,注册会计师在存货监盘时也应当关注是否存在某些存货不属于被审计单位的迹象,以避免盘点范围不当。

(3) 注册会计师应当设计关于特殊类型存货监盘的具体审计程序。部分常见的特殊类型存货监盘的具体审计程序如表11-3所示。

表11-3　　　　　　　　　　　特殊类型存货监盘的具体审计程序

存货类型	可供实施的审计程序
木材、钢筋盘条、管子	(1) 检查标记或标识 (2) 利用专家或被审计单位内部有经验人员的工作
堆积型存货,如糖、煤、钢废料	运用工程估测、几何计算、高空勘测,并依赖详细的存货记录

(续表)

存货类型	可供实施的审计程序
使用磅秤测量的存货	(1) 在监盘前和监盘过程中均应检验磅秤的精准度,并留意磅秤的位置移动与重新调校程序 (2) 将检查和重新称量程序相结合,检查称量尺度的换算问题
散装物品,如贮窖存货、使用桶、箱、罐、槽等容器储存的液体、气体、谷类粮食、流体存货等	(1) 使用容器进行监盘或通过预先编号的清单列表加以确定 (2) 使用浸蘸、测量棒、工程报告以及依赖永续存货记录 (3) 选择样品进行化验与分析,或利用专家的工作
贵金属、石器、艺术品与收藏品	选择样品进行化验与分析,或利用专家的工作
生产纸浆用木材、牲畜	通过高空摄影以确定其存在,对不同时点的数量进行比较,并依赖永续存货记录

4. 执行抽盘

注册会计师应当对已盘点的存货进行适当检查,将检查结果与被审计单位盘点记录相核对,并形成相应记录。

(1) 抽查的目的。抽查的目的既可以是确证被审计单位的盘点计划得到适当的执行,也可以是证实被审计单位的存货实物总额。如果观察程序能够表明被审计单位的组织管理得当,并存在充分有效的盘点、监督以及复核程序,那么注册会计师可决定减少所需抽查的存货项目。

(2) 抽查范围。抽查的范围通常包括所有盘点工作小组的盘点内容以及难以盘点或隐蔽性较强的存货。需要特别说明的是,注册会计师应尽可能地避免被审计单位了解自己将抽取测试的存货项目。

(3) 抽查方向。抽查时,注册会计师应当从存货盘点记录中选取项目追查至存货实物以测试盘点记录的准确性;注册会计师还应当从存货实物中选取项目追查至存货盘点记录,以测试存货盘点记录的完整性。

(4) 抽查中发现问题的处理方式。如果注册会计师在实施抽查程序中发现了差异,很可能表明被审计单位的存货盘点记录在准确性或完整性方面存在错误。由于抽查的内容通常仅仅是存货盘点中的一小部分,在抽查中发现的错误很可能意味着在被审计单位的存货盘点中还存在着其他错误。一方面,注册会计师应当查明原因,并及时提请被审计单位更正;另一方面,注册会计师应当考虑错误的潜在范围和重大程度,在可能的情况下,扩大抽查的范围以减少错误的发生。注册会计师还可要求被审计单位重新进行盘点。重新盘点的范围可限制在某一特殊领域或特定盘点小组的存货。

5. 需要特别关注的情况

(1) 存货盘点范围。被审计单位盘点存货前,注册会计师应当观察盘点现场,确定应纳入盘点范围的存货是否已经适当整理和排列,并附有盘点标识,防止遗漏或重复盘点。对未纳入盘点范围的存货,注册会计师应当查明未纳入的原因。

(2) 对特殊类型存货的监盘。对某些特殊类型的存货,被审计单位通常使用的盘点方法和控制程序并不完全适用。这些存货通常没有盘点标签或者其数量或质量难以确定,注册会计师需要运用职业判断,根据存货的实际情况,设计恰当的审计程序,对存货的数量和状况获取审计证据。

6. 存货监盘结束时的工作

在被审计单位存货盘点结束前,注册会计师应当实施下列审计程序:

(1) 再次观察盘点现场,以确定所有应纳入盘点范围的存货是否均已盘点。

(2) 取得并检查已填用、作废及未使用盘点表单的号码记录,确定其是否连续编号,查明已发放的表单是否均已收回,并与存货盘点的汇总记录进行核对。

注册会计师应当复核盘点结果汇总记录,评估其是否正确地反映了实际盘点结果。

如果存货盘点日不是资产负债表日,注册会计师应当实施适当的审计程序,确定盘点日与资产负债表日之间存货的变动是否已作出正确的记录。

(四) 特殊情况的处理

1. 存货盘点日不是资产负债表日

注册会计师应当实施适当的审计程序,确定盘点日与资产负债表日之间存货的变动是否已得到恰当的记录。注册会计师可以实施的程序包括:

(1) 比较盘点日和财务报表日之间的存货信息以识别异常项目,并对其执行适当的审计程序。

(2) 对存货周转率或存货销售周转天数等实施实质性分析程序。

(3) 对盘点日至财务报表日之间的存货采购和存货销售分别实施双向检查。

(4) 测试存货销售和采购在盘点日和财务报表日的截止是否正确。

2. 在存货盘点现场实施存货监盘不可行

在某些情况下,实施存货监盘可能是不可行的(如由于被审计单位存货的性质或位置等原因导致无法实施存货监盘)。注册会计师应当考虑能否实施替代审计程序(如检查盘点日后出售盘点日之前取得或购买的特定存货的文件记录),以获取有关存货存在和状况的充分、适当的审计证据。如果不能实施替代审计程序,或者实施替代审计程序可能无法获取有关存货的存在和状况的充分、适当的审计证据,注册会计师需要按照审计准则的规定发表非无保留意见。然而,对注册会计师带来不便的一般因素不足以支持注册会计师作出实施存货监盘不可行的决定。审计中的困难、时间或成本等事项本身,不能作为注册会计师省略不可替代的审计程序或满足于说服力不足的审计证据的正当理由。

3. 因不可预见的因素导致无法在存货盘点现场实施监盘

如果因不可预见的因素导致无法在预定日期实施存货监盘,注册会计师应当另择日期实施监盘,并对间隔期内发生的交易实施审计程序。两种比较典型的情况包括:一是注册会计师无法亲临现场,即由于不可抗力导致其无法到达存货存放地实施存货监盘;二是气候因素,即由于恶劣的天气导致注册会计师无法实施存货监盘程序,或由于恶劣的天气无法观察存货,如木材被积雪覆盖。

4. 由第三方保管或控制的存货

如果被审计单位委托第三方保管或控制的存货对财务报表是重要的,注册会计师应当实

施下列审计程序,以获取有关该存货存在和状况的充分、适当的审计证据:

(1) 向持有被审计单位存货的第三方函证存货的数量和状况。

(2) 实施检查或其他适合具体情况的审计程序。

如果获取的信息使注册会计师对保管或控制存货的单位产生怀疑,注册会计师可以认为实施其他审计程序是适当的。其他审计程序可以作为函证的替代程序,也可以作为追加的审计程序。

其他审计程序包括:实施或安排其他注册会计师实施对保管或控制存货的单位的存货监盘;检查与第三方持有的存货相关的文件记录,如仓储单等。

【例11-5】 存货监盘审计案例分析

注册会计师Ａ对东方股份有限公司存货实施监盘时,发现如下事项:

(1) 了解到原材料Ａ为辐射性化学物品。

(2) 了解到产品Ａ存放在全国38个城市的零售连锁商店。

(3) 了解到东方股份有限公司对废品与毁损品不进行盘点,以财务部门和仓库部门的账面记录为准。

(4) 注册会计师Ａ抽点一号仓库,发现东方股份有限公司盘点严重有误。

(5) 东方股份有限公司的存货储存在Ｙ公司的仓库,并已经被质押。

(6) 了解到存货为贵金属。

要求:根据以上事项,请逐项指出注册会计师Ａ应如何进行处理。

解:事项(1):在评价内部控制值得信赖的基础上,注册会计师Ａ应当了解和观察储存原材料Ａ的设备;审计购货、生产和销售记录,必要时应获取检查被审计单位对其生产、使用和处置的正式报告;向能够接触到相关存货项目的第三方检查人员做出询证。

事项(2):在评价38个城市的零售连锁商店的内部控制的前提下,注册会计师Ａ应选择一定数目的连锁商店进行监盘。

事项(3):注册会计师Ａ应建议东方股份有限公司对废品和毁损品进行盘点,并关注其品质状态,把所有毁损、陈旧、过时及残次存货详细情况记录下来,以便事后追查以及编制存货减值准备明细表。

事项(4):注册会计师Ａ应建议东方股份有限公司重新盘点一号仓库的存货,并记录相关的情况,同时测试抽查日或重新盘点日至资产负债表日之间发生的存货交易。

事项(5):注册会计师Ａ应当获取委托存货的书面确认函,如果存货已被质押,注册会计师应向债权人询证与被质押有关的内容,如果此类存货重要,注册会计师可考虑与被审计单位讨论其为委托代管或已做质押存货的控制程序,必要时对此类存货实施监盘。

事项(6):注册会计师Ａ应选择样品进行化验与分析,必要时利用专家的工作。

五、存货计价测试

(一) 存货计价测试的一般要求

存货监盘程序主要是对存货的结存数量予以确认。为验证财务报表上存货余额的真实性,还必须对存货的计价进行审计,即确定存货实物数量和永续盘存记录中的数量是否经过正确计价和汇总。存货计价测试主要是针对被审计单位所使用的存货单位成本是否正确所作的测试。

1. 样本的选择

计价审计的样本,应从存货数量已经盘点、单价和总金额已经记入存货汇总表的结存存货中选择。选择样本时应着重选择结存余额较大且价格变化比较频繁的项目,同时考虑所选样本的代表性。抽样方法一般采用分层抽样法,抽样规模应足以推断总体的着力情况。

2. 计价方法的确认

存货的计价方法多种多样,企业可结合国家法规要求选择符合自身特点的方法,注册会计师除了应了解掌握企业的存货计价方法,还应对这种计价方法的合理性与一贯性予以关注,没有足够理由,计价方法在同一会计年度内不得变动。

3. 计价测试

进行计价测试时,注册会计师首先应对存货价格的组成内容予以审核,然后按照所了解的计价方法对所选择的存货样本进行计价测试。测试时,应排除企业已有计算程序和结果的影响,进行独立测试。待测试结果出来后,应与企业账面记录对比,编制对比分析表,分析形成差异的原因。如果差异过大,应扩大测试范围,并根据审计结果考虑是否应提出审计调整建议。

在存货计价审计中,由于企业对期末存货采用成本与可变现净值孰低的方法计价,所以注册会计师应充分关注企业对存货可变现净值的确定及存货跌价准备的计提是否正确。

(二)存货成本的计价测试

1. 直接材料成本审计

直接材料成本审计一般应从审阅材料和生产成本明细账入手,抽查有关的费用凭证,验证企业产品直接耗用材料的数量、计价和材料费用分配是否真实、合理。其主要内容包括:

(1)抽查产品成本计算单,检查直接材料成本的计算是否正确,材料费用的分配标准与计算方法是否合理和适当,是否与材料费用分配汇总表中该产品分摊的直接材料费用相符。

(2)检查直接材料耗用数量的真实性,有无将非生产用材料计入直接材料费用。

(3)分析比较同一产品前后各年度的直接材料成本,如有重大波动,应查明原因。

(4)抽查材料发出及领用的原始凭证,检查领料单的签发是否经过授权,材料发出汇总表是否经过适当的人员复核,材料单位成本计价方法是否适当,是否正确、及时入账。

(5)对采用定额成本或标准成本的企业,应检查直接材料成本差异的计算、分配与会计处理是否正确,并查明直接材料的定额成本、标准成本在本年度内有无重大变更。

2. 直接人工成本审计

(1)抽查产品成本计算单,检查直接人工成本的计算是否正确,人工费用的分配标准与计算方法是否合理和适当,是否与人工费用分配汇总表中该产品分摊的直接人工费用相符。

(2)将本年度直接人工成本与前期进行比较,查明其异常波动的原因。

(3)分析比较本年度各个月份的人工费用发生额,如有异常波动,应查明原因。

(4)结合应付职工薪酬的检查,抽查人工费用会计记录及会计处理是否正确。

(5)对采用标准成本法的企业,应抽查直接人工成本差异的计算、分配与会计处理是否正确,并查明直接人工的标准成本在本年度内有无重大变更。

3. 制造费用审计

(1) 获取或编制制造费用汇总表,并与明细账、总账核对相符,抽查制造费用中的重大数额项目及例外项目是否合理。

(2) 审阅制造费用明细账,检查其核算内容及范围是否正确,并应注意是否存在异常会计事项,如有,则应追查至记账凭证及原始凭证,重点查明企业有无将不应列入成本费用的支出(如投资支出、被没收的财物、支付的罚款、违约金、技术改造支出等)计入制造费用。

(3) 必要时,对制造费用实施截止测试,即检查资产负债表日前后若干天的制造费用明细账及其凭证,确定有无跨期入账的情况。

(4) 检查制造费用的分配是否合理。重点查明制造费用的分配方法是否符合企业自身的生产技术条件,是否体现受益原则,分配方法一经确定,是否在相当时期内保持稳定,有无随意变更的情况;分配率和分配额的计算是否正确,有无以人为估计数代替分配数的情况。对按预定分配率分配费用的企业,还应查明计划与实际差异是否及时调整。

(5) 对于采用标准成本法的企业,应抽查标准制造费用的确定是否合理,计入成本计算单的数额是否正确,会计处理是否正确,并查明标准制造费用在本年度内有无重大变动。

【例 11-6】 存货计价审计案例分析

注册会计师 A 审查东方股份有限公司在产品成本,收集到有关资料如下:该企业采用约当产量法计算在产品成本,甲产品本月完工 180 件,月末在产品 90 件;在产品的投料率为 80%,完工率为 50%。生产成本明细账如表 11-4 所示。

表 11-4 生产成本明细账

产品名称:甲产品 单位:元

2023年		摘要	直接材料	直接人工	制造费用	合计
月	日					
3	1	月初在产品成本	18 000	4 500	6 750	29 250
	31	本月生产费用	82 800	11 250	29 250	123 300
	31	生产费用合计	100 800	15 750	36 000	152 550
	31	结转完工产品成本	57 000	10 500	25 800	93 300
	31	月末在产品成本	43 800	5 250	10 200	59 250

要求:根据上述资料,指出企业存在的问题并提出改进建议。

解:注册会计师抽查有关会计凭证,并与产品成本明细账核对,账证数额相符,盘点在产品实物数量符合实际,验证投料率和完工率也符合实际情况,根据成本计算单,验证在产品成本为:

直接材料 = 100 800 ÷ (180 + 90 × 80%) × 90 × 80% = 28 800(元)

直接人工 = 15 750 ÷ (180 + 90 × 50%) × 90 × 50% = 3 150(元)

制造费用 = 36 000 ÷ (180 + 90 × 50%) × 90 × 50% = 7 200(元)

在产品成本合计 = 28 800 + 3 150 + 7 200 = 39 150(元)

在产品多留材料费＝43 800－28 800＝15 000(元)

在产品多留人工费＝5 250－3 150＝2 100(元)

在产品多留制造费用＝10 200－7 200＝3 000(元)

多留在产品成本合计＝15 000＋2 100＋3 000＝20 100(元)

　　验算结果表明,该企业多留在产品成本,少转完工产品成本20 100元。注册会计师向有关会计人员询问,证实是因计算失误而发生的差错,建议企业补转少转的完工产品成本,并调整有关账簿记录。

课堂结账测试

班级_____ 姓名_____ 学号_____ 日期_____ 平时分_____

一、单项选择题（每题 5 分，共计 25 分）

1. 下列单据中，可以不全部连续编号的是（ ）。
   A. 入库单　　　　　　　　B. 出库单
   C. 领料单　　　　　　　　D. 成本计算单

2. 下列关于发出产成品的说法中，不正确的是（ ）。
   A. 发运部门是一个独立的部门
   B. 装运产成品时必须持有经有关部门批准的发运通知单
   C. 出库单一般为一式三联
   D. 出库单一般为一式四联

3. 如果存货容易变质，那么存货的（ ）认定存在重大错报风险。
   A. 权利和义务　　　　　　B. 完整性
   C. 准确性、计价和分摊　　D. 发生

4. 下列关于存货监盘的说法中，不正确的是（ ）。
   A. 存货监盘能减轻被审计单位存货盘点的责任
   B. 存货监盘的目的在于获取有关存货数量和状况的审计证据
   C. 实施存货监盘是注册会计师的责任
   D. 注册会计师在测试存货的权利和义务认定和完整性认定时，除了实施存货监盘，可能还需要实施其他审计程序

5. 下列选项中，属于存货监盘计划内容的是（ ）。
   A. 存货的存放地点
   B. 是否需要专家的协助
   C. 存货盘点的时间
   D. 存货监盘的时间

二、判断题（每题 5 分，共 25 分）

1. 存货盘点是注册会计师的责任，所以注册会计师应亲自制定盘点计划。（ ）
2. 通常情况下由销售部门确定并下达生产通知单。（ ）
3. 对存货进行计价测试，一般要选结存余额较大、价格变动较大的项目。（ ）
4. 存货监盘的目的仅是为了获取有关存货数量的审计证据。（ ）
5. 在实地观察盘点现场时，注册会计师应当特别关注存货的移动情况，防止遗漏或重复盘点。（ ）

三、业务题(50分)

注册会计师 A 负责对常年审计客户甲公司 2022 年度财务报表进行审计。甲公司从事商品零售业,存货占其资产总额的 60%。除自营业务外,甲公司还将部分柜台出租,并为承租商提供商品仓储服务。根据以往的经验和期中测试的结果,注册会计师 A 认为甲公司有关存货的内部控制有效。注册会计师 A 计划于 2022 年 12 月 31 日实施存货监盘程序。注册会计师 A 编制的存货监盘计划部分内容摘录如下:

(1) 在到达存货盘点现场后,监盘人员观察代柜台承租商保管的存货是否已经单独存放并予以标明,确定其未被纳入存货盘点范围。

(2) 在甲公司开始盘点存货前,监盘人员在拟检查的存货项目上作出标识。

(3) 对存货监盘过程中收到的存货要求甲公司单独码放,不纳入监盘的范围。

(4) 在存货监盘结束时,监盘人员将除了作废的盘点表单的号码记录于监盘工作记录底稿。

要求:针对上述各项,逐项指出是否存在不当之处。如果存在,简要说明理由。

第十二章 货币资金审计

知识导航

货币资金审计
- 货币资金控制测试
  - 货币资金与业务循环的关系
  - 货币资金涉及的主要凭证和会计记录
  - 货币资金内部控制
  - 货币资金审计中需要关注的事项或情形
  - 货币资金控制测试
- 库存现金审计
  - 库存现金的审计目标
  - 库存现金的重大错报风险评估
  - 库存现金的实质性程序
- 银行存款审计
  - 银行存款的审计目标
  - 银行存款的重大错报风险评估
  - 银行存款的实质性程序

学习目标

1. 了解货币资金循环与其他业务循环的关系。
2. 理解货币资金的内部控制。
3. 掌握货币资金控制测试的方法。
4. 掌握库存现金和银行存款实质性程序的方法。

寓德于教

有序推进人民币国际化

近十余年来,中国以市场驱动、企业自主选择为基础,稳慎推进人民币国际化,为实体经济平稳运行提供有力支撑。2022年,党的二十大报告提出"有序推进人民币国际化"。这表明,人民币国际化从探索和累积经验的稳慎阶段步入了制度设计与行动的有序推进新阶段。中国人民银行《2022年人民币国际化报告》显示,人民币国际化各项指标总体向好,人民币储备货币功能和支付货币功能提升,投融资货币功能进一步深化。

目前,人民币是第五大国际储备货币、第五大支付货币,在国际货币基金组织(IMF)特别提款权货币篮子中的权重排名第三。

近期,人民币国际化有以下新动向与新突破。

人民币在巴西地位上升。巴西中央银行2023年3月31日宣布,人民币已超过欧元,成为该国第二大国际储备货币。根据巴西央行当天在官网发布的《国际储备管理报告》,人民币2019年首次出现在巴西的国际储备货币行列。截至2022年年底,人民币占巴西国际储备比例达到5.37%,超过欧元4.74%的比例。目前,美元在巴西国际储备中仍居主导地位,占比达80.42%。

人民币成为俄罗斯最受欢迎的外币之一。莫斯科交易所2023年3月初发布的数据显示,今年2月,人民币首次超过美元,成为莫斯科交易所月度交易量最大货币。当月,该交易所的人民币交易量环比增长近1/3,达到1.48万亿卢布,而美元交易量仅环比增长8%至1.42万亿卢布。

人民币结算首次用于进口液化天然气交易。2023年3月28日,中国首单以人民币结算的进口液化天然(LNG)采购交易达成,标志着中国在油气贸易领域的跨境人民币结算交易探索迈出实质性一步。此单交易是中国海油与法国道达尔能源在上海石油天然气交易中心达成的,LNG资源来自阿联酋,以人民币结算的进口LNG成交量约6.5万吨。

人民币清算中心继续扩展。2022年12月,毛里求斯成为继南非和赞比亚之后,人民币清算中心落户的第三个非洲国家。

资料来源:新华网. 人民币国际化,走到哪儿了?[EB/OL]. 2023.4.23[2023.7.24]. http://www.news.cn/world/2023-04/23/c_1212170784.htm.

思考:

1. 运用所学知识,列举银行存款审计中都有哪些实质性程序。
2. 人民币国际化有哪些积极意义?

第一节 货币资金控制测试

货币资金是企业资产的重要组成部分,主要包括库存现金、银行存款及其他货币资金。持有货币资金是企业生产经营活动的基本条件。企业的经营活动几乎都会涉及货币资金,同时货币资金的流动性强,控制风险大,较容易产生弊端,因此,货币资金的审计是审计的重要业务内容之一。

一、货币资金与业务循环的关系

货币资金与业务循环中的业务活动存在着密切的关系,成为各循环的枢纽。一些最终影响货币资金的错误只有对其他各循环的审计测试中才会被发现。货币资金与各交易循环的关系如图12-1所示。

(1) 在销售与收款循环中,企业产品的销售、劳务的提供会导致货币资金的增加。

(2) 在采购与付款循环中,企业购买固定资产、无形资产和存货等会导致货币资金的减少。

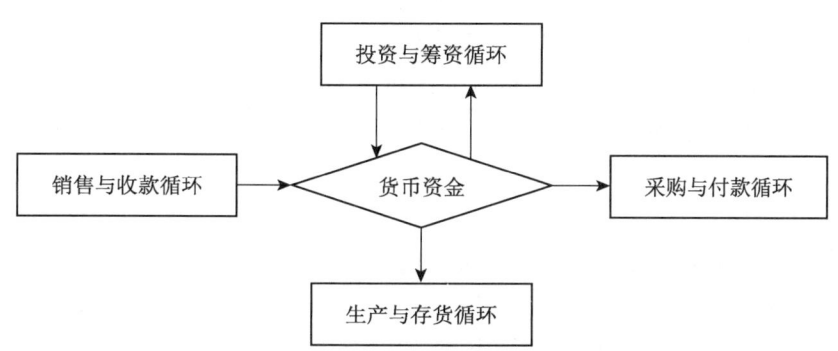

图 12-1　货币资金与交易循环的关系

（3）在生产与存货循环中，企业支付各种费用会导致货币资金的减少。
（4）在人力资源与工薪循环中，企业支付各种人工费用会导致货币资金的减少。
（5）在投资与筹资循环中，企业发行股票或债券及向银行或其他金融机构借款时会导致货币资金的增加；而还本付息、支付股利时则会导致货币资金的减少；企业购买股票、债券时，会导致货币资金的减少；而收回投资、收取股利或利息时，则会导致货币资金的增加。

二、货币资金涉及的主要凭证和会计记录

货币资金涉及的凭证和会计记录主要有：
（1）库存现金盘点表。
（2）银行对账单。
（3）银行存款余额调节表。
（4）有关科目的记账凭证（如库存现金收、付款凭证，银行存款收、付款凭证）。
（5）有关会计账簿（如现金日记账、银行存款日记账等）。

三、货币资金内部控制

为了确保货币资金的安全完整，保证货币资金的收付符合国家的有关规定，保证货币资金的会计记录正确、可靠，被审计单位应当根据国家有关法律法规的规定，结合本部门或系统有关货币资金内部控制的规定，建立适合本单位业务特点和管理要求的货币资金内部控制，并组织实施。

货币资金的内部控制一般包括以下内容。

（一）岗位分工及授权审批

1. 建立岗位责任制

企业应当建立货币资金业务的岗位责任制，明确相关部门和岗位的职责权限，确保办理货币资金业务的不相容岗位相互分离、制约和监督。出纳人员不得兼任稽核、会计档案保管和收入、支出、费用、债权债务账目的登记工作。企业不得由一人办理货币资金业务的全过程。

2. 建立授权审批制度

企业应当对货币资金业务建立严格的授权批准制度，明确审批人对货币资金业务的授权

批准方式、权限、程序、责任和相关控制措施,规定经办人办理货币资金业务的职责范围和工作要求。审批人应当根据货币资金授权批准制度的规定,在授权范围内进行审批,不得超越审批权限。经办人应当在职责范围内,按照审批人的批准意见办理货币资金业务。对于审批人超越授权范围审批的货币资金业务,经办人员有权拒绝办理,并及时向审批人的上级授权部门报告。

3. 规范支付程序

企业应当按照规定的程序办理货币资金支付业务:

(1) 支付申请。企业有关部门或个人用款时,应当提前向审批人提交货币资金支付申请,注明款项的用途、金额、预算、支付方式等内容,并附有效经济合同或相关证明。

(2) 支付审批。审批人根据其职责、权限和相应程序对支付申请进行审批,审核付款业务的真实性、付款金额的准确性,以及申请人提交票据或者证明的合法性,严格监督资金支付。对不符合规定的货币资金支付申请,审批人应当拒绝批准。

(3) 支付复核。财务部门收到经审批人审批签字的相关凭证或证明后,应再次复核业务的真实性、金额的准确性,以及相关票据的齐备性,相关手续的合法性和完整性,并签字认可。复核无误后,交由出纳人员办理支付手续。

(4) 办理支付。出纳人员应当根据复核无误的支付申请,按规定办理货币资金支付手续,及时登记库存现金和银行存款日记账。

4. 建立责任追究制度

企业对于重要货币资金支付业务,应当实行集体决策和审批,并建立责任追究制度,防范贪污、侵占、挪用货币资金等行为。

5. 严禁未经授权的机构或人员办理货币资金业务或直接接触货币资金

(二) 库存现金和银行存款的管理

(1) 企业应当加强现金库存限额的管理,超过库存限额的现金应及时存入银行。

(2) 企业必须根据《中华人民共和国现金管理暂行条例》的规定,结合本企业的实际情况,确定本企业现金的开支范围。不属于现金开支范围的业务应当通过银行办理转账结算。

(3) 企业现金收入应当及时存入银行,不得从企业的现金收入中直接支付(即坐支)。因特殊情况需坐支现金的,应事先报经开户银行审查批准,由开户银行核定坐支范围和限额。企业借出款项必须执行严格的授权批准程序,严禁擅自挪用、借出货币资金。

(4) 企业取得的货币资金收入必须及时入账,不得私设"小金库",不得账外设账,严禁收款不入账。

(5) 企业应当严格按照《支付结算办法》等国家有关规定,加强银行账户的管理,严格按照规定开立账户,办理存款、取款和结算。银行账户的开立应当符合企业经营管理实际需要,不得随意开立多个账户,禁止企业内设管理部门自行开立银行账户。

(6) 企业应当严格遵守银行结算纪律,不准签发没有资金保证的票据或远期支票,套取银行信用;不准签发、取得和转让没有真实交易和债权债务的票据,套取银行和他人资金;不准违反规定开立和使用银行账户。

(7) 企业应当指定专人定期核对银行账户,每月至少核对一次,编制银行存款余额调节表,使银行存款账面余额与银行对账单调节相符。如调节不符,应查明原因,及时处理。

出纳人员一般不得同时从事银行对账单的获取、银行存款余额调节表的编制工作。确需出纳人员办理上述工作的,应当指定其他人员定期进行审核、监督。

(8)企业应当定期和不定期地进行现金盘点,确保现金账面余额与实际库存相符。如发现不符,应及时查明原因,作出处理。

(三)票据及印章管理

(1)企业应当加强与货币资金相关的票据的管理,明确各种票据的购买、保管、领用、背书转让、注销等环节的职责权限和程序,并专设登记簿进行记录,防止空白票据的遗失和被盗用。

(2)企业应当加强银行预留印鉴管理。财务专用章应由专人保管,个人名章必须由本人或其授权人员保管。严禁一人保管支付款项所需的全部印章。

(3)按规定需要有关负责人签字或盖章的经济业务,必须严格履行签字或盖章手续。

(四)报销管理

对于支票报销和现金报销,企业应建立报销制度。报销人员报销时应当按照正常的报批手续,提供适当的付款凭据,有关采购支出还应具有验收手续。会计部门应对报销单据加以审核,出纳员见到加盖核准戳记的支出凭据后方可付款。

(五)监督检查

(1)企业应当建立对货币资金业务的监督检查制度,明确监督检查机构或人员的职责权限,定期和不定期地进行检查。

(2)对监督检查过程中发现的货币资金内部控制中的薄弱环节,企业应当及时采取措施,加以纠正和完善。

四、货币资金审计中需要关注的事项或情形

货币资金是企业日常活动的起点和终点,其增减变动与被审计单位的日常经营活动密切相关。在实施货币资金的审计过程中,如果被审计单位存在以下事项或情形,可能表明存在重大错报风险,注册会计师需要保持警觉:

(1)被审计单位的现金交易比例较高,并与其所在行业常用的结算模式不同。

(2)银行账户开立数量与企业实际的业务规模不匹配。

(3)在没有经营业务的地区开立银行账户。

(4)企业资金存放于管理层或员工个人账户。

(5)银行存款日记账存在非正常转账的"一借一贷"。

(6)存在大额外币收付记录,而被审计单位并不涉足外贸业务。

(7)存在长期挂账的大额预付款项。

(8)付款方账户名称与销售客户名称不一致、收款方账户名称与供应商名称不一致。

(9)存在没有具体业务支持或与交易不相匹配的大额资金往来。

(10)被审计单位以各种理由不配合注册会计师实施银行函证。

五、货币资金控制测试

(一) 库存现金控制测试

在已识别的重大错报风险的基础上,注册会计师选取拟测试的控制并实施控制测试。以下举例说明几种常见的库存现金内部控制以及注册会计师相应可能实施的内部控制测试程序。

1. 现金付款的审批和复核

例如,被审计单位针对现金付款审批作出以下内部控制要求:

(1) 部门经理审批本部门的付款申请,审核付款业务是否真实发生,付款金额是否准确,以及后附票据是否齐备,并在复核无误后签字认可。

(2) 财务部门在安排付款前,财务经理再次复核经审批的付款申请及后附相关凭据或证明,如核对一致,进行签字认可并安排付款。

针对上述内部控制,注册会计师可以在选取适当样本的基础上实施以下控制测试程序:

(1) 询问相关业务部门的经理和财务经理其在日常现金付款业务中执行的内部控制,以确定是否与被审计单位内部控制政策要求保持一致。

(2) 观察财务经理复核付款申请的过程,是否核对了付款申请的用途、金额及后附相关凭据,以及在核对无误后是否进行了签字确认。

(3) 重新核对经审批及复核的付款申请及其相关凭据,并检查是否经签字确认。

2. 现金盘点

例如,被审计单位针对现金盘点作出了以下内部控制的要求:

(1) 会计主管指定应付账款会计每月末的最后一天对库存现金进行盘点,根据盘点结果编制库存现金盘点表,将盘点余额与库存现金日记账余额进行核对,并对差异调节项目进行说明。

(2) 会计主管复核库存现金盘点表,如盘点金额与库存现金日记账余额存在差异且差异金额超过 2 万元,需查明原因并报财务经理批准后进行账务处理。

针对上述内部控制,注册会计师可以在选取适当样本的基础上实施以下控制测试程序:

(1) 在月末最后一天参与被审计单位的现金盘点,检查是否由应付账款会计进行现金盘点。

(2) 观察现金盘点程序是否按照盘点计划的指令和程序执行,是否编制了库存现金盘点表并根据内部控制要求经财务部相关人员签字复核。

(3) 检查库存现金盘点表中记录的现金盘点余额是否与实际盘点金额保持一致、库存现金盘点表中记录的库存现金日记账余额是否与被审计单位库存现金日记账的余额保持一致。

(4) 针对调节差异金额超过 2 万元的调节项,检查是否经财务经理批准后进行账务处理。

(二) 银行存款控制测试

在已识别的重大错报风险的基础上,注册会计师选取拟测试的控制并实施控制测试。以下举例说明几种常见的银行存款内部控制以及注册会计师相应可能实施的内部控制测试程序。

1. 银行账户的开立、变更和注销

例如,被审计单位针对银行账户的开立、变更和注销作出的内部控制要求:会计主管根据被审计单位的实际业务需要就银行账户的开立、变更和注销提出申请,经财务经理审核后报总经理审批。

针对上述内部控制,注册会计师可以实施以下控制测试程序:

(1) 询问会计主管被审计单位本年开户、变更、撤销的整体情况。

(2) 取得本年度账户开立、变更、撤销申请项目清单,检查清单的完整性,并在选取适当样本的基础上检查账户的开立、变更、撤销项目是否已经财务经理和总经理审批。

2. 银行付款的审批和复核

例如,被审计单位针对银行存款审批作出以下内部控制的要求:

(1) 部门经理审批本部门的付款申请,审核付款业务是否真实发生,付款金额是否准确,以及后附票据是否齐备,并在复核无误后签字认可。

(2) 财务部门在安排付款前,财务经理再次复核经审批的付款申请及后附相关凭据或证明,如核对一致,进行签字认可并安排付款。

针对上述内部控制,注册会计师可以在选取适当样本的基础上实施以下控制测试程序:

(1) 询问相关业务部门的部门经理和财务经理在日常银行付款业务中执行的内部控制,以确定其是否与被审计单位内部控制政策要求保持一致。

(2) 观察财务经理复核付款申请的过程,是否核对了付款申请的用途、金额及后附相关凭据,及在核对无误后是否进行了签字确认。

(3) 重新核对经审批及复核的付款申请及其相关凭据,并检查是否经签字确认。

3. 编制银行存款余额调节表

例如,被审计单位为保证银行存款余额的存在性、完整性和准确性作出了以下内部控制的要求:

(1) 每月末,会计主管指定应收账款会计核对银行存款日记账和银行对账单,编制银行存款余额调节表,如存在差异项,查明原因并进行差异调节说明。

(2) 会计主管复核银行存款余额调节表,对需要进行调整的调节项目及时进行处理,并签字认可。

针对上述内部控制,注册会计师可以实施以下控制测试程序:

(1) 询问应收账款会计和会计主管,以确定其执行的内部控制是否与被审计单位内部控制政策要求保持一致,特别是针对未达账项的编制及审批流程。

(2) 针对选取的样本,检查银行存款余额调节表,查看调节表中记录的企业银行存款日记账余额是否与被审计单位提供的银行存款日记账的余额保持一致,调节表中记录的银行对账单余额是否与被审计单位提供的银行对账单中的余额保持一致。

(3) 针对调节项目,检查是否经会计主管的签字复核。

(4) 针对大额未达账项进行期后收付款的检查。

第二节 库存现金审计

一、库存现金的审计目标

(1) 确定被审计单位资产负债表的"货币资金"项目中的库存现金在资产负债表日是否确实存在。

(2) 确定被审计单位所有应当记录的现金收支业务是否均已记录完毕,有无遗漏。

(3) 确定记录的库存现金是否归属于被审计单位,为被审计单位所拥有或控制。

(4) 确定库存现金以恰当的金额包括在财务报表的"货币资金"项目中,与之相关的计价调整已恰当记录。

(5) 确定库存现金是否已记录于恰当的账户。

(6) 确定库存现金是否已按照企业会计准则的规定在财务报表中作出恰当列报。

库存现金审计目标与认定的对应关系如表12-1所示。

表12-1 审计目标与认定对应关系表

审计目标	财务报表认定					
	存在	完整性	权利和义务	准确性、计价和分摊	分类	列报
资产负债表中记录的库存现金是存在的	√					
所有应当记录的库存现金均已记录		√				
记录的库存现金由被审计单位拥有或控制			√			
库存现金以恰当的金额包括在财务报表中,与之相关的计价调整已恰当记录				√		
库存现金已记录于恰当的账户					√	
库存现金已按照企业会计准则的要求在财务报表中作出恰当的列报						√

二、库存现金的重大错报风险评估

现金业务经常出现的舞弊行为包括以下六个方面:

(1) 坐支现金,是指违反现金管理制度,将应交存银行的收入或应由银行结算的支出,不通过银行办理,而直接以收入的现金进行支出并不通报开户银行的作弊手段。

(2) 套取现金,是指将银行存款和非现金结算凭证非法转换为现金或现金支票的作弊手段。

（3）白条抵库，是指违反财会制度和处理手续，用便条、收据、临时凭证等来抵充现金或实物的作弊手段。

（4）挪用现金，是指工作人员利用职务上的便利，擅自将自己主管、管理、经手的公款私自使用，为个人牟取私利，一段时间后归还的违法行为。

（5）贪污或侵占现金，是指工作人员利用职务上的便利，擅自将自己主管、管理、经手的公款私自使用不予归还的违法行为。

（6）私设小金库，是指在规定资金或基金外，私自筹集或转移资金，账外私自存储以供本单位自由支配的作弊手段。

三、库存现金的实质性程序

（一）核对库存现金日记账与总账

核对库存现金日记账与总账的金额是否相符，检查非记账本位币库存现金的折算汇率及折算金额是否正确。这是注册会计师测试现金余额的起点。如果不相符，应查明原因，必要时应建议作出适当调整。

（二）监盘库存现金

监盘库存现金就是审计人员现场监督被审计单位出纳员盘点库存现金，并进行全面复查的审计程序。监盘库存现金是证实资产负债表中"货币资金"项目下所列库存现金是否存在的一项重要审计程序。

企业盘点库存现金，通常包括对已收到但未存入银行的现金、零用金、找换金等的盘点。盘点库存现金的时间和人员应视被审计单位的具体情况而定，但现金出纳员和被审计单位会计主管人员必须参加，并由注册会计师进行监盘。监盘库存现金的步骤与方法主要有：

（1）查看被审计单位制定的盘点计划，以确定监盘时间。对库存现金的监盘最好实施突击性的检查，时间最好选择在上午上班前或下午下班时，监盘范围一般包括被审计单位各部门经管的所有现金。

（2）查阅库存现金日记账并同时与现金收付凭证相核对。一方面检查库存现金日记账的记录与凭证的内容和金额是否相符；另一方面了解凭证日期与库存现金日记账日期是否相符或相近。

（3）检查被审计单位现金实存数，并将该监盘金额与库存现金日记账余额进行核对，如有差异，应要求被审计单位查明原因，必要时应提请被审计单位作出调整；如无法查明原因，应要求被审计单位按管理权限批准后作出调整。若有冲抵库存现金的借条、未提现支票、未报销的原始凭证，应在"库存现金监盘表"中注明，必要时应提请被审计单位作出调整。

（4）在非资产负债表日进行监盘时，应将监盘金额调整至资产负债表日的金额，并对变动情况实施程序。

（三）抽查大额库存现金收支

查看大额现金收支，并检查原始凭证是否齐全、原始凭证内容是否完整、有无授权批准、记账凭证与原始凭证是否相符、账务处理是否正确、是否记录于恰当的会计期间等项内容。

(四) 检查库存现金是否在财务报表中作出恰当列报

根据有关规定,库存现金在资产负债表的"货币资金"项目中反映,注册会计师应在实施上述审计程序后,确定"库存现金"账户的期末余额是否恰当,进而确定库存现金是否在资产负债表中恰当披露。

【例 12-1】 库存现金监盘案例分析

ABC 会计师事务所对东方股份有限公司 2022 年度财务报表实施审计,注册会计师 A 和 B 负责审计货币资金项目。东方股份有限公司在总部和营业部门均设有出纳部门。为顺利监盘库存现金,A 在监盘前一天通知东方股份有限公司会计主管人员做好监盘准备。考虑到出纳日常工作安排,对总部和营业部库存现金的监盘时间分别定在上午 10 点 30 分和下午 3 点。监盘时,出纳把库存现金放入保险柜,并将已办妥库存现金收付手续的交易登入库存现金日记账,结出库存现金日记账余额。然后,A 当场盘点库存现金,在与库存现金日记账核对后填写"库存现金盘点表",并在签字后形成工作底稿。

要求:指出上述库存现金监盘工作中有哪些不当之处,并提出改进建议。

解:(1) 提前通知东方公司会计主管人员做好监盘准备的做法不当。注册会计师应对库存现金实施突击性的检查。

(2) 没有同时监盘总部和营业部库存现金的做法不当。注册会计师应组织同时监盘总部和营业部库存现金,若不能同时监盘,则应对后监盘的库存现金实施封存。

(3) 盘点时间不当。一般应选择在上午上班前或下午下班时进行库存现金的监盘。

(4) 东方公司会计主管人员没有参与盘点的做法不当。监盘库存现金时,现金出纳员、被审计单位会计主管人员和注册会计师必须同时在场。

(5) 库存现金盘点操作程序不当。库存现金应由出纳盘点,由注册会计师监督盘点。

(6) "库存现金盘点表"签字人员不当。"库存现金盘点表"应由公司相关人员和注册会计师共同签字。

第三节 银行存款审计

银行存款是指企业存放在银行或其他金融机构的各种款项。按照国家有关规定,凡是独立核算的企业都必须在当地银行开设账户。企业在银行开设账户以后,除按核定的限额保留库存现金外,超过限额的现金必须存入银行;除了在规定的范围内可以用现金支付款项,在经营过程中所发生的一切货币收支业务,都必须通过"银行存款"账户进行结算。

一、银行存款的审计目标

(1) 确定被审计单位资产负债表的"货币资金"项目中的银行存款在资产负债表日是否确实存在。

(2) 确定被审计单位所有应当记录的银行存款收支业务是否均已记录完毕,有无遗漏。

(3) 确定记录的银行存款是否归属于被审计单位,为被审计单位所拥有或控制。

（4）确定银行存款以恰当的金额包括在财务报表的"货币资金"项目中，与之相关的计价调整已恰当记录。

（5）确定银行存款是否已记录于恰当的账户。

（6）确定银行存款是否已按照企业会计准则的规定在财务报表中作出恰当列报。

银行存款审计目标与认定的对应关系如表 12-2 所示。

表 12-2　　　　　　　　　　审计目标与认定对应关系表

审计目标	财务报表认定					
	存在	完整性	权利和义务	准确性、计价和分摊	分类	列报
资产负债表中记录的银行存款是存在的	√					
所有应当记录的银行存款均已记录		√				
记录的银行存款由被审计单位拥有或控制			√			
银行存款以恰当的金额包括在财务报表中，与之相关的计价调整已恰当记录				√		
银行存款已记录于恰当的账户					√	
银行存款已按照企业会计准则的要求在财务报表中作出恰当的列报						√

二、银行存款的重大错报风险评估

银行存款业务中常见的舞弊行为如下。

1. 银行存款入账不及时、不足额

注册会计师可将应收账款明细账户的记录与银行对账单及其他会计凭证进行核对，来发现问题和疑点，然后追踪调查该项经济业务的来龙去脉，查清存在的问题。

2. 出租出借银行账户收取好处费

注册会计师可审阅银行存款日记账中的摘要及余额记录，分析有无收款不正常的业务内容或模糊不清的摘要记录，如有，应进行账证核对，了解与付款单位有无可能发生业务往来，结合审查银行存款减少过程中的情况来查证问题。

3. 多头开户，截留存款

多头开户，截留存款是指在不同银行中分别开设账户，根据需要将不同资金在不同账户中结算，以隐匿资金或逃避银行监督。注册会计师应将企业的主营业务收入明细账与库存商品明细账核对，检查是否有发出商品而货款长期未收，审查有无假退货。如发现疑点应与供应商联系，查证款项的去向。

4. 挪用或贪污银行存款

财务人员将销售款挪用或贪污后，在账上仍作银行存款和营业收入同时增加的处理。注册会计师应将银行存款日记账与银行对账单进行核对等方法来查证问题。

5. 从银行存款中提取库存现金的用途不合法、不合理

有些企业存在从银行存款中提取出库存现金用于非法开支的情况。注册会计师应检查提取库存现金的有关会计资料中的摘要说明，有无正当理由；提取库存现金后核对其是否记入库存现金账；检查现金日记账和付款凭证上所反映的业务内容，以及通过"库存现金"的对方科目来分析该笔库存现金的去向是否明确、是否合法。

三、银行存款的实质性程序

（一）获取银行存款余额明细表

注册会计师应获取银行存款余额明细表，复核加计是否正确，并与总账数和日记账合计数核对是否相符；检查非记账本位币银行存款的折算汇率及折算金额是否正确。注册会计师还应核对银行存款日记账与总账的余额是否相符。如果不相符，应查明原因，必要时应建议作出适当调整。

如果对被审计单位银行账户的完整性存有疑虑，例如，当被审计单位可能存在账外账或资金体外循环时，注册会计师可以考虑额外实施以下实质性程序：

（1）注册会计师在企业人员陪同下到中国人民银行或基本存款账户开户行查询并打印《已开立银行结算账户清单》，观察银行办事人员的查询、打印过程，并检查被审计单位账面记录的银行人民币结算账户是否完整。

（2）结合其他相关细节测试，关注交易相关单据中被审计单位的收(付)款银行账户是否均包含在注册会计师已获取的开立银行账户清单内。

（二）实施实质性分析程序

计算银行存款累计余额应收利息收入，分析比较被审计单位银行存款应收利息收入与实际利息收入的差异是否恰当，评估利息收入的合理性，检查是否存在高息资金拆借，确认银行存款余额是否存在，利息收入是否已经完整记录。

（三）检查银行存款账户发生额

对银行账户的发生额进行审计，通常能够有效应对被审计单位编制虚假财务报表、管理层或员工非法侵占货币资金等舞弊风险。注册会计师可以考虑对银行存款账户的发生额实施以下程序：

（1）结合银行账户性质，分析不同账户发生银行存款日记账漏记银行交易的可能性，获取相关账户相关期间的全部银行对账单。

（2）利用数据分析等技术，对比银行对账单上的收付款流水与被审计单位银行存款日记账的收付款信息是否一致，对银行对账单及被审计单位银行存款日记账记录进行双向核对。

注册会计师通常可以考虑选择以下银行账户进行核对：基本户，余额较大的银行账户，发生额较大且收付频繁的银行账户，发生额较大但余额较小、零余额或当期注销的银行账户，募集资金账户等。

针对同一银行账户，注册会计师可以根据具体情况实施下列审计程序：①选定同一期间（月度、年度）的银行存款日记账、银行对账单的发生额合计数（借方及贷方）进行总体核对。

②对银行对账单及被审计单位银行存款日记账记录进行双向核对,即在选定的账户和期间,从被审计单位银行存款日记账上选取样本,核对银行对账单,以及自银行对账单中进一步选取样本,与被审计单位银行存款日记账记录进行核对。

对相同金额的一收一付、相同金额的多次转入转出等大额异常货币资金发生额,检查银行存款日记账和相应交易及资金划转的文件资料,关注相关交易及相应资金流转安排是否具有合理的商业理由。

(3) 浏览资产负债表日前后的银行对账单和被审计单位银行存款账簿记录,关注是否存在大额、异常资金变动以及大量大额红字冲销或调整记录,如存在,需要实施进一步的审计程序。

(四) 取得并检查银行对账单和银行存款余额调节表

取得并检查银行对账单和银行存款余额调节表是证实资产负债表中所列银行存款是否存在的重要程序。银行存款余额调节表通常应由被审计单位根据不同的银行账户及货币种类分别编制,其格式如表12-3所示。

表 12-3　　　　　　　　　　　　**银行存款余额调节表**

年　　月　　日

编制人:　　　　　日期:　　　　　索引号:

复核人:　　　　　日期:　　　　　页　次:

户别:　　　　　　　　　　　　　　　　　　　　　　　　　币　别:

项目
银行对账单余额(　年　月　日)
加:企业已收、银行尚未入账金额
其中:1._____元
2._____元
减:企业已付、银行尚未入账金额
其中:1._____元
2._____元
调整后银行对账单金额
企业银行存款日记账金额(　年　月　日)
加:银行已收、企业尚未入账金额
其中:1._____元
2._____元
减:银行已付、企业尚未入账金额
其中:1._____元
2._____元
调整后企业银行存款日记账金额

经办会计人员:(签字)　　　　　　　　　　　　　　　　　　　　　　　　会计主管:(签字)

具体测试程序通常包括以下内容。

1. 取得并检查银行对账单

(1) 取得被审计单位加盖银行印章的银行对账单,注册会计师应对银行对账单的真实性保持警觉,必要时,亲自到银行获取对账单,并对获取过程保持控制。

(2) 将获取的银行对账单余额与银行日记账余额进行核对,如存在差异,获取银行存款余额调节表。

(3) 将被审计单位资产负债表日的银行对账单与银行询证函回函核对,确认是否一致。

2. 取得并检查银行存款余额调节表

(1) 检查调节表中加计数是否正确,调节后银行存款日记账余额与银行对账单余额是否一致。

(2) 检查调节事项。对于企付银未付款项,检查被审计单位付款的原始凭证,并检查该项付款是否已在期后银行对账单上得以反映;在检查期后银行对账单时,就对账单上所记载的内容,如支票编号、金额等,与被审计单位支票存根进行核对。对于企收银未收款项,检查被审计单位收款入账的原始凭证,检查其是否已在期后银行对账单上得以反映。对于银收企未收、银付企未付款项,检查收、付款项的内容及金额,确定是否为截止错报。如果企业的银行存款余额调节表存在大额或长期未达账项,注册会计师应追查原因并检查相应的支持文件,判断是否为错报事项,确定是否需要提请被审计单位进行调整。

(3) 关注长期未达账项,查看是否存在挪用资金等事项。

(4) 特别关注银付企未付、企付银未付中支付异常的领款事项,包括没有载明收款人、签字不全等支付事项,确认是否存在舞弊。

(五) 函证银行存款余额,编制银行函证结果汇总表,检查银行回函

银行函证程序是证实资产负债表所列银行存款是否存在的重要程序。通过向往来银行函证,注册会计师不仅可以了解企业资产的存在,还可了解企业账面反映所欠银行债务的情况,并有助于发现企业未入账的银行借款和未披露的或有负债。

注册会计师应当对银行存款(包括零余额账户和在本期内注销的账户)、借款及与金融机构往来的其他重要信息实施函证程序,除非有充分证据表明某一银行存款、借款及与金融机构往来的其他重要信息对财务报表不重要且与之相关的重大错报风险很低。如果不对这些项目实施函证程序,注册会计师应当在审计工作底稿中说明理由。

当实施函证程序时,注册会计师应当对询证函保持控制,当函证信息与银行回函结果不符时,注册会计师应当调查不符事项,以确定是否表明存在错报。

在实施银行函证时,注册会计师需要以被审计单位名义向银行发函询证,以验证被审计单位的银行存款是否真实、合法、完整。根据《关于进一步规范银行函证及回函工作的通知》(财会〔2020〕12号)(以下简称《通知》),银行业金融机构应当自收到符合规定的询证函之日起10个工作日内,按照要求将回函直接回复会计师事务所或交付跟函注册会计师。通知中给出的银行询证函格式(格式一)如表12-4所示。

表 12-4　　　　　　　　　　　　　银行询证函(格式一)

编号：

××(银行)(以下简称贵行)：

　　本公司聘请的××会计师事务所正在对本公司××年度财务报表进行审计，按照中国注册会计师审计准则的要求，应当询证本公司与贵行相关的信息。下列第1～14项信息出自本公司的记录：

　　(1) 如与贵行记录相符，请在本函"结论"部分签字和签章；

　　(2) 如有不符，请在本函"结论部分"列明不符项目及具体内容，并签字和盖章。

　　本公司谨授权贵行将回函直接寄至××会计师事务所，地址及联系方式如下：

　　回函地址：

　　邮编：　　　　电话：　　　　传真：　　　　联系人：

　　本公司谨授权贵行可从本公司××账户支取办理本询证函回函服务的费用。

　　截至＿＿＿年＿＿＿月＿＿＿日，本公司与贵行相关信息列示如下：

　1. 银行存款

账户名称	银行账号	币种	利率	账户类型	账户余额	是否属于资金归集账户	起始日期	终止日期	是否存在冻结、担保或其他使用限制(如是，请注明)	备注

除上述列示的银行存款(包括余额为零的存款账户)外，本公司并无在贵行的其他存款。

　2. 银行借款

借款人名称	借款账号	币种	余额	借款日期	到期日期	利率	抵(质)押品/担保人	备注

除上述列示的银行借款外，本公司在此期间并无在贵行的其他借款。

　3. 自＿＿＿年＿＿＿月＿＿＿日起至＿＿＿年＿＿＿月＿＿＿日期间内注销的银行存款账户

账户名称	银行账号	币种	注销账户日

除上述列示的注销账户外，本公司在此期间并未在贵行注销其他账户。

　4. 本公司作为委托人的委托贷款

(续表)

账户名称	银行结算账号	资金借入方	币种	利率	余额	贷款起止日期	备注

除上述列示的委托贷款外,本公司并无通过贵行办理其他的以本公司作为借款人的委托贷款。

5. 本公司作为借款人的委托贷款

账户名称	银行结算账号	资金借出方	币种	利率	余额	贷款起止日期	备注

除上述列示的委托贷款外,本公司并无通过贵行办理其他的以本公司作为委托人的委托贷款。

6. 担保

(1) 本公司为其他单位提供的、以贵行为担保受益人的担保。

被担保人	担保方式	币种	担保余额	担保到期日	担保合同编号	备注

除上述列示的担保外,本公司并无其他以贵行为担保受益人的担保。

(2) 贵行向本公司提供的担保。

被担保人	担保方式	币种	担保余额	担保到期日	担保合同编号	备注

除上述列示的担保外,本公司并无贵行提供的其他担保。

7. 本公司为出票人且由贵行承兑而尚未支付的银行承兑汇票

(续表)

银行承兑汇票号码	结算账户账号	币种	票面金额	出票日	到期日	抵（质）押品

除上述列示的银行承兑汇票外，本公司并无由贵行承兑而尚未支付的其他银行承兑汇票。

8. 本公司向贵行已贴现而尚未到期的商业汇票

商业汇票号码	承兑人名称	币种	票面金额	出票日	到期日	贴现日	贴现率	贴现净额

除上述列示的商业汇票外，本公司并无向贵行已贴现而尚未到期的其他商业汇票。

9. 本公司为持票人且由贵行托收的商业汇票

商业汇票号码	承兑人名称	币种	票面金额	出票日	到期日

除上述列示的商业汇票外，本公司并无由贵行托收的其他商业汇票。

10. 本公司为申请人，由贵行开具的、未履行完毕的不可撤销信用证

信用证号码	受益人	币种	信用证金额	到期日	未使用金额

除上述列示的不可撤销信用证外，本公司并无由贵行开具的、未履行完毕的其他不可撤销信用证。

11. 本公司与贵行之间未履行完毕的外汇买卖合同

类别	合约号码	贵行卖出币种	贵行买入币种	未履行的合约买卖金额	汇率	交收日期

(续表)

除上述列示的外汇买卖合同外,本公司并无与贵行之间未履行完毕的其他外汇买卖合同。

12. 本公司存放于贵行托管的证券或其他产权文件

证券或其他产权文件名称	证券代码或产权文件编号	数量	币种	金额

除上述列示的证券或其他产权文件外,本公司并无存放于贵行托管的其他证券或其他产权文件。

13. 本公司购买的由贵行发行的未到期银行理财产品

产品名称	产品类型	币种	持有份额	产品净值	购买日	到期日	是否被用于担保或存在其他使用限制

除上述列示的银行理财产品外,本公司并未购买其他由贵行发行的理财产品。

14. 其他

(预留签章)

年　　月　　日

经办人：

职　务：

电　话：

(续表)

```
以下由被询证银行填列
    结论：
┌─────────────────────────────────────────────────────────────────────┐
│ 经本行核对，所函证项目与本行记载信息相符。特此函复。                │
│                                                                     │
│        年   月   日    经办人：      职务：      电话：             │
│                        复核人：      职务：      电话：             │
│                                                     （银行盖章）    │
├─────────────────────────────────────────────────────────────────────┤
│ 经本行核对，存在以下不符之处。                                      │
│                                                                     │
│        年   月   日    经办人：      职务：      电话：             │
│                        复核人：      职务：      电话：             │
│                                                     （银行盖章）    │
└─────────────────────────────────────────────────────────────────────┘
```

（六）检查银行存款账户存款人是否为被审计单位

若存款人为非被审计单位，应获取该账户户主和被审计单位的书面声明，确认资产负债表日是否需要提请被审计单位进行调整。

（七）关注是否存在质押、冻结等对变现有限制或存在境外的款项

如果存在，是否已提请被审计单位作必要的调整和披露。

（八）列明不符合现金及现金等价物条件的银行存款

对不符合现金及现金等价物条件的银行存款在审计工作底稿中予以列明，以考虑对现金流量表的影响。

（九）抽查大额银行存款收支的原始凭证

检查原始凭证是否齐全、记账凭证与原始凭证是否相符、账务处理是否正确、是否记录于恰当的会计期间等项内容。检查是否存在非营业目的的大额货币资金转移，并核对相关账户的进账情况；如有与被审计单位生产经营无关的收支事项，应查明原因并作相应的记录。

（十）检查银行存款收支的截止是否正确

选取资产负债表日前后若干张、一定金额以上的凭证实施截止测试，关注业务内容及对应项目，如有跨期收支事项，应考虑是否提请被审计单位进行调整。

（十一）检查银行存款是否在财务报表中作出恰当列报

根据有关规定，企业的银行存款在资产负债表的"货币资金"项目中反映，所以，注册会计师应在实施上述审计程序后，确定银行存款账户的期末余额是否恰当，进而确定银行存款是否在资产负债表中恰当披露。此外，如果企业的银行存款存在抵押、冻结等使用限制情况或者潜在回收风险，注册会计师应关注企业是否已经恰当披露有关情况。

【例 12-2】 银行存款审计案例分析

ABC 会计师事务所对东方股份有限公司 2022 年度财务报表实施审计，注册会计师 B 负

责对银行存款实施的部分审计程序为：取得 2022 年 12 月 31 日银行存款余额调节表；向开户银行寄发银行询证函，并直接收取寄回的询证函回函；取得开户银行 2023 年 1 月 31 日的银行对账单。

要求：

(1) 请说明注册会计师 B 取得银行存款余额调节表后，应检查哪些内容。

(2) 请说明注册会计师 B 向开户银行函证的作用有哪些。

(3) 请说明注册会计师 B 索取开户银行 2023 年 1 月 31 日的银行对账单，能证实 2022 年 12 月 31 日银行存款余额调节表的哪些内容。

解：(1) 注册会计师 B 应检查银行存款余额调节表中未达账项的真实性，以及资产负债表日后的入账情况。

(2) 注册会计师 B 通过向开户银行函证，不仅可以查明东方股份有限公司银行存款、借款的存在，而且还可以发现企业未登记入账的银行存款、借款。

(3) 注册会计师 B 索取开户银行 2023 年 1 月 31 日的银行对账单，可以证实列示在银行存款余额调节表上的在途存款和未兑现支票的真实性。

课堂结账测试

班级_____ 姓名_____ 学号_____ 日期_____ 平时分_____

一、单项选择题(每题 5 分,共计 25 分)

1. 注册会计师寄发的银行询证函( )。
   A. 是以会计师事务所的名义发往开户银行
   B. 属于消极式函证
   C. 要求银行直接回函至被审计单位
   D. 包括银行存款和借款余额

2. 下列与现金业务有关的职责中,可以不分离的是( )。
   A. 现金支付的审批与执行　　B. 现金保管与现金日记账的记录
   C. 现金的会计记录与审计监督　D. 现金保管与总分类账的记录

3. 下列审计程序中,不属于库存现金和银行存款账户实质性程序的是( )。
   A. 询问部门经理和财务经理其在日常现金付款业务中执行的内部控制
   B. 抽查大额现金和银行存款收支看是否及时入账
   C. 抽查是否每月编制银行存款余额调节表
   D. 向开户银行函证银行存款余额

4. 根据内部控制的要求,会计人员(非出纳人员)不可以经办业务的是( )。
   A. 债权债务账目登记　　　B. 稽核
   C. 现金收支业务　　　　　D. 会计档案保管

5. 货币资金内部控制的下列环节中,存在重大缺陷的是( )。
   A. 财务专用章由专人保管,个人名章由本人或其授权人员保管
   B. 对重要货币资金支付业务,实行集体决策
   C. 现金收入及时存入银行,特殊情况下,经主管领导审查批准方可坐支现金
   D. 指定专人定期核对银行账户,每月核对一次,编制银行存款余额调节表,使银行存款账面余额与银行对账单调节相符

二、判断题(每题 5 分,共 25 分)

1. 注册会计师审计银行存款时无需对余额为 0 的账户进行函证。　　　　　(　)
2. 注册会计师对银行存款进行函证,可以采用积极式和消极式。　　　　　(　)
3. 被审计单位资产负债表上的银行存款数额,应以编制或取得银行存款余额调节表日银行存款账户数额为准。　　　　　　　　　　　　　　　　　　　　(　)
4. 出纳人员不得同时从事银行对账单的获取、银行存款余额调节表的编制等工作。(　)
5. 出纳人员可以进行收入、费用、债权账目的登记工作。　　　　　　　　(　)

三、业务题(50分)

华兴股份有限公司是ABC会计师事务所的常年审计客户,ABC会计师事务所负责华兴股份有限公司2022年度财务报表审计,并委派A注册会计师担任项目合伙人。A注册会计师在审计银行存款过程中发现,12月31日,华兴股份有限公司银行存款日记账余额为43.2万元,银行转来对账单余额为66.4万元。经逐笔核对,A注册会计师发现以下未达账项:

(1) 华兴股份有限公司已将12月27日收到的甲公司48万元转账支票赔款登记入账,但银行尚未记账。

(2) 乙公司尚未将12月28日收到的华兴股份有限公司开出的支付乙公司咨询费36万元转支票送存银行。

(3) 华兴股份有限公司委托银行代收丙公司购货款38.4万元,银行已于12月29日收妥并登记入账,但华兴公司尚未收到收款通知。

(4) 12月份华兴股份有限公司发生借款利息3.2万元,银行已减少其存款,但华兴股份有限公司尚未收到银行的付款通知。

要求:假定A注册会计师在2023年1月4日编制了银行存款余额调节表,2023年1月5日B注册会计师做了复核,被审计单位的经办会计人员为C,会计主管为D,请代为编制余下的银行存款余额调节表,如表12-5所示。

表12-5　　　　　　　　　　银行存款余额调节表
2022年12月31日

编制人:A　日期:2023年1月4日　索引号:ZA
复核人:B　日期:2023年1月5日　页　次:1

户别:×　　　　　　　　　　　　　　　　　　　　　　　　　币　别:人民币

项目	
银行对账单余额(2022年12月31日)_____元	
加:企业已收、银行尚未入账金额	
其中:1._____	____元
2._____	____元
减:企业已付、银行尚未入账金额	
其中:1._____	____元
2._____	____元
调整后银行对账单金额:_____元	
企业银行存款日记账金额(2022年12月31日)_____元	
加:银行已收、企业尚未入账金额	
其中:1._____	____元
2._____	____元
减:银行已付、企业尚未入账金额	
其中:1._____	____元
2._____	____元
调整后企业银行存款日记账金额:_____元	

经办会计人员:C　　　　　　　　　　　　　　　　　　　　　　　会计主管:D